21世纪高等院校经济管理类规划教材

证券投资学
（第2版）

□ 杨兆廷　刘颖　主编
□ 郭翠荣　李吉栋　副主编

人民邮电出版社
北京

图书在版编目（CIP）数据

证券投资学 / 杨兆廷，刘颖主编. -- 2版. -- 北京：人民邮电出版社，2014.2（2019.12重印）
21世纪高等院校经济管理类规划教材
ISBN 978-7-115-34302-4

Ⅰ. ①证… Ⅱ. ①杨… ②刘… Ⅲ. ①证券投资—高等学校—教材 Ⅳ. ①F830.91

中国版本图书馆CIP数据核字(2014)第014058号

内 容 提 要

本书分为证券市场基础知识、证券的发行、证券的交易、证券投资分析 4 个模块，基本理论和实务操作并重，基本覆盖证券业资格考试的主要内容，重点在证券投资分析。全书内容安排紧跟形势变化，辅以丰富的教学案例，凸显操作性；每章后面的小结和思考练习题，可帮助读者更容易重点理解基本原理和操作技术。

本书基于省级精品课程编写，提供多媒体课件、电子教案、习题答案等资料，索取方式参见“配套资料索取说明”。

本书可作为经管类本专科院校教材，也可作为职业培训教材或社会人员的自学参考书。

◆ 主　　编　杨兆廷　刘　颖
副 主 编　郭翠荣　李吉栋
责任编辑　万国清
责任印制　彭志环

◆ 人民邮电出版社出版发行　　北京市丰台区成寿寺路 11 号
邮编　100164　　电子邮件　315@ptpress.com.cn
网址　http://www.ptpress.com.cn
固安县铭成印刷有限公司印刷

◆ 开本：787×1092　1/16
印张：18.25　　2014 年 2 月第 2 版
字数：413 千字　　2019 年 12 月河北第 14 次印刷

定价：39.00 元

读者服务热线：(010)81055256　印装质量热线：(010)81055316
反盗版热线：(010)81055315
广告经营许可证：京东工商广登字 20170147 号

第 2 版前言

承蒙读者厚爱，本书第 1 版于 2010 年出版后被四五十所高校选用，同时零售量也较多。在教材的使用过程中，广大师生给我们提出了很多中肯和有建设性的意见和建议，对此我们表示衷心的感谢。

根据中国证券市场的最新发展、同行师生们的宝贵意见和建议，以及在教学实践中的经验，我们在本书第 1 版的基础上做了一些修订和完善，主要体现在以下几个方面：

第一，这次再版基本保持了第 1 版的框架结构和章节顺序。

第二，对于 2010 年之后我国证券市场在相关政策、制度、产品等方面的变动，在第 2 版中都做了相应的修订和完善，书中出现的数据资料和案例材料，都尽可能地做了更新。

第三，根据同行师生的建议，我们对部分案例、例题做了调整和补充，某些章节增加了习题数量。

第四，对第 1 版中已发现的错误都做了更正。

在本书的修订过程中，始终也面临着众口难调的问题。例如，有些老师提出第十一章的内容比较难，而教材中介绍的又不够详细；而也有些老师认为这一章的内容在其他课程中会详细讲述，这一章可以不要。考虑到教材体系的完整性和对不同层次院校的适用性，我们没有对第 1 版第十一章的内容做大的变动，老师在教学过程中可以结合学生的知识基础和教学要求，灵活安排第十一章的授课。

由于我们的水平有限，不当和错漏之处在所难免，敬请广大读者谅解，并欢迎批评指正。

编 者

2013 年 10 月

前　言

目前，随着民众投资意识的不断增强和证券市场的日臻完善，证券投资活动在现代经济生活中的地位也越来越重要。证券业从业资格考试作为进入证券行业的一道门槛，要求从业人员必须掌握一定的证券投资相关知识，因此，“证券投资学”不仅是金融学专业的一门专业基础课，还是几乎所有经济类和管理类专业也都要开设的课程。证券市场的变化和人才培养的需求，要求证券投资学教材的内容必须体现紧跟形势、系统全面、突出重点、注重实践的特点。

本书在编写中着力体现以下特色。

第一，力求体系完整、通俗易懂。本书大量参阅了国内现有的教材，结合高校“证券投资学”课程的特点和市场对人才培养的需要，在内容安排上以金融学专业学生为主，兼顾其他专业学生的知识结构特点，形成了证券市场基础知识、证券的发行、证券的交易、证券投资分析4个模块，基本满足了证券行业人才培养的要求。全书力求结构清晰、内容充实、行文简洁易懂，便于教学和自学。

第二，强调理论与实践相结合。在本书的内容体系当中，证券投资分析模块相对比例较大，目的是突出实用性。在内容选材上紧密结合形势发展，不仅注重引用最新时事资料和研究成果，并在公司财务分析和技术分析等相对较难掌握的部分，适当穿插案例，降低学习难度，加深学生对知识的理解并指导应用。

第三，体例安排尽可能多样化，增强可读性。本书在各章的适当位置安排了一些知识拓展专栏及案例，以解读相关基础知识；在每章后面均有小结，对主要内容进行了梳理；每章后面的复习思考题突出了学习重点，引导学生进一步思考以及尝试实践。

我们试图将教学当中的体会融入书中，为教师和学生提供一本适用性更强的教材。尽管我们参考了大量文献，也付出了很多的努力，但仍可能存在一些不足之处，有待诸位同仁、专家和学生们提出宝贵意见。

本书基于省级精品课程编写，提供多媒体课件、电子教案、习题答案等资料，索取方式参见“配套资料索取说明”。

全书由杨兆廷和刘颖共同拟定大纲、主持编写和审阅初稿，刘颖负责全书的总纂和定稿。写作的具体分工是：第一章至第三章由郭翠荣编写；第四章、第九章、第十一章由李吉栋编写；第五章至第八章和第十章由刘颖编写。另外，在本书的写作过程中，得到了华融资产管理公司北京办事处倪馨博士大力帮助，在此表示深深的谢意！

编　者

2010年6月

目　　录

第一章

证券市场基础知识

【学习目标】

通过本章的学习，了解证券市场产生、发展的状况，熟悉目前证券市场的主要参与者及其结构与功能，进一步熟悉作为证券市场上的主要金融工具如股票、债券、证券投资基金、衍生金融工具等的概念、特点、类型及其相互之间的区别，了解发行市场与交易市场的有关制度。

【关键概念】 证券市场 基础工具 衍生工具 证券发行市场 证券交易市场 股票价格指数

第一节 证券市场

一、证券与有价证券

（一）证券和有价证券的概念

证券是商品经济和社会化大生产发展的产物，其含义非常广泛。从法律意义上说，证券是指各类记载并代表一定权利的法律凭证的统称，用以证明持券人有权依其所持证券记载的内容而取得应有的权益。而一般地讲，证券是指用以证明或设定权利所做成的书面凭证。它表明证券持有人或第三者有权取得该证券拥有的特定权益，或证明其曾经发生过的行为。

证券按其性质不同，可分为凭证证券和有价证券。凭证证券又称无价证券，是指本身不能使持券人或第三者取得一定收入的证券。它又可分为两个大类：一类是证据类书面凭证，即为单纯证明某一特定事实的书面凭证，如借据、收据等；另一类是某种私权的合法占有者的书面凭证，即占有权证券，如购物券、供应证等。有价证券是指标有票面金额，用于证明持券人或该证券指定的特定主体对特定财产拥有所有权或债权的凭证。这类证券本身没有价值，但由于它代表着一定的财产权利，持有者可凭该证券直接取得一定量的商品、货币，或是取得利息、股息等收入，因而可以在证券市场上买卖和流通，客观上具有了交易价格。在证券理论和实务中，通常所说的证券就是有价证券，本书亦如此。

有价证券有广义与狭义两种概念。广义的有价证券包括商品证券、货币证券和资本证券，狭义的有价证券即指资本证券。

商品证券是证明持券人拥有商品所有权或使用权的凭证，取得这种证券就等于取得这种商品的所有权，持券者对这种证券所代表的商品所有权受法律保护。属于商品证券的有提货单、运货单、仓库栈单等。

货币证券是指本身能使持券人或第三者取得货币索取权的有价证券。货币证券主要包括两大类：一类是商业证券，主要包括商业汇票和商业本票；另一类是银行证券，主要包括银行汇票、银行本票和支票。

资本证券是指由金融投资或与金融投资有直接联系的活动而产生的证券。持券人对发行人有一定的收入请求权，它包括股票、债券及其衍生品种如基金证券、可转换证券等。

（二）有价证券的分类

有价证券的种类多种多样，可以从不同角度、按不同标准进行分类。

1. 按证券发行主体分类

按证券发行主体的不同，有价证券可分为政府证券、政府机构证券和公司证券。政府证券亦即政府债券，是指由中央政府或地方政府为筹措财政资金或建设资金，凭其信誉按照一定程序向投资者发行的债券，分为中央政府债券与地方政府债券。中央政府债券也称国债，通常由一国财政部发行。地方政府发行的债券是地方政府债券，以地方税或其他收入作为偿还来源。政府机构证券是由经批准的政府机构发行的证券，我国目前不允许政府机构发行证券。公司证券是指公司、企业等经济法人为筹措资金而发行的有价证券，主要包括公司股票、公司债券及商业票据等。此外，在公司证券中，通常将银行及非银行金融机构发行的证券称为金融证券，其中金融债券尤为常见。

2. 按证券是否在证券交易所挂牌交易分类

按证券是否在证券交易所挂牌交易，有价证券可分为上市证券和非上市证券。上市证券又称挂牌证券，是指经证券主管机关核准发行，并经证券交易所依法审核同意，允许在证券交易所内公开买卖的证券。非上市证券也称非挂牌证券、场外证券，指未申请上市或不符合在证券交易所挂牌交易条件的证券。非上市证券不允许在证券交易所内交易，但可以在其他证券交易市场发行和交易。凭证式国债、普通开放式基金份额和非上市公众公司的股票属于非上市证券。

3. 按证券收益固定与否分类

按证券收益固定与否，有价证券可分为固定收益证券和变动收益证券。固定收益证券是指持券人可以在特定的时间内取得固定的收益并预先知道取得收益的数量和时间，如固定利率债券、优先股股票等。变动收益证券是指因客观条件的变化其收益也随之变化的证券。

4. 按证券募集方式分类

按证券募集方式的不同，有价证券可分为公募证券和私募证券。公募证券是指发行人通过中介机构向不特定的社会公众投资者公开发行的证券，其审批较严格并采取公示制度。私募证券是指向少数特定的投资者发行的证券，其审查条件相对较松，投资者也较少，不采取公示制度。

5. 按证券性质分类

按证券性质的不同，有价证券可分为基础证券和金融衍生证券两大类。股票、债券和投资基金都属于基础证券，它们是最活跃的投资工具，是证券市场的主要交易对象，也是证券理论和实务研究的重点。金融衍生证券是指由基础证券派生出来的证券交易品种，主要有金融期货与期权、可转换证券、认股权证等。

（三）有价证券的主要特征

相对凭证证券，有价证券有以下几个特征。

1. 收益性

证券的收益性，是指持有证券本身可以获得一定数额的收益，这是投资者转让资本使用权的回报。证券代表的是对一定数额的某种特定资产的所有权，而资产是一种特殊的价值，它要在社会经济运行中不断运动、不断增值，最终形成高于原始投入价值的价值。由于这种资产的所有权属于证券投资者，投资者持有证券也就同时拥有取得这部分资产增值收益的权利，因此，证券本身具有收益性。

2. 流动性

证券的流动性，又称变现性，是指证券持有人变现证券的难易程度。流动性是证券的生命力所在，不但可以使证券持有人随时把证券转变为现金，而且还使持有人根据自己的偏好选择持有证券的种类。证券的流动性可以通过到期兑付、承兑、贴现、转让等方式实现，不同证券的流动性是不同的。

3. 风险性

证券的风险性，是指证券持有者面临的实际收益与预期收益的背离，或者说是证券收益的不确定性。在现有的社会生产条件下，未来经济的发展变化有些是投资者可以预测的，而有些则无法预测，因此，投资者难以确定所持有的证券将来能否取得收益和能获得多少收益，从而就使持有证券具有风险。从整体上说，证券的风险与收益成正比。通常情况下，风险越大的证券，投资者要求的预期收益越高；风险越小的证券，预期收益越低。

4. 期限性

证券的期限性，是指债券一般有明确的还本付息期限，以满足不同筹资者和投资者对融资期限以及与此相关的收益率要求。债券的期限具有法律约束力，是对融资双方权益的保护。股票没有期限，可以视为永久证券。

二、证券市场的特征与分类

（一）证券市场的特征

相对于其他市场，特别是相对于有形商品市场，证券市场有其独特性。

1. 证券市场是价值直接交换的场所

有价证券都是价值的直接代表，本质上是价值的一种直接表现形式。虽然证券交易的对象是各种各样的有价证券，但由于它们是价值的直接表现形式，所以证券市场本质上是价值的直接交换场所。

2. 证券市场是财产权利直接交换的场所

证券市场上的交易对象是作为经济权益凭证的股票、债券、投资基金等有价证券，它们本身是一定财产权利的代表。所以，有价证券代表着对一定数额财产的所有权、债权以及相关的收益权。证券市场实际上是财产权利的直接交换场所。

3. 证券市场是风险直接交换的场所

有价证券既是一定收益权利的代表，同时也是一定风险的代表。有价证券的交换在转让一定收益权的同时，也把该有价证券所特有的风险转让出去。所以，从风险的角度分析，证券市场也是风险直接交换的场所。

（二）证券市场的分类

证券市场可以按多种形式分类。

（1）证券市场按证券的性质分为股票市场、债券市场和基金市场。

（2）证券市场按组织形式分为场内市场和场外市场。场内市场指的是证券交易所，场外市场则主要指店头市场（柜台市场）以及第三市场、第四市场。

（3）证券市场按证券的运行过程和证券市场的具体任务分为证券发行市场和证券交易市场。

专栏 1.1　中国证券市场的变迁

1. 旧中国的证券市场

证券在我国属于“舶来品”，最早出现的股票是外商股票，最早出现的证券交易机构也是由外商开办的“上海股份公所”和“上海众业公所”。1872 年设立的轮船招商局是我国第一家股份制企业。1918 年夏天成立的北平证券交易所是中国人自己创办的第一家证券交易所。此后，相继出现了上海证券物品交易所、上海华商证券交易所、青岛市物品证券交易所、天津市公司交易所等，逐渐形成了旧中国的证券市场。

2. 新中国的证券市场

新中国成立初期的证券市场，先后成立了天津证券交易所和北京证券交易所。但至 1952 年，因两家证券交易所交易量极度萎缩均宣告停业。

3. 改革开放后的证券市场

中国内地证券市场是在 20 世纪 70 年代末确立改革开放政策后重新恢复和起步的，流通转让方式主要是私下交易和柜台交易等场外交易方式。1981 年财政部首次发行国库券，揭开了新时期中国证券市场新发展的序幕。改革开放后国内第一只股票——上海飞乐音响于 1984 年 11 月诞生。1986 年 9 月 26 日，新中国第一家代理和转让股票的证券公司——中国工商银行上海信托投资公司静安证券业务部宣告营业，从此恢复了中国中断了 30 多年的证券交易业务，开始上海股票的柜台交易。

1990 年 12 月和 1991 年 7 月，上海证券交易所和深圳证券交易所分别正式营运，标志着中国证券集中交易市场的形成，证券市场开始了快速发展时期。

1992 年 10 月，国务院证券委员会及其监管执行机构中国证券监督管理委员会(以下简称中国证监会）宣布成立，标志着全国证券市场进行统一监督管理的专门机构产生。

1993 年以后，股票市场试点由点及面，扩大到全国，并以 B 股、H 股等方式开始发行，债券市场品种多样化，发债规模逐年递增。与此同时，证券中介机构在种类、数量和规模上迅速扩大。

1998 年 12 月，全国人民代表大会常务委员会（以下简称全国人大常委会）通过《中华人民共和国证券法》(以下简称《证券法》)，并于 1999 年 7 月 1 日正式实施。2003 年，《中华人民共和国证券投资基金法》(以下简称《基金法》) 出台，2004 年 8 月和 2005 年 11 月，全国人大常委会对《证券法》进行了两次修订，进一步夯实了中国证券市场发展的法律基础。

2004 年 5 月起深圳证券交易所在主板市场内设立中小公司板块，上海证券交易所和深圳证券交易所分别推出交易型开放式指数基金（ETF）和上市开放式基金（LOF）、权证等创新品种，交易机制、交易技术也不断完善。

2005 年 4 月，经国务院批准，启动股权分置改革试点工作。

2006 年 9 月 8 日，经国务院同意，中国证监会批准，由上海期货交易所、郑州商品交易所、大连商品交易所、上海证券交易所和深圳证券交易所共同发起设立中国金融期货交易所，对健全中国资本市场体系结构具有划时代的重大意义。

2007 年 7 月 5 日，中国证监会颁布的《合格境内机构投资者境外证券投资管理试行办法》以及《关于实施有关问题的通知》正式实施，共同构成了基金公司、券商合格境内机构投资者业务完整的规则体系。

2009 年 10 月 23 日，创业板正式启动，这意味着筹备十年的创业板市场正式开板。

2010 年 4 月 8 日，中国金融期货交易所股指期货启动仪式举行。首批四个沪深 300 股票指数期货合约于同年 4 月 16 日上市交易。

三、证券市场的结构与功能

（一）证券市场的结构

证券市场的结构是指证券市场的构成及其各部分之间的量比关系。证券市场的结构可以有许多种，但较为重要的结构有以下几种。

1. 层次结构

这是一种按证券进入市场的顺序而形成的结构关系。按这种顺序关系划分，证券市场的构成可分为发行市场和交易市场。证券发行市场又称“一级市场”或“初级市场”，是发行人以筹集资金为目的，按照一定的法律规定和发行程序，向投资者出售新证券所形成的市场。证券交易市场又称“二级市场”或“次级市场”，是已发行的证券通过买卖交易实现流通转让的市场。

证券发行市场和流通市场相互依存、相互制约，是一个不可分割的整体。证券发行市场是流通市场的基础和前提，有了发行市场的证券供应，才有流通市场的证券交易，证券发行的种类、数量和发行方式决定着流通市场的规模和运行。流通市场是证券得以持续扩大发行的必要条件，为证券的转让提供市场条件，使发行市场充满活力。此外，流通市场的交易价格制约和影响着证券的发行价格，是证券发行时需要考虑的重要因素。

2. 多层次资本市场

除一级、二级市场区分之外，证券市场的层次性还体现为区域分布、覆盖公司类型、上市交易制度以及监管要求的多样性。根据所服务和覆盖的上市公司类型，证券市场可分为全球性市场、全国性市场、区域性市场等类型；根据上市公司规模、监管要求等差异，证券市场可分为主板市场、创业板市场（二板市场）；根据交易方式，证券市场可分为集中交易市场、柜台市场等。

3. 品种结构

这是依有价证券的品种形成的结构关系。这种结构关系的构成主要有股票市场、债券市场、基金市场、衍生品市场等。

4. 交易场所结构

按交易活动是否在固定场所进行，证券市场可分为有形市场和无形市场。通常人们也把有形市场称作“场内市场”，是指有固定场所的证券交易所市场，是组织、制度化了的市场。无形市场是指没有固定交易场所的市场。随着现代通信技术的发展和电子计算机网络的广泛应用以及交易技术和交易组织形式的演进，越来越多的证券交易不在有形的场内市场进行，而是通过经纪人或交易商的电传、电报、电话、网络等洽谈成交。目前场内市场与场外市场之间的截然划分已经不复存在，出现了多层次的证券市场结构。很多传统意义上的场外市场由于报价商和电子撮合系统的出现而具有了集中交易特征，而交易所市场也开始逐步推出兼容场外交易的交易组织形式。

专栏 1.2　中小公司板与创业板市场

2004 年 5 月，中国证监会同意深圳证券交易所设中小板，作为创业板的过渡。同年 5 月 17 日中小公司板设立，其基本制度规范与现有市场完全相同，适用的发行上市标准与程序跟主板市场完全相同，即必须满足信息披露、发行上市辅导、财务指标、赢利能力、股本规模、公众持股比例等各方面的要求。因而，中小公司板只是在深圳证券交易所主板市场中设立的一个运行独立、监察独立、代码独立、指数独立的板块，主要作用是集中安排符合主板发行上市条件的公司中规模较小的公司上市。

中小公司板指数于 2005 年 12 月 1 日正式发布，以中小公司板正常交易的股票为样本股，以自由流通股数为权重，采取派氏加权法计算，基日为中小公司板第 50 家上市公司的上市日（2005 年 6 月 7 日），基日点位为 1 000 点。

创业板又称二板市场，即第二股票交易市场，是指主板之外的专为暂时无法上市的中小企业和新兴公司提供融资途径和成长空间的证券交易市场，是对主板市场的有效补给，在资本市场中占据着重要的位置。

在创业板市场上市的公司大多从事高科技业务，具有较高的成长性，但往往成立时间较短，规模较小，业绩也不突出。创业板市场最大的特点就是低门槛进入，严要求运作，有助于有潜力的中小企业获得融资机会。

在中国发展创业板市场是为了给中小企业提供更方便的融资渠道，为风险资本营造一个正常的退出机制。同时，这也是我国调整产业结构、推进经济改革的重要手段。

对投资者来说，创业板市场的风险要比主板市场高得多。当然，回报可能也会大得多。

各国政府对二板市场的监管更为严格，其核心就是“信息披露”。除此之外，监管部门还通过“保荐人”制度来帮助投资者选择高素质企业。

二板市场和主板市场的投资对象和风险承受能力是不相同的，在通常情况下，二者不会相互影响，而且由于它们内在的联系，反而会促进主板市场的进一步发展壮大。

按与主板市场的关系划分，全球的二板市场大致可分为两类模式。一类是“独立型”，完全独立于主板之外，具有自己鲜明的角色定位。世界上最成功的二板市场——美国纳斯达克（national association of securities dealers automatic quotation，NASDAQ）市场即属此类。纳斯达克市场诞生于 1971 年，上市规则比主板纽约证券交易所要简化得多，渐渐成为全美高科技上市公司最多的证券市场，涌现出一批像思科、微软、英特尔那样的大名鼎鼎的高科技巨人。另一类是“附属型”，它附属于主板市场，旨在为主板培养上市公司，就是充当主板市场的“第二梯队”。新加坡股票交易所建立的自动报价市场（sesdaq）即属此类。

2009 年 10 月 23 日，我国的创业板正式启动。我国创业板在借鉴了海外创业板的基础上，充分考虑了我国具体国情，创业板发行上市的数量性标准仍然十分严格：①我国创业板仍然强调“净利润”要求，且在数量上均严于海外创业板市场；②我国创业板对公司规模仍然有较高要求；③我国创业板对发行人的成长性有定量要求；④我国创业板要求企业上市前不得存在“未弥补亏损”，而海外创业板市场则少有类似规定。

讨论题目：对比我国创业板与主板市场中的中小企业板的上市条件的异同。

（二）证券市场的功能

证券市场是现代经济不可或缺的组成部分，它的功能体现在以下三方面。

1. 筹资—投资功能

证券市场的筹资—投资功能是指证券市场一方面为资金需求者提供了通过发行证券筹集资金的机会；另一方面为资金供给者提供了投资对象。在证券市场上交易的任何证券，既是筹资的工具，也是投资的工具。在经济运行过程中，既有资金盈余者，又有资金短缺者。资金盈余者为使自己的资金价值增值，必须寻找投资对象；而资金短缺者为了发展自己的业务，就要向社会寻找资金。为了筹集资金，资金短缺者可以通过发行各种证券来达到筹资的目的，资金盈余者则可以通过买入证券而实现投资。筹资和投资是证券市场基本功能不可分割的两个方面，忽视其中任何一个方面都会导致市场的严重缺陷。

2. 定价功能

证券市场的第二个基本功能是定价功能。证券是资本的表现形式，所以证券的价格实际上是证券所代表的资本的价格。证券的价格是证券市场上证券供求双方共同作用的结果。证券市场的运行形成了证券需求者和证券供给者的竞争关系，这种竞争的结果是：能产生高投资回报的资本，市场的需求就大，相应的证券价格就高；反之，证券的价格就低。因此，证券市场提供了资本的合理定价机制。

3. 资本配置功能

证券市场的资本配置功能是指通过证券价格引导资本的流动从而实现资本的合理配置的功能。在证券市场上，证券价格的高低是由该证券所能提供的预期报酬率的高低来决定的。证券价格的高低实际上是该证券筹资能力的反映。能提供高报酬率的证券一般来自那些经营好、发展潜力巨大的企业，或者是来自新兴行业的企业。由于这些证券的预期报酬率高，其市场价格相应就高，从而筹资能力就强。这样，证券市场就引导资本流向能产生高报酬的企业或行业，从而使资本产生尽可能高的效率，进而实现资本的合理配置。

四、证券市场参与者的构成

证券市场的参与者包括证券发行人、证券投资人、证券市场中介机构、自律性组织和证券监管机构。这些主体各司其职，充分发挥其本身的作用，构成了一个完整的证券市场参与体系。

（一）证券发行人

证券发行人是指为筹措资金而发行债券、股票等证券的政府及其机构、金融机构、公司和企业。证券发行人是证券发行的主体。在证券市场上，作为证券的发行人，即资金的筹集者主要有以下几类。

1. 公司（企业）

企业的组织形式可分为独资制、合伙制和公司制。现代股份制公司主要采取股份有限公司和有限责任公司两种形式，其中，只有股份有限公司才能发行股票。

2. 政府和政府机构

随着国家干预经济理论的兴起，政府（中央政府和地方政府）和中央政府直属机构已成为证券发行的重要主体之一，但政府和政府机构发行证券的品种仅限于债券。

中央银行是代表一国政府发行法偿货币、制定和执行货币政策、实施金融监管的重要机构。中央银行作为证券发行主体，主要发行两类证券：一类是中央银行股票。在一些国家如美国，中央银行采取了股份制组织结构，通过发行股票募集资金，但中央银行的股东并不享有决定中央银行政策的权利，其股票类似于优先股。另一类是中央银行出于调控货币供给量目的而发行的特殊债券，如中国人民银行从2003年起开始发行中央银行票据。

（二）证券投资人

证券市场的投资人是指通过证券而进行投资的各类机构法人和自然人，他们是资金供给者，也是金融工具的购买者。证券投资人可分为机构投资者和个人投资者两大类。

1. 机构投资者

机构投资者主要有政府机构、金融机构、企业和事业法人及各类基金。

政府机构参与证券投资的目的主要是调剂资金余缺和进行宏观调控。参与证券投资的金融机构包括证券经营机构、银行业金融机构、保险公司以及其他金融机构。证券经营机构是证券市场上最活跃的投资者，以其自有资本、营运资金和受托投资资金进行证券投资。银行业金融机构包括商业银行、城市信用合作社、农村信用合作社等吸收公众存款的金融机构以及政策性银行。受自身业务特点和政府法令的制约，银行业金融机构一般仅限于投资中央政府债券和地方政府债券，而且通常以短期国债作为其超额储备的持有形式。保险公司已超过共同基金成为全球最大的机构投资者，除大量投资于各类政府债券、高级公司债券外，还广泛涉足基金和股票投资。

自我国证券市场成立以来，机构投资者在数量和规模上获得了较快的发展，尤其以证券投资基金、保险资金、社保基金、企业年金和合格境外机构投资者（qualified foreign institutional investors，QFII）等为主要力量的机构投资者已成为我国资本市场稳定发展的重要主导力量。

2. 个人投资者

个人投资者是指从事证券投资的社会自然人，他们是证券市场最广泛的投资者。个人进行证券投资必须具备一些基本条件，包括国家有关法律、法规关于个人投资者投资资格的规定和个人投资者必须具备一定的经济实力。为保护个人投资者利益，对于部分高风险证券产品的投资，监管法规还要求相关个人具有一定的产品知识并签署书面的知情同意书。

（三）证券市场中介机构

证券市场中介机构是指为证券的发行与交易提供服务的各类机构。在证券市场起中介作用的机构是证券公司和其他证券服务机构，通常把两者合称为证券中介机构。

1. 证券公司

证券公司又称证券商，是指依照《中华人民共和国公司法》（以下简称《公司法》）规定和经国务院监督管理机构批准从事证券经营业务的有限责任公司或股份有限公司。证券公司的主要业务有证券承销、经纪、自营、投资咨询以及购并、受托资产管理和基金管理等。2006年1月1日起施行的经修订的《证券法》按照证券经纪、证券投资咨询、财务顾问、证券承销和保荐、证券自营、证券资产管理、其他证券业务等业务类型对证券公司进行管理，并按照审慎监管的原则，根据各项业务的风险程度，设定分类准入条件。

2. 证券登记结算机构

证券登记结算机构是为证券交易提供集中的登记、托管与结算服务的专门机构。根据我国《证券法》的规定，证券登记结算机构是不以营利为目的的法人。

3. 证券服务机构

证券服务机构是指依法设立的从事证券服务业务的法人机构，主要包括证券投资咨询机构、财务顾问机构、资信评级机构、资产评估机构、会计师事务所、律师事务所等。

（四）自律性组织

在我国，证券自律性组织包括证券交易所和证券业协会。我国的证券交易所是提供证券集中竞价交易场所的不以营利为目的的法人，实行自律管理。证券业协会是社会团体法人。它发挥政府与证券经营机构之间的桥梁和纽带作用，维护投资者和会员的合法权益，完善证券市场体系促进证券业的发展。我国证券业自律性机构是上海证券交易所、深圳证券交易所、中国证券业协会和中国国债协会。

（五）证券监管机构

依据《证券法》，证券监管机构是依法制定有关证券市场监督管理的规章、规则，并依法对证券的发行、交易、登记、托管、结算以及证券市场的参与者进行监督管理的部门，主要包括中国证监会及其派出机构。中国证监会是我国证券管理体制中的核心构成部分，其核心地位由我国《证券法》第七条和第一百七十八条加以明确。

第二节　证券市场的基础工具

一、股票

股票是一种由股份有限公司签发的用以证明股东所持股份的凭证，它表明股票的持有者对股份有限公司的部分资本拥有所有权。股票虽然只是一种凭证，但由于股票的持有人凭着股票可获得一定的经济利益并享有相应的权利，所以股票是一种有价证券。

（一）股票的特征

相对其他证券，股票具有以下几个特征。

1. 收益性

股票的收益性主要表现在股票的持有人都可按股份有限公司的章程从公司领取股息和红利，从而获取购买股票的经济利益，这也是股票购买者向股份有限公司投资的基本目的，也是股份有限公司发行股票的必备条件。

2. 风险性

任何一项投资都伴随着风险存在，股票投资也不例外。股票的风险主要表现在以下几点：其一，影响股份有限公司经营的因素繁多且变化不定，其每年的经营业绩都不确定，而股票的股息和红利是根据公司具体赢利水平确定的。其二，当投资者购买的是二级市场上流通的股票时，股票的价格除受公司的经营业绩影响外，还要受众多其他因素的影响。当股票的价格下跌时，股票持有者会因股票的贬值而蒙受损失。风险并不等于损失，高风险的股票可能给投资者带来较大损失，也可能带来较大的预期收益。

3. 流动性

经国家证券管理部门或证券交易所同意后，股票可以在证券交易所流通或进行柜台交易，股票的持有者就可将股票按照相应的市场价格转让给第三者，将股票所代表着的股东身份及各种权益出让给受让者。当持有的股票是可流通股时，其持有人可在任何一个交易日到市场上将其兑现，流动性就是指股票通过依法转让而变现的特性。

4. 参与性

参与性是指股票持有人有权参与公司重大决策的特性。根据《公司法》的规定，股票的持有者就是股份有限公司的股东，有权出席股东大会、参加公司董事机构的选举及公司的经营决策。

5. 永久性

永久性是指股票所载有权利的有效性是始终不变的，因为它是一种无期限的法律凭证。在向股份有限公司参股投资而取得股票后，任何股东都不能退股，股票的有效存在是与股份有限公司的存续相联系的，即股票是与发行人共存亡的，它反映的是股东与股份有限公司之间比较稳定的经济关系。对于股票持有者来说，只要其持有股票，其股东身份和股东权益就不能改变。如要改变股东身份，要么将股票转售给第三人，要么等待公司的破产清盘。

（二）股票的分类

股票的种类很多，分类方法也有差异，常见的分类方法如下。

1. 按股东享有的权利分类

按股东享有权利的不同，股票可分为普通股和优先股。

所谓普通股股票，就是持有这种股票的股东都享有同等的权利，都能参加公司的经营决策，其所分取的股息红利随着股份有限公司经营利润的多寡而变化。普通股股票是股票中最普通、最重要的股票种类，股份有限公司最初发行的股票一般都是普通股股票，且由于它在权利及义务方面没有特别的限制，其发行范围最广且发行量最大。普通股股票也是风险最大的股票，持有此类股票的股东获取的经济利益是不稳定的，它不但要随公司的经营水平而波动，且其收益顺序比较靠后，即股份有限公司必须在偿付完公司的债务和所发行的债券利息以及优先股股东的股息以后才能给普通股股东分红。

对股份有限公司而言，普通股股票的股东所处的地位是绝对平等的，在股份有限公司存续期间，它们都毫无例外地享有下述权利：①参与经营决策权。股东通过参加股东大会来参与股份有限公司的重大经营决策。一般来说，股份有限公司每一年度都至少要召开一次股东大会，在遇到重大事件时还要召开临时股东大会。在股东大会上，股东除了听取公司董事会的业务和财务报告外，还可对公司的经营管理发表意见，参加公司董事会和监事会的选举。如果认为公司的账目不清时，股东还有权查阅公司的有关账册。如果发现董事违法失职或违反公司章程而损害公司利益时，普通股股东有权将之诉诸于法庭。②盈余分配权。在经董事会决定之后，普通股股东有权按顺序从公司经营的净利润中分取股息和红利。③剩余资产分配权。在股份有限公司解散清算时，普通股股东有权按顺序和比例分配公司的剩余资产。④优先认股权。当股份有限公司为增加公司资本而决定增资扩股时，普通股股东都有权按持股比例优先认购新股，以保证普通股股东在股份有限公司中的控股比例不变。

优先股股票是指持有该种股票股东的权益要受一定的限制。优先股股票的发行一般是股份有限公司出于某种特定的目的和需要，且在票面上要注明“优先股”字样。优先股股东的特别权利就是可优先于普通股股东以固定的股息分取公司收益，并在公司破产清算时优先分取剩余资产，但一般不能参与公司的经营活动，其具体的优先条件必须由公司章程加以明确。

在我国，从股票市场出现至今，尚没有公司发行过优先股。

如果将优先股股票细分，它还可以分为累积优先股股票和非累积优先股股票、参加分配优先股股票和不参加分配优先股股票、可转换优先股股票和不可转换优先股股票、可赎回优先股股票和不可赎回优先股股票、股息率可调整优先股股票和股息率固定优先股股票。

2. 按股票是否记名分类

按股票是否记名分类，股票可分为记名股票和无记名股票。

记名股票是在股票票面和公司股东名册上都载有股东姓名的股票。记名股票所代表的股东权益归属于记名股东，只有记名股东或其正式委托授权的代理人才能行使股东权。记名股票不得私下转让，转让记名股票，必须办理股票过户登记手续，将受让人的姓名、住址分别记载于股票票面和公司股东名册上，这样受让人才能取得记名股东的资格和权利，成为公司的新股东。无记名股票是在股票票面上和公司股东名册中都不记载股东姓名和住址的股票。股票的实际持有人就是公司的股东，并可能借此行使股东权。无记名股票可以任意转让，而且转让时无需办理过户手续，只要将股票交给购买者，受让人就立即成为股东。

3. 按是否在股票票面上标明金额分类

按是否在股票票面上标明金额分类，股票可分为有面值股票和无面值股票。

有面值股票就是在股票票面上载有一定金额的股票。票面额为公司资本的基本单位，大多数国家在公司法中对股票最低面值都有明确规定。目前，我国公司发行的股票都是有面值股票，且票面金额都是一元。一般来说，股票发行价格原则上不得低于股票票面价值。无面值股票是股票票面不记载金额的股票，而只注明它在公司总资本中所占的比例。无面值股票的价值随公司净资产和预期未来收益的增减而相应增减。无面值股票淡化了票面价值的概念，但仍然有内在价值，它与有面值股票的差别仅在表现形式上。

4. 按股票发行者的经营业绩等分类

按股票发行者的经营业绩等分类，普通股可分为绩优股、蓝筹股、成长股、周期性股、防守股和投机性股等。

绩优股是指业绩优良公司的股票。衡量绩优股的主要指标是每股税后利润和净资产收益率。一般而言，每股税后利润在全体上市公司中处于中上水平，公司上市后净资产收益率连续 3 年显著超过 10%的股票当属于绩优股。

蓝筹股是特指一些业绩优良、具有强大经济实力的大公司发行的普通股股票。其股票的红利稳定而优厚，而且这些公司在其所在行业中占有重要的，甚至是支配性的地位。如果公司的上述特征消失，该公司股票蓝筹股的地位就随之消失。

成长股是一些正在快速发展的公司发行的股票。这些公司的销售额和收益额都在快速扩张，其增长幅度高于整个国家及其所在行业的增长水平。随着公司的成长和发展，所发行的股票的价格也会上升，投资者可以获益。

周期性股是指股票收益随商业周期而波动的公司发行的股票。发行此类股票的主要有钢铁、水泥、造纸、航空、铁路、建筑材料等行业的公司，这些公司的业务受商业周期的变化影响较大，其股票收益也呈现出与经济周期同步变化的趋势。

防守股是与周期性股相反的股票，指的是在经济条件普遍恶化时，股息和红利要高于其他股票的平均收益的股票，这类股票的收益比较稳定。一般来说，公用事业、药品、食品等行业的公司发行的股票就属于这一类。

投机性股是指那些自身价格波动快且幅度大或公司前景很不稳定的股票。由于这些不稳定的因素，股票的价格在短时间内有大幅度涨跌，投机性很强，风险很大，如从事开发性或冒险性事业的公司股票就属于投机性股。

5. 按投资主体分类

我国的股票按投资主体分类，可分为国家股、法人股、社会公众股和外资股。

国家股是指有权代表国家投资的部门或机构以国有资产向公司投资形成的股份，包括公司现有国有资产折算成的股份。我国国家股的构成，从资金来源看主要包括三部分：国有公司由国家计划投资所形成的固定资产、国拨流动资金和各种专用拨款；各级政府的财政部门、经济主管部门对公司的投资所形成的股份；原有行政性公司的资金所形成的企业固定资产。

法人股是指企业法人或具有法人资格的事业单位和社会团体以其依法可支配的资产投入公司所形成的股份。如果是具有法人资格的国有企业、事业单位及其他单位以其依法占有的法人资产向独立于自己的股份有限企业出资形成或依法定程序取得的股份，可称为国有法人股，属于国有股权。作为发起人的公司法人或具有法人资格的事业单位和社会团体在认购股份时，可以用货币出资，也可以用其他形式的资产，如实物、工业产权、非专利技术、土地使用权等作价出资。但对其他形式资产必须进行评估作价，核实财产，不得高估或者低估作价。

社会公众股是指社会公众依法以其拥有的财产投入公司时形成的可上市流通的股份。在社会募集方式下，股份有限公司发行的股份，除了由发起人认购一部分外，其余部分应该向社会公众公开发行。

外资股是由国内股份有限公司向国外投资者及我国港澳台地区投资者发行的以人民币标明面值、以外币认购和交易的股票。外资股可按照上市地域分为境内上市外资股和境外上市外资股。境内上市外资股即 B 股，由国内股份有限公司发行，在上海证券交易所、深圳证券交易所上市，以人民币标注面值，但以外币认购和交易的股票。境外上市外资股是由国内股份有限公司发行，在境外证券交易所上市的股票，主要由 H 股、N 股、S 股等构成。

6. 按能否在证券交易所上市交易分类

按能否在证券交易所上市交易分类，普通股股票可分为流通股票与非流通股票。

流通股票是指可以在证券交易所市场流通的股票，非流通股票是不能在证券交易所市场流通的股票。

专栏 1.3 我国的股权分置改革

由于历史原因，我国证券市场存在股权分置现象。股权分置是指 A 股市场上的上市公司股份按能否在证券交易所上市交易，被区分为非流通股和流通股。上市公司股权分置改革是通过非流通股股东与流通股股东之间的利益平衡协商机制消除 A 股市场股份转让制度性差异的过程，是为非流通股可以上市交易做出的制度安排。

2004 年 1 月 31 日国务院发布的《国务院关于推进资本市场改革开放和稳定发展的若干意见》明确指出"积极稳妥解决股权分置问题"，提出"在解决这一问题时要尊重市场规律，有利于市场的稳定和发展，切实保护投资者特别是公众投资者的合法权益"的总体要求。2005 年 4 月 29 日，经国务院同意，中国证监会发布了《关于上市公司股权分置改革试点有关问题的通知》，股权分置改革试点工作正式启动。2005 年 5 月 9 日，三一重工、紫江企业、清华同方、金牛能源四家上市公司作为第一批股权分置改革试点方案正式推出。2005 年 6 月 1 日，中国证监会发布《关于做好第二批上市公司股权分置改革试点工作有关问题的通知》，进一步对试点工作中的对价形成机制进行了完善。2005 年 6 月 17 日，国务院国有资产管理委员会（以下简称国资委）发布《关于国有控股上市公司股权分置改革的指导意见》。2005 年 6 月 20 日，试点第二批 42 家公司亮相。

伴随第二批股权分置改革试点工作的结束，2005 年 8 月 23 日，中国证监会、国务院国资委、财政部、中国人民银行、商务部五部委联合发布《关于上市公司股权分置改革的指导意见》。2005 年 9 月 4 日，中国证监会在全面总结股权分置改革试点上市公司经验的基础上，正式发布《上市公司股权分置改革管理办法》。2005 年 9 月 6 日，上海证券交易所、深圳证券交易所和中国证券登记结算有限责任公司联合制定并发布《上市公司股权分置改革业务操作指引》《上市公司股权分置改革说明书格式指引》，股权分置改革进入全面推广阶段。

讨论题目：股权分置改革对我国资本市场发展的重大影响有哪些？

二、债券

债券是一种有价证券，是社会各类经济主体为筹集资金而向债券投资者出具的、承诺按一定利率定期支付利息并到期偿还本金的债权债务凭证。债券所规定的借贷双方的权利义务关系包含四个方面的含义：发行人是借入资金的经济主体，投资者是出借资金的经济主体，发行人必须在约定的时间还本付息，债券反映了发行者和投资者之间的债权债务关系而且是这一关系的法律凭证。

（一）债券的特征

一般来说，债券作为一种投资工具，具有以下特征。

1. 偿还性

偿还性是指债券有规定的偿还期限，债务人必须按期向债权人支付利息和偿还本金。债券的这一特征与股票的永久性有很大的区别。在债券历史上，也曾有国家发行过无期公债或永久性公债。这种公债无固定偿还期，持券者不能要求政府清偿，只能按期取息。但这只是个别现象，不能因此而否定债券具有偿还性的一般特性。

2. 流动性

流动性是指债券持有人可按自己的需要和市场的实际状况，灵活地转让债券，以提前收回本金和实现投资收益。流动性首先取决于市场为转让所提供的便利程度，如相关的政策、市场等；其次还表现为债券在迅速转变为货币时，是否在以货币计算的价值上蒙受损失。

3. 安全性

安全性是指债券持有人的收益相对固定，不随发行者经营收益的变动而变动，并且可按期收回本金。债券投资不能收回的风险有两种情况：其一，债务人不履行债务，即债务人不能按时足额履行约定的利息支付或者偿还本金。不同的债务人不履行债务的风险程度是不一样的，一般政府债券不履行债务的风险最低。其二，流通市场风险，即债券在市场上转让时因价格下跌而承受损失。

4. 收益性

收益性是指债券能为投资者带来一定的收入，即债券投资的报酬。在实际经济活动中，债券收益可以表现为三种形式：一是利息收入，即债权人在持有债券期间按约定的条件分期、分次或者到期一次取得利息；二是资本损益，即债权人到期收回的本金与买入债券或中途卖出债券与买入债券之间的价差收入；三是再投资受益，即投资债券所获现金流量再投资的利息收入，受市场收益率变化的影响。

（二）债券的票面要素

债券作为证明债权、债务关系的凭证，一般以一定格式的票面形式来表现。通常，债券票面上有四个基本要素。

1. 票面价值

票面价值是债券票面标明的货币价值，是债券发行人承诺在债券到期日偿还给债券持有人的金额。在债券的票面价值中，首先要规定票面价值的币种。一般来说，在本国发行的债券通常以本国货币作为面值的计量单位，在国际金融市场筹资则通常以债券发行地所在国家的货币或以国际通用货币为计量标准。币种确定后，还要规定债券的票面金额。债券票面金额的确定也要根据债券的发行对象、市场资金供给情况及债券发行费用等因素综合考虑。

2. 到期期限

到期期限是指债券从发行之日起至偿清本息之日止的时间，也是债券发行人承诺履行合同义务的全部时间。发行人在确定债券期限时，要考虑多种因素的影响，如资金使用方向、市场利率变化、债券变现能力等因素。

3. 票面利率

票面利率也称名义利率，是债券年利息与债券票面价值的比率，通常年利率用百分数表示。确定债券的票面利率要重点考虑以下影响因素：借贷资金市场利率水平、筹资者的资信、债券期限等。

4. 发行者名称

这一要素指明了该债券的债务主体，既明确了债券发行人应履行对债权人偿还本息的义务，也为债权人到期追索本金和利息提供了依据。

（三）债券的分类

债券种类很多，在债券的历史发展过程中出现过许多不同品种的债券，各种债券共同构成了一个完整的债券体系。依照不同的标准可对债券作如下分类。

1. 按发行主体分类

根据发行主体的不同，债券可以分为政府债券、金融债券和公司债券。

（1）政府债券。政府债券的发行主体是政府，中央政府发行的债券也可以称为国债，其主要目的是解决由政府投资的公共设施或重点建设项目的资金需要和弥补国家财政赤字。除了政府部门直接发行的债券外，有些国家把政府担保的债券也划归为政府债券体系，称为政府保证债券。这种债券由一些与政府有直接关系的公司或金融机构发行，并由政府提供担保。

（2）金融债券。金融债券的发行主体是银行或非银行的金融机构。金融债券往往有良好的信誉，它们发行债券的目的主要有两个：一是筹资用于某种特殊用途；二是改变了本身的资产负债结构。对于金融机构来说，吸收存款和发行债券都是其资金来源，构成了它的负债，但发行债券属于金融机构的主动负债，有更大的主动权和灵活性。

（3）公司债券。公司债券是公司依照法定程序发行、约定在一定期限还本付息的有价证券。公司债券的发行主体是股份有限公司，但有些国家也允许非股份制公司发行债券，所以归类时，可将公司债券和公司发行的债券合在一起，称为公司（企业）债券。公司发行债券的目的主要是为了满足经营需要，由于公司的经营情况千差万别，公司债券的风险性相对于政府债券和金融债券要大一些。

2. 按债券券面形态分类

根据债券券面形态的不同，债券可以分为实物债券、凭证式债券和记账式债券。

（1）实物债券。实物债券是一种具有标准格式实物券面的债券。在标准格式的债券券面上，一般印有债券面额、债券利率、债券期限、债券发行人全称、还本付息方式等各种债券票面要素。实物债券是一般意义上的债券，很多国家通过法律法规对实物债券的格式予以明确规定。

（2）凭证式债券。凭证式债券的形式是债权人认购债券的一种收款凭证，而不是债券发行人制定的标准格式的债券。我国 1994 年开始通过各银行储蓄网点和财政部门国债服务部面向社会发行凭证式国债。这种债券券面上不印制票面金额，而是根据认购者的认购额填写实际的缴款金额，是一种国家储蓄债，可记名、挂失，以凭证式国债收款凭证记录债权，不能上市流通，从购买之日起计息。在持有期内，持券人如遇特殊情况需要提取现金，可以到原购买网点提前兑取。提前兑取时，除偿还本金外，利息按实际持有天数及相应的利率档次计算，经办机构按兑付本金的 2‰收取手续费。

（3）记账式债券。记账式债券是没有实物形态的票券，利用证券账户通过电脑系统完成债券发行、交易及兑付的全过程。我国 1994 年开始发行记账式国债。目前，上海证券交易所和深圳证券交易所已为证券投资者建立了电子证券账户，发行人可以利用证券交易所的交易系统来发行债券。投资者进行记账式债券买卖，必须在证券交易所设立账户。记账式国债可以记名、挂失，安全性较高，同时由于记账式债券的发行和交易均无纸化，所以发行时间短，发行效率高，交易手续简便，成本低，交易安全。

3. 按计息与付息方式分类

根据计息与付息方式的不同，债券可分为零息债券、附息债券、息票累积债券。

（1）零息债券。零息债券，也称零息票债券，指债券合约未规定利息支付的债券。通常，这类债券以低于面值的价格发行和交易，债券持有人实际上是以买卖（到期赎回）价差的方式取得债券利息。

（2）附息债券。附息债券的合约中明确规定，在债券存续期内，对持有人定期支付利息（通常每半年或每年支付一次）。按照计息方式的不同，这类债券还可细分为固定利率债券和浮动利率债券两大类。

（3）息票累积债券。与附息债券相似，这类债券也规定了票面利率，但是，债券持有人必须在债券到期时一次性获得本息，存续期间没有利息支付。

三、证券投资基金

证券投资基金（以下简称基金）是指一种利益共享、风险共担的集合证券投资方式，即通过发行基金单位，集中投资者的资金，由基金托管人托管，由基金管理人管理和运用资金，从事股票、债券等金融工具投资，并将投资收益按基金投资者的投资比例进行分配的一种间接投资方式。

基金是一种积少成多的整体组合投资方式，即投资者将资金交给专业机构（基金管理人）管理。这些专业机构根据法律、法规、基金契约规定的投资原则和投资组合的原理，进行分散投资，趋利避险，以达到分散投资风险，并兼顾资金的流动性和安全性而获利的目的。对于那些资金不多，或没有时间和精力，或缺少证券投资专门知识的投资者而言，是甚佳的投资选择。

不管是发达国家还是发展中国家，当其金融市场发展到一定程度，金融工具的种类和数量达到一定的水平时，基金就会适应市场运行的需要而得到相应的发展。基金是一种大众化的信托投资工具，各国或地区对其称谓不尽相同，如美国称"共同基金"，英国和中国香港地区称"单位信托基金"，日本和中国台湾地区则称"证券投资信托基金"等。

（一）证券投资基金与股票、债券的区别

证券投资基金与股票、债券有明显的不同，主要表现在以下几方面。

1. 经济关系不同

股票反映的是所有权关系，债券反映的是债权债务关系，而基金反映的则是基金投资者和基金管理人之间的一种信托关系。

2. 所筹资金的投向不同

股票和债券是直接投资工具，筹集的资金主要是投向实业；而基金是间接投资工具，所筹集的资金主要是投向其他有价证券等金融工具。

3. 风险水平不同

股票的直接收益取决于发行人的经营效益，不确定性强，投资于股票有较大的风险。债券的直接收益取决于债券利率，而债券利率一般是事先确定的，投资风险较小。基金主要投资于有价证券，投资选择灵活多样，从而使基金的收益有可能高于债券，投资风险又可能小于股票。因此，基金能满足那些不能或不宜于直接参与股票、债券投资的个人或机构的需要。

（二）证券投资基金的功能

证券投资基金作为间接的投资工具，在证券市场上具有以下几项功能。

1. 拓宽了投资渠道

基金作为一种新型的投资工具，把众多投资者的小额资金汇集起来进行组合投资，由专家来管理和运作，经营稳定，收益可观，可以说是专门为中小投资者设计的间接投资工具，大大拓宽了中小投资者的投资渠道。

2. 通过把储蓄转化为投资，有力地促进了产业发展和经济增长

基金吸收社会上的闲散资金，为公司在证券市场上筹集资金创造了良好的融资环境，实际上起到了把储蓄资金转化为生产资金的作用。这种把储蓄转化为投资的机制为产业发展和经济增长提供了重要的资金来源，而且，随着基金的发展壮大，这种作用将越来越大。

3. 有利于证券市场的稳定和发展

第一，基金的发展有利于证券市场的稳定。证券市场的稳定与否，同市场的投资者结构密切

相关。基金的出现和发展，能有效地改善证券市场的投资者结构，成为稳定市场的中坚力量。基金由专业投资人士经营管理，他们投资经验丰富，信息资料齐备，分析手段先进，投资行为相对理性，客观上能起到稳定市场的作用。同时，基金一般注重资本的长期增长，多采取长期的投资行为，不会在证券市场上频繁进出，能减少证券市场的波动。第二，基金作为一种主要投资于证券的金融工具，它的出现和发展增加了证券市场的投资品种，扩大了证券市场的交易规模，起到了丰富和活跃证券市场的作用。随着基金的发展壮大，它已成为推动证券市场发展的重要动力。

（三）证券投资基金的特点

基金之所以在许多国家受到投资者的广泛欢迎，发展如此迅速，都与基金本身的特点有关。作为一种成效卓著的现代化投资工具，基金所具备的特点是十分明显的。

1. 集合投资

基金的特点是将零散的资金汇集起来，交给专业机构投资于各种金融工具，以谋取资产的增值。基金对投资的最低限额要求不高，投资者可以根据自己的经济能力决定购买数量。因此，基金可以最广泛地吸收社会闲散资金，集腋成裘，汇成规模巨大的投资资金。在参与证券投资时，资本越雄厚，优势越明显，而且可能享有大额投资在降低成本上的相对优势，从而获得规模效益的好处。

2. 分散风险

我国基金法规规定，基金必须进行组合投资，要将基金资产分散投资于多种证券，实现资产组合多样化。通过多元化的投资组合，一方面，借助于资金庞大和投资者众多的优势使每个投资者面临的投资风险变小；另一方面，利用不同投资对象之间收益率变化的相关性，达到分散投资风险的目的。

3. 专业理财

将分散的资金集中起来以信托的方式交给专业机构进行投资运作，既是基金的一个重要特点，也是它的一个重要功能。基金实行专业理财制度，由受过专门训练、具有丰富证券投资经验的专业人员运用各种技术手段收集、分析各种信息资料，预测金融市场上各个品种的价格变动趋势，制订投资策略和投资组合方案，从而可避免投资决策失误，提高投资收益。

（四）证券投资基金的分类

证券投资基金形式丰富，可按不同方式分类。

1. 按基金的组织形式分类

按组织形式不同，基金可划分为契约型基金与公司型基金。

契约型基金是基于信托原理而组织起来的代理投资行为，没有基金章程，也没有公司董事会，而是通过基金契约来规范三方当事人的行为。基金管理人负责基金的管理操作，基金托管人作为基金资产的名义持有人，负责基金资产的保管和处置，对基金管理人的运作实行监督。

公司型基金是在法律上具有独立法人地位的股份投资公司依据基金公司章程设立。公司型基金以发行股份的方式募集资金，投资者购买基金公司的股份后，以基金持有人的身份成为基金公司的股东，凭其持有的股份依法享有投资收益。

契约型基金和公司型基金相比，其不同点有以下几个方面。

（1）资金的性质不同。契约型基金的资金是信托财产，公司型基金的资金为公司法人的资本。

（2）投资者的地位不同。契约型基金的投资者购买受益凭证后成为基金契约的当事人之一，投资者既是基金的委托人，又是基金的受益人。公司型基金的投资者购买基金公司的股票后成为该公司的股东，因此，公司型基金的投资者对基金运作的影响比契约型基金的投资者大。

（3）基金的营运依据不同。契约型基金依据基金契约营运基金，公司型基金依据基金公司章程营运基金。

2. 按基金运作方式分类

按运作方式不同，基金可划分为封闭式基金和开放式基金。

封闭式基金是指经核准的基金份额总额在基金合同期限内固定不变，基金份额可以在依法设立的证券交易场所交易，但基金份额持有人不得申请赎回的基金。

开放式基金是指基金份额总额不固定，基金份额可以在基金合同约定的时间和场所申购或者赎回的基金。

封闭式基金与开放式基金主要有以下区别。

（1）期限不同。封闭式基金有固定的封闭期，通常在5年以上，一般为10年或15年，经受益人大会通过并经主管机关同意，可以适当延长期限。而开放式基金没有固定期限，投资者可随时向基金管理人赎回基金单位。

（2）发行规模限制不同。封闭式基金在招募说明书中列明其基金规模，在封闭期限内未经法定程序认可，不能再增加发行。开放式基金没有规模限制，投资者可随时提出认购或赎回申请，基金规模就随之增加或减少。

（3）基金份额的交易方式不同。封闭式基金的基金份额在封闭期限内不能赎回，持有人只能寻求在证券交易场所出售给第三者。开放式基金的投资者则可以在首次发行结束一段时间后，随时向基金管理人或其销售代理人提出购买或赎回申请，绝大多数开放式基金不上市交易，交易在投资者与基金管理人或其销售代理人之间进行。

（4）基金份额的交易价格计算标准不同。封闭式基金与开放式基金的基金份额除了首次发行价都是按面值加一定百分比的购买费计算外，以后的交易计价方式就不同了。封闭式基金的买卖价格受市场供求关系的影响，常出现溢价或折价现象，并不必然反映基金的净资产值。开放式基金的交易价格则取决于基金每单位净资产值的大小，其申购价一般是基金份额净资产值加一定的申购费，赎回价是基金单位净资产值减去一定的赎回费，不直接受市场供求的影响。

（5）投资策略不同。封闭式基金在封闭期内基金规模不会减少，因此可进行长期投资，基金资产的投资组合能有效地在预定计划内进行。开放式基金因基金份额可随时赎回，为应付投资者随时赎回兑现，其所募集的资金不能全部用来投资，更不能把全部资金用来进行长期投资，必须保持基金资产的流动性，在投资组合上须保留一部分现金和高流动性的金融工具。

3. 按投资标的分类

按投资标的不同，基金可分为国债基金、股票基金和货币市场基金等。

（1）国债基金是一种以国债为主要投资对象的基金。由于国债的年利率固定，又有国家信用作为保证，这类基金的风险较低，适合于稳健型投资者。

（2）股票基金是指以上市公司股票为主要投资对象的基金。股票基金的投资目标侧重于追求资本利得和长期资本增值。基金管理人拟定投资组合，将资金投放到一个或几个国家、甚至全球的股票市场，以达到分散投资、降低风险的目的。

（3）货币市场基金是以货币市场工具为投资对象的一种基金，其投资对象期限在一年以内，包括银行短期存款、国库券、公司短期债券、银行承兑票据及商业票据等货币市场工具。货币市场基金的优点是资本安全性高，购买限额低，流动性强，收益较高，管理费用低，有些还不收取赎回费用。因此，货币市场基金通常被认为是低风险的投资工具。

4. 按投资目标分类

按投资目标不同，基金可分为成长型基金、收入型基金和平衡型基金。

（1）成长型基金是基金中最常见的一种，它追求的是基金资产的长期增值。为了达到这一目标，基金管理人通常将基金资产投资于信誉度较高、有长期成长前景或长期盈余的公司的股票。在成长型基金中，还有更为进取的基金，即积极成长型基金。

（2）收入型基金主要投资于可带来现金收入的有价证券，以获取当期的最大收入为目的。收入型基金资产的成长潜力较小，损失本金的风险相对也较低，一般可分为固定收入型基金和股票收入型基金。

（3）平衡型基金将资产分别投资于两种不同特性的证券上，并在以取得收入为目的的债券及优先股和以资本增值为目的的普通股之间进行平衡。平衡型基金的投资目标是既要获得当期收入，又要追求长期增值，其特点是风险比较低，缺点是成长的潜力不大。

四、金融衍生工具

金融衍生工具又称“金融衍生产品”，是与基础金融工具相对应的一个概念，指建立在基础产品或基础金融变量之上，其价格取决于基础金融产品价格变动的派生金融产品。这里所说的基础产品是一个相对的概念，不仅包括现货金融产品（如债券、股票、银行定期存款单等），也包括金融衍生工具。作为金融衍生工具基础的变量则包括利率、汇率、各类价格指数甚至天气（温度）指数。

（一）金融衍生工具的特征

20 世纪 80 年代之后，衍生品市场的快速崛起成为市场经济史中最引人注目的事件之一。过去，通常把市场区分为商品（劳务）市场和金融市场，进而根据金融市场工具的期限特征把金融市场分为货币市场和资本市场。衍生品的普及改变了整个市场结构：它们连接起传统的商品市场和金融市场，并深刻地改变了金融市场与商品市场的截然划分；衍生品的期限可以从几天扩展至数十年，已经很难将其简单地归入货币市场或是资本市场；其杠杆交易特征撬动了巨大的交易量，它们无穷的派生能力使所有的现货交易都相形见绌；衍生工具最令人着迷的地方还在于其强大的构造特性，不但可以用衍生工具合成新的衍生品，还可以复制出几乎所有的基础产品，它们所具有的这种不可思议的能力已经改变了“基础产品决定衍生工具”的传统思维模式，使基础产品与衍生品之间的关系成为不折不扣的“鸡与蛋孰先孰后”的不解之谜。

（二）金融衍生工具的分类

金融衍生工具品种极为丰富，可以按多种形式分类。

1. 按产品形态分类

按产品形态分类，金融衍生工具可分为独立衍生工具和嵌入式衍生工具。

（1）独立衍生工具。独立衍生工具指本身即为独立存在的金融合约，如期权合约、期货合约、互换合约等。

（2）嵌入式衍生工具。嵌入式衍生工具指嵌入到非衍生合同（以下简称“主合同”）中的衍生金融工具，该衍生工具使主合同的部分或全部现金流量将按照特定利率、金融工具价格、汇率、价格或利率指数、信用等级或信用指数，或类似变量的变动而发生调整。嵌入式衍生工具与主合同构成混合工具，如可转换公司债券等。

2. 按交易场所分类

按交易场所分类，金融衍生工具可分为以下两种。

（1）交易所交易的衍生工具。交易所交易的衍生工具，指在有组织的交易所上市交易的衍生工具，例如在股票交易所交易的股票期权产品，在期货交易所和专门的期权交易所交易的各类期货合约、期权合约等。

（2）场外交易市场交易的衍生工具。场外交易市场（又称柜台交易市场，OTC），指通过各种通信方式而不是集中的交易所实行分散的、一对一交易的衍生工具。例如金融机构之间、金融机构与大规模交易者之间进行的各类互换交易和信用衍生品交易。近年来这类衍生品的交易量逐年增大，已经超过交易所市场的交易额，还发展出专业化的交易商。

3. 按基础工具种类分类

按基础工具种类分类，金融衍生工具可分为以下几种。

（1）股权类产品的衍生工具。股权类产品的衍生工具，指以股票或股票指数为基础工具的金融衍生工具，主要包括股票期货、股票期权、股票指数期货、股票指数期权以及上述合约的混合交易合约。

（2）货币衍生工具。货币衍生工具，指以各种货币作为基础工具的金融衍生工具，主要包括远期外汇合约、货币期货、货币期权、货币互换以及上述合约的混合交易合约。

（3）利率衍生工具。利率衍生工具，指以利率或利率的载体为基础工具的金融衍生工具，主要包括远期利率协议、利率期货、利率期权、利率互换以及上述合约的混合交易合约。

（4）信用衍生工具。信用衍生工具，指以基础产品所蕴涵的信用风险或违约风险为基础变量的金融衍生工具，用于转移或防范信用风险，主要包括信用互换、信用联结票据等。

（5）其他衍生工具。除以上四类金融衍生工具外，还有相当数量的金融衍生工具是在非金融变量的基础上开发的，例如用于管理气温变化风险的天气期货、管理政治风险的政治期货、管理巨灾风险的巨灾衍生产品等。

4. 按金融衍生工具自身交易的方法和特点分类

按金融衍生工具自身交易的方法和特点分类，金融衍生工具可分为以下几种。

（1）金融远期合约。金融远期合约，指合约双方同意在未来日期按照固定价格买卖基础金融资产的合约。金融远期合约规定了将来交割的资产、交割的日期、交割的价格和数量，合约条款根据双方需求协商确定。金融远期合约主要包括远期利率协议、远期外汇合约和远期股票合约。

（2）金融期货。金融期货，指买卖双方在有组织的交易所内以公开竞价的形式达成的，在将来某一特定时间交收标准数量特定金融工具的协议。金融期货主要包括货币期货、利率期货、股票指数期货和股票期货四种。

（3）金融期权。金融期权，指合约买方向卖方支付一定费用（称为“期权费”或“期权价格”），在约定时间内（或约定日期）享有按事先确定的价格向合约卖方买卖某种金融工具的权利的契约。金融期权包括现货期权和期货期权两大类。

（4）金融互换。金融互换指两个或两个以上的当事人按共同商定的条件，在约定的时间内定期交换现金流的金融交易。金融互换可分为货币互换、利率互换、股权互换、信用违约互换等类别。

（5）结构化金融衍生工具。以上四种常见的金融衍生工具通常也被称作建构模块工具，它们是最简单和最基础的金融衍生工具，而利用其结构化特性，通过相互结合或者与基础金融工具相结合，能够开发设计出更多具有复杂特性的金融衍生产品，后者通常被称为结构化金融衍生工具，或简称为结构化产品。例如，在股票交易所交易的各类结构化票据、我国各家商业银行推广的外汇结构化理财产品等都是其典型代表。

（三）金融衍生工具的特点

金融衍生工具具有下列四个显著特性。

1. 跨期性

金融衍生工具是交易双方通过对利率、汇率、股价等因素变动趋势的预测，约定在未来某一时间按照一定条件进行交易或选择是否交易的合约。无论是哪一种金融衍生工具，都会影响交易者在未来一段时间内或未来某时点上的现金流，跨期交易的特点十分突出。这就要求交易双方对利率、汇率、股价等价格因素的未来变动趋势作出判断，而判断的准确与否直接决定了交易者的交易盈亏。

2. 杠杆性

金融衍生工具交易一般只需要支付少量的保证金或权利金就可签订远期大额合约或互换不同的金融工具。例如，若期货交易保证金为合约金额的5%，则期货交易者可以控制20倍于所投资金额的合约资产，实现以小博大的效果。在收益可能成倍放大的同时，投资者所承担的风险与损失也会成倍放大，基础工具价格的轻微变动也许就会带来投资者的大盈大亏。金融衍生工具的杠杆效应一定程度上决定了它的高投机性和高风险性。

3. 联动性

联动性指金融衍生工具的价值与基础产品或基础变量紧密联系、规则变动。例如，股指期货价格与其标的资产——股票指数的变动联系极为紧密。股票指数是股指期货的基础资产，对股指期货价格的变动具有很大影响。通常，金融衍生工具与基础变量相联系的支付特征由衍生工具合约规定，其联动关系既可以是简单的线性关系，也可以表达为非线性函数或者分段函数。

4. 不确定性或高风险性

金融衍生工具的交易后果取决于交易者对基础工具（变量）未来价格（数值）的预测和判断的准确程度。基础工具价格的变幻莫测决定了金融衍生工具交易盈亏的不稳定性，这是金融衍生工具高风险性的重要诱因。金融衍生工具通常存在以下几种风险：①交易中对方违约，没有履行所作承诺造成损失的信用风险；②因资产或指数价格不利变动可能带来损失的市场风险；③因市场缺乏交易对手而导致投资者不能平仓或变现所带来的流动性风险；④因交易对手无法按时付款或交割可能带来的结算风险；⑤因交易或管理人员的人为错误、系统故障或控制失灵而造成的运作风险；⑥因合约不符合所在国法律，无法履行或合约条款遗漏及模糊导致的法律风险。

（四）金融衍生工具的功能

金融衍生工具对于现代经济的功能主要体现在以下三个方面。

1. 转移风险

现货市场价格的频繁变动给投资者带来较多的风险。非系统性风险通常可以分散投资的方式将风险的影响减到最小，而系统性风险则难以通过分散投资的方法规避。金融衍生工具恰恰创造出了转移系统性风险的合理机制。通过套期保值就可以实现规避风险，如通过股票和股指期货市场的反向操作就可以达到该目的。

2. 价格发现

在衍生金融工具交易中，市场参与者根据市场信号和对金融资产的价格走势进行预测，反复进行金融衍生品的交易。大量的交易，通过平衡供求关系，能够较为准确地为金融基础产品形成统一的市场价格。例如，在公开、高效的期货市场中众多投资者的竞价，有利于形成更能反映股票真实价值的股票价格。

3. 优化资产配置

金融衍生工具的出现，为投资者提供了更多的选择机会和对象，有利于优化资产组合。例如，由于股指期货采用保证金制度，交易成本很低，因此被机构投资者广泛用来作为资产配置的手段。如一个以债券为主要投资对象的机构投资者，认为近期股市可能出现大幅上涨，此时该机构投资者可用很少资金买股指期货，获得股市上涨的平均收益，提高资金总体的配置效率。另外，工商企业也可以利用衍生工具达到优化资产组合的目的。例如，通过利率互换业务，就会使企业降低贷款成本，从而实现资产组合的最优化。

专栏 1.4　我国股指期货的推出

2010 年 4 月 8 日中国金融期货交易所股指期货启动仪式举行，我们终于迎来了资本市场王冠上又一颗璀璨的明珠——金融期货。股指期货的新时代已经展开，期间经历了 8 年多的研究酝酿和 4 年 1 520 天的扎实筹备。

2006 年 2 月 8 日，经国务院批准，上海金融衍生品期货交易所获准筹建，成立由中国证监会高层挂帅的筹建领导小组。

2006 年 9 月 8 日，中国金融期货交易所正式挂牌。这是中国内地成立的第四家期货交易所，也是中国内地成立的首家金融衍生品交易所。

2010 年 1 月 8 日，国务院原则同意开展证券公司融资融券业务试点和推出股指期货品种，并给出了 3 个月的准备时间，中国金融期货交易所开始了最后的冲刺。到 2010 年 2 月底，沪深 300 股指期货合约和中国金融期货交易所交易规则及相关实施细则全部正式发布，基本制度全部出齐。而股指期货投资者适当性制度也在此期间出台，这也成为中国资本市场的一项创新。

2010 年 2 月 8 日，经过公开征求意见，《关于建立股指期货投资者适当性制度的规定（试行）》及其配套文件颁布实施。制度规定了投资者参与股指期货的硬性指标和综合性指标，开户资金门槛为 50 万元人民币，投资者必须具备一定的交易经验，须接受相关的股指期货知识培训并通过测试。2010 年 2 月 22 日，期货公司获准受理股指期货开户；同年 3 月 26 日，中国证监会正式批复中国金融期货交易所上市沪深 300 股票指数期货合约。

2010年4月8日，中国金融期货交易所股指期货启动仪式举行。首批四个沪深300股票指数期货合约于2010年4月16日上市交易。首批上市合约为2010年5月、6月、9月和12月合约，挂盘基准价由中国金融期货交易所在合约上市交易前一工作日公布。沪深300股指期货合约的交易保证金，5月、6月合约暂定为合约价值的15%，9月、12月合约暂定为合约价值的18%；上市当日涨跌停板幅度，5月、6月合约为挂盘基准价的±10%，9月、12月合约为挂盘基准价的±20%。

进入股指期货时代，上证180ETF终于成为期货与现货市场间最佳套利工具。2010年5月28日，尽管沪深300指数微跌0.34%，但上证180ETF却在一、二级市场上放出天量成交。来自渠道信息显示，上证180ETF当天成交份额成功突破100亿份，达101.18亿份。业内专家指出，股指期货上市以来，上证180ETF的交投和申赎情况与期现套利机会之间的正相关关系越来越明显，作为期现套利最佳工具，上证180ETF已经得到越来越多的投资者认可。

第三节　证券市场的运行

证券发行人在证券发行市场发行股票的市场，为一级市场。已经公开发行的证券可以在证券交易市场进行流通转让，这是普通股民最常接触的市场。证券价格指数一定程度上能反映证券交易市场运行情况，还可预测经济的发展走势，因此得到证券投资者和非证券投资者的广泛关注。

一、证券发行市场

证券发行市场是发行人以发行证券的方式筹集资金的场所，也称一级市场、初级市场。它的发展使股票、债券等证券数量和种类不断增加，把众多的社会闲散资金集聚起来转变成资本，在为资金供求者提供投融资机会的同时，又以资金流动的收益导向机制，促进资源配置的不断优化。

（一）证券发行市场特点

证券发行市场是整个证券市场的基础，它的内容和发展决定着证券交易市场的内容和发展方向，具有以下特点。

1. 证券发行是直接融资的实现形式

证券发行市场的功能就是联结资金需求者和资金供给者。证券发行人通过销售证券向社会招募资金，而认购人通过购买其发行的证券提供资金。证券发行市场将社会闲散资金转化为生产建设资金，实现直接融资的目标。

2. 证券发行市场是个无形市场

证券发行市场通常不存在具体的市场形式和固定场所，新发行证券的认购和销售主要不是在有组织的固定场所内进行，而是由众多证券承销商分散地进行，因而是个抽象的、观念上的市场。

3. 证券发行市场的证券具有不可逆转性

在证券发行市场上，证券只能由发行人流向认购人，资金只能由认购人流向发行人，而不能相反，这是证券发行市场与证券交易市场的一个重要区别。

（二）证券发行市场的构成

发行人、认购人和中介机构是证券发行市场的主体。

1. 证券发行人

证券发行人又称发行主体，就是为筹措外部资金而发行股票或债券等证券的企业单位、政府机构、金融机构或其他团体等。随着市场经济的发展，发行证券已成为资金需求者最基本的筹资手段。

2. 证券认购人

证券认购人就是以取得利息、股息或资本收益为目的而根据发行人的招募要约，将要认购或已经认购证券的个人或机构。在证券发行实践中，证券投资者的构成较为复杂，它可以是个人也可以是机构，后者主要包括证券公司、信托投资公司、共同基金等金融机构和企业、事业单位以及社会团体等。在证券发行市场上，投资者人数的多少、购买能力的强弱、资产数量的大小、收益要求的高低，以及承担风险能力的大小等，直接影响和制约着证券发行的消化量。当证券进入认购者或投资者手中，证券发行市场的职能也就实现了。

3. 证券中介机构

在证券发行市场上，中介机构主要包括证券公司、证券登记结算公司、会计师事务所、律师事务所、证券信用评级机构、资产评估机构等为证券发行与投资服务的中立机构。它们是证券发行人和投资者之间的中介，在证券发行市场上占有重要地位。

（三）证券发行监管制度

证券发行监管制度一般有登记制和核准制两种。

1. 登记制

登记制也叫注册制，指股份有限公司只要在证券发行之前到主管机关登记注册，公布有关发行的信息即可发行证券的发行管理制度。美国等发达国家采用这种制度。此种发行制度遵循公开管理原则，强调市场对股票发行的决定权。

2. 核准制

核准制，又称特许制，指发行人在发行新证券前，不仅要公开有关真实情况（真实披露），而且要合乎公司法或证券法中规定的若干实质条件的发行管理制度。此种发行监管制度遵循实质管理的原则。此种制度赋予监管部门决定权。

比较而言，登记制适用于发达证券市场，核准制则适用于证券市场发展历史较短、投资者素质不高的国家和地区。我国股票发行监管制度实行的就是严格的核准制，即股票的发行必须符合国家相关法规的规定，并需获得中国证监会的批准。目前的具体形式是保荐制。

2004 年 2 月，我国股票发行开始实行保荐制。保荐制的全称是保荐代表人制度，保荐制的主体由保荐人和保荐机构两部分组成，满足一定条件和资格的人可担任企业发行股票的保荐人，凡具有两个以上保荐人的证券公司（或资产管理公司）可成为保荐机构，并具备推荐企业发行上市的资格。保荐人负责发行人的上市推荐，核实发行人文件内容的真实、准确和完整，协助发行人建立严格的信息披露制度，承担上市后的持续督导并将责任落实到保荐代表人。就其本质来说，实行保荐制是希望对证券发行设立一个“第一看门人”，即保荐人，凭借其在保荐过程中对拟上市公司的洞察、了解和勤勉尽责，达到选择质地优良的公司上市，提高上市公司质量的目的。

专栏 1.5　我国股票发行监管制度的变迁

我国股票发行监管制度为政府主导型，政府不仅管理股票发行实质内容，还管理股票发行实际操作。我国股票发行监管经历了以下四个阶段。

第一阶段，额度管理阶段（1993—1995 年）。国务院证券管理部门根据国民经济发展需求及资本市场实际情况，先确定总额度，然后根据各个省级行政区域和行业在国民经济发展中的地位和需要进一步分配总额度，再由省级政府或行业主管部门选择和确定可以发行股票的企业（主要是国有企业）。

第二阶段，指标管理阶段（1996—2000 年）。这一阶段实行“总量控制，限报家数”的做法，由国务院证券管理部门确定在一定时期内发行股票的企业家数，然后向省级政府和行业管理部门下达股票发行家数指标，省级政府或行业管理部门在上述指标内推荐预选企业，证券主管部门对符合条件的预选企业同意其上报发行股票正式申报材料并审核。

1999 年 7 月 1 日《证券法》实施，股票发行实行核准制，不再实行行政审批制。

第三阶段，通道制阶段（2001—2004 年）。2001 年 3 月股票发行监管制度实现了核准制下“通道制”的制度变迁，证券监管部门向各综合类券商下达可推荐拟公开发行股票的企业家数。只要具有主承销商资格，就可获得 2～9 个通道，具体的通道数以 2000 年该主承销商所承销的项目数为基准，新的综合类券商将有 2 个通道。通道制下，股票发行“名额有限”的特点未变，但通道制改变了过去行政机制遴选和推荐发行人的做法，使得主承销商在一定程度上承担起股票发行风险，同时也真正获得了遴选和推荐股票发行企业的权力。

第四阶段，保荐制阶段（2004 年 10 月以后）。与通道制相比较，保荐制增加了由保荐人承担发行上市过程中的连带责任的制度内容，这是该制度设计的初衷和核心内容。保荐人的保荐责任期包括发行上市全过程，以及上市后的一段时期（如一个或两个会计年度）。

（四）股票发行定价制度

2004 年，中国证监会发布《关于首次公开发行股票试行询价制度若干问题的通知》，2006 年《证券发行与承销管理办法》出台，这两部法规都明确规定发行人首次发行股票，发行人及保荐人应通过向特定机构投资者（也称询价对象）询价的方式确定股票发行价格。股票发行定价制度变迁到初步询价与累计投标询价相结合的阶段并延续至今。

（五）股票发行方式

股票发行的方式多种多样，从不同角度可以进行不同的划分，这里简单介绍几种主要的发行方式。

1. 公募发行和私募发行

公募发行即向社会非特定单位和个人公开发行股票，公募发行的股票，除发起人认购和定向发售外，其余部分必须向社会公开发行；私募发行即由公司发起人认购全部股票的发行方式。

2. 直接发行和间接发行

直接发行即公司自己直接发行股票，招股集资，这种发行方式可以为发行公司节省发行费用，但筹款时间较长，发行风险较大，一般适用于风险较小、手续简单的小额股票的发行；间接发行也叫委托发行，即发行公司委托证券公司等发行中介机构代理发行股票的方式，股票的间接发行有代销、承销和包销三种方法，不同的销售方式形成不同的权利义务关系。

3. 首次发行和增资发行

（1）首次发行，是指新组建股份有限公司，或者其他组织形式公司转制为股份有限公司时，首次公开发行股票。首次发行要求发行人必须满足发行条件并获得核准。通过首次发行，发行人在募集到资金的同时，也完成了股份有限公司的设立或者转制。

（2）增资发行是指股份有限公司为满足增加资本金、扩大公司规模的目的而发行股票的行为。具体包括有偿增资、无偿增资和介于二者之间的搭配增资三种。

1）有偿增资指投资者须按照某种股票发行价格购买股票的一种方式，具体包括公募发行、股东配股等形式。其目的是直接从外界募集股本，增加公司的资本金。

2）无偿增资指公司将增资的股票，按投资比例无偿地赠给老股东，将公司的积累或分红基金转为资本，其目的不在于筹集资金，而在于调整公司的资本结构，增强公司的社会信用与公司股东的信心，通常的做法是将公积金转作资本和红利转增资。

3）搭配增资是指股份有限公司向原股东分摊新股时，原股东只需支付发行价格的一部分即可获得一定数额股票的方式。例如，股东认购发行价格为 40 元的股票，只需支付 20 元即可，其余部分由公司用公积金充抵。这种方式也是一种对原股东的优惠，目的是尽快征集部分股金，实现公司的增资计划。

4. 上网定价发行和对机构投资者配售相结合

我国现行的有关法规规定，我国股份有限公司首次公开发行股票和上市后向社会公开募集股份（公募增发）采取对公众投资者上网定价发行和对机构投资者配售相结合的发行方式。

（1）上网定价发行方式，是指主承销商利用证券交易所的交易系统，作为股票的唯一“卖方”，将核准发行的股票输入其在证券交易所的股票发行专户，投资者在指定的时间内以确定的发行价格通过与证券交易所联网的各证券营业网点进行委托申购，是一种价定、量定的发行方式。申购结束后，由证券交易所交易系统主机统计有效申购总量和有效申购户数，并根据发行数量、有效申购总量和有效申购户数确定申购者的认购股数。当有效申购总量小于或等于该次股票发行量时，投资者按其有效申购量认购股票，余额部分按承销协议处理；当有效申购总量大于该股发行量时，由证券交易所主机排定申报号，通过摇号抽签等方式决定股东名单和认购数量。由于上网定价方式充分利用了证券交易所现有的交易系统，交易费用低、效率高、有利于个人投资者参与，因此自 1996 年以后，上网定价方式逐渐占据了主导地位。

（2）向机构投资者配售，包括对战略投资者进行的配售和符合中国证监会规定条件的特定机构投资者进行的配售。两者均实行网下发行。

二、证券交易市场

证券交易市场是为已经公开发行的证券提供流通转让机会的市场，通常分为证券交易所和场外交易市场。

（一）证券交易所

证券交易所是证券买卖双方公开交易的场所，是一个高度组织化、集中进行证券交易的市场，是整个证券市场的核心。证券交易所本身并不买卖证券，也不决定证券价格，而是为证券交易提供一定的场所和设施，配备必要的管理和服务人员，并对证券交易进行周密的组织和严格的管理，为证券交易顺利进行提供一个稳定、公开、高效的市场。

1. 证券交易所的特征

证券交易所一般具有以下几个特点。

（1）有固定的交易场所和交易时间。

（2）参加交易者为具备会员资格的证券经营机构，交易采取经纪制，即一般投资者不能直接进入交易所买卖证券，只能委托会员作为经纪人间接进行交易。

（3）交易的对象限于合乎一定标准的上市证券。

（4）通过公开竞价的方式决定交易价格。

（5）集中了证券的供求双方，具有较高的成交速度和成交率。

（6）实行“公开、公平、公正”原则，并对证券交易加以严格管理。

2. 证券交易所的职能

证券交易所在创造公开、公平、公正的市场环境的同时，扩大了证券成交的机会，有助于实现证券市场的正常运行。我国《证券交易所管理办法》第十一条规定，证券交易所的职能包括：提供证券交易的场所和设施，制定证券交易所的业务规则，接受上市申请、安排证券上市，组织、监督证券交易，对会员进行监管，对上市公司进行监管，设立证券登记结算机构，管理和公布市场信息，中国证监会许可的其他职能。

3. 证券交易所的组织形式

证券交易所的组织形式大致可以分为两类，即公司制和会员制。

公司制的证券交易所是以股份有限公司形式组织并以营利为目的的法人团体，一般由金融机构及各类民营公司组建。交易所章程中明确规定作为股东的证券经纪商和证券自营商的名额、资格和公司存续期限。

会员制的证券交易所是一个由会员自愿组成的、不以营利为目的的社会法人团体。我国《证券法》规定，证券交易所的设立和解散由国务院决定。设立证券交易所必须制定章程。证券交易所设总经理 1 人，由国务院证券监督管理机构任免。进入证券交易所参与集中交易的，必须是证券交易所的会员或会员派出的入市代表。根据我国《证券交易所管理办法》第十七条及第二十条规定，会员大会是证券交易所的最高权力机构，证券交易所设理事会，理事会是证券交易所的决策机构。

4. 证券交易所的运作系统

上海证券交易所的运作系统包括集中竞价交易系统、大宗交易系统、固定收益证券综合电子平台。深圳证券交易所的运作系统包括集中竞价交易系统和综合协议交易平台。

（1）集中竞价交易系统。集中竞价交易系统包括交易系统、结算系统、信息系统和监察系统。交易系统通常由交易主机、交易大厅或交易席位、报盘系统及相关的通信系统等组成。结算系统是指对证券交易进行清算、交收和过户的系统。信息系统负责对每日证券交易的行情信息和市场信息进行实时发布。监察系统负责证券交易所对市场进行实时监控的职责，主要包括行情监控、交易监控、证券监控、资金监控等。

（2）大宗交易系统。大宗交易是在交易所正常交易日收盘后的限定时间进行，有涨跌幅限制证券的大宗交易须在当日涨跌幅价格限制范围内，无涨跌幅限制证券的大宗交易须在前收盘价的上下30%或当日竞价时间内已成交的最高和最低成交价格之间，由买卖双方采用议价协商方式确定成交价，并经证券交易所确认后成交。大宗交易的成交价格不作为该证券当日的收盘价，也不纳入指数计算，不计入当日行情，成交量在收盘后计入该证券的成交总量。

（3）固定收益证券综合电子平台。固定收益证券综合电子平台，简称“固定收益平台”，是上海证券交易所设置的，与集中竞价交易系统平行、独立的固定收益市场体系。该体系是为国债、公司债、资产证券化债券等固定收益产品提供交易商之间批发交易和为机构投资人提供投资和流动性管理的交易平台。固定收益平台所交易的固定收益证券包括国债、公司债券、公司债券、分离交易的可转换公司债券中的公司债券。

（4）综合协议交易平台。符合法律法规和《深圳证券交易所交易规则》规定的证券大宗交易以及专项资产管理计划收益权份额等证券的协议交易，可以通过综合协议交易平台进行，具体包括：权益类证券大宗交易，包括A股、B股、基金等；债券大宗交易，包括国债、企业债券、公司债券、分离交易的可转换公司债券、可转换公司债券和债券质押式回购等；专项资产管理计划收益权份额协议交易和深圳证券交易所规定的其他交易。

（二）场外交易市场

场外交易市场又称柜台交易市场，统指在证券交易所市场外进行的交易，其具体形式不是常设的市场而是一个投资网络，它与交易所共同构成一个完整的交易市场体系。场外交易市场实际上是由千万家交易商组成的买卖市场。在场外市场内，每个交易商大都同时具有经纪人和自营商双重身份，随时与买卖的投资者通过直接接触面谈或电话、传真、网络、电报等方式迅速达成交易。

1. 场外交易市场的特点

一般来说，场外交易市场具有以下特点。

（1）场外交易市场是一个分散的无形市场。它没有固定的、集中的交易场所，而是由许多各自独立经营的证券经营机构分别进行交易的，并且主要是依靠电话、电报、传真和计算机网络联系成交的。

（2）场外交易市场的组织方式采取做市商制。场外交易市场与证券交易所的区别在于不采取经纪制，投资者直接与证券商进行交易。证券交易通常在证券经营机构之间或是证券经营机构与投资者之间直接进行，不需要中介人。在场外证券交易中，证券经营机构先行垫入资金买进若干证券作为库存，然后开始挂牌对外进行交易。他们以较低的价格买进，再以略高的价格卖出，从中赚取差价，但其加价幅度一般受到限制。证券商既是交易的直接参加者，又是市场的组织者，他们制造出证券交易的机会并组织市场活动，因此被称为“做市商”。这里的“做市商”是场外交易市场的做市商，与场内交易中的做市商不完全相同。

（3）场外交易市场是一个以未能在证券交易所批准上市的股票和债券为主的市场。

（4）场外交易市场是一个以议价方式进行证券交易的市场。在场外交易市场上，证券买卖采取一对一交易方式，对同一种证券的买卖不可能同时出现众多的买方和卖方，也就不存在公开的竞价机制。场外交易市场的价格决定机制不是公开竞价，而是买卖双方协商议价。具体地说，是证券公司对自己所经营的证券同时挂出买入价和卖出价，并无条件地按买入价买入证券和按卖出价卖出证券，最终的成交价是在挂牌价基础上经双方协商决定的不含佣金的净价。券商可根据市场情况随时调整所挂的牌价。

（5）场外交易市场的管理比证券交易所宽松。由于场外交易市场分散，缺乏统一的组织和章程，不易管理和监督，其交易效率也不及证券交易所。但是，美国的纳斯达克市场借助计算机将分散于全国的场外交易市场联成网络，在管理和效率上都有很大提高。

2. 场外交易市场的功能

场外交易市场具有以下几项功能。

（1）场外交易市场是证券发行的主要场所。新证券的发行时间集中，数量大，需要众多的销售网点和灵活的交易时间，场外交易市场是一个广泛的无形市场，能满足证券发行的要求。

（2）场外交易市场为某些证券的流通提供了便利。场外交易市场为政府债券、金融债券以及按照有关法规公开发行而又不能或一时不能到证券交易所上市交易的股票提供了流通转让的场所，为这些证券提供了流动性的必要条件，为投资者提供了兑现及投资的机会。

（3）场外交易市场是证券交易所的必要补充。场外交易市场是一个“开放”的市场，投资者可以与证券商当面直接成交，不仅交易时间灵活分散，而且交易手续简单方便，价格又可协商。这种交易方式可以满足部分投资者的需要，因而成为证券交易所的卫星市场。

三、股票价格指数

股票价格指数简称股价指数，是运用统计学中的指数方法编制而成的，反映股市总体价格或某类股价变动和走势的指标。编制股票价格指数时，通常以某一年份为基期，将这一基期的股票价格平均数定为 100 或 1 000，以后各期的股价平均数与基期相比得出的百分数，即为各时期的股票价格指数。表述时，常将“%”省略，直接称为多少点。对于一个容量较大、日渐成熟的股市来说，通过经常编制并发布股票价格指数，可以综合考察股票市场的动态变化过程，反映股票市场的价格水平，为社会公众进行股票投资提供参考以及决策依据。

（一）股票价格指数的种类

股票价格指数是证券交易者最关心的数据之一，根据算法不同也有多种形式。

1. 综合指数和分类指数

根据股票价格指数反映的价格走势所涵盖的范围的不同，可以将其分为综合指数和分类指数。综合指数反映的是整个市场的股票价格走势，如恒生指数反映的是香港股市的整体走势。分类指数反映的是某一类行业和某一类股票的价格走势，如恒生红筹股反映的是香港股市中红筹股的价格走势。

2. 全部股指数和成分股指数

根据编制股票价格指数时纳入指数计算的股票样本数量，可以将股价指数分为全部股指数和成分股指数。全部股指数是指将指数所涵盖的全部股票都纳入计算范围而得出的股价指数，如上海证券交易所综合指数就是把全部上市股票的价格变化都纳入计算范围；成分股指数是指从指数所涵盖的全部股票中选取有代表性的部分作为样本计算而得出的股价指数，如深圳证券交易所发布的成分股指数和上海证券交易所的 30 指数就是从上市的股票中选取若干家成分股为代表计算得出的。

（二）股价平均数的计算方法

股价平均数的计算方法有以下几种。

1. 简单算术平均法

即把纳入指数计算范围的股票（样本股票）时价加总，除以样本股票数，得出一个平均值即为股价平均数。若设采样股票数为 n，各采样股票的时价为 $P_i\,(i=1,2,\cdots,n)$，则

$$股价平均数=\frac{P_1+P_2+\cdots P_n}{n}=\frac{1}{n}\sum_{i=1}^{n}P_i$$

例如，某证券交易所选定 A、B、C、D 四种股票为样本，当天收盘价分别为 10 元、8 元、20 元、6 元，则

$$股价平均数=\frac{10+8+20+6}{4}=11（元）$$

这种计算方法的优点是简单易懂，但当某种股票发生拆股时，则会导致平均数发生不合理的下跌。

2. 调整算术平均法

这种方法旨在对简单算术平均法做出调整，以克服拆股时平均数发生不合理下降的缺点。假设上例中 C 股票由 1 股拆为 5 股，其价格由每股 20 元变为每股 4 元。调整的方法有以下两种。

（1）调整股价，即将拆股后的股价还原为拆股前的股价。假如样本中第 i 种采样股票发生拆股，在拆股前该种股票价格为 P_i，拆股后原每股新增的股份数为 R，股价为 P_i'，则

$$股价平均数=\frac{1}{n}[P_1+P_2+\cdots+(1+R)P_1'+\cdots+P_n']$$

代入有关数据，则

$$股价平均数=\frac{10+8+(1+4)\times 4+6}{4}=11（元）$$

（2）调整除数，即把原来的除数调整为新的除数。公式是：新的除数 = 拆股后的每股加总价格 ÷ 拆股前的股价平均数，则

$$新的除数=\frac{10+8+4+6}{11}\approx 2.55$$

$$股价平均数=拆股后的总价格\div新的除数=\frac{10+8+4+6}{2.55}\approx 11（元）$$

上述两种修正方法都能使计算出的股价指数不会因拆股而变动。目前，这两种方法在实践中多被采用。如《纽约时报》编制的 500 种股价平均数采用调整股价的方法，而道・琼斯指数则采用调整除数的方法。

3. 加权算术平均法

上述两种股价平均数计算方法没有考虑不同股票的发行量（或交易量，下同）对股票市场的影响，而加权算术平均法把这一因素作为权数来计算股价平均数。其公式为

$$加权股价平均数=\frac{\sum_{i=1}^{n}P_i\times Q_i}{\sum_{i=1}^{n}Q_i}$$

式中，P_i和Q_i分别是第 i 种采样股票的价格和发行量。假设上例中 4 种股票的交易量分别为 10 万、40 万、30 万、60 万，代入公式，则

$$加权股价平均数=\frac{10\times10+8\times40+20\times30+6\times60}{10+40+30+60}\approx9.86（元）$$

（三）股票价格指数的计算方法

1. 简单平均股价指数

即将采样股票单个价格指数加总求其算术平均数。设基期第 i 种采样股票的价格为 P_{0i}，报告期第 i 种股票的价格为 P_i，（$i=1$，2，…，N，N 为采样股票数，下同），M 为基期指数（通常 $M=100$，下同），则

$$简单平均股价指数=\frac{M}{N}\sum_{i=1}^{N}\frac{P_i}{P_{0i}}$$

例如，某三种股票的交易资料如表 1.1 所示。将有关数据代入公式中：报告期的股价指数$=\frac{100}{3}\left(\frac{6}{3}+\frac{10}{6}+\frac{16}{12}\right)\approx166.7$，说明报告期的股价比基期上升了 66.7 个百分点。

表 1.1　某三种股票的交易资料

项目／股票	股价（元）		交易量（股）	
	基期 P_0	报告期 P	基期 Q_0	报告期 Q
A	3	6	1 000	500
B	6	10	1 500	900
C	12	16	800	700

2. 综合平均股价指数

即把采样股票的报告期和基期价格分别加总再相除，然后乘以基期指数值的计算方法，公式为

$$报告期股价指数=M\times\frac{\sum_{i=1}^{N}P_i}{\sum_{i=1}^{N}P_{0i}}$$

代入上例中有关数据：

$$报告期股价指数=\frac{6+10+16}{3+6+12}\times100\approx152.4$$

说明报告期的股价指数比基期上升了 52.4 个百分点。

3. 加权平均股价指数

即以采样股票的发行量作为权数的计算股价指数的方法。设 Q_{0i} 为第 i 种股票基期的发行量，Q_i 为第 i 种股票报告期的发行量。计算公式如下。

若以基期发行量为权数，则

$$加权股价指数=M\times\frac{\sum_{i=1}^{N}P_i\times Q_{0i}}{\sum_{i=1}^{N}P_{0i}\times Q_{0i}}$$

代入上例数据：

$$加权股价指数 = 100 \times \frac{6 \times 1\,000 + 10 \times 1\,500 + 16 \times 800}{3 \times 1\,000 + 6 \times 1\,500 + 12 \times 800} \approx 156.5$$

若以报告期发行量为权数，则

$$加仅股价指数 = M \times \frac{\sum_{i=1}^{N} P_i \times Q_i}{\sum_{i=1}^{N} P_{0i} \times Q_i}$$

代入上例数据：

$$加权股价指数 = 100 \times \frac{6 \times 500 + 10 \times 900 + 16 \times 700}{3 \times 500 + 6 \times 900 + 12 \times 700} \approx 151.6$$

需要指出的是，如果以发行量计算股价指数，在遇到拆股时，不必调整股价和调整除数。在美国，标准普尔 500 种股价指数，就是以发行量为权数计算得出的。

（四）有影响的几种股票价格指数

在我国证券市场上上证综合指数和深证综合指数影响力最大，国际证券市场上最有影响的几种股票价格指数有以下几种。

1. 道 • 琼斯股票价格平均指数

道 • 琼斯股票价格平均指数简称道 • 琼斯指数，它是美国《华尔街日报》的出版者道 • 琼斯公司编制并公布的，用以反映美国纽约股票市场行市变动的一种股价平均指数。它实际上包括 4 种指数，即道 • 琼斯 30 种工业股价平均指数、20 种交通运输业股价平均指数、15 种公用事业股价平均指数以及上述 65 种股价的综合平均指数。它基本上反映了美国股票市场的股价水平，是目前世界上影响最大的股价指数。

2. 标准—普尔股票价格指数

标准—普尔股票价格指数简称标准—普尔指数，是美国最大的证券研究机构——标准—普尔公司编制并发表的，用以反映美国股票市场行情变化的股价指数。目前标准—普尔采样股票数量达 500 种，包括工商行业 400 种，公用事业 40 种，运输行业 20 种，金融业 40 种。标准—普尔指数包括 95 种分指数，其中最为人们所熟悉的 4 种分指数是工业指数、公用事业指数、铁路指数和 500 种股票综合指数。美国商业部出版的《商情周报》一直把它作为经济周期变化的 12 个先行指标之一。

3. 伦敦《金融时报》股票价格指数

伦敦《金融时报》股票价格指数是由伦敦《金融时报》编制并发表的，反映伦敦股票市场股价波动情况的股价指数。它包括 3 个股价指数：30 种工业股票组成计算的股价指数、100 种股票组成计算的福奇指数、500 种股票组成计算的股价指数。通常采用的《金融时报》股价指数指的是 30 种有代表性的工商业股价指数。它以能及时反映伦敦股票市场的动态而闻名于世。

4. 日经指数

日经指数是由日本经济新闻社编制并发布的，用以反映日本股市动态的股价指数。日经指数按其计算对象的采样数目不同，目前分为两种：一是 1982 年 1 月开始编制的日经 500 种平均股票价格指数；二是 1950 年 9 月开始编制的日经 225 种平均股票价格指数。传媒经常引用的是后一种。由于日经指数所选样本多，具有广泛的代表性，不仅能比较全面地反映日本股市行情的变化，而且还能反映日本产业结构的变化。

5. 香港恒生股价指数

香港恒生股价指数简称恒生指数，是由香港恒生银行于 1969 年 11 月 24 日开始编制的，反映香港股市行情的一种股票价格指数。该指数由 4 种金融业股，9 种地产股，14 种航空、酒店及其他工商业股，总计 33 种各行业具有代表性的股票组成，采用加权平均计算法得出。由于恒生指数每天计算并发布 3 次，能及时反映股价变动情况，因此，现在人们多以恒生指数作为衡量、观察香港股市变化的尺度。

6. 纳斯达克指数

纳斯达克是美国全国证券交易商协会于 1968 年着手创建的自动报价系统的英文简称。纳斯达克的特点是收集和发布场外交易非上市股票的证券商报价，是美国的场外交易市场（又称柜台交易市场，OTC），于 1971 年 2 月 8 日正式开始交易。它现已成为全球最大的证券交易市场。纳斯达克又是全世界第一个采用电子交易的股市，它在 55 个国家和地区设有 26 万多个计算机销售终端。纳斯达克指数就是反映纳斯达克证券市场行情变化的股票价格平均指数，基本指数为 100。纳斯达克的上市公司涵盖所有新技术行业，包括软件和计算机、电信、生物技术、零售和批发贸易等。世人瞩目的微软公司便是通过纳斯达克上市并获得成功的。

（五）我国主要股票价格指数

1. 上证综合指数

上证综合指数是上海证券交易所编制并发布的，以其上市的全部股票为样本，以发行量为权数，综合反映上海证券交易所的全部 A、B 股上市股票股价走势的加权综合股价指数。综合指数及 A 股指数以 1990 年 12 月 19 日为基期，B 股指数以 1992 年 2 月 21 日为基期，基期指数都定为 100。1993 年 6 月 1 日，上海证券交易所又发布了包括工业类、商业类、房地产类、公用事业类和综合业类在内的分类指数。上证综合指数计算公式为

$$本日股价指数=\frac{本日股票市价总值}{基期股票市价总值}\times 100$$

遇上市股票增资扩股或新增（删除）时，须相应进行修正，计算公式调整为

$$本日股价指数=\frac{本日股票市价总值}{新基期股票市价总值}\times 100$$

$$新基准股票市价总值=修正前基准日市价总值\times\frac{修正前市价总值+市价总值变动额}{修正前市价总值}$$

2. 深证综合指数

深证综合指数是深圳证券交易所编制并发布的，以其全部上市股票为样本，以发行量为权数，反映深圳证券交易所全部 A、B 股上市股票的股价走势的加权综合股价指数。综合指数以及后来的深证 A 股指数以 1991 年 4 月 3 日为基期，深证 B 股指数以 1992 年 2 月 28 日为基期，基期指数都定为 100。深证综合指数计算公式为

$$深证综合指数=\frac{现时股票总市值}{基日股票总市值}\times 100$$

为方便日常计算，指数采用每日连锁方法计算，计算公式是

$$今日即时指数=上一营业日收市指数\times\frac{今日现时总市值}{上一营业日收市总市值}$$

当样本股的股本结构有变动，则以变动之日为新基日，并以新基数计算，同时用连锁方法将计算得到的指数溯源于原有基日，以维持指数的连续性。

3. 深证成分指数

深证成分指数是深圳证券交易所以上市股票中有代表性的 40 种股票为样本，并以流通股为权数计算得出的加权股价指数。该指数以 1994 年 7 月 20 日为基期，基期指数为 1 000。深证成分指数计算公式为

$$即日指数=\frac{即日成分股可流通总市值}{基日成分股可流通总市值}\times 1\,000$$

每一交易日集中竞价结束后，用集中竞价产生的开盘价（无成交者取昨日收盘价）计算开盘指数，然后用连锁方法定时计算即时股价指数，直到收市。每日连锁计算公式为

$$今日即时指数=上日收市指数\times\frac{今日现时成分股可流通总市值}{经调整上日收市成分股可流通总市值}$$

成分股可流通总市值＝成分股可流通 A 股总市值＋成分股可流通 B 股总市值

成分股可流通 A 股总市值＝∑（成分股 A 股股价×成分股可流通 A 股数）

成分股可流通 B 股总市值＝∑（成分股 B 股股价×成分股可流通 B 股数）×上周外汇平均汇率

4. 上证 30 指数

上证 30 指数是指由上海证券交易所编制并发布的，以上市的 A 股中有代表性的 30 种股票为样本，以流通市值为权数，综合反映上海证券交易所 A 股股价走势的加权股价指数。该指数以 1996 年 1—3 月的平均流通市值为基期，基期指数定为 1 000。

5. 上证 180 指数

上海证券交易所于 2002 年 7 月 1 日起正式对外发布上证 180 指数，上证 180 指数以 2002 年 6 月 28 日上证 30 指数收盘点数为基点，取代原上证 30 指数。上证 180 指数的选样是按照行业代表性、股票规模、交易活跃程度、财务状况等原则来确定的，较上证 30 指数更增加了选样的定量化程度，提高了选样的客观性和透明度。依据样本稳定性和动态跟踪相结合的原则，上证 180 指数每半年调整一次成分股。上证 180 指数的加权方法也较上证 30 指数有所改进。新编制的上证 180 指数的样本数量扩大到 180 家，是为了做到编制方法的科学性，成分选择的代表性以及成分的公开性，使其与上证指数系列相结合。同时，恢复和提升成分指数的市场代表性，使市场覆盖率达到 50%以上的国际惯例水平，从总体上和各个不同侧面更全面地反映股价的走势，以满足投资者和研究者多角度观察股市的需要。

6. 上证 50 指数

上证 50 指数于 2004 年 1 月 2 日正式发布，基日为 2003 年 12 月 31 日，基点为 1 000 点。上证 50 指数是挑选上海证券市场规模大、流动性好的最具代表性的 50 只股票组成样本股，以

综合反映上海证券市场最具市场影响力的一批优质大盘企业的整体状况。上证50指数的推出，使上证综指（全市场指数）、上证180指数（投资标尺指数）、上证50指数（优质大盘指数）形成了一个三层金字塔型的指数结构。

7. 沪深300指数

由上海证券交易所和深圳证券交易所联合编制的沪深300指数于2005年4月8日正式发布。沪深300指数以2004年12月31日为基日，基日点位1 000点。沪深300指数是由上海和深圳证券市场中选取300只A股作为样本编制而成的成分股指数。沪深300指数样本覆盖了沪深市场六成左右的市值，具有良好的市场代表性。

本章小结

本章主要介绍了证券市场、证券市场的基础工具和证券市场的运行。第一节主要介绍了证券和有价证券的概念和特征、证券市场的特征与分类、证券市场的结构与功能以及证券市场参与者的构成；第二节介绍了证券市场上几种主要的基础工具，包括股票、债券、证券投资基金、金融衍生工具等的概念、特点及分类等；第三节从证券市场运行角度，首先介绍了证券发行市场的特点、构成、监管制度、定价制度、股票发行方式等；其次介绍了证券交易市场，包括证券交易所和场外交易市场各自的构成和运作；最后介绍了股票价格指数的概念、种类和国际国内的主要几种股价指数。

复习思考题

一、名词解释

证券投资基金　金融衍生工具　普通股　优先股　契约型基金　公司型基金　封闭式基金　开放式基金　金融远期合约　金融期权　金融期货　金融互换

二、思考题

1. 有价证券具有哪些基本特征？
2. 如何理解证券市场的功能？
3. 比较普通股股东和优先股股东权利的差别。
4. 比较证券投资基金与股票、债券的异同。
5. 封闭式基金与开放式基金有哪些主要区别？
6. 简述金融衍生工具的特点和功能。
7. 如何理解场外交易市场的特点？
8. 我国主要股票价格指数有哪些？

第二章

证券的发行

【学习目标】

通过本章的学习，把握股份有限公司的概念、特征及其设立、合并、分立、解散和清算等，重点把握股票发行的目的、条件和操作程序。

【关键概念】 股份有限公司 股票发行 股票承销

第一节 股份有限公司

股份有限公司（简称股份公司），是指把其全部资本分为等额的股份，股东以其所持股份为限对公司承担责任，公司以其全部资产对公司债务承担责任的公司。

一、股份有限公司的特征

股份有限公司的法律特征表现在以下方面。

1. 典型的资合公司

股份有限公司通过资本集中来扩大资本和扩大再生产，绝大多数公司股份的拥有者并不直接参与公司的经营管理，他们以投入的股份享受权利承担义务，往往被要求以现金、实物出资而不能以信用或劳务出资，这一点与有限责任公司相同。在股份有限公司中，股东间以资本为中心而非个人之间的相互信用为中心，只要是股票的合法持有者便是股东，股东的权利从股票上得到一定体现并随着股票的转让发生转移。

2. 典型的营利性法人

对于股份有限公司，各国法律无不规定为法人，其设立要求严格，组织完备，公司的所有权和经营权完全分离。由于在社会上公开募资，股份公司资金雄厚，竞争力强。在股份公司中，股东的个人财产与公司的财产相分离，只有公司才以公司本身的全部资产对公司的债务负责。

3. 对法定人数有要求

由于股份有限公司面向社会募集资金，一般来说，只要愿意支付股金，何时何地任何人都可以获得股票而成为股东。由于股份有限公司在最初发起时就已涉及公众投资者的利益和资金安全，为防范各种风险殃及广大股东的利益，《中华人民共和国公司法》(2005 年修订，以下简称《公司法》) 要求公司发起人的数目不能太少，同时为了向社会公众广泛筹集资金，都规定发起人的数目。股份有限公司的发起人应不少于法定最低人数。《公司法》规定设立股份有限公司发起人人数在 2～200 人之间。

4. 各股东承担有限责任

股份有限公司的每个股东的基本义务是以其所认购的股份金额为限，仅在其认购的股份数额范围内对公司债务承担有限责任。而股份有限公司作为独立的法人有其独立的资产，并以其全部资产承担公司债务，这种责任也是有限的。

5. 股票是股份的表现形式

股份有限公司的全部资本以一定标准分成等额的股份，每一股份所代表的资金额是相同的。股份是法律上的计量单位又是股东地位的象征，是股东权利的凭证更是公司向股东分派红利的数量依据。每股金额一样，使得股票的发行更便利、有序，避免了混乱。

6. 股票可以公开出售并自由转让

股份有限公司的股票可公开发行并可依法自由转让，主要是通过证券交易所或金融机构发行、流通，公司的账目必须公开从而使股东可以了解公司的生产经营情况。股票的公开出售和自由转让有利于集资活动的社会化和标准化，它虽使股东人数处于不稳定状态，但可保持股份有限公司的长期稳定，因为股票的转让只影响原股东的地位和新投资者的身份，而与公司的资本及地位无直接关系。

二、股份有限公司的设立、合并、分立、解散和清算

（一）股份有限公司的设立

股份有限公司的设立，是指创办股份有限公司所进行的一系列法律行为，包括设立的机关、条件、方式、程序以及发起人的责任等。只有依照有关的法律规定实施法律行为，设立的股份有限公司才有效。

1. 股份有限公司设立的形式

股份有限公司的设立可采取发起设立和募集设立两种形式。

发起设立是指由发起人认购公司应发行的全部股份而设立公司的方式。这种方式不需向社会公开募集股份，由发起人认购公司首期发行的全部股份，所以又称“单纯设立”，是欧洲大陆国家及其他大陆法系国家比较常见的做法。

募集设立是指发起人认购公司应发行股份的一部分，其余部分通过向社会公开发行而设立公司的方式。由于发起人认购与社会公众认购有先后之分，所以又称“渐次设立”。募集方式根据募集对象的不同分为定向募集和社会募集。定向募集是指股份公司发行的股份除由发起人认购外，其余股份向特定的社会公众发行，如其他法人、公司内部职工等。社会募集是指股份有限公司发行的股份除由发起人认购外，其余股份向社会公众公开发行，是广泛地面向社会公众来筹集资本，没有任何限制。

2. 股份有限公司的设立程序

股份有限公司的设立一般要经过以下过程：确定发起人，签订发起人协议；制定公司章程；向设

区的市级以上工商行政管理部门申请名称预先核准；申请与核准（向社会公开募集股份设立股份有限公司的，应取得中国证监会的核准）；股份发行、认购和缴纳股款；召开创立大会，并建立公司组织机构；设立登记并公告；发放股票等。其程序比任何形式的公司设立程序要复杂与严格。但就发起设立和募集设立两种方法而言，各国又有一定的差别。

（二）股份有限公司的合并

股份有限公司合并是指两个或两个以上的股份有限公司依照《公司法》所规定的程序，通过订立合同的形式合并成一个公司的行为。

1. 合并的形式

《公司法》规定公司合并的形式有两种：吸收合并和新设合并。一个公司吸收其他公司为吸收合并，被吸收的公司解散。两个以上公司合并设立一个新的公司为新设合并，合并各方解散。公司合并时，合并各方的债权、债务应当由合并后存续的公司或者新设的公司承继。

2. 合并的程序

股份有限公司的合并应当依照以下程序进行：董事会拟订合并方案；股东大会依照章程的规定作出决议并公告；各方当事人签订合并合同；处理债权、债务等各项合并事宜；办理解散登记或者变更登记。公司应当自作出合并决议之日起 10 日内通知债权人，并于 30 日内在报纸上公告。债权人自接到通知书之日起 30 日内，未接到通知书的自公告之日起 45 日内，有权要求公司清偿债务或提供相应担保。

（三）股份有限公司的分立

股份有限公司的分立是指一个股份有限公司因生产经营需要或其他原因而分开设立为两个或两个以上公司。

1. 分立的形式

股份有限公司的分立可以分为新设分立和派生分立。新设分立是指股份有限公司将其全部财产分割为两个部分以上，另外设立两个公司，原公司的法人地位消失。派生分立是指原公司将其财产或业务的一部分分离出去设立一个或数个公司，原公司继续存在。公司分立，其财产作相应的分割并应当编制资产负债表及财产清单。

2. 分立的程序

股份有限公司的分立一般需要经过以下程序：董事会拟订分立方案；股东大会依照章程的规定作出决议并公告；各方当事人签订分立合同；处理债权、债务等各项分立事宜；办理解散登记或者变更登记。公司应当自作出分立决议之日起 10 日内通知债权人，并于 30 日内在报纸上公告。公司分立前的债务由分立后的公司承担连带责任。但是，公司在分立前与债权人就债务清偿达成的书面协议另有约定的除外。

（四）股份有限公司的解散

股份有限公司的解散是指公司法人资格的消失。随着公司的解散，公司的一切业务活动终止，同时结束所有对内对外关系。公司解散后，应当依法成立清算组对公司财产进行清算，将剩余财产分配给股东。

公司有以下原因之一的，可以解散：公司章程规定的营业期限届满或者公司章程规定的其他解散事由出现；股东大会决议解散；因公司合并或者分立需要解散；依法被吊销营业执照、责令关闭或者被撤销；人民法院依照《公司法》第一百八十三条的规定予以解散。当公司经营管理发生严重困难，继续存续会使股东利益受到重大损失，通过其他途径不能解决的，持有公司全部股东表决权 10%以上的股东，可以请求人民法院解散公司。

（五）股份有限公司的清算

股份有限公司解散的清算，是指股份有限公司在解散过程中，为了终结公司现存的各种法律关系和了结公司债务，而对公司的资产、债权和债务关系等进行清理、处分的行为。

股份有限公司解散，首先要确定清算人，即在公司解散过程中从事清算事务、处理公司财产和债权及债务的执行人。清算人的产生一般有三种情况：一是公司董事担任清算人；二是公司股东大会选举产生清算人；三是法院指派清算人。清算组的主要职权是：清理公司财产，分别编制资产负债表和财产清单；通知、公告债权人；处理与清算有关的公司未了结的业务；清缴所欠税款以及清算过程中产生的税款；清理债权、债务；处理公司清偿债务后的剩余财产；代表公司参与民事诉讼活动。

清算组在清理公司财产、编制资产负债表和财产清单后，发现公司财产不足以清偿债务的，应当依法向人民法院申请宣告破产。公司经人民法院裁定宣告破产后，清算组应当将清算事务移交给人民法院。公司被依法宣告破产的，依照有关公司破产的法律实施破产清算。公司清算结束后，清算组应当制作清算报告，报股东大会或者人民法院确认，并报送公司登记机关，公告公司终止，公司法人资格即告消失。

第二节　首次公开发行股票的操作

一、首次公开发行股票的准备

依据《证券发行上市保荐业务管理办法》，发行人首次公开发行股票（IPO）并上市、上市公司发行新股、可转换公司债券及中国证监会认定的其他情形，应聘请具有保荐机构资格的证券公司履行保荐职责。

（一）首次公开发行股票申请文件的准备

保荐机构推荐发行人发行证券，要依法对发行人申请文件、证券发行募集文件进行核查，向中国证监会提交发行保荐书、保荐代表人专项授权书、发行保荐工作报告以及中国证监会要求的其他与保荐业务有关的文件。

保荐机构推荐发行人证券上市，应当向证券交易所提交上市保荐书以及证券交易所要求的其他与保荐业务有关的文件，报中国证监会备案。

首次公开发行股票的公司应按《公开发行证券的公司信息披露内容与格式准则第 9 号——首次公开发行股票并上市申请文件》的要求制作申请文件。申请文件主要有招股说明书与发行公告、发行人关于本次发行的申请文件及授权文件、保荐人关于本次发行的文件、会计师关于本次发行的文件、发行人律师关于本次发行的文件、发行人的设立文件、关于本次发行募集资金运用的文件、与财务会计资料相关的其他文件、其他文件。

（二）首次公开发行股票公司的辅导

为了保障股票发行核准制的实施，提高首次公开发行股票公司的素质及规范运作的水平，中国证监会于 2006 年 5 月发布实施《首次公开发行股票并上市管理办法》，规定在中华人民共和国境内首次公开发行股票的股份有限公司，应按照规定聘请辅导机构进行辅导。

1. 辅导机构、辅导人员、辅导对象

辅导机构应是具有保荐资格的证券机构以及其他经有关部门认定的机构。辅导机构应针对辅导对象成立专门的辅导工作小组。

辅导机构至少有三名固定人员参与辅导工作小组，至少有一人具有担任过首次公开发行股票主承销工作项目负责人的经验。

辅导对象为首次公开发行股票的公司，具体为公司的董事、监事、高级管理人员及持有 5% 以上股份的股东。

2. 辅导协议、辅导内容与实施方案

辅导机构与辅导对象应签订辅导协议。辅导协议应明确规定最低的现场辅导时间和授课次数。集中授课时间不少于 20 小时，次数不少于 6 次。

辅导机构应结合有关法律、法规及上市公司的必备知识，针对辅导对象的具体情况，确定辅导内容。辅导内容主要有辅导对象在公司设立等方面的合法合规性、督促辅导对象形成核心竞争力、核查辅导对象处置商标、专利、土地、房产的法律权属、督促规范辅导对象与控股股东及其他关联方的关系、督促辅导对象建立完善内部决策与控制制度、督促辅导对象建立健全公司财务制度、督促辅导对象形成明确的业务发展目标和未来发展规划、其他。

辅导机构可以采取灵活有效的辅导方式，辅导方式如自学、集中授课与考试、专业咨询、经验交流会、案例分析等。

辅导工作结束至保荐人推荐期间，辅导对象若出现控股股东实际控制人变更，主营业务变更，三分之一以上董事、监事、高级管理人员变更三种情况之一，辅导机构应重新进行辅导。此外，若出现辅导工作结束三年内未有保荐人向中国证监会推荐发行，辅导机构也要重新对辅导对象进行辅导。

中国证监会对首次公开发行股票前的辅导工作进行监督和辅导，派出机构负责辖区内辅导工作的监督管理。

二、首次公开发行股票的推荐

首次公开发行股票的股份有限公司，必须符合规定条件，并由保荐人内核后推荐。首次公开发行股票的相关条件如下。

1. 主体资格

（1）发行人应当是依法设立且合法存续的股份有限公司。经国务院批准，有限责任公司在依法变更为股份有限公司时，可以采取募集设立方式公开发行股票。

（2）发行人自股份有限公司成立后，持续经营时间应当在 3 年以上，但经国务院批准的除外。有限责任公司按原账面净资产值折股整体变更为股份有限公司的，持续经营时间可以从有

限责任公司成立之日起计算。

（3）发行人的注册资本已足额缴纳，发起人或者股东用作出资的资产的财产权转移手续已办理完毕，发行人的主要资产不存在重大权属纠纷。

（4）发行人的生产经营符合法律、行政法规和公司章程的规定，符合国家产业政策。

（5）发行人最近 3 年内主营业务和董事、高级管理人员没有发生重大变化，实际控制人没有发生变更。

（6）发行人的股权清晰，控股股东和受控股股东、实际控制人支配的股东持有的发行人股份不存在重大权属纠纷。

2. 独立性

（1）发行人应当具有完整的业务体系和直接面向市场独立经营的能力。

（2）发行人的资产完整。生产型企业应当具备与生产经营有关的生产系统、辅助生产系统和配套设施，合法拥有与生产经营有关的土地、厂房、机器设备以及商标、专利、非专利技术的所有权或者使用权，具有独立的原料采购和产品销售系统；非生产型企业应当具备与经营有关的业务体系及相关资产。

（3）发行人的人员独立。发行人的总经理、副总经理、财务负责人和董事会秘书等高级管理人员不得在控股股东、实际控制人及其控制的其他企业中担任除董事、监事以外的其他职务，不得在控股股东、实际控制人及其控制的其他企业领薪；发行人的财务人员不得在控股股东、实际控制人及其控制的其他企业中兼职。

（4）发行人的财务独立。发行人应当建立独立的财务核算体系，能够独立做出财务决策，具有规范的财务会计制度和对分公司、子公司的财务管理制度；发行人不得与控股股东、实际控制人及其控制的其他企业共用银行账户。

（5）发行人的机构独立。发行人应当建立健全内部经营管理机构，独立行使经营管理职权，与控股股东、实际控制人及其控制的其他企业间不得有机构混同的情形。

（6）发行人的业务独立。发行人的业务应当独立于控股股东、实际控制人及其控制的其他企业，与控股股东、实际控制人及其控制的其他企业间不得有同业竞争或者显失公平的关联交易。

（7）发行人在独立性方面不得有其他严重缺陷。

3. 规范运行

（1）发行人已经依法建立健全股东大会、董事会、监事会、独立董事、董事会秘书制度，相关机构和人员能够依法履行职责。

（2）发行人的董事、监事和高级管理人员已经了解与股票发行上市有关的法律法规，知悉上市公司及其董事、监事和高级管理人员的法定义务和责任。

（3）发行人的董事、监事和高级管理人员符合法律、行政法规和规章规定的任职资格，且不得有下列情形：被中国证监会采取证券市场禁入措施尚在禁入期的；最近 36 个月内受到中国证监会行政处罚，或者最近 12 个月内受到证券交易所公开谴责；因涉嫌犯罪被司法机关立案侦查或者涉嫌违法违规被中国证监会立案调查，尚未有明确结论意见。

（4）发行人的内部控制制度健全且被有效执行，能够合理保证财务报告的可靠性、生产经营的合法性、营运的效率与效果。

（5）发行人不得有下列情形：最近36个月内未经法定机关核准，擅自公开或者变相公开发行过证券，或者有关违法行为虽然发生在36个月前，但目前仍处于持续状态；最近36个月内违反工商、税收、土地、环保、海关以及其他法律、行政法规，受到行政处罚，且情节严重；最近36个月内曾向中国证监会提出发行申请，但报送的发行申请文件有虚假记载、误导性陈述或重大遗漏，或者不符合发行条件以欺骗手段骗取发行核准，或者以不正当手段干扰中国证监会及其发行审核委员会审核工作，或者伪造、变造发行人或其董事、监事、高级管理人员的签字、盖章；本次报送的发行申请文件有虚假记载、误导性陈述或者重大遗漏；涉嫌犯罪被司法机关立案侦查，尚未有明确结论意见；严重损害投资者合法权益和社会公共利益的其他情形。

（6）发行人的公司章程中已明确对外担保的审批权限和审议程序，不存在为控股股东、实际控制人及其控制的其他企业进行违规担保的情形。

（7）发行人有严格的资金管理制度，不得有资金被控股股东、实际控制人及其控制的其他企业以借款、代偿债务、代垫款项或者其他方式占用的情形。

4. 财务与会计

（1）发行人资产质量良好，资产负债结构合理，赢利能力较强，现金流量正常。

（2）发行人的内部控制在所有重大方面是有效的，并由注册会计师出具了无保留结论的内部控制鉴证报告。

（3）发行人会计基础工作规范，财务报表的编制符合企业会计准则和相关会计制度的规定，在所有重大方面公允地反映了发行人的财务状况、经营成果和现金流量，并由注册会计师出具了无保留意见的审计报告。

（4）发行人编制财务报表应以实际发生的交易或者事项为依据；在进行会计确认、计量和报告时应当保持应有的谨慎；对相同或者相似的经济业务，应选用一致的会计政策，不得随意变更。

（5）发行人应完整披露关联方关系并按重要性原则恰当披露关联交易。关联交易价格公允，不存在通过关联交易操纵利润的情形。

（6）发行人应当符合下列条件：最近3个会计年度净利润均为正数且累计超过人民币3 000万元，净利润以扣除非经常性损益前后较低者为计算依据；最近3个会计年度经营活动产生的现金流量净额累计超过人民币5 000万元；或者最近3个会计年度营业收入累计超过人民币3亿元；发行前股本总额不少于人民币3 000万元；最近一期末无形资产（扣除土地使用权、水面养殖权和采矿权等）占净资产的比例不高于20%；最近一期末不存在未弥补亏损。

（7）发行人依法纳税，各项税收优惠符合相关法律法规的规定。发行人的经营成果对税收优惠不存在严重依赖。

（8）发行人不存在重大偿债风险，不存在影响持续经营的担保、诉讼以及仲裁等重大或有事项。

（9）发行人申报文件中不得有下列情形：故意遗漏或虚构交易、事项或者其他重要信息；滥用会计政策或者会计估计；操纵、伪造或篡改编制财务报表所依据的会计记录或者相关凭证。

（10）发行人不得有下列影响持续赢利能力的情形：发行人的经营模式、产品或服务的品种结构已经或者将发生重大变化，并对发行人的持续赢利能力构成重大不利影响；发行人的行业地位或发行人所处行业的经营环境已经或者将发生重大变化，并对发行人的持续赢利能力构成重大不利影响；发行人最近 1 个会计年度的营业收入或净利润对关联方或者存在重大不确定性的客户存在重大依赖；发行人最近 1 个会计年度的净利润主要来自合并财务报表范围以外的投资收益；发行人在用的商标、专利、专有技术以及特许经营权等重要资产或技术的取得或者使用存在重大不利变化的风险；其他可能对发行人持续赢利能力构成重大不利影响的情形。

5. 募集资金运用

（1）募集资金应当有明确的使用方向，原则上应当用于主营业务。除金融类企业外，募集资金使用项目不得为持有交易性金融资产和可供出售的金融资产、借予他人、委托理财等财务性投资，不得直接或者间接投资于以买卖有价证券为主要业务的公司。

（2）募集资金数额和投资项目应当与发行人现有生产经营规模、财务状况、技术水平和管理能力等相适应。

（3）募集资金投资项目应当符合国家产业政策、投资管理、环境保护、土地管理以及其他法律、法规和规章的规定。

（4）发行人董事会应当对募集资金投资项目的可行性进行认真分析，确信投资项目具有较好的市场前景和赢利能力，可以有效防范投资风险，提高募集资金使用效益。

（5） 募集资金投资项目实施后，不会产生同业竞争或者对发行人的独立性产生不利影响。

（6）发行人应当建立募集资金专项存储制度，募集资金应当存放于董事会决定的专项账户。

三、首次公开发行股票的核准

中国证监会发行审核委员会（以下简称发行审核委员会）依照《证券法》等法律、行政法规和中国证监会的规定，对发行人的股票发行申请文件和中国证监会有关职能部门的初审报告进行审核。发行审核委员会以投票方式对股票发行申请进行表决，提出审核意见，中国证监会依照法定条件和法定程序作出予以核准或者不予核准股票发行申请的决定。

首次公开发行股票的核准程序如下。

（1）申报。发行人按照相关规定制作申请文件，由保荐人保荐并向中国证监会申报。

（2）受理。中国证监会收到申请文件后，在五个工作日内作出是否受理的决定。

（3）初审。中国证监会受理申请文件后，由相关职能部门对发行人的申请文件进行初审。

（4）预披露。发行人申请文件受理后，发行审核委员会审核前，发行人应将招股说明书（申报稿）在中国证监会网站预先披露。

（5）发行审核委员会审核。相关职能部门对发行人的申请文件进行初审完成后，由发行审核委员会组织发行审核委员会会议进行审核。

（6）决定。中国证监会依照法定条件对发行申请作出予以核准或不予核准的决定，并出具相关文件。

四、首次公开发行股票的操作

（一）首次公开发行股票的询价

首次公开发行股票，应当以向特定机构投资者（简称询价对象）询价的方式确定股票发行价格。发行申请经中国证监会核准后，发行人及其主承销商应当在刊登首次公开发行招股意向书和发行公告后向询价对象进行推介和询价。

询价对象包括符合中国证监会规定条件的基金管理公司、证券公司、信托投资公司、财务公司、保险机构投资者和合格境外机构投资者。

询价分为初步询价和累计投标询价两个阶段。发行人及其主承销商应当通过初步询价确定发行价格区间，在发行价格区间内通过累计投标询价确定发行价格。

在初步询价阶段，发行人及其保荐机构向不少于 20 家询价对象进行初步询价，并根据询价对象的报价结果确定发行价格区间及相应的市盈率区间。公开发行股数在 4 亿股（含 4 亿股）以上的，参与初步询价的询价对象不少于 50 家。当发行价格区间确定后，发行人及其保荐机构在发行价格区间内向询价对象进行累计投标询价，并根据累计投标询价结果确定发行价格。

累计投标询价是根据不同价格下投资者认购意愿确定发行价格的一种方法。投资者在确定的价格区间按照不同的发行价格申报认购数量，主承销商将所有投资者在同一价格上的申购量累计计算，得出一系列在不同价格之上的总申购量。最后，按照总申购量的一定倍数，确定发行价格。

发行人及其主承销商在发行价格区间和发行价格确定后，应当分别报中国证监会备案，并予以公告。

（二）首次公开发行股票的发行方式

中国现行股票发行方式为上网定价发行与网下配售相结合。

1. 向战略投资者配售

首次公开发行股票在 4 亿股以上（含 4 亿股）的，可以向战略投资者配售股票。战略投资者不得参与首次公开股票的初步询价及累计投标询价，并承诺本次获配的股票持有期不少于 12 个月。

2. 向参与网下配售的询价对象配售

发行人及主承销商应向参与网下配售的询价对象配售股票，并应当与网上发行同时进行。公开发行股票数量在 4 亿股以下的，配售数量不超过本次发行总量的 20%，公开发行数量在 4 亿股以上（含 4 亿股）的，配售数量不超过本次发行总量的 50%。询价对象应以其指定的自营账户或管理的投资产品账户分别独立参与累计投标询价和配售。询价对象应承诺将获得本次网下配售的股票持有期不少于 3 个月。

本次发行的股票向战略投资者配售的，发行完成后无持有期限制的股票数量不得低于本次发行股票数量的 25%。

3. 网上定价发行

向参与网上发行的投资者配售方式是指通过证券交易所系统公开发行股票。以上海证券交易所为例，介绍网上发行资金申购流程。

（1）投资者申购。申购当日（T＋0），投资者在规定时间内通过与上海证券交易所联网的证券营业部根据发行人公告的发行价格和赎购数量缴足申购款，进行申购委托。

（2）资金冻结。申购日后第一天（T＋1），中国登记结算上海第一分公司将申购资金冻结。

（3）验资及配号。申购日后第二天（T＋2），中国登记结算上海第一分公司配合上海证券交易所指定的具有资格的会计师事务所对申购资金进行验资，并由会计师事务所出具验资报告，并以实际到位资金作为有效申购。

（4）摇号抽签、中签处理。主承销商于申购日后第三天（T+3）公布确定的发行价格和中签率，并根据总配号量和中签率组织摇号抽签、中签处理。

（5）资金解冻。申购日后第四天（T+4），主承销商在收到中国登记结算上海第一分公司划转的认购资金后，依据承销协议，将该款项扣除承销费后，划转到发行人指定的银行账户。

4. 超额配售选择权

首次公开发行股票数量在4亿股以上（含4亿股）的，发行人及其主承销商可以在发行方案中采用超额配售选择权。超额配售选择权的实施应当遵守中国证监会、证券交易所和证券登记结算机构的规定。

超额配售选择权是指发行人授予主承销商的一项选择权，获此授权的主承销商按同一价格超额发售不超过包销数额 15%的股份，即主承销商按不超过包销数额 115%的股份向投资者发售。在本次包销部分的股票上市之日起30日内，主承销商有权根据市场情况，从集中竞价交易市场购买发行人股票，或者要求发行人增发股票，分配给对此超额发售部分提出认购申请的投资者。主承销商在未动用自有资金的情况下，通过行使超额配售选择权，可以平衡市场对改制股票的供求，起到稳定市价的作用。

在超额配售选择权行使期内，如果发行人股票的市场价格低于发行价格，主承销商用超额发售股票获得的资金，按不高于发行价格的价格，从集中竞价交易市场购买发行人的股票，分配给提出认购申请的投资者；如果发行人股票的市场价格高于发行价格，主承销商可以根据授权要求发行人增发股票，分配给提出认购申请的投资者，发行人获得发行此部分新股所募集的资金。但主承销商从集中竞价交易市场购买发行人的股票与要求发行人增发股票的和不超过本次包销数额的115%。

5. 回拨机制

回拨机制是指在同一次发行中采取两种发行方式时，为了保证发行成功和公平对待不同类型投资者，先人为设定不同发行方式下的发行数量，然后根据认购结果，按照预先公布的规则在两种发行方式之间适当调整发行数量。

五、首次公开发行股票的上市保荐

1. 股票上市的条件

依据《公司法》及证券交易所上市规则的规定，股份有限公司申请股票上市必须符合下列条件。

（1）股票经国务院证券监督管理机构核准已公开发行。

（2）公司股本总额不少于人民币5 000万元。

（3）公开发行的股份达到公司股份总数的25%以上；公司股本总额超过人民币4亿元的，公开发行股份的比例为10%以上。

（4）公司最近三年无重大违法行为，财务会计报告无虚假记载。

（5）证券交易所可以规定高于前款规定的上市条件，并报国务院证券监督管理机构批准。

2. 股票的上市保荐

根据证券交易所股票上市规则，证券交易所实行股票和可转换公司债券的上市保荐制度。

保荐人应与发行人签订保荐协议，明确双方在发行人申请上市期间、申请恢复上市期间和持续督导期间的权利与义务。

保荐人保荐股票上市时，应向证券交易所提交上市保荐书、保荐协议、保荐人和相关保荐人已经中国证监会注册登记并列入保荐人和保荐代表人名单的证明文件、保荐人向保荐代表人出具的由保荐人法定代表人签名的授权书以及与上市保荐工作有关的其他文件。

专题讨论 2.1

中国股票发行现行保荐制度的优缺点。

3. 股票上市申请

经中国证监会核准发行的股票发行结束后，发行人方可向证券交易所申请股票上市。发行人向证券交易所申请股票上市时，应当按照规定编制上市公告书。

六、首次公开发行股票的信息披露

股份有限公司公开发行股票并上市，依照《公司法》《证券法》《首次公开发行股票并上市管理办法》《证券发行与承销管理办法》和其他部门规章等的规定，必须同时向所有投资者公开信息披露。依法披露的信息必须真实、准确、完整，不得有虚假记载、误导性陈述或者重大遗漏。

1. 招股说明书（申报稿）

在发行申请文件受理后、发行审核委员会审核前，发行人应按照《公开发行证券的公司信息披露内容与格式准则第一号——招股说明书》的要求编制招股说明书（申报稿）在中国证监会网站预先披露。预先披露的招股说明书（申报稿）不是发行人发行股票的正式文件，不能含有价格信息，发行人不得据此发行股票。

2. 招股说明书及摘要

发行人在发行前将招股说明书摘要刊登在至少一种中国证监会指定的报刊，同时将招股说明书全文刊登在中国证监会指定的网站，并将招股说明书全文置备于发行人住所、拟上市证券交易所、保荐人、主承销商和其他承销机构的住所，以备公众查阅。招股说明书的内容主要有本次发行概况、风险因素、发行人基本情况、业务与技术、同业竞争与关联交易、董事监事高管人员与核心技术人员、公司治理、财务会计信息、管理层讨论与分析、业务发展目标、募股资金运用、股利分配政策、其他重要事项、董事监事高管人员及有关中介机构声明。

3. 股票发行公告

发行人及主承销商应当在刊登招股意向书或者招股说明书摘要的同时刊登发行公告，对发行方案进行详细说明。

4. 股票上市公告书

股票上市公告书是发行人在股票上市前向公众公告发行与上市有关事项的信息披露文件。

第三节　上市公司新股的发行

一、上市公司公开发行新股的法定条件

1. 基本条件

根据《证券法》规定，上市公司公开发行新股，必须具备下列条件。

（1）具备健全且运行良好的组织机构。

（2）具有持续赢利能力，财务状况良好。

（3）最近三年财务会计文件无虚假记载，无其他重大违法行为。

（4）经国务院批准的国务院证券监督管理机构规定的其他条件。

2. 配股的特别规定

向原股东配售股份（简称“配股”），除符合基本条件外，还应当符合下列规定。

（1）拟配售股份数量不超过本次配售股份前股本总额的 30%。

（2）控股股东应当在股东大会召开前公开承诺认配股份的数量。

（3）采用《证券法》规定的代销方式发行。

（4）控股股东不履行认配股份的承诺，或者代销期限届满，原股东认购股票的数量未达到拟配售数量 70%的，发行人应当按照发行价并加算银行同期存款利息返还已经认购的股东。

3. 增发的特别规定

上市公司向不特定对象公开募集股份（简称“增发”），除符合基本条件外，还应当符合下列规定。

（1）最近 3 个会计年度加权平均净资产收益率平均不低于 6%，扣除非经常性损益后的净利润与扣除前的净利润相比，以低者作为加权平均净资产收益率的计算依据。

（2）除金融类公司外，最近一期期末不存在持有金额较大的交易性金融资产和可供出售的金融资产、借予他人款项、委托理财等财务性投资的情形。

（3）发行价格应不低于公告招股意向书前 20 个交易日公司股票均价或前一个交易日的均价。

二、上市公司非公开发行新股的法定条件

非公开发行股票是指上市公司采用非公开方式，向特定对象发行股票的行为。

1. 非公开发行股票的特定对象应当符合的要求

（1）特定对象符合股东大会决议规定的条件。

（2）发行对象不超过十名。

（3）发行对象为境外战略投资者的，应当经国务院相关部门事先批准。

2. 上市公司非公开发行股票的规定

（1）发行价格不低于定价基准日前 20 个交易日公司股票均价的 90%。

（2）本次发行的股份自发行结束之日起，12 个月内不得转让；控股股东、实际控制人及其控制的其他公司认购的股份，36 个月内不得转让。

（3）募集资金使用符合《上市公司证券发行管理办法》第十条的规定。

（4）本次发行将导致上市公司控制权发生变化的，还应当符合中国证监会的其他规定。

3. 上市公司不得非公开发行股票的情形

（1）本次发行申请文件有虚假记载、误导性陈述或重大遗漏。

（2）上市公司的权益被控股股东或实际控制人严重损害且尚未消除。

（3）上市公司及其附属公司违规对外提供担保且尚未解除。

（4）现任董事、高级管理人员最近 36 个月内受到过中国证监会的行政处罚，或者最近 12 个月内受到过证券交易所公开谴责；上市公司或其现任董事、高级管理人员因涉嫌犯罪正被司法机关立案侦查或涉嫌违法违规正被中国证监会立案调查。

（5）最近一年及一期财务报表被注册会计师出具保留意见、否定意见或无法表示意见的审计报告。保留意见、否定意见或无法表示意见所涉及事项的重大影响已经消除或者本次发行涉及重大重组的除外。

（6）严重损害投资者合法权益和社会公共利益的其他情形。

三、新股发行操作

根据《上市公司证券发行与管理办法》，上市公司发行新股应由董事会做出决议，股东大会批准后，由保荐人按照中国证监会的有关规定编制和报送发行申请文件，出具发行保荐书，再经中国证监会受理申请文件、初审、发行审核委员会审核、核准发行等程序后，方可发行。

在发行方式上，增发主要采取网上定价发行与网下配售相结合及网上与网下同时定价发行两种方式，配股一般采取网上定价发行方式。

（一）增发及上市业务操作流程

1. 发行阶段主承销商和发行人应提交的材料

发行阶段主承销商和发行人应提交的材料包括：中国证监会的核准文件；经中国证监会审核的全部发行申报材料；发行的预计时间安排；发行具体实施方案和发行公告；相关招股意向书或者募集说明书；交易所要求的其他文件。

2. 询价增发、比例配售操作流程

T−3 日：《招股意向书》《网下发行公告》和《网上发行公告》见报并见于交易所网站，上午上市公司股票停牌 1 小时。

T−2 日：15:45 前，将盖章后的价格区间公告送上海证券交易所。

T−1 日：询价区间公告见报，股票停牌 1 小时。

T 日：增发发行日、老股东配售缴款日。

T + 1 日：主承销商联系会计师事务所。如果采用摇号方式，还需联系公证处。

T + 2 日：11:00 前主承销商根据验资结果，确定本次网上网下发行数量、配售比例和发行价格，盖章后将结果报上海证券交易所上市公司部；15:00 前，主承销商向上市公司部送达验资报告。主承销商拟定价格、申购数量及回拨情况等发行结果公告准备见报。（注意：网上配售比例只能保留小数点后3位；网下配售比例不受限制，由此形成的余股由主承销商包销。）

T+3日：主承销商刊登《发行价格及配售情况结果公告》。

T+4日：股票复牌。

3. 定价增发操作流程

T-2日：招股意向书摘要、网上网下发行公告、网上路演公告见报。

T-1日：进行网上路演，如果向原股东进行配售，T-1日为股权登记日。

T日：网上网下申购日。

T+1日：主承销商联系会计师事务所进行网下申购定金验资。

T+2日：主承销商组织网上申购资金验资，同时根据网上网下申购情况，确定本次网上网下发行数量，计算网下配售比例。对于网上发行部分，如果采用按比例配售原则，则同时确定网上发行部分的配售比例；如果采用摇号抽签的方式，则确定网上中签率，同时联系摇号队和公证机构。

T+3日：主承销商刊登网下发行结果公告，退还未获配售的网下申购定金，网下申购投资者根据配售结果补缴余款；网上发行部分如果采用摇号抽签的方式，则举行摇号抽签仪式。

T+4日：网上未获售股票的资金解冻，网下发行申购资金验资，发行结束。

4. 增发股票上市

上市公司申请增发新股的可流通股份上市，应向证券交易所提交以下申请文件。

（1）上市报告书（申请书）。

（2）申请上市的董事会和股东大会决议。

（3）按照有关规定编制的上市公告书。

（4）保荐协议和保荐人出具的上市保荐书。

（5）发行结束后经具有执行证券、期货相关业务资格的会计师事务所出具的验资报告。

（6）登记公司对新增股份登记托管的书面确认文件。

（7）董事、监事和高级管理人员持股情况变动的报告。

（8）股份变动报告书。

（9）交易所要求的其他文件。

经证券交易所同意后，发行人和主承销商应于T-1日刊登《股份变动及增发股票上市公告书》。T日，增发新股可流通部分上市交易，当日股票不设涨跌幅限制。

（二）配股及上市业务操作流程

配股是上市公司向老股东定价、定量发行新股，发行人只需在其配股说明书中披露有关老股东申购办法，无需专门披露发行公告。

证券交易所与发行人、主承销商在配股说明书中确定股权登记日、除权日以及投资者配股申购期限。

T-3日之前：发行人和主承销商应向证券交易所上市公司部报送有关材料，并进行配股说明书及附件的上网操作。

T-2日：配股说明书摘要及发行公告见报，配股说明书及附件见证券交易所网站。

T－1 日：进行网上路演。

T 日：股权登记日。

T＋1 日～T＋5 日：为配股缴款期间，发行人和主承销商应连续 5 天刊登配股提示公告。

T＋6 日：网下验资，确定原股东认配比例，如发行成功，则中国证券登记结算有限责任公司进行网上清算。

T＋7 日：刊登配股发行结果公告，股票恢复正常交易。如发行成功，当日为除权基准日；如发行失败，当日为申购资金退款日。

配股上市时间在配股发行成功后根据证券交易所的安排确定，另行公告。

四、新股发行信息披露

上市公司在公开发行证券前 2～5 个工作日内，应当将经中国证监会核准的募集说明书摘要或者募集意向书摘要刊登在至少一种中国证监会指定的报刊，同时将其全文刊登在中国证监会指定的互联网网站，置备于中国证监会指定的场所。

第四节　可转换公司债券的发行

可转换公司债券是指发行公司依法发行，在一定期间内依据约定的条件可以转换成股份的公司债券。上市公司也可以公开发行认股权和债权分离交易的可转换公司债券。发行可转换公司债券必须报经核准，未经核准，不得发行可转换公司债券。

一、发行条件与设计要求

（一）发行条件

1. 一般规定

根据《上市公司证券发行管理办法》规定，上市公司发行可转换公司债券，无论此可转换公司债券是否可分离交易，应符合的一般规定同于上市公司发行新股的规定。

2. 其他规定

（1）对净资产的要求。依据《证券法》，发行可转换为股票的公司债券的上市公司，股份有限公司的净资产不低于 3 000 万元人民币，有限责任公司的净资产不低于 6 000 万元人民币。依据《上市公司证券发行管理办法》，发行可分离交易的可转换公司债券的上市公司，最近一期期末经审计的净资产不低于 15 亿元人民币。

（2）对净资产收益率的要求。最近 3 个会计年度加权平均净资产收益率平均不低于 6%。扣除非经常性损益后的净利润与扣除前的净利润相比，以低者作为加权平均净资产收益率的计算依据。

（3）对现金流量的要求。最近 3 个会计年度实现的年均可分配利润不少于公司债券一年的利息。

（二）设计要求

1. 发行规模

本次发行后累计公司债券余额不超过最近一期期末净资产额的 40%。

2. 期限

可转换公司债券的期限最短为 1 年，最长为 6 年。分离交易的可转换公司债券的期限最短为 1 年，无最长期限限制。认股权证的存续期间不超过公司债券的期限，自发行结束之日起不少于 6 个月。

3. 转股期或行权期

可转换公司债券在发行结束 6 个月后，方可转换为公司股票。转股期限由公司根据可转换公司债券的存续期限及公司财务状况确定。对于可分离交易的可转换债券，认股权证自发行结束之日起满 6 个月后方可行权。

4. 转股价格或行权价格

转股价格应不低于募集说明书公告日前 20 个交易日公司股票交易均价或前一交易日的均价。

5. 面值与利率

可转换公司债券的面值为 100 元。利率由发行公司与主承销商协商确定。

6. 赎回与回售条款

上市公司改变公告的募集资金用途的，应赋予债券持有人一次回售的权利。可转换公司债券的赎回指上市公司按事先约定的条件和价格赎回尚未转股的可转换债券；回售指债券持有人可按事先约定的条件和价格将所持债券卖给发行人。

7. 担保要求

公开发行可转换公司债券，应当提供担保，但最近一期期末经审计的净资产不低于人民币 15 亿元的公司除外。提供担保的，应当为全额担保，担保范围包括债券的本金及利息、违约金、损害赔偿金和实现债权的费用。以保证方式提供担保的，应当为连带责任担保，且保证人最近一期期末经审计的净资产额应不低于其累计对外担保的金额。证券公司或上市公司不得作为发行可转换公司债务的担保人，但上市商业银行除外。设定抵押或质押的，抵押或质押财产的估值应不低于担保金额。估值应经有资格的资产评估机构评估。

8. 评级

公开发行可转换公司债券，应当委托具有资格的资信评级机构进行信用评级和跟踪评级。资信评级机构每年至少公告一次跟踪评级报告。

（三）可转换公司债券的定价

可转换公司债券的转换价值和股票价格与换股比例有关：

$$转换价值 = 股票价格 \times 换股比例$$

可转换公司债券的价值可以近似地看成是普通债券与股票期权的组合。

首先，可转换公司债券的持有者可以按照约定的转股价格在转换期内行使转股权利，相当于以转股价格为期权执行价格的美式买权。

其次，由于发行人在可转换公司债券的赎回条款中规定，如果股票价格连续若干交易日收盘价高于某一赎回启动价格(赎回启动价格要高于转股价格)，发行人有权按一定金额赎回债券。所以，赎回条款相当于债券持有人在购买债券时就无条件出售给发行人的一张美式买权。

最后，可转换公司债券回售条款规定，如果股票价格若干交易日收盘价低于某一回售启动价格（该价格低于转股价格），债券持有人有权按一定金额回售给发行人。所以，回售条款相当于债券持有人拥有发行人出售的一张美式卖权。综上所述，可转换公司债券的近似价值＝债券价值＋投资人美式买权价值＋投资人美式卖权价值−发行人美式买权价值。

影响可转换公司债券价值的因素有以下几种。

（1）票面利率：可转换公司债券价值与票面利率成正比。

（2）转股价格：可转换公司债券价值与转股价格成反比。

（3）股票波动率：可转换公司债券价值与股票波动率呈正比。

（4）转股期限：可转换公司债券价值与转股期限呈正比。

（5）回售条款：回售期限越长，期权价值越高。

（6）赎回条款：赎回期限越长，期权价值越高。

二、可转换公司债券的发行申报与核准

可转换公司债券的发行申报程序为董事会决议、股东大会决议、保荐人保荐、编制申报文件。核准程序为受理申请文件、初审、发行审核委员会审核、中国证监会核准、证券发行。

三、可转换公司债券的发行方式与上市

1. 发行方式

网上定价、网上定价与网下配售、向原社会公众股东优先配售其余网上定价发行、部分向原社会公众股东优先配售其余网上定价发行与网下配售相结合。

2. 上市

证券交易所实行可转换公司债券上市保荐制度。上市条件为债券期限在一年以上；实际发行额不少于人民币 5 000 万元，其他条件。

四、可转换公司债券的信息披露

上市公司发行可转换公司债券信息披露的有关要求，与上市公司发行新股的要求基本一致。

本章小结

本章主要介绍了股份有限公司、股票与可转换公司债券发行的操作。首先介绍股份有限公司的概念、特征、设立、合并、分立、解散和清算；其次介绍股票发行的条件与操作，重点介

绍发行人首次发行股票的条件与操作、上市公司发行新股的条件与操作、上市公司发行可转换公司债券的条件与操作。

复习思考题

一、名词解释

股份有限公司　发起设立　募集设立　合并　吸收合并　新设合并　分立　新设分立　派生分立　初步询价　累计投标询价　超额配售选择权　回拨机制　可转换公司债券　转换价值

二、思考题

1. 了解保荐制的主要内容。
2. 股份有限公司的设立有几种形式？
3. 发行人首次发行股票的条件与操作程序。
4. 上市公司发行新股的条件与操作程序。
5. 上市公司发行可转换债券的条件与操作程序。
6. 影响可转换公司债券价值的因素有哪些？

三、专题讨论

在我国，大多数已上市公司都进行过再融资。出现这种现象的原因主要有两个方面：一是监管部门逐年放松对已上市公司的再融资监管；二是上市公司把股票市场当作“提款机”。请对已上市公司的再融资行为进行分析与评价。

第三章

证券的交易

【学习目标】

通过本章的学习，熟悉证券的两种基本交易制度，了解证券公司的类型，掌握经纪、自营、资产管理、融资融券四大主要业务的内容。

【关键概念】 委托经纪制度 做市商制度 证券公司 交易业务

第一节 证券交易制度

目前世界上证券交易制度主要有委托经纪制度和做市商制度两种。

一、委托经纪制度

委托经纪制度是指投资者依靠指令驱动机制，通过竞价配对达成交易的一种制度。具体而言，就是买卖双方将委托指令下达给各自的代理经纪人（证券交易所的会员），再由经纪人将指令下达到交易所。在汇总所有交易委托的基础上，证券交易所的交易系统按照价格优先和时间优先的原则进行撮合成交，完成交易。竞价配对方式可以是传统的公开喊价方式，也可以是计算机自动撮合方式。

在指令驱动机制下，证券交易价格的形成是由买卖双方直接决定的，投资者交易的对象是不确定的其他投资者。买卖指令的流量是推动市场运行和价格形成的根本动力。

大部分主板市场都采用委托经纪制度。现国内两大证券交易所和四家期货交易所均采用此交易制度。

专栏 3.1 我国沪深两大证券交易所的交易制度

我国沪深两大证券交易所均实行委托交易制度，但是具体做法又有一定差别。其中，沪市实行全面指定交易制度，深市实行托管券商制度。

全面指定交易制度，是指由 1998 年 4 月 1 日起，任何一个参与买卖沪市股票的投资者，必须先将自己的证券账户指定在某一家证券营业部中，方可进行交易；若投资者要更换证券营业部，必须将原来指定交易指令撤销，在新的证券部重新办理指定交易，然后才可以买卖沪市证券。

托管券商制度，是指投资者持有的深市证券托管在自己选定的证券营业部处，由券商管理其名下的证券明细资料。投资者在国内其他任何一家营业部都可买入股票但都会自动托管在该营业部，若要卖出则必须在该营业部下单，否则就要办理转托管。

二、做市商制度

所谓做市商制度，是指在证券市场上，投资者需要借助于做市商，依靠报价驱动机制达成交易的一种制度。

所谓做市商，是指具备一定实力和信誉的证券经营机构，他们作为特许交易商，成为某些证券买进和卖出的交易组织者。做市商不断地向公众投资者报出某些特定证券的买卖价格，并在该价位上以其自有资金和证券与公众投资者进行交易。而买卖报价之间的差额扣除补偿所提供服务的成本费用之后，就成为做市商的利润来源。

做市商市场中，依靠报价驱动机制达成交易。做市商报出的是双向的价格，也就是对于同一个股票而言，做市商既报买入价，也报卖出价。所有投资者的交易对手都是做市商。做市商报出价格后，就有义务接受投资者按此价格提出的买卖要求。换而言之，做市商必须有足够的证券和资金，用来满足投资者买进或卖出证券的要求。

做市商制度的优点是能够保证证券市场的流动性，即投资者随时都可以按照做市商的报价买入、卖出证券，不会出现买卖双方不均衡（如只有买方或卖方）而无法交易。但是，由于做市商的利润是来自买卖报价之间的价差，在缺乏价格竞争的情况下，做市商可能会故意加大买卖价差，使投资者遭受损失。

做市商通过这种不断买卖来维持市场的流动性，满足公众投资者的投资需求。推行做市商制度的初衷一般都是为了提高证券交易的效率性、稳定性和流动性。

大部分创业板市场都实行做市商制度。

专栏 3.2 美国纳斯达克市场中的做市商制度

做市商制度以纳斯达克市场最为著名和完善。

美国实行的是证券交易所的专业经纪人制度和场外市场的做市商制度并行的交易方式。全美证券商协会（NASD）规定，证券商只有在该协会登记注册后才能成为纳斯达克市场的做市商。做市商在场外市场交易的主要对象是债券和非上市股票，通过“全美证券协会自动报价系统”（纳斯达克系统）将分散在全国各地的 6 000 多个做市商联系在一起，并可迅速提供在各地场外市场交易的近 7 000 种股票和债券的买价和卖价，提供统一的清算和监控，此外，还编制纳斯达克系统的股票价格指数。

在纳斯达克市场上市的公司股票，最少要有两家以上的做市商为其股票报价；一些规模较大、交易较为活跃的股票的做市商往往达到 40～45 家，平均每一种证券有 12 家做市商。在纳斯达克做市商制度下，买卖双方无须等待对方的出现，只要有做市商出面承担另一方的责任，交易便算完成。这对于市值较低、交易次数较少的证券尤为重要。

在开市期间，做市商必须就其负责做市的证券一直保持双向买卖报价，即向投资者报告其愿意买进和卖出的证券数量和买卖价位，纳斯达克市场的电子报价系统自动对每只证券全部做市商的报价进行收集、记录和排序，并随时将每只证券的最优买卖报价通过其显示系统报告给投资者。如果投资者愿意以做市商报出的价格买卖证券，做市商必须按其报价以自有资金和证券与投资者进行交易。

由于做市商提供买卖双向报价并随时准备交易，使投资者不用担心没有交易对手，从而极大地方便了投资者。美国在证券交易所上市的股票有 1 800 多种，而在场外市场交易的股票和债券却有 7 000 种之多，纳斯达克系统极大地方便了场外市场的交易，促进了它的发展，使之成为证券交易所的有益补充和完善。

三、两种交易制度的比较

1. 价格形成方式不同

委托经纪制度中的开盘与随后的交易价格均是竞价形成的。以我国证券市场为例，所有投资者买卖指令都汇集到交易所的主机中，电脑自动让价格相同的买卖单成交，开盘价是在上午 9 点 25 分时同时满足以下三个条件的基准价格：首先是成交量最大；其次是高于基准价格的买入申报和低于基准价格的卖出申报全部成交；再次是与基准价格相同的买方或卖方申报至少有一方全部成交。成交价格是在交易系统内部生成的。

而做市商制度中，证券的开盘价格和随后的交易价格是由做市商报出的，成交价格是从交易系统外部输入的。

2. 交易成本不同

在委托经纪市场上，证券价格是单一的，投资者的交易成本仅仅是付给经纪人的手续费。

在做市商市场中，同时存在着两种市场报价：买入价格与卖出价格，两者之间的价差就是做市商的利润，是做市商提供“即时性服务”所索取的合理报酬。但投资者被迫担负了额外的交易成本——价差。

3. 处理大额买卖指令的能力不同

在委托经纪制度中，大额买卖指令要等待交易对手的买卖盘，完成交易常常要等待较长时间。而做市商制度能够有效处理大额买卖指令。

通过以上对比，读者可以发现两种机制互有优劣之处。从历史形成的渊源来看，完全的做市商制度在交易即时性、大宗交易能力以及价格稳定性方面具有优势，但在运作费用、透明性等方面不如委托经纪制度。值得说明的是，两种制度并不是对立和不相容的，在各自的发展过程中，二者正在不断吸取对方的优点而逐步走向融合，如美国的纽约证券交易所（NYSE）作为一个竞价市场而引入了专家经纪人制度，而纳斯达克在 1997 年引入了电子交易系统后，价格决定已经由单纯的报价驱动走向“报价与指令”混合驱动。

第二节　证券公司与证券交易业务

在证券市场上，经营和证券有关的投融资业务的金融机构，在美国一般称为投资银行，在中国、日本等亚洲国家称为证券公司。证券公司的数量、规模、技术手段、服务质量以及被监管效率等多方面因素，决定了证券交易市场的完善程度和交易水平的高低。

一、证券公司

在我国，证券公司是指依照《公司法》《证券法》设立的经营证券业务的有限责任公司或者股份有限公司，分为证券登记公司和证券经营公司两种。

（一）证券登记公司

证券登记公司是专门从事为证券交易提供集中的登记、托管与结算服务，不以营利为目的的法人，是证券市场不可缺少的中介机构。

1. 证券登记

证券登记是指对所有进行交易的证券进行集中的登记，包括：

（1）统一管理投资者证券账户，包括开立证券账户及证券账户的挂失、补发及修改开户资料；

（2）上市证券的发行登记；

（3）上市证券非流通股份的管理，包括股份的抵押、冻结及法人股、国家股权的协议转让过户；

（4）股东名册管理。

2. 证券托管

证券托管，是指在证券登记结算公司将股份进行托管。根据中国证监会的规定，凡申请在深圳证券交易所上市的公司必须在上市前到深圳证券登记有限公司托管其全部股份；凡申请在上海证券交易所上市的公司必须在上市前到上海证券中央登记结算公司托管其全部股份。

集中托管服务包括以下几种情况：上市证券的股份管理；证券托管与转托管；股东权益的派发；配股股权的认购。

3. 证券结算

证券结算是指证券结算机构通过与证券交易所、清算银行和结算会员的联网，对达成股票买卖交易的，以净额结算方式完成证券和资金收付。

集中结算服务包括以下几种情况：证券交易的清算过户；证券交易的资金交收；新股网上已发行的资金清算；配股的资金交收。

证券登记结算机构是不以营利为目的的法人。证券登记结算机构在证券交易中处于重要地位，该系统运转好坏、效率高低、稳定程度，对证券市场安全、高效、有序运行有着极其重要的影响，其设置必须经国务院证券监督管理机构的批准。未经批准，任何单位都不得擅自成立证券登记结算机构。

（二）证券经营公司

证券经营公司俗称“券商”，是指具有证券交易所的会员资格，可以承销发行、自营买卖或自营兼代理买卖证券的证券公司。普通投资人的证券投资都要通过券商来进行。

从证券经营公司的功能划分，证券经营公司可分为证券经纪商、证券自营商、证券承销商以及集以上三种业务于一身的综合类券商。目前，我国大多数的券商都具有从事综合类业务的资格。

证券经营公司的主要业务包括：证券承销与保荐业务、证券经纪业务、证券自营业务、证券投资咨询业务及与证券交易、证券投资活动有关的财务顾问业务、证券资产管理业务、融资融券业务。

证券承销业务是指证券公司代理证券发行人发行证券的行为，发行人向不特定对象公开发行的证券，法律、行政法规规定应当由证券公司承销的，发行人应当同证券公司签订承销协议。

证券经纪业务又称代理买卖证券业务，是指证券公司接收客户委托代客户买卖有价证券的行为。

证券自营业务是指证券公司为本公司买卖证券、赚取差价并承担相应风险的行为。

证券投资咨询业务是指证券公司及其相关业务人员运用各种有效信息，对证券市场或个别证券的未来走势进行分析预测，对投资证券的可行性进行分析评判；为投资者的投资决策提供分析、预测、建议等服务，倡导投资理念、传授投资技巧，引导投资者理性投资的业务活动。

证券资产管理业务是指证券公司根据有关法律、法规和投资委托人的投资意愿，作为管理人，与委托人签订资产管理合同，将委托人委托的资产在证券市场上从事股票、债券等金融工具的组合投资，以实现委托资产收益最大化的行为。

融资融券业务是指向客户出借资金供其买入上市证券或出借上市证券供其卖出，并收取担保物的经营活动。

二、证券经纪业务

证券经纪、自营、资产管理和融资融券四大类业务均和证券的交易有着密切的关系，下面就着力介绍这四大类业务各自的主要内容。

在证券交易所市场，投资者买卖证券是不能直接进入证券交易所办理的，而必须通过证券交易所的会员来进行，即投资者需要通过经纪商才能在证券交易所买卖证券。经纪商利用其在证券交易所的会员资格，代理客户进行证券的交易，不赚取买卖价差，只收取一定比例的佣金作为业务收入。

投资者委托经纪商进行证券交易，需要经历以下交易程序。

（一）开户——确立证券经纪关系

开户有两个方面，即开立证券账户和开立资金账户。

1. 开立证券账户

按照现行规定，投资者入市应先到中国登记结算上海分公司或中国登记结算深圳分公司及其代理点开立证券账户。证券账户用来记载投资者所持有的证券种类、数量和相应的变动情况。证券账户有不同的类型，有的根据投资者种类（如个人投资者和机构投资者）区分，有的根据投资品种（如股票、基金）区分。

2. 开立资金账户

由于买卖证券要涉及货币资金的收入或付出，因此投资者还必须开立资金账户。资金账户用来记载和反映投资者买卖证券的货币收付和结存数额。在我国，投资者的资金账户一般在经纪商处开立。

通过开立资金账户，投资者可以建立与经纪商的委托代理关系，成为该证券经纪商的客户。具体过程为证券经纪商向客户讲解有关业务规则协议内容，揭示风险，与客户签订《风险揭示书》及《客户须知》；客户与证券经纪商签订《证券交易委托代理协议书》，指定存管银行并签订《客户交易结算资金第三方存管协议》。

2007 年开始，中国证监会明确要求证券公司全面实施客户交易结算资金第三方存管。第三方存管是指证券公司将客户证券交易结算资金交由银行等独立第三方存管。按照《证券法》的规定，证券公司客户的交易结算资金应当存放在商业银行，以客户的名义单独立户管理。实施客户证券交易结算资金第三方存管制度的证券公司，将不再接触客户证券交易结算资金，而由存管银行负责投资者交易清算与资金交收。

客户证券交易资金、证券交易买卖、证券交易结算托管三分离是国际上通用的“防火”规则。这一制度可以在一定程度上防范经纪商挪用投资者交易结算资金的现象，从而起到保护投资者利益的作用。

（二）委托买卖

投资者向证券经纪商下达买进或卖出证券的指令，称为“委托”。

1. 委托指令及其形式

委托指令的基本要素主要包括：证券账号、日期、品种、买卖方向、数量、价格、时间、有效期、签名等。

委托指令有多种形式，从各国情况看，一般根据委托订单的数量，有整数委托和零数委托；根据买卖证券的方向，有买进委托和卖出委托；如果允许买空卖空，则有买空委托和卖空委托；根据委托价格限制，有市价委托和限价委托；在有些国家，还有止损订单和止损限价订单；根据委托时效限制，有当日委托、当周委托、无期限委托、开市委托和收市委托等。根据委托使用的工具，有柜台委托、电话委托、传真委托、函电委托、自助终端委托、网上委托等形式。

2. 委托的执行

证券经纪商接到投资者的委托指令后，首先要对投资者身份的真实性和合法性进行审查。审查合格后，经纪商要将投资者委托指令的内容传送到证券交易所进行撮合。这一过程称为“委托的执行”，也称为“申报”或“报盘”。在现代电子化交易方式下，证券交易所通过交易系统主机接受申报并进行撮合配对成交。

3. 委托撤销

在委托尚未成交之前，委托人有权变更和撤销委托。变更和撤销委托的方式在有形席位申报与无形席位申报方式下有较大区别：在证券营业部采用有形席位申报情况下，证券营业部柜台营业员接到客户变更或撤销指令后，须即刻通知场内交易员，经场内交易员操作确认后，立即将执行结果告知委托人。在证券营业部采用无形席位申报情况下，证券营业部的业务员或委托人可直接将撤单信息通过电脑终端告知证券交易所交易系统电脑主机，办理撤单。

（三）竞价成交

1. 竞价原则

证券交易所交易系统主机接受申报后，按价格优先、时间优先的原则竞价成交。符合成交条件的予以成交，不符合成交条件的继续等待成交，超过了委托时效的订单失效。

2. 竞价方式和竞价时间

目前，我国证券交易所采用集合竞价与连续竞价两种竞价方式。上海证券交易所规定：每个交易日的 9:15～9:25 为开盘集合竞价时间，9:30～11:30 和 13:00～15:00 为连续竞价时间。深圳证券交易所规定：采用竞价方式交易的股票，每个交易日的 9:15～9:25 为开盘集合竞价时间；9:30～11:30 和 13:00～14:57 为连续竞价时间；14:57～15:00 为收盘集合竞价时间。

集合竞价，是指对规定的一段时间内接受相关的买卖申报一次性集合撮合成交的竞价方式。集合竞价的所有交易价格以同一价格成交。集合竞价确定成交价的原则：可实现最大成交量的价格、高于该价格的买入申报与低于该价格的卖出申报全部成交的价格、与该价格相同的买方或卖方至少有一方全部成交的价格。

连续竞价，是指对买卖申报逐笔连续撮合的竞价方式。在连续竞价阶段，每一笔买卖委托输入计算机自动撮合系统后，当即判断并进行不同的处理：能成交者予以成交、不能成交者等待机会成交、部分成交者则让剩余部分继续等待。

在连续竞价阶段，对股票价格实行涨跌幅限制。但是，对于首次公开发行上市的股票、增发上市的股票、暂停上市后恢复上市的股票首个交易日不实行价格涨跌幅限制。

3. 竞价结果

竞价的结果有全部成交、部分成交和不成交三种。

（四）结算

证券交易成交后，在当日闭市后进行结算。证券结算包含清算和交收两个方面。首先需要对买方在资金方面的应付额和在证券方面的应收种类和数量进行计算，同时也要对卖方在资金方面的应收额和在证券方面的应付种类和数量进行计算。这一过程属于清算，包括资金清算和证券清算。清算结束后，需要完成证券由卖方向买方转移和对应的资金由买方向卖方转移。这一过程属于交收。

在进行资金的清算时，除了要计算买卖证券发生的资金的流入和流出之间的差额，还要一并扣除交易费用。交易费用是投资者在委托买卖证券时，需要支付的多项费用和税收，主要有佣金、过户费和印花税。

（1）佣金是投资者在委托买卖证券成交后按成交金额一定比例支付的费用，是证券公司为客户提供证券代理买卖服务收取的费用，由证券公司经纪佣金、证券交易所手续费、证券交易监管费组成。收取标准因交易品种、交易场所不同而有所差异。证券公司向客户收取的佣金不得高于证券交易金额的 0.3%，A 股与基金每笔交易佣金不足 5 元的按 5 元收取。

（2）过户费是委托买卖的股票、基金成交后，买卖双方为变更证券登记支付的费用。当前，上海证券交易所 A 股的过户费为成交面额的 0.1%，起点为 1 元；B 股为成交金额的 0.05%。在深圳证券交易所，免收 A 股过户费；B 股为成交金额的 0.05%，最高不超过 500 港元。基金交易不收过户费。

（3）印花税是按国家税法规定，在 A 股和 B 股成交后，对买卖双方投资者按照规定的税率分别征收的税金。在我国，印花税率进行过多次调整。当前，证券交易印花税只对出让方按 0.1% 税率征收。

例如，某投资者在上海证券交易所以每股 12 元的价格买入某只股票 10 000 股，计算该投资者需要以什么价格卖出该股票才能保本（佣金按 0.2%收取，印花税、过户费按规定收取，不收委托手续费）。

设投资者的卖出价格为 A 元/股，该投资者支付的佣金为 $10\,000A\times0.002$，该投资者支付的过户费为 $10\,000\times0.001$，该投资者支付的印花税为 $10\,000A\times0.001$ 则

$$卖出收入=10\,000A-10\,000A\times0.002-10\,000A\times0.001-10=9\,970A-10$$

$$该投资者的买入支出=10\,000\times12+10\,000\times12\times0.002+10\,000\times0.001=120\,250（元）$$

该投资者保本时需要：

$$9\,970A-10=120\,250$$

$$A=12.061（元/股）$$

所以，该投资者应以不低于 12.06 元的价格卖出该只股票才能保本。

（五）过户

对于不记名证券而言，完成了清算和交收，证券交易过程即告结束。对于记名证券而言，完成了清算和交收后，还有一个登记过户的环节。完成了登记过户，证券交易过程才告结束。

专栏 3.3 证券交易规则

1. 交易时间

周一至周五（法定休假日除外）上午 9:30～11:30，下午 13:00～15:00。

2. 竞价成交

竞价原则：价格优先、时间优先。价格较高的买进委托优先于价格较低买进委托，价格较低卖出委托优先于价格较高的卖出委托；同价位委托，则按时间顺序优先。

竞价方式（上海证券交易所）：9:15～9:25 进行集合竞价（集中一次处理全部有效委托）；9:30～11:30、13:00～15:00 进行连续竞价（对有效委托逐笔处理）。

3. 交易单位

股票的交易单位为“股”，100 股 = 1 手，委托买入数量必须为 100 股或其整数倍；

基金的交易单位为“份”，100 份 = 1 手，委托买入数量必须为 100 份或其整数倍；

国债现券和可转换债券的交易单位为“手”，1 000 元面额=1 手，委托买入数量必须为 1 手或其整数倍；

当委托数量不能全部成交或分红送股时可能出现零股（不足 1 手的为零股），零股只能委托卖出，不能委托买入。

4. 报价单位

股票以“股”为报价单位，基金以“份”为报价单位，债券以“手”为报价单位。例如：行情显示“深发展 A” 30 元，即“深发展 A”股现价 30 元/股。A 股、基金、债券的交易委托价格最小变动单位为人民币 0.01 元，深 B 的交易委托价格最小变动单位为港币 0.01 元，沪 B 的交易委托价格最小变动单位为美元 0.001 元，上海债券回购的交易委托价格最小变动单位为人民币 0.005 元。

5. 涨跌幅限制

在一个交易日内，除首日上市证券外，一般证券的交易价格相对上一个交易日收市价的涨跌幅度不得超过 10%，超过涨跌限价的委托为无效委托。但是，ST 股票[1]交易日涨跌幅限制为 5%。

6. 委托撤单

在委托未成交之前，投资者可以撤销委托。

1 在股票名称前冠以“ST”字样的股票表示该上市公司最近两年连续亏损；或亏损一年，净资产跌破面值、公司经营过程中出现重大违法行为等情况之一，证券交易所对该公司股票交易进行特别处理。

7. “T+1”交收

“T”表示交易当天，“T+1”表示交易日当天的第二天。“T+1”交易制度指投资者当天买入的证券不能在当天卖出，需待第二天进行自动交割过户后方可卖出。债券当天允许“T+0”回转交易。

资金使用上，当天卖出股票的资金回到投资者账户上可以用来买入股票，但不能当天提取，必须到交收后才能提款。A 股为 T+1 交收，B 股为 T+3 交收。

三、证券自营业务

（一）证券自营业务的特点

自营业务与经纪业务相比，主要区别在于自营业务是证券公司为赢利而自己买卖证券，经纪业务是证券公司代理客户买卖证券。其特点主要体现为以下几点。

（1）决策自主。证券公司从事自营业务时可以自主决定是否买入或卖出证券；在买卖证券时，选择交易方式是自主的；选择交易品种、价格是自主的。

（2）风险自担。在从事自营业务时，证券公司作为投资者，自己承担买卖的收益与损失。

（3）收益不确定。证券公司自营买卖证券，收益主要来源于资本利得，有很大的不确定性。

（二）证券自营业务的禁止行为

1. 禁止内幕交易

内幕交易是指证券交易内幕信息的知情人和非法获取内幕信息的人利用内幕信息从事证券交易活动。

证券公司从事证券自营业务时，严禁以获取利益或减少损失为目的，证券交易内幕信息的知情人和非法获取内幕信息的人利用内幕信息从事证券交易活动。这种交易活动违背了证券市场公开、公平、公正的交易原则，造成证券收益异常分配，既损害投资者利益，又破坏证券市场的稳定。

2. 禁止操纵市场

操纵市场是指机构或个人利用其资金、信息优势，影响证券交易价格或交易量，制造证券交易假象，诱导或者致使投资者在不了解事实真相的情况下作出证券投资决定，扰乱证券市场秩序，以达到获取利益或减少损失的目的的行为。

3. 其他禁止行为

证券公司在从事自营业务时，不能：假借他人名义或者以个人名义进行自营业务，违反规定委托他人代为买卖证券，违反规定购买本公司控股股东或者与本公司有其他重大利害关系的发行人发行的证券，将自营账户借给他人使用，将自营业务与代理业务混合操作等。

四、资产管理业务

（一）资产管理业务的种类

资产管理业务包括三项内容：定向资产管理业务、集合资产管理业务和专项资产管理业务。

1. 定向资产管理业务

证券公司与单一客户签订定向资产管理合同，通过该客户的账户为客户提供资产管理服务。

2. 集合资产管理业务

证券公司通过设立集合资产管理计划，与客户签订集合资产管理合同，将客户资产交由依法可以从事客户交易结算资金存管业务的商业银行或者中国证监会认可的其他资产托管机构进行托管，通过专门账户为客户提供资产管理服务。证券公司可以设立限定性集合资产管理计划和非限定性集合资产管理计划。

3. 专项资产管理业务

证券公司与客户签订专项资产管理合同，针对客户的特殊要求和资产的具体情况，设定特定投资目标，通过专门账户为客户提供资产管理服务。

（二）资产管理业务资格的申请

证券公司从事客户资产管理业务，应当依照《证券公司客户资产管理业务试行办法》的规定，向中国证监会申请客户资产管理业务资格。未取得客户资产管理业务资格的证券公司，不得从事客户资产管理业务。

（三）证券公司办理资产管理业务的一般规定

（1）证券公司办理定向资产管理业务，接受单个客户的资产净值不得低于人民币 100 万元。

（2）证券公司办理集合资产管理业务，只能接受货币资金形式的资产。

（3）证券公司设立限定性集合资产管理计划的，接受单个客户的资金数额不得低于人民币 5 万元；设立非限定性集合资产管理计划的，接受单个客户的资金数额不得低于人民币 10 万元。

（4）证券公司应当将集合资产管理计划设定为均等份额。

（5）参与集合资产管理计划的客户不得转让其所拥有的份额；但是法律、行政法规另有规定的除外。

（6）证券公司可以自有资金参与本公司设立的集合资产管理计划。

（7）证券公司可以自行推广集合资产管理计划，也可以委托其他证券公司或者商业银行代为推广。

（8）证券公司设立集合资产管理计划的，应当自中国证监会出具无异议意见或者做出批准决定之日起 60 日内，完成设立工作并开始投资运作。

（9）证券公司进行集合资产管理业务投资运作，在证券交易所进行证券交易的，应当通过专用交易单元进行，集合计划账户、专用交易单元应当报证券交易所、证券登记结算机构及公司住所地中国证监会派出机构备案。集合资产管理计划资产中的证券，不得用于回购。

（10）证券公司将其管理的客户资产投资于本公司、资产托管机构及与本公司、资产托管机构有关联方关系的公司发行的证券，应当事先取得客户的同意，事后告知资产托管机构和客户，同时向证券交易所报告。

（11）证券公司办理集合资产管理业务，单个集合资产管理计划投资于前款所述证券的资金，不得超过该集合资产管理计划资产净值的 3%。

（四）资产管理业务的禁止行为

证券公司开展客户资产管理业务，不得有下列行为。

（1）挪用客户资产。

（2）向客户做出保证其资产本金不受损失或者取得最低收益的承诺。

（3）以欺诈手段或者其他不正当方式误导、诱导客户。

（4）将客户资产管理业务与其他业务混合操作。

（5）以转移资产管理账户收益或者亏损为目的，在自营账户与资产管理账户之间或者不同的资产管理账户之间进行买卖，损害客户的利益。

（6）自营业务抢先于资产管理业务进行交易，损害客户的利益。

（7）以获取佣金或者其他利益为目的，用客户资产进行不必要的证券交易。

（8）内幕交易或者操纵市场。

（9）法律、行政法规和中国证监会规定禁止的其他行为。

证券公司办理集合资产管理业务，除应遵守前条规定外，还应当遵守下列规定：不得将集合资产管理计划资产用于资金拆借、贷款、抵押融资或者对外担保等用途；不得将集合资产管理计划资产用于可能承担无限责任的投资。

五、融资融券业务

（一）融资融券业务的资格申请

证券公司申请融资融券业务试点，应当具备下列条件。

（1）经营证券经纪业务已满3年，且已被中国证券业协会评审为创新试点类证券公司。

（2）公司治理健全，内部控制有效，能有效识别、控制和防范业务经营风险和内部管理风险。

（3）公司及其董事、监事、高级管理人员最近2年内未因违法违规经营受到行政处罚和刑事处罚，且不存在因涉嫌违法违规正被中国证监会立案调查或者正处于整改期间的情形。

（4）财务状况良好，最近2年各项风险控制指标持续符合规定，最近6个月净资本均在12亿元以上。

（5）客户资产安全、完整，客户交易结算资金第三方存管方案已经中国证监会认可，且已对实施进度做出明确安排。

（6）已完成交易、清算、客户账户和风险监控的集中管理，对历史遗留的不规范账户已设定标识并集中监控。

（7）已制订切实可行的融资融券业务试点实施方案和内部管理制度，具备开展融资融券业务试点所需的专业人员、技术系统、资金和证券。

（二）融资融券业务管理

1．融资融券业务管理的基本原则

（1）合法合规原则。证券公司开展融资融券业务必须经中国证监会批准，并要遵守法律、法规和有关管理办法的规定开展。

（2）集中管理原则。证券公司对融资融券业务要实行公司总部的集中统一管理。

（3）独立运行原则。证券公司应健全业务隔离制度，确保融资融券业务与证券资产管理等其他业务相互分离、独立运营。

（4）岗位分离原则。证券公司融资融券业务的前、中、后台应当相互分离、相互制约。

2. 融资融券业务的账户体系

（1）证券公司的账户体系。证券公司经营融资融券业务，应当以自己的名义，在证券登记结算机构分别开立融券专用证券账户、客户信用交易担保证券账户、信用交易证券交收账户和信用交易资金交收账户。在商业银行分别开立融资专用资金账户和客户信用交易担保资金账户。

（2）客户的账户体系。客户申请开展融资融券业务要在证券公司开立信用证券账户和信用资金台账，在存管银行开立信用资金账户。

3. 融资融券业务的申请

客户要在证券公司开展融资融券业务，应由客户本人向证券公司提出申请。

证券公司受理客户的融资融券业务申请后，因办理客户征信并以书面和电子方式予以记载、保存。

证券公司按照相关规定，从客户从事证券交易的时间、账户状态、信誉状况、资产状况、投资风格与业绩、关联关系等方面制定选择客户的具体标准。

4. 融资融券交易的一般规则

（1）证券公司接受客户融资融券交易委托，应按照证券交易所规定的格式申报。

（2）融资买入、融券卖出的申报数量为 100 股（份）或其整数倍。

（3）融券卖出的申报价格不得低于该证券的最新成交价。

（4）客户融资买入证券后，可通过卖券还款或直接还款方式向证券公司偿还融入资金。

（5）客户融券卖出后，可通过买券还券或直接还券方式向证券公司偿还融入证券。

（6）客户卖出信用证券账户内证券所得价款，需先偿还融资欠款。

（7）客户信用证券账户不得买入或转入除担保物和证券交易所规定标的证券范围以外的证券。

（8）客户未按期交足担保物或到期未偿还融资融券债务的，证券公司应根据约定采取强制平仓措施，处分客户担保物，不足部分可以向客户追索。

5. 融资融券的标的证券

客户融资买入、融券卖出的标的证券，一般是在证券交易所上市交易并经证券交易所认可的股票、基金、债券和其他证券四大类。

标的证券为股票的，应当符合下列条件：在证券交易所上市交易满 3 个月；融资买入股票的流通股本不少于 1 亿股或流通市值不低于 5 亿元，融券卖出股票的流通股本不少于 2 亿股或流通市值不少于 8 亿元；股东人数不少于 4 000 人；近 3 个月换手率不低于基准指数日均换手率的 20%，日均涨跌幅的平均值与基准指数涨跌幅的平均值的偏离值不超过 4%，且波动幅度不超过基准指数波动幅度的 500%以上；股票发行公司已经完成股权分置改革；股票交易未被证券交易所实行特别处理等。

专栏 3.4　我国融资融券业务试点工作的开展

我国融资融券业务试点在 2010 年 3 月 31 日正式启动，这标志着经过 8 年研究酝酿和 4 年精心准备的融资融券交易进入市场操作阶段。

开展融资融券试点是我国资本市场发展的内在需求，是完善证券公司业务体系的必然选择。从 2002 年开始，国内就为此项工作不断进行研究酝酿和精心准备。直至 2010 年，多方面显示，开展融资融券试点的时机已经成熟。

从投资者需求看，截至2010年3月，我国股票账户已经超过1.4亿户，基金账户3 000多万户，同时资本市场规模越来越大，达到了二三十万亿元的总市值。融资融券作为杠杆交易，引入做空机制，有助于平抑市场风险，为今后各种衍生品的发展打下基础。

从证券公司准备情况看，经过前几年的综合治理和分类评价，一大批优秀证券公司脱颖而出，业务能力和风险管理能力大大增强。而融资融券业务的开展，不仅会拓宽证券公司的业务范围、增加收入，而且将督促证券公司进一步提高风险管理能力，进一步提升核心竞争力。

从制度建设上看，《证券法》《证券公司融资融券试点管理办法》《证券公司监督管理条例》以及《关于开展证券公司融资融券业务试点工作的指导意见》，为开展融资融券试点的制度建设构建了比较完整的法律保障体系。

从市场发展情况看，我国证券市场历史上几次出现大的风险，大都与违规融资有密切关系。开展融资融券试点，有利于形成规范、合理的资金融通渠道，有利于增加投资者的融资渠道，防范市场风险，促进市场活跃和更好的发展。而且股权分置改革以来，我国资本市场已经有一大批规模较大、流动性较好、股价波动较小的优质上市公司，为融资融券交易提供交易标的。

根据中国证监会公布的名单，首批试点有国泰君安证券、国信证券、中信证券、光大证券、海通证券以及广发证券 6 家券商入围。中国证监会曾表示，首批证券公司融资融券业务试点取得成效后，将适时逐步放开试点的条件，兼顾不同类型和不同地区的证券公司，分期分批地扩大试点范围。已提出申请的其他 5 家证券公司，即银河证券、申银万国、东方证券、招商证券和华泰证券，若符合试点条件，将直接成为第二批试点券商。

融资融券业务将带动市场成交的活跃和经纪业务总量的提升，增加券商手续费收入，无论融资还是融券，最终都要实现证券的买卖，这将直接增加市场交易量，这一过程可直接为券商带来经纪业务的额外收益。

据了解，以佣金自由化的中国香港为例，单纯的佣金收入已无法达到盈亏平衡，但是券商通过融资融券业务获得稳定的息差收益，使行业得以生存。美国证券行业数据显示，其信用交易利差收入占营业收入比重达到7%，成为佣金、资产管理以外的第三大业务收入来源。

交易量的多少决定着券商佣金收入的多寡。从国际经验看，融资融券业务对市场交易量放大作用明显，从而推动了经纪业务增长。

本章小结

本章内容主要包括证券交易制度、证券公司和证券交易业务两部分。第一节介绍了证券交易的两种制度——委托经纪制度和做市商制度，并对两种制度进行了比较。第二节介绍了两种证券公司——证券登记公司和证券经营公司以及各自的主要业务。其中，重点介绍了证券经营公司的经纪业务、自营业务、资产管理业务、融资融券业务。

复习思考题

一、名词解释

委托经纪制度　做市商制度　证券登记公司　证券经营公司　证券登记　证券托管　证券

结算　证券承销业务　证券经纪业务　证券自营业务　证券资产管理业务　融资融券业务　集合竞价　连续竞价　定向资产管理　集合资产管理　专项资产管理

二、思考题

1. 请比较委托经纪制度和做市商制度的不同。
2. 证券登记公司和证券经营公司的业务内容上有何不同?
3. 证券交易的程序包括哪几个环节?
4. 证券自营业务的禁止行为有哪些?
5. 证券资产管理业务包含几项内容?证券资产管理业务的禁止行为有哪些?
6. 简答融资融券业务管理的基本原则。
7. 融资融券业务应建立哪几个账户体系?
8. 融资融券的标的证券包括哪几个?

三、阅读与思考

请先阅读以下资料:

首批试点券商融资融券利率费率已敲定，国泰君安证券、国信证券、中信证券等 6 家券商将采取统一的融资利率 7.86%和融券费率 9.86%，制定标准是在中国人民银行 6 个月以内贷款基准利率 4.86%的基础上上浮 3 个百分点作为融资利率，上浮 5 个百分点作为融券费率，这一标准与国际惯例接轨。单笔融资（融券）债务最长期限设定为 6 个月。

思考后回答：如果站在投资者的立场，你认为以上融资融券的费率能否被大多数人接受?为什么?

第四章

证券投资分析概论

【学习目标】

通过本章的学习，主要了解证券投资分析的基本原理和内容，了解市场有效性假说及其对证券投资分析的意义，了解影响证券供给和需求的主要因素，了解证券投资的收益和风险的概念，掌握系统性风险与非系统性风险的区别和联系，掌握基本分析和技术分析的原理、基本内容。

【关键概念】 证券投资分析 有效市场理论 系统性风险 非系统性风险 基本分析 技术分析

第一节 证券投资分析概述

一、证券投资分析的含义和意义

证券投资是指投资者买入股票、债券、基金等有价证券以及这些有价证券的衍生品以获取红利、利息及资本利得的投资行为和投资过程。证券投资分析是指人们通过收集各种相关信息，并借助于专业性分析方法，对影响证券价值和价格的各种因素进行综合分析以判断证券价值和投资机会，是提高投资决策质量，优化投资组合的重要一环。证券投资分析的意义主要体现在以下三个方面。

1. *准确把握投资时机*

在投资实践中，投资者如果能够做到低点买入，高点卖出，就可以成功获利，这是一个简单而朴素的原则，也是投资者努力追求的目标。但是，市场上所有投资者都在追求低买高卖，必然是一部分人成功，一部分人失败。低买高卖是一种投资时机选择的艺术，投资者要想准确把握投资的时机，就需要进行细致的投资分析，借助于各种分析指标和分析方法，发现证券市场的运行趋势。在投资实践中，科学的投资分析并不一定能够保证每一次的投资时机选择都是正确的，但可以有效地提高正确选择投资时机的几率，从而使投资者在长期投资过程中持续获利。

2. *发现价值被低估的证券*

尽管随着证券市场机制的不断完善，我国证券市场的有效性在逐渐提高，但距离严格意义上的有效市场还有很大的差距。在一个非有效的市场上，往往存在一些价值被低估的证券，如果投资者能够发现这些价值被低估的证券并及时投资，就可以获得超过市场平均水平的投资收益。一个证券的价值被低估，表明该证券的价格并没有正确反映该证券的基本信息，投资者通过详细地收集这些信息，借助于科学的分析方法，正确评价证券的内在价值，就可以发现哪些证券的价值是被低估的。

3. 合理配置投资组合的风险和收益

任何一项投资活动都是有风险的。一般来说，在证券市场上，证券的风险越高，它的未来收益水平就越高。投资者应该正确评估自己的风险承受能力，确定自己能够承担的合理风险水平，在这个前提下再选择自己投资的资产类型和具体的证券。每一种证券都有自己的风险收益特征，而且这种风险收益特征是随着各种相关因素的变化而变化的。科学的投资分析可以帮助投资者正确认识各个证券的风险收益特征，在风险收益均衡的前提下，合理配置自己的投资组合。通过投资分析，投资者也可以发现风险收益不均衡的证券，卖出风险相对较高而收益相对较低的证券，买入风险相对较低而收益相对较高的证券。

二、有效市场假说及其对证券投资分析的意义

（一）有效市场假说

20 世纪 60 年代，美国芝加哥大学财务学家尤金·法玛提出了著名的有效市场假说理论。有效市场假说认为，在一个充满信息交流和信息竞争的社会里，一个特定的信息能够在金融市场上迅速被投资者知晓，随后，金融市场的竞争将会驱使产品价格充分且及时反映该信息，从而使得投资者根据该信息所进行的交易不存在非正常报酬，而只能赚取风险调整的平均市场报酬。只要市场充分反映了现有的全部信息，市场价格代表着证券的真实价值，这样的市场就称为有效市场。

有效市场假说表明，在有效率的市场中，投资者所获得的收益只能是与其承担的风险相匹配的那部分正常收益，而不会有高出风险补偿的超额收益。因而，在有效率的市场中，“公平原则”得以充分体现，同时资源配置更为合理和高效。由此可见，不断提高市场效率无疑有利于证券市场持续健康的发展。

但是，市场达到有效的重要前提有两个：其一，投资者必须具有对信息进行加工、分析，并据此正确判断证券价格变动的能力；其二，所有影响证券价格的信息都是自由流动的。因而，若要不断提高证券市场效率，促进证券市场持续健康发展，一方面，应不断加强对投资者的教育，提高他们的分析决策能力；另一方面，还应不断完善信息披露制度，疏导信息的流动。

（二）有效市场的分类

与证券价格有关的信息非常广泛，它包括国内外的经济、政治、行业、公司等的所有公开可用的信息，也包括个人、群体所能得到的所有私人的、内部的信息。我们把所有这些可用的信息定义为第Ⅰ类信息；将其中的通过公开途径可以得到的信息定义为第Ⅱ类信息；再将第Ⅱ类信息中有关证券市场历史交易数据方面的信息定义为第Ⅲ类信息。

根据证券市场价格对上述三类信息的反映程度，有效市场假说将有效市场分为三种类型：弱有效市场、半强有效市场和强有效市场。

1. 弱有效市场

有效市场假说认为，如果市场价格已充分反映出所有历史的证券交易信息，包括股票的成

交价、成交量、卖空金额、融资金额等，则市场为弱有效市场。

在弱有效率市场上，证券价格已完全反映了所有的历史交易信息（第Ⅲ类信息），证券价格的未来走向与其历史变化之间是相互独立的。在弱有效市场上，投资者无法依靠对证券价格变化的历史趋势的分析（这种分析主要表现为对证券价格变化的技术分析）所发现的所谓证券价格变化规律来获取超额利润。对弱有效率市场假说的大量实验检验表明，扣除交易成本后，市场基本上是弱有效的。

2. 半强有效市场

有效市场假说认为，如果价格已充分反映出所有已公开的信息（第Ⅱ类信息），则市场为半强有效市场。这些信息包括公司经营管理状况、行业信息、相关的宏观信息及其他公开披露的信息等。

在半强有效市场上，证券价格不但完全反映了所有历史交易信息，而且完全反映了所有公开发布的信息。在半强有效市场上，各种信息一经公布，证券价格将迅速调整到其应有的水平上，使得任何利用这些公开信息对证券价格的未来走势所做的预测对投资者失去指导意义，从而使投资者无法利用对公开发布信息的分析（主要是指对证券的基本面分析）来获取超额利润。

3. 强有效市场

有效市场假说认为，如果证券价格完全地反映一切公开的和非公开的信息（第Ⅰ类信息），投资者即使掌握内幕信息也无法获得额外收益，则市场为强有效市场。

在强有效市场上，有关证券的任何信息一经产生，就得以及时公开，一经公开就能得到及时处理，能在市场上得到反馈。信息的产生、公开、处理和反馈几乎是同时的。此外，有关信息的公开是真实的，信息的处理是正确的，反馈也是准确的。其结果是，在强式有效市场上，每一位交易者都掌握了有关证券的所有信息，而且每一位交易者所占有的信息都是一样的，每一位交易者对该证券的价值判断都是一致的，并且都能将自己的投资方案不折不扣地付诸实施。因此，对于强式有效证券市场来说，不存在不同投资者之间的信息不对称以及由此而导致的证券价格波动，证券的价格反映了所有即时信息。

（三）有效市场对证券投资分析的意义

如果市场未达到弱有效，则当前的价格未完全反映历史交易信息，那么未来的价格变化将进一步对过去的交易信息做出反应。在这种情况下，人们可以利用技术分析从过去的交易信息中发现未来价格的某种变化趋势，从而在交易中获利。

如果市场是弱有效的，则历史交易信息已完全反映在当前的价格中，未来的价格变化将与当前及历史交易信息无关，这时使用技术分析从当前及历史交易信息发现未来价格趋势将是徒劳的。如果不运用历史交易序列以外的信息，明天价格最好的预测值将是今天的价格。因此在弱式有效市场中，技术分析将失效。

如果市场未达到半强有效，公开信息未被当前价格完全反映，分析公开资料寻找错误定价将能增加收益。

但如果市场半强有效，那么仅仅以公开资料为基础的分析将不能提供任何帮助，因为针对当前已公开的资料信息，目前的价格是合适的，未来的价格变化与当前已知的公开信息毫无关系，其变化纯粹依赖于明天新的公开信息。对于那些只依赖于已公开信息的人来说，明天才公开的信息，他今天是一无所知的，所以对于明天的价格，其最好的预测值也就是今天的价格。因此在这样的一个市场中，已公开的基本面信息无助于发现价格被高估或低估的证券，基于公开信息的基础分析毫无用处。

三、影响证券市场需求的主要因素

证券市场需求，即证券市场资金量的供给，是指能够进入证券市场购买证券的资金总量。影响证券市场需求的主要因素有宏观经济环境、政策因素、居民资产结构、机构投资者发展和证券市场对外开放。

（一）宏观经济环境

如果宏观经济运行良好，银根较松，整个社会的资金供给会呈现出比较充裕的局面。同时由于宏观经济形势向好，作为微观主体的上市公司业绩的预期会得到相应的改善，也将会吸引投资者资金进一步进入证券市场，从而增加对证券的需求，有效增加证券市场资金的供给量。反之，如果宏观经济的前景堪忧，整个社会的资金供给可能会呈现出比较紧张的局面，同时由于投资者调低对上市公司业绩的预期，会减少对证券市场的投资，证券市场的资金供应量会减少。

（二）政策因素

影响证券市场需求的政策因素主要包括以下几种。

1. 市场准入

我国证券市场还处于不太成熟的发展阶段，有关部门为了防范证券市场的风险，对进入证券市场的投资主体有着严格的规定，一些不符合规定的资金不能进入证券市场。但是随着中国证券市场的不断成熟，有关部门会逐步开放证券市场，使其投资主体越来越多，为证券市场提供新的增量资金，扩大证券市场的资金供应量。

2. 利率变动状况

利率作为资金的价格对投资者选择投资工具有很大的影响作用。利率是在不断变化之中的，利率调整会影响投资者投资证券市场的意愿。具体而言，提高利率会使债券价格下降，使股票等高风险证券的吸引力降低，抑制投资者投资证券的需求，减少投资者进入证券市场的资金量；而降低利率会提升投资者投资证券的意愿，增加投资者进入证券市场的资金量。此外，提高利率也会增加上市公司的财务成本，降低上市公司的赢利水平。

3. 融资融券

融资融券交易的施行可以拓宽投资者的赢利渠道，提高市场的交易活跃程度，增加市场的资金供给。

4. 证券交易印花税

印花税税率对证券市场资金的供给具有重要的影响作用。如果提高印花税税率，国家每年从证券市场中抽走的资金就会增加，而可以用来购买证券的资金减少；反之，如果国家降低印花税税率，从证券市场抽走的资金就会减少，用来购买证券的资金增加。

（三）居民资产结构

居民的金融资产主要由股票、债券、基金及银行存款等构成。中国居民金融资产的大部分是银行储蓄，证券投资尤其是股票投资占金融资产的比例相当小。但是随着人民生活水平的不断提高、金融投资意识的加强，不断有居民将银行储蓄转化为股票投资，股票占个人金融资产的比重会不断提高，而且这种变化趋势是长期的。但总的来讲，目前股票投资占个人金融资产的投资比例仍然偏低，可以预计，在居民金融资产结构的调整过程中，股票投资的比例会不断提高，进而给股票市场带来大量的资金，增加我国股票市场的资金供给。

（四）机构投资者发展

机构投资者是相对于个人投资者而言的。从广义的角度来看，一切参与证券市场投资的法人机构都可以称作机构投资者，机构投资者既包括共同基金、养老基金，也包括参与证券投资的保险公司、证券公司，还包括一些专门的投资公司。与资金量很小、信息不足、缺乏技巧的个人投资者相比，机构投资者的资金和人才实力雄厚、投资理念成熟、抗风险能力强，因而其发育程度被视为市场稳定性的重要指标。随着我国证券市场的进一步发展、成熟，基金、社保基金、合格境外机构投资者、投资公司等机构投资者的队伍和力量将得到不断地发展壮大。机构投资者队伍的壮大会相应带来一大批新的机构资金加盟证券市场，证券市场总的资金供给量将随之不断增加。

（五）证券市场对外开放

资本市场的开放包括服务性开放和投资性开放。

服务性开放主要包括：允许国外投资银行、资产管理公司、基金管理公司等资本市场中介机构在我国资本市场上为证券投融资提供各种服务；允许国内资本市场中介机构在国际资本市场上为证券投融资提供服务。

资本市场的投资性开放主要包括：融资的开放，即允许国内居民和企业在国际资本市场上融资，以及外国居民和公司在我国资本市场上融资；投资的开放，即允许外国投资者投资于我国资本市场和允许国内投资者投资于国际资本市场。

专栏 4.1　我国资本市场的开放

坚持对外开放，一直以来都是我国资本市场发展的重要方向。我国资本市场的对外开放，除了 B 股市场以外，最主要的就是 QFII 制度和 RQFII 制度。近几年，QFII、RQFII 获批额度的不断增加，QFII 申请门槛大幅降低，我国资本市场对外开放的步伐在逐渐加快。前中国证监会主席郭树清在 2013 年 1 月出席香港亚洲金融论坛上回答记者问时表示，“目前 QFII 和 RQFII 占整个 A 股市场的比例约在 1.5%～1.6%，希望未来将扩大 9 倍或 10 倍”。截止到 2012 年 12 月，QFII 的 A 股账户数达到了 355 户，而仅 2012 年全年 QFII 新开 A 股账户达 116 个。到 2012 年末，获得 QFII 资格的海外投资机构总数达到了 207 家，就在 2012 年，中国证监会就新批了 72 家境外机构的 QFII 资格。2012 年 4 月，RQFII 投资额度新增 500 亿元，合计至 700 亿元，QFII 投资额度新增 500 亿美元，总投资额度达到 800 亿美元。2012 年 11 月再次增加 2000 亿元 RQFII 投资额度，RQFII 的总额度达到了 2700 亿元人民币。境外投资机构进入中国资本市场，不仅增加了中国资本市场的资金供给，也带来了国外成熟的投资理念，推动了我国资本市场与国际接轨的步伐。

四、影响证券市场供给的主要因素

证券市场的供给主体是证券的发行人，一些因素影响到发行人的数量和质量，从而影响证券市场的供给。这些因素主要包括以下几个方面。

1. 宏观经济环境

如果宏观经济运行良好，投资扩张的企业必然增多，融资的需求必然增加，这时将有更多的企业申请公开发行股票，同时，投资者良好的预期会促使其积极参与认购，上市公司数量也会随之增加。这样，上市流通股份的数量就会增加，股票市场的供给相应会增加。反之，如果宏观经济环境不好，公司规模扩张减少，融资需求减少，证券发行的数量必然下降。

2. 制度因素

影响证券市场供给的制度因素主要有发行上市制度、市场设立制度、股权流通制度和退市制度等。

从发行上市制度来看，我国证券市场的发行制度已经从最初的审批制改革为核准制，国外一些证券市场实行的是注册制。核准制有利于提高上市公司质量，也有利于管理部门控制证券发行的节奏，与我国当前证券市场的发展程度相适应。

从市场设立制度来看，市场的增加或减少会影响证券的供给，新增市场会增加证券的供给，如创业板市场的设立，反之亦然。目前我国的证券市场有主板市场、中小板市场、创业板市场，今后还要大力发展场外交易市场。

从股权流通制度来看，目前我国已经完成了股权分置改革，原有的非流通股在度过解禁期后，将能够上市流通。非流通股的解禁将大大增加我国证券市场的股票供给，对证券市场的运行产生重要影响。

从退市制度来看，我国证券市场已经对连续3年亏损的上市公司实行了强制退市，这些股票从主板市场退出后转入三板市场进行交易。退市制度对证券市场产生的影响表现在：一方面，股票的退市减少了证券的供给；另一方面，退市制度也有利于提高上市公司质量。

3. 市场因素

当市场处于牛市时，证券估值水平普遍较高，非上市公司通过首次公开募股发行股票的积极性比较大，已上市公司通过配股和增发等方式再融资也比较容易，证券的供给数量比较多；反之，当市场处于熊市时，证券估值水平普遍较低，公司通过首次公开募股发行股票的积极性比较小，上市公司的再融资困难，证券的供给数量相对较少。

4. 上市公司质量

高质量的上市公司，其稳定的赢利水平、健全的公司治理和规范的信息披露可以树立良好的市场形象，在证券市场上很容易被投资者接受，有利于证券市场的长期健康发展；反之，如果上市公司质量不高，赢利不稳定，信息披露不规范，公司治理不健全，投资者利益得不到有效保护，则不利于证券市场的长期健康发展，这样的上市公司也不会受到投资者的欢迎和喜爱。

五、证券投资分析的信息来源

信息在证券投资分析中起着十分重要的作用，是进行证券投资分析的基础。来自各种渠道的信息最终都将通过各种方式对证券的价格发生作用，导致证券价格的上升或下降，从而影响证券的回报率。证券投资分析说到底就是通过各种专业性的分析方法和分析手段对来自于各种渠道的、能够对证券价格产生影响的信息进行综合的分析，判断其对证券价格发生作用的方向和发生作用的力度。一般来说，进行证券投资分析的信息主要来自于以下四个渠道。

1. 公开渠道

公开渠道主要是指通过各种书刊、报纸、杂志、其他公开出版物以及电视、广播等媒体获得公开发布的信息。按照不同的分类标准，可以对这一来源的信息进行不同的分类。

从信息所涉及的内容范围来看，有关于世界政治经济形势的信息，某个国家的政治经济形势的信息，某个地区经济政策方面的信息，某个行业发展状况、产业政策的信息，某个公司生产、销售、管理、财务、股票状况的信息，以及某项产品生产与销售状况的信息。

从信息发布的方式看，有实时信息和历史信息两种形式。实时信息发布的是与市场同步的信息，例如，证券交易所发布的各种股票交易价格的信息；历史信息发布的是落后于市场的信息。

从信息发布的频度来看，有定期和不定期信息两种形式。定期信息又分为每天发布（如《中国证券报》《金融时报》《上海证券报》等报刊）、每周发布（如《证券市场周刊》等）、每月发布（如上海、深圳证券交易所统计月报等），以及双月、季度、半年（如上市公司中期报告）、年度（如上市公司年报）等多种形式。

从信息的表现形式来看，有以文字表现的信息（大部分的报纸、杂志、研究报告等印刷出版物一般都提供文字信息）、以图形图像表现的信息（实时性的股票交易行情接收分析系统和电视台等通常提供图形、图像信息）、以数据表格表现的信息（实时性交易行情接收系统和某些报纸杂志提供数据信息），以及以声音表现的信息（如会议和广播电台提供的声音信息）。通常，同一种信息可以同时以多种形式发布。

这些信息中，有些是可以无偿使用的（如政府部门发布的政策，上市公司的年度报告、中期报告等信息），有些是有偿的。

随着计算机网络技术和远程通信技术的发展，投资者和证券分析人员可以通过互联网直接提取和阅读所需要的境内外信息。

2. 商业渠道

公开渠道的信息种类繁多，提供的信息量极为庞大，某些商业机构便将各种信息进行筛选、分类，使用者在支付一定的费用后，可以利用这些经过整理的信息资料，从而节省时间，大大提高工作效率。还有些商业机构，如会计公司、银行、资信评估机构、咨询机构、证券公司等，也有专门的人员进行资料的收集、整理、分析工作，并撰写研究报告，这些报告通常会以有偿的形式向使用者提供。

目前，一些投资咨询公司提供投资信息数据库共享服务。这些公司把证券公司和研究机构提供的证券价格行情、基本面信息、公司财务报表等制成数据库，存放在某个服务器上，投资者或证券分析人员可以通过网络访问该服务器，还可以把所需信息下载到自己的计算机上，供分析使用，从而避免了大量的直接收集、整理和保存这些资料的工作，既提高了效率，又降低了成本。由于这是一个动态的数据库，分析人员随时都可以获得最新的信息。

3. 实地访查

实地访查是获得证券分析信息的又一个来源。它是指证券投资分析人员直接到有关的上市公司、证券交易所、政府部门等机构去实地了解进行证券分析所需的信息资料。由于在证券投资分析过程中需要用到各种各样的信息资料，有些信息资料可以通过公开的渠道或者计算机网络获得，但有些资料无法通过公开的渠道获得，或者通过公开渠道所获得的资料的完整性、客观性值得怀疑，此时就可以通过实地访查去核实。通过实地访查去获取信息资料的做法，具有比较强的针对性，信息资料的真实性也有相当的保障，但是，所花费的时间、精力都比较多，成本比较高，而且具有一定的难度。因此，通常将这种方法作为上面两个信息来源的补充。

4. 其他渠道

这些渠道如家庭成员、朋友、邻居等的介绍等。对某些投资者来说，有时这是主要的信息来源。

信息的收集、分类、整理和保存是进行证券投资分析的基础性工作，是进行证券投资分析的起点。分析人员最终所提供的分析结论的准确性，除了与采用的分析方法和分析手段有关外，更重要的是取决于占有信息的广度和深度。

第二节　证券投资的收益与风险

收益和风险是并存的，通常收益越高，风险越大。投资者只能在收益和风险之间加以权衡，即在风险相同的证券中选择收益较高的，或在收益相同的证券中选择风险较小的进行投资。

一、股票投资收益

股票投资收益是指投资者从购入股票开始到出售股票为止整个持有期间的收入，它由股利收入、资本利得和公积金转增收益组成。

（一）股利

股份有限公司在会计年度结算后，将一部分净利润作为股息分配给股东。其中，优先股股东按照规定的固定股息率优先取得固定股息，普通股股东则根据余下的利润分取股息。股东在取得固定的股息以后又从股份有限公司领取的收益，称为红利。我们将股息和红利统称为股利。

股利的来源是公司的税后净利润。公司的税后净利润，按以下程序分配：从税后净利润中提取法定公积金、公益金后，剩余的部分先按固定股息率分配给优先股股东，再提取任意盈余公积金，然后再按普通股股数分配给普通股股东。可见，税后净利润是公司分配股利的基础和最高限额，公司实际分配的股利总是少于税后净利润。

股利的具体形式可以有多种。

1. 现金股利

现金股利是以货币形式支付的股息和红利，是最普通、最基本的股利形式。一般来说，股份有限公司只要有净利润，有一定量的现金，一般都派发现金股利。但是，现金股利派发的多少取决于董事会对影响公司发展的各种因素的权衡，并兼顾公司和股东的利益。通常股东更偏重于眼前利益，希望得到比其他投资方式更多的投资收益，而董事会更偏重于公司的财务状况和长远发展，希望保留足够的现金以扩大再生产，应付生产经营中出现的突发情况。董事会在决定股利发放水平时，应在权衡公司的长远利益和股东的眼前利益的基础上制订合理的股利政策。

2. 股票股利

股票股利是以股票的方式派发的股利，原则上是按公司现有股东持有股份的比例进行分配，采用增发普通股并发放给普通股股东的形式，实际上是将当年的留存收益资本化。也就是说，股票股利是股东权益账户中不同项目之间的转移，对公司的资产、负债、股东权益总额毫无影响，对得到股票股利的股东在公司中所占权益的份额也不产生影响，仅仅是股东持有的股票数比原来多了。发放股票股利既可以使公司保留现金，满足公司发展对现金的需要，又使公司股票数量增加，股价下降，有利于股票的流通。股东持有股票股利在大多数西方国家可免征所得税，出售增加的股票又可转化为现实的货币，有利于股东实现投资收益，因而是兼顾公司和股东利益的两全之策。

3. 财产股利

财产股利是公司用现金以外的其他财产向股东分派股利。最常见的是公司持有的其他公司或子公司的股票、债券，也可以是实物。

4. 负债股利

负债股利是公司通过建立一种负债，用债券或应付票据作为股利分派给股东。这些债券或应付票据既使公司支付了股利，也满足了股东的获利需要。

5. 建业股利

建业股利又称建设股利，是指经营铁路、港口、水电、机场等业务的股份有限公司，由于其建设周期长，不可能在短期内开展业务并获得赢利，为了筹集到所需资金，在公司章程中明确规定并获得批准后，公司可以将一部分股本作为股利派发给股东。建业股利不同于其他股利，它不是来自于公司的赢利，而是对公司未来赢利的预分，实质上是一种负债分配，也是无赢利无股利原则的一个例外。

（二）资本利得

股票买入价与卖出价之间的差额就是资本利得，或称资本损益。当股票的卖出价大于买入价时为资本收益，当股票卖出价小于买入价时就是资本损失。资本损益具有很大的不确定性，其获得主要取决于股份有限公司的经营业绩和股票市场的价格变化，同时与投资者的投资心态、投资经验、投资技巧也都有很大关系。

（三）公积金转增股本

公积金转增股本也采取送股的形式，但送股的资金不是来自于当年可分配赢利，而是公司提取的公积金。公司提取的公积金有法定公积金和任意公积金之分。法定公积金的来源有以下几项：一是股票溢价发行时，超过股票面值的溢价部分，要转入公司的法定公积金；二是依据《公司法》的规定，每年从税后净利润中按比例提存部分法定公积金；三是公司经过若干年经营之后的资产重估增值部分；四是公司从外部取得的赠予资产，如从政府部门、国外部门及其他公司等得到的赠予资产。

我国《公司法》规定，公司分配当年税后利润时，应当提取利润的10%列入公司法定公积金。公司法定公积金累计额为公司注册资本的50%以上的，可以不再提取。股东大会决议将公积金转为资本时，按股东原有股份比例派送红股或增加每股面值。但法定公积金转为资本时，所留成的该项公积金不得少于注册资本的 25%。

（四）股票收益率

衡量股票投资收益水平的指标主要有股利收益率、持有期收益率和股份变动后持有期收益率等。（注：以下公式计算中均不考虑红利所得税和交易费用，若需要精确计算，可以资金账户中的相应的划出与转入资金为准。）

1. 股利收益率

股利收益率又称获利率，指股份有限公司以现金形式派发的股利与股票市场价格的比率，计算公式为

$$股利收益率=\frac{股利}{买入价格}\times 100\%$$

例如，某投资者以 20 元/股的价格买入某只股票若干股，持有期内分得现金股利 0.6 元/股，则股利收益率为

$$\frac{0.6}{20}\times 100\%=3\%$$

2. 持有期收益率

持有期收益率指投资者持有股票期间的股利收入与买卖价差收入与股票买入成本的比率，计算公式为

$$持有期收益率=\frac{股利收入+(卖出收入-买入成本)}{买入成本}\times 100\%$$

例如，投资者以 18 元/股的价格买入某只股票若干股，持有期间分得现金股利 0.60 元/股，获得分红后投资者以 21 元/股的价格将股票卖掉，则持有期收益率为

$$\frac{0.60+(21-18)}{18}\times 100\%=20\%$$

3. 股份变动后持有期收益率

投资者在买入股票后，有时会发生该股份有限公司进行股票分割（即拆股）、送股、配股、增发等导致股份变动的情况，股份变动会影响股票的市场价格和投资者持股数量，因此，有必要在股份变动后作相应调整，以计算股份变动后的持有期收益率。

（1）遇上市公司拆股、送红股、公积金转增股本、增发新股时，持股者的持股数量会按比例增加，买入成本不变，卖出收入均要按照增加后持股数量计算。例如，投资者以 18 元/股的价格买入某只股票若干股，持有 1 年分得现金股利 0.6 元/股，公积金转增股本，每 10 股转增 5 股，分红和转增后投资者以 14 元/股的价格将股票卖掉，则持有期收益率为

$$\frac{0.60+(14\times 1.5-18)}{18}\times 100\%=20\%$$

（2）若遇上市公司配股，买入成本要加入按照配股比例计算的配股价款，卖出收入按照增加后的股份计算。例如，投资者以 20 元/股的价格买入某只股票若干股，3 天后遇公司实行 10 配 3 的配股方案，配股价为每股 18 元/股，两周后该人将该只股票以 21.5 元的价格全部抛出，则其持有期收益率为

$$\frac{(21.5\times1.3)-(20+18\times0.3)}{20+18\times0.3}\times100\%=10.04\%$$

二、债券投资收益

债券投资收益来自两个方面：一是债券的利息收益，二是资本利得。

（一）债券利息

债券的利息收益取决于债券的票面利率和付息方式。债券的票面利率是指1年的利息占票面金额的比率。

一次性付息债券的计息方式有以下三种。

（1）单利计息。以单利计息，到期还本时一次支付所有应付利息。这种方式被称为利随本清。我国的一次还本付息债券即是单利计息债券。

（2）复利计息。运用这种复利计息的债券，投资者的实际收益率要高于票面利率同水平的单利债券收益率。它是国际债券市场上的常见品种，我国到目前为止尚未发行过这类债券。

（3）贴现方式计息。以贴现方式计息，投资者按票面额和应收利息的差价购买债券，到期按票面额收回本息。

分期付息债券又称附息债券或息票债券，是在债券到期以前按约定的日期分次按票面利率支付利息，到期再偿还债券本金。分次付息一般分按年付息、半年付息和按季付息三种方式。

（二）资本利得

债券投资的资本利得是指债券买入价与卖出价或买入价与到期偿还额之间的差额。由于债券的票面利率与市场利率并不总是相等的，只要这两个利率不相等，债券的市场价格就与债券的面值不相等，因此，受市场利率变动的影响，债券价格也是实时变动的，债券的买入价和卖出价不一定相等，这就会产生债券的资本利得。

（三）债券收益率

债券收益率有票面收益率、直接收益率、持有期收益率和到期收益率等，这些收益率分别反映投资者在不同买卖价格和持有年限下的收益水平。

1. 票面收益率

票面收益率又称名义收益率或票息率，是债券票面上的固定利率，即年利息收入与债券面额的比率，计算公式为

$$票面收益率=\frac{本年利息}{债券面值}\times100\%$$

票面收益率只适用于投资者按票面金额买入债券直至期满并按票面金额偿还本金这种情况。

2. 直接收益率

直接收益率又称本期收益率、当前收益率，指债券的年利息收入与买入债券的实际价格的比率。直接收益率反映了投资者的投资成本带来的收益，计算公式为

$$直接收益率 = \frac{本年利息}{买入价格} \times 100\%$$

例如，某债券面值 1 000 元，5 年期，票面利率 10%，以 950 元价格出售，则购买该债券的投资者的直接收益率为

$$1\,000 \times 0.1 \div 950 \times 100\% = 10.53\%$$

3. 持有期收益率

持有期收益率指买入债券后持有一段时间，又在债券到期前将其出售而得到的收益。它包括持有债券期间的利息收入和资本损益，计算公式为

$$持有期收益率 = \left[\frac{(卖出价格 - 买入价格)}{买入价格} \times \frac{365}{持有天数} + \frac{本年利息}{买入价格}\right] \times 100\%$$

例如，某债券面值 1 000 元，5 年期，票面利率 10%，以 950 元价格发行，某投资者持有 1 年后以 960 元的价格将债券卖出，则该投资者的持有期收益率为

$$(1\,000 \times 0.1 + 960 - 950) \div 950 \times 100\% = 11.58\%$$

4. 到期收益率

债券的到期收益率是使债券未来现金流的折现值等于债券当前价格的折现率，也称为债券的内部收益率。它是债券持有者持有债券一直到期所能获得的理论收益率，而且假设所有利息可以相同的利率再投资。

【例 4.1】 某债券面值 1 000 元，5 年期，票面利率为 10%，以 950 元价格发行，计算该债券的到期收益率。

解：设到期收益率为 y，则有

$$950 = \frac{100}{1+y} + \frac{100}{(1+y)^2} + \frac{100}{(1+y)^3} + \frac{100}{(1+y)^4} + \frac{1100}{(1+y)^5}$$

$$y = 11.37\%$$

三、证券投资风险

证券投资风险是指证券预期收益变动的可能性及变动幅度。与证券投资相关的所有风险称为总风险，总风险可分为系统风险和非系统风险两大类。

（一）系统风险

系统风险是指由于某种全局性的共同因素引起的投资收益的可能变动。这些共同的因素会对所有公司产生不同程度的影响，不能通过多样化投资而分散，因此又称为不可分散风险。系统风险包括政策风险、经济周期性波动风险、利率风险、购买力风险、政治风险等。

1. 政策风险

政策风险是指政府有关证券市场的政策发生重大变化或是有重要的法规出台，引起证券市场的波动，从而给投资者带来的风险。一般来说，证券市场政策是政府在尊重证券市场发展规律的基础上，充分考虑证券市场在本国经济中的地位、与社会经济其他部门的联系、整体经济发展水平、政治形势、证券市场发展状况等多方面因素后制定的。

政府关于证券市场发展的规划和政策应该是长期稳定的。但是在某些特殊的情况下，政府也可能会改变发展证券市场的战略部署，出台一些扶持或限制市场发展的政策，制定新的法规或制度从而改变市场原先的运行轨迹。由于证券市场政策是政府指导、管理整个证券市场的手段，一旦出现政策风险，几乎所有证券都会受到影响，因此属于系统风险。

2. 经济周期波动风险

经济周期波动风险是指证券市场行情周期性变动而引起的风险。这种行情变动不是指证券价格的日常波动和中级波动，而是指证券行情长期趋势的改变。证券市场行情变动受多种因素影响，但决定性的因素是经济周期的变动。经济周期是指社会经济阶段性的循环和波动，是经济发展的客观规律。经济周期的变化决定了企业的景气和效率，从而从根本上决定了证券市场行情的变化趋势。

证券市场行情随经济周期的循环而起伏变化，总的趋势可以分为看涨市场或多头市场与看跌市场或空头市场两大类型。看涨市场，随着经济回升，证券价格从低谷逐渐回升，随着交易量的扩大，交易日渐活跃，证券价格持续上升并可维持较长一段时间；待价格升至很高水平，资金大量涌入并进一步推动价格上升，但成交量不能进一步放大时，证券价格开始盘旋并逐渐下降，标志着看涨市场的结束。看跌市场是从经济繁荣的后期开始，伴随着经济衰退，证券价格从高点开始一直呈下跌趋势，并在达到某个低点时结束。

3. 利率风险

利率从两方面影响证券价格：一是改变资金流向。当市场利率提高时，会吸引一部分资金流向银行储蓄、商业票据等其他金融资产，减少对证券的需求，使证券价格下降；当市场利率下降时，一部分资金流回证券市场，增加对证券的需求，刺激证券价格上涨。二是影响公司的赢利。利率提高，公司融资成本提高，在其他条件不变的情况下净赢利下降，派发股利减少，引起股票价格下降；利率下降，融资成本下降，净赢利和股息相应增加，股票价格上涨。

利率风险对不同证券的影响程度是不相同的。利率风险是固定收益证券的主要风险，特别是债券的主要风险。利率上升会导致债券价格下降，利率下降会导致债券价格上升。利率风险对长期债券的影响大于短期债券，对低票面利率债券的影响大于高票面利率债券。

4. 购买力风险

购买力风险又称通货膨胀风险。一般来讲，可通过计算实际收益率来分析购买力风险，即

$$实际收益率 = 名义收益率 - 通货膨胀率$$

购买力风险对不同证券的影响是不相同的，最容易受其损害的是固定收益证券，如优先股、债券。

对于普通股票来说，一方面，通货膨胀意味着证券市场流动性充足，资金供给量大，证券市场的总体估值水平提升；另一方面，通货膨胀也会使上市公司的实物资产的重置价格增加，上市公司的实际价值增加。特别是一些拥有大量有形资产的行业，如矿产资源类上市公司，估值水平会提高。但从长期来看，严重的通货膨胀会导致中央银行实施紧缩的货币政策，市场的流动性收缩，严重的通货膨胀也会损害宏观经济的长期健康发展，上市公司的业绩会受到影响。

5. 政治风险

稳定的社会、政治环境是经济正常发展的基本保证，对证券投资者来说也不例外。倘若一国政治局势出现大的变化，如政府更迭、国家首脑健康状况出现问题、国内出现动乱、对外政治关系发生危机时，都会在证券市场上产生反响。此外，政界人士参与证券投机活动和证券从

业人员内幕交易一类的政治、社会丑闻，也会对证券市场的稳定构成很大威胁。社会、政治领域中的不确定因素对证券投资的冲击，还表现在“国家风险”上。对于那些在海外从事直接投资的股份制企业来说，当地社会、政治环境是否安定对它至关重要。一旦所在国发生社会政治动乱，不仅它在海外投资的利益会受到损失，而且它在国内发行股票价格也会受到不利影响，换句话说，这种国家风险很大程度上将会转移到持有这些企业股票的投资者身上。

（二）非系统风险

非系统风险是指只对某个行业或个别公司的证券产生影响的风险。非系统风险是可以通过多元化投资分散掉的，因此又称为可分散风险。非系统风险主要包括信用风险、经营风险、财务风险等。

1. 信用风险

信用风险又称违约风险，指证券发行人在证券到期时无法还本付息而使投资者遭受损失的风险。

债券、优先股、普通股都可能有信用风险，但程度有所不同。信用风险是债券的主要风险，中央政府债券的信用风险最小，其他债券的信用风险依次从低到高排列为地方政府债券、金融债券、公司债券，但大金融机构或跨国公司债券的信用风险有时会低于某些政局不稳的国家政府债券。股票没有还本要求，普通股股利也不固定，但仍有信用风险。

2. 经营风险

经营风险指由于公司在经营管理方面的原因而使投资者实际收益率偏离预期收益率的可能性。其来源主要有以下几种。

（1）不可抗力。不可抗力是指由自然原因引起的非经常性破坏事件。这些事件的发生是不以公司经营管理者的意志为转移的，严格地说不属于经营风险，但如果公司事先对这些灾难予以投保，把风险转嫁给保险公司，这种风险就可以规避掉。因此可从公司是否购买保险来断定它在这方面风险的大小。

（2）产品的更新换代和技术革新。企业的产品更新换代和技术革新要承担失败的风险，同样，企业不进行产品更新换代和技术革新也要承担风险，因为老产品和老技术迟早会被淘汰。投资者可从公司开发新产品及其适应市场的能力来判断它在这方面风险的大小。

（3）顾客的改变。一般来说，在其他条件相同时，顾客分布越广的公司，其经营风险越小；而顾客越集中的公司，其经营风险越大。

3. 财务风险

财务风险是指公司财务结构不合理、融资不当而导致投资者预期收益下降的风险。上市公司财务风险主要表现有以下几种。

（1）无力偿还债务风险。由于负债经营以定期付息、到期还本为前提，如果公司用负债进行的投资不能按期收回并取得预期收益，公司必将面临无力偿还债务的风险，其结果不仅导致公司资金紧张，也会影响公司信誉程度，甚至还可能因此而遭受灭顶之灾。

（2）利率变动风险。公司在负债期间，由于通货膨胀等影响，贷款利率提高，公司的资金成本增加，从而抵减了预期收益。

（3）再筹资风险。由于负债经营使公司负债比率加大，相应地对债权人的债权保证程度降低，这在很大程度上限制了公司从其他渠道增加负债筹资的能力。

第三节　证券投资基本分析法

进行证券投资，必须对证券市场的基本情况进行认真仔细的分析。分析方法主要包括基本分析法和技术分析法两种。

一、基本分析法的概念

基本分析法主要是通过对决定证券投资价值及价格的基本要素的分析，评价证券的投资价值，判断股票及债券的合理价位及其变动趋势，提出相应的投资建议的一种分析方法。

证券主要包括股票和债券。股票是一种所有权证书，它代表持有人对发行股票的公司的所有权股份。股票本身没有价值，也没有价格，是一种虚拟资本。它之所以有价值和价格，是因为它代表了一定量的资本。从本质上讲，股票价格反映了股份有限公司的实力。对决定股票投资价值及价格的基本要素进行分析，实际上是对影响或反映上市公司实力的各种因素进行分析，如对国际形势、国家的宏观经济状况、经济政策趋势、行业发展状况、产品市场状况、公司销售和财务状况等要素进行分析。这些因素影响或反映了上市公司自身的实力，从而决定了股票的投资价值和价格。基本分析法就是通过对这些基本因素的分析，评价股票的投资价值和价格。

此外，由于这些因素还会改变股票市场的供求关系，从而也可以决定股票的价格及其变动趋势。因为，尽管股市价格千变万化，但作为一种商品，股票的价格归根结底也是由股票市场的供求决定的。在股票市场上，当众多购买者竞相购买某一股票时，该股票的需求量增加，出现供不应求的局面，股票价格必然上涨；反之，当众多持股者竞相抛售某一股票时，该股票的供给量增加，出现供大于求的局面，股票价格必然下跌。基本分析法就是通过对影响股市价格的这些因素的分析，把握股市的供求关系及股票价格的变动趋势，以获得最大的投资收益。

在债券市场上，影响债券价格的主要因素是利率的变动和债券的违约风险。利率受宏观经济走势、通货膨胀、货币政策、资金需求等多种因素影响。债券的投资价值分析就要对影响利率变动的诸多因素进行全方位的研究，判断利率的未来走势，从而决定债券的投资策略。违约风险是除国债以外其他债券都面临的一项重要风险因素，一旦发生可能导致违约的不利事件时，债券价格将急剧下降。

二、基本分析法的理论基础

基本分析法的理论基础主要包括以下七个方面。

（1）经济学。包括宏观经济学与微观经济学。它所提示的各经济主体与国民收入、经济增长速度、通货膨胀、物价指数、投资规模、进出口和居民消费等经济变量之间的关系的原理，为探索经济变量与证券价格之间的关系提供了理论依据。

（2）财政学与金融学。财政政策与货币政策直接影响证券市场价格走势。财政学与金融学所提示的政府支出、税率、财政赤字、政府债务规模等财政政策指标与货币供给、利率、汇率、贷款规模和结构等货币政策指标以及它们之间的相互关系，为探索财政政策和货币政策与证券价格之间的关系提供了理论依据。

（3）财务管理学。财务管理学所提示的上市公司的财务状况，直接反映了上市公司的实力，为探索上市公司财务状况与证券投资价值和价格之间的关系提供了理论依据。

（4）投资学。投资学所提示的投资价值、投资风险、投资回报率等对证券价格有重要影响，对评价和预测证券价值具有重要指导意义。

（5）政治学。证券价格不仅受经济因素的影响，也受政治因素的影响。政治学所提示的有关政治规律的基本原理，对预测证券价格有重要的指导作用。

（6）哲学。哲学是凌驾于各个学科之上的一门学科。它所提示的哲学思想、哲学观点对证券投资提供了一般理论指导意义。

（7）心理学。证券投资很大程度上取决于人的心理素质。心理学所提示的有关心理行为的一般规律和基本原理，对证券投资者合理调整心理预期具有重要的参考价值。

三、基本分析法的内容

基本分析法主要包括三方面内容。

（一）宏观经济分析

宏观经济分析主要探讨宏观经济运行状况和宏观经济政策对证券投资活动和证券市场的影响。

1. 宏观经济状况

宏观经济运行状况主要通过一系列经济指标来反映。根据经济指标与证券价格变化的一致性，经济指标可分为三类：一是超前性指标，主要包括货币供应量、利率水平、消费者预期、公司投资规模、主要生产资料价格和股票价格指数等指标。这些指标的变化先于证券价格的变化，可以对将来的经济状况提供预示性的信息，有助于对证券价格进行分析和预测。二是同步性指标，主要包括国民生产总值、失业率和社会商品销售额等指标。这些指标的变化与证券价格的变化基本同步，它们所反映的是国民经济正在发生的变化，并不预示将来的变动。三是滞后性指标，主要包括银行短期商业贷款利率、银行未收回贷款规模和优惠利率水平等指标。这些指标的变化一般滞后于证券价格的变化，它们所提供的经济信息相对滞后。另外，宏观经济状况还具有明显的周期性，即经济繁荣与经济衰退交替出现。而反映经济总体状况是繁荣还是衰退的景气指标主要有经济增长率、通货膨胀率、失业率等，其中经济增长率高会促进证券价格上涨，但也会导致通货膨胀率提高，从而产生负面影响。

2. 宏观经济政策

对证券价格有重要影响的宏观经济政策主要包括：货币政策、财政政策、产业政策、股市政策、收入分配政策和利率与汇率政策等。在经济发展不同时期，一国政府会采取一系列经济政策来调控宏观经济。一般来说，经济萧条时，政府会采取积极的财政政策和宽松的货币政策来刺激经济，拉动社会总需求。如中央银行会通过降低法定存款准备金率、再贴现率，投放货币，财政部门降低税率，扩大对公共部门的投资支出等。在刺激性经济政策下，证券市场也因资金宽裕而变得活跃起来。反之，在经济过热时，政府采取紧缩货币政策和消极的财政政策以压抑过旺的市场需求。经济增长速度会放缓，证券市场也会因此走向低潮。

在证券投资领域，宏观经济分析是非常重要的。只有把握住经济发展的大方向，才能做出正确的长期投资决策；只有密切关注宏观经济因素的变化，才能抓住市场机遇。

（二）中观经济分析

中观经济分析又叫做行业分析或产业分析，主要探讨产业和区域经济对证券价格的影响。行业分析主要探讨行业所属的市场类型、所处的生命周期、影响行业发展的因素以及行业业绩对证券价格的影响。区域经济分析主要探讨区域经济因素对证券投资的影响。

行业一般是指按生产同类产品或具有相同工艺过程或提供同类劳动服务划分的经济活动类别，如饮食行业、服装行业、机械行业等。行业的发展状况对于该行业上市公司的影响十分巨大。从某种意义上说，投资于某上市公司，实际上就是以某行业为投资对象。在国民经济中，一些行业与整个国民经济保持同步增长，另一些行业的增长率高于整个国民经济的增长率，还有一些则滞后于整个国民经济的增长。鉴于此，若选择某公司作为投资对象，必须研究其所属行业的发展状况。另外，上市公司在一定程度上还受区域经济的影响。分析区域经济对选择证券投资对象具有十分重要的作用，这在区域经济发展不平衡的我国尤为重要。

从证券投资分析的角度看，行业分析主要是界定行业本身所处的发展阶段和其在国民经济中的地位，同时对不同的行业进行横向比较，为最终确定投资对象提供准确的行业背景。而宏观经济分析是为了掌握证券投资的宏观背景条件，把握好证券市场的发展大势。但宏观经济分析并没有为投资者指出投资的具体领域和具体对象。要对投资的具体领域和具体对象加以选择，就需要进行行业分析和公司分析。行业分析是连接宏观经济分析和上市公司分析的桥梁，是基本分析的重要环节。行业分析的重要任务之一就是挖掘最具投资潜力的行业，并在此基础上选出具有投资价值的上市公司。

1. 行业的经济结构分析

现实中各行业的市场都是不同的，即存在着不同的市场结构。市场结构就是市场竞争或垄断的程度。根据该行业中公司数量的多少、进入限制程度和产品差别，行业基本上分为四种市场结构：完全竞争、不完全竞争或垄断竞争、寡头垄断、完全垄断。行业经济结构分析可以借助于波特提出的五种力量模型。

2. 经济周期与行业分析

各行业变动时，往往呈现出明显的、可测的增长或衰退的格局。这些变动与国民经济总体的周期变动是有关系的，根据其关系的密切程度不同，行业分为增长型行业、周期型行业、防守型行业三类。增长型行业的运动状态与经济活动总水平的周期及其波幅关系较小。这些行业收入增长的速率相对于经济周期的变动来说，并未出现同步影响，因为它们主要依靠技术的进步、新产品推出及更优质的服务，从而使其经常呈现出增长形态。周期型行业的运动状态直接与经济周期相关。当经济处于上升时期，这些行业会紧随其扩张；当经济衰退时，这些行业也相应衰退。防守型行业的运动形态则不同，因为其产品需求相对稳定，受经济周期繁荣和衰退的影响较小，如食品业和公用事业等。

3. 行业生命周期分析

通常情况下，每个行业都要经历一个由成长到衰退的发展演变过程。这个过程便称为行业的生命周期。行业的生命周期可分为四个阶段：幼稚期、成长期、成熟期和衰退期。

（三）微观经济分析

微观经济分析又叫公司分析，主要是对上市公司的成长周期、内部组织管理、发展潜力、竞争能力、赢利能力、财务状况、经营业绩等进行全面分析。

微观经济分析是基本分析法的重点。如果不对发行股票的上市公司的基本状况进行全面分析，就不可能准确地预测特定股票的价格及其变动趋势，也就不可能准确地选择股票投资对象。微观分析包括以下三方面内容。

1. 公司财务报表分析

财务报表分析是根据一定的原则和方法，通过对公司财务报表数据进行进一步的分析、比较、组合以及分解，求出新的数据，用这些新的数据来说明公司的财务状况是否健全、公司的经营管理是否完善、公司的业务前景是否光明。财务报表分析的主要目标有公司的获利能力、公司的财务状况、公司的偿债能力、公司的资金来源状况和公司的资金使用状况。财务报表分析的主要方法有趋势分析法、比率分析法和垂直分析法。

2. 公司产品与市场分析

公司的市场分析包括产品分析与市场分析两个方面。前者主要是分析公司的产品品种、品牌、知名度、产品质量、产品的销售量、产品的生命周期；后者主要分析产品的市场覆盖率、市场占有率以及市场竞争能力。

3. 公司证券投资价值及投资风险分析

主要是通过各种财务模型和投资模型来分析公司股票、债券及其他证券的投资价值和投资风险。

四、基本分析法的优缺点和适用范围

一般而言基本分析法有以下优点。

（1）基本分析法注重宏观环境的分析，对长期投资者十分重要。因为宏观环境对证券供求关系的影响是长期的、潜在的，主要影响证券价格的长期趋势。

（2）有助于投资者进行个股选择。上市公司的行业状况、利润、资产净值、前景等直接反映了个股情况，对此进行基本分析，有助于投资者进行个股选择。

（3）应用起来比较简单。

基本分析法也有不足，表现在以下两个方面。

（1）预测的时间跨度相对较长，对把握整个证券价格的近期走势作用不大。美国华尔街股市老手柴为格（Martin Zweig）认为，基本分析法虽然对选股很重要，但却对预测股市近期走势帮助不大。选股时，对基本因素的考虑约占 80%，而在预测股市近期大势时，对基本因素的考虑不超过 5%。

（2）预测的精确度相对较低。

基本分析法主要适用于周期相对较长的个别股票价格的预测和相对成熟的股票市场。

第四节　证券投资技术分析法

一、技术分析法的概念

技术分析法是根据证券市场当前的交易状况和过去的发展轨迹来分析证券价格变动趋势的方法。其特点是对市场过去和现在的行为，应用数学和逻辑的方法，归纳总结一些典型规律，据此预测证券市场未来的变化趋势。市场行为包括价格与成交量的高低及其变化以及完成这些变化所经历的时间。

技术分析法的基本功力是利用市场交易行情的记录，把各种证券每天、每周、每月、甚至更长时间的开盘价、最高价、最低价、收盘价、成交量等进行统计分析，使投资者通过分析买卖双方的力量对比态势，找出市场涨、跌、盘的信号，预测证券市场大势及单个证券的趋势，为投资者的投资决策服务。

二、技术分析法的理论基础

技术分析法的理论基础可以概括为三大假设，即市场行为涵盖一切信息、价格沿趋势移动、历史会重演。

（一）三大假设

1. 市场行为涵盖一切信息是进行技术分析的基础

它的主要思想是：影响证券价格的每一个内在因素都反映在市场行为中，证券分析人员只需关心这些因素对市场行为的影响效果，不必过于关注影响证券价格的具体因素。如果不承认这一前提条件，技术分析所做出的任何结论都是无效的。

技术分析是根据市场行为来预测未来，如果市场行为只考虑影响证券价格的部分因素而未包含影响证券价格的所有因素，那么得出的结论就没有说服力。因为任何一个因素对证券市场的影响最终都必然体现在证券价格的变动上。

就股市而言，如果某一消息已公布，股票价格同以前一样没有大的变动，则说明这个消息不是影响股票市场的因素。如果某一天股价大幅向上跳空，成交量急剧增加，则说明有利多消息，至于是什么消息，我们没有必要知道，因为它已经体现在市场行为中了；反之，如果股价向下跳空，成交量大增，则说明出了利空消息，上述现象就是这个消息在股票市场行为中的反映。再如，某一天，别的股票大多持平或下跌，只有少数几只股票上涨，这时，我们自然要打听这几只股票出了什么利好消息。

这说明，外部消息已经在价格变动和反常的趋势中得到了表现。外在的、内在的、基础的、政策的、心理的因素，以及其他影响证券价格的所有因素，都已经在市场行为中得到了反映。技术分析只需关心这些因素的影响效果，而不必关心导致这些变化的具体原因究竟是什么。

2. 价格沿趋势移动是进行技术分析最根本、最核心的假设

价格沿趋势移动的基本思路是指价格按一定的规律变动，具有保持原来方向的惯性。正是由于这一前提条件，才使技术分析者花费大量心血寻求价格变动的规律和趋势。

“顺势而为”是证券市场中的一句名言。一般而言，若一段时间内价格一直上扬或下跌，则今后一段时间，如果不出现内外因素的变动，价格也会按这一方向运动，而没有理由改变这一既定的方向。如果没有导致价格调头的内部和外部因素，没有必要逆大势而为。这是这一假设存在的第一个理由。

对于某一证券投资者而言，他之所以要卖掉手中的证券，是因为他认为当时的价格已经到顶，马上要往下跌，即使会上涨，涨的幅度也非常有限。若没有外在的影响，他的这种悲观看法一般不会立即改变。若持有这种观点的投资者人数很多，则众多悲观者就会影响价格的趋势，使其继续下跌。这是这一假设存在的第二个理由。

这一假设是技术分析的立论之本。如果证券价格没有任何规律可循，技术分析也就没有存在的必要。只有价格变动遵循一定的规律，人们才能用技术分析方法找到这些规律，对今后的投资进行有效的指导。

3. 历史往往会重演是技术分析法的基本思想

进行技术分析实际上就是研究人们的心理和行为模式。借助于这些模式，可以了解过去和现在的市场态势，预测未来的价格走势，为证券投资提供指导。

证券市场进行具体操作的是人，他们必然受到心理因素的制约。一个人在某一环境下，得到某种结果，那么，下一次碰到相同的或相似的环境，他就会得到相同的结果。证券市场也一样，在某种情况下，按这种方法进行操作取得成功，那么以后遇到相同或相似的情况，他就会按同一方法进行操作；反之，则不会按前一次的方法操作。

证券市场的某个投资行为给投资者留在头脑中的印象会永远影响着他的操作。在进行分析时，一旦遇到与过去某一时期相同或相似的情况，他就会与过去的结果进行比较。过去的结果是已知的，它是预测未来的参考。任何有用的东西都是经验的结晶，是经过许多场合的检验而总结出来的。证券市场的操作也不例外。

（二）对三大假设的评价

在三大假设条件下，技术分析有了自己的理论基础：第一条肯定了研究市场行为就意味着全面考虑了影响证券价格的所有因素；第二条和第三条使人们找到规律并将其应用于证券市场的实际操作之中。

当然，对这三大假设条件本身的合理性一直存在争论，不同的人有不同的看法。例如，第一个前提条件说市场行为包含了一切信息，但市场行为反映的信息只体现在证券价格的变动之中，同原始的信息毕竟有差异，信息损失是必然的。正因为如此，在进行技术分析的同时，投资者还应当进行一些基本分析和其他方面的分析，以弥补其不足。再如，第三个前提条件假设历史会重演，但证券市场的行为是千变万化的，不可能有完全相同的情况重复出现，差异总是或多或少的存在，这些差异一定会对市场行为产生影响。

三、技术分析法的内容

在价格、数量、时间、空间等历史资料的基础上进行统计、数学计算和图表绘制，是技术分析方法的主要手段。从这个意义上讲，技术分析方法可以有很多种。按功能划分，技术分析法可分为趋势分析、形状分析和人气指标分析。按差异性大小划分，技术分析法又包括指标法、K 线法、形态法、切线法、波浪法五种。下面将主要介绍这几种方法。

1. 指标法

指标法是根据市场行为的各种情况建立数学模型，按照一定的数学计算公式，得到一个体现证券市场某个方面内在实质的数字。这个数字叫作指标值，它的具体数值和相互关系直接反映了市场所处的状态，为具体操作提供方向性指导。指标反映的数据大多是不能从市场行情报表中直接看到的。

目前，证券市场上的技术指标数不胜数。例如，相对强弱指标（RSI）、随机指标（KD 指标）、趋向指标（DMI）、指数平滑异同平均线（MACD）、能量潮（OBV）、心理线、乖离率等。这些都是很著名的技术指标，在证券市场中长盛不衰。此外，随着时间的推移，新的技术指标不断涌现。

2. K 线法

K 线法的研究侧重于若干天 K 线的组合情况，通过证券市场多空双方力量的对比来判断证券市场多空双方谁占优势，这种优势是暂时的，还是决定性的。K 线图是进行各种技术分析的最重要的图表。单独一天的 K 线形态有十几种，若干天 K 线的组合种类无法计数。人们通过不断的总结，发现了一些对证券买卖有指导意义的组合。而且，新的结果也在不断地被发现、被运用。

3. 形态法

形态法是根据价格图表中过去一段时间价格轨迹的形态来预测价格未来趋势的方法。第一条假设告诉我们，市场行为包括一切信息。价格轨迹的形态是市场行为的重要部分，是证券市场对各种信息的具体表现，用价格的轨迹来推测证券价格的趋势是很有道理的。从价格轨迹的形态中，投资者可以大致推测出市场处在一个什么样的环境中，由此对其今后的行为给予一定的指导。著名的形态有 M 头、W 底、头肩顶、头肩底等十几种。

4. 切线法

切线法是按一定的方法和原则在证券价格的数据图表中画出一些直线，然后根据这些直线的情况推测证券价格的未来趋势的方法。这些直线就叫作切线。切线主要起支撑和压力的作用。支撑线和压力线的向后延伸对价格的趋势起一定的制约作用。一般来说，价格在从下向上抬升的过程中，一旦触及压力线，甚至还没有触及到压力线，就会调头向下。同样，价格在从上向下跌落的过程中，在支撑线附近就会转头向上。另外，如果触及切线后没有转向，而是继续向上或向下，就叫突破。突破之后，这条切线仍然有实际作用，只是名称变了。原来的支撑线变成压力线，原来的压力线变成了支撑线。利用切线法进行分析主要依据的就是切线的这一特性。

切线的画法非常重要，直接影响预测的结果。目前，切线的画法有很多种，著名的有趋势线、通道线、黄金分割线、甘氏线、角度线等。

5. 波浪法

波浪理论把证券价格的上下变动和不同时期的持续上涨、下降看成是波浪的上下起伏。证券的价格也遵循波浪起伏的规律。简单地说，波浪起伏所遵循的规律是上升 5 浪下降 3 浪。数清各个波浪就能准确地预见市场的未来趋势：或是跌势已近尾声，牛市即将来临；或是牛市已到尾声，熊市就要来到。波浪理论与其他技术分析方法相比，其最大的特点就是能提前很长时间预计市场的相对底部和相对顶部，其他技术方法则往往要等到新的趋势已经确立之后才能看到。但是，波浪理论是很难掌握的，大浪套小浪，在数浪的时候极容易发生偏差。

以上五类技术分析方法是从不同的方面来理解和考虑证券市场的，它们都是经过证券市场实践的考验，最终被保留下来的。本书将在后面几章对此进行详细论述。

这五类技术分析方法，有的注重长线，有的注重短线；有的注重价格的相对位置，有的注重绝对位置；有的注重时间，有的注重价格。尽管考虑的方式不同，但目的是相同的，彼此并不排斥，所以在使用时应相互借鉴。

四、技术分析法的优缺点和适用范围

1. 技术分析法的优缺点

相对基本分析法，技术分析法有以下两个优点：

（1）考虑问题比较直接，指导证券投资见效快，获利周期短。

（2）技术分析同市场接近，对市场的反映比较直接，分析结果也更接近于实际市场的局部情况。

在有以上两个优点的同时，技术分析法也有其自身的缺陷，表现在以下两点：

（1）对市场的长期趋势不能做出明确的判断。因为技术分析法考虑问题的范围相对较窄，对影响市场长期趋势的基本面、政策面等无能为力。

（2）可靠性不高。技术分析法对影响市场的人为因素也无能为力。

2. 技术分析法的适用范围

技术分析法主要适用于时间较短的行情预测，并且只有与基本分析法结合使用，才能提高其准确程度。

基本分析法是技术分析法的前提与基础。技术分析法是根据证券市场的行为或过去循环的轨迹分析证券价格变动趋势的方法。基本分析法是通过对决定证券投资价值及价格的基本要素的分析，评价证券的投资价值，判断证券的合理价位及其变动趋势，并提出相应的投资建议的一种分析方法。可以说，技术分析法反映的是“表”，基本分析法反映的是“里”，只有“表”“里”结合，才能真正提示证券市场的本质。因此，投资者进行证券投资，只有在对决定证券投资价值及价格的基本要素进行分析的基础上，结合技术分析，才能得出较为科学的投资建议。

政治、经济和基本因素的变化经常会给证券市场带来影响。因此，在进行证券投资时，投资者不能仅重视市场动态，还要密切关注国内外政治、经济等基本因素的动向，将基本分析与技术分析结合起来，及时捕捉到买入或卖出的信号，做出恰到好处的买卖决策。

我国的证券市场是一个刚刚兴起的市场，由于市场突发消息较频繁，人为操纵的因素较多，投资者仅靠过去和现在的数据、图表预测未来是不可靠的。对于技术分析方法，我们也不能机械地使用，只有在不断修正技术分析参数的基础上，与基本面分析相结合，才有可能得出可行的方案。

本章小结

本章介绍了证券投资分析的基本概念和主要内容，介绍了市场有效性理论及其对证券投资分析的意义，影响证券供给和需求的主要因素，以及证券投资分析的主要信息来源。介绍了证券投资收益和风险的概念，分析了系统风险和非系统风险的影响因素。证券投资分析方法的分类，以及它们各自的基本原理、主要内容和适用范围。

复习思考题

一、名词解释

证券投资分析　市场有效性假说　弱有效市场　半强有效市场　强有效市场　系统性风险　非系统性风险　基本分析　技术分析　趋势

二、思考题

1. 有效市场理论将有效市场分成哪几种类型？有效市场与证券投资分析的关系如何？我国证券市场的有效性如何？

2. 证券投资分析的主要信息来源有哪些？

3. 影响证券市场供给和需求的主要因素有哪些？

4. 股票投资的系统性风险和非系统性风险因素主要有哪些？如何有效地规避这些风险因素？

5. 证券投资基本分析的主要内容有哪些？

6. 证券投资技术分析的理论假设是什么？

三、选择题

1. 在（　　）中，证券当前价格完全反映所有公开信息，不仅包括证券价格序列信息，还包括有关公司价值、宏观经济形势和政策方面的信息。

A. 弱式有效市场　B. 半弱式有效市场　C. 强式有效市场　D. 半强式有效市场

2. 关于证券市场的类型，下列说法不正确的是（　　）。

A. 在弱式有效市场中，要想取得超额回报，必须寻求历史价格信息以外的信息

B. 在半强式有效市场中，只有那些利用内幕信息者才能获得非正常的超额回报

C. 在强式有效市场中，任何人都不可能通过对公开或内幕信息的分析来获取超额收益

D. 在强式有效市场中，证券组合的管理者往往努力寻找价格偏离价值的证券

3. 关于基本分析法，下列说法错误的是（　　）。

A. 以经济学、金融学、财务管理学及投资学等基本原理为依据

B. 对决定证券价值及价格的基本要素进行分析

C. 是根据证券市场自身变化规律得出结果的分析方法

D. 评估证券的投资价值，判断证券的合理价位，提出相应的投资建议

4. 证券投资技术分析的目的是预测证券价格涨跌的趋势，即解决（　　）的问题。

A. 买卖何种证券　B. 投资何种行业　C. 何时买卖证券　D. 投资何种上市公司

5. 下列说法正确的是（　　）。

A. 分散化投资使系统风险减少　B. 分散化投资使因素风险减少

C. 分散化投资使非系统风险减少　D. 分散化投资既降低风险又提高收益

6. 假定某投资者以 800 元的价格购买了面额为 1000 元、票面利率为 10%、剩余期限为 5 年的债券，则该投资者的当前收益率（直接收益率）为（　　）。

A. 10%　B. 12.5%　C. 8%　D. 20%

7. 某投资者用 952 元购买了一张面值为 1000 元的债券，息票利率为 10%，每年付息一次，距到期日还有 3 年，试计算其到期收益率（　　）。

A. 15%　B. 14%　C. 12%　D. 8%

四、判断题

1. 组合管理者在强式有效市场中选择消极保守型投资。（　　）

2. 证券投资分析中，技术分析解决的是“买卖何种证券”的问题。（　　）

3. 在强式有效市场中，专业投资者的边际市场价值为正。（　　）

4. 分析人员最终所提供的分析结论的准确性，主要取决于占有信息的广度和深度，分析方法和分析手段的作用相对较小。（　　）

第五章

证券投资的宏观经济分析

【学习目标】

通过本章的学习，要求大家了解宏观经济分析的主要方法，熟悉评价宏观经济形势的各项重要指标，熟悉宏观经济影响证券市场的路径，掌握宏观经济运行以及政策调整与证券市场波动之间的关系，重点把握宽松（或紧缩）的财政政策和货币政策影响证券市场的基本原理。

【关键概念】 经济指标 经济周期 通货膨胀 财政政策 货币政策

第一节 宏观经济分析概述

一、宏观经济分析的意义

证券市场与宏观经济密切相关，特别是股票市场素有宏观经济晴雨表之称。证券投资活动效果的好坏、效率的高低，不仅要受国民经济基本单位的影响，还要受宏观经济形势的直接制约。因此，宏观经济分析对于证券投资来说非常重要，它的意义在于以下方面。

（1）有助于把握证券市场的总体变动趋势。只有看清了宏观经济发展的大方向，才能对证券市场的总体变化趋势做出正确的判断；而密切关注各种宏观经济因素，尤其是货币政策和财政政策的变化，则有助于抓住证券投资的市场时机。

（2）有助于判断整个证券市场的投资价值。证券市场的投资价值是指整个市场的平均投资价值。不同行业、不同企业与不同部门之间相互影响、相互制约的结果，反映了国民经济发展的速度和质量，而整个国民经济增长的速度与质量，在一定意义上就是整个证券市场的投资价值的反映。作为证券市场的投资对象，企业的投资价值必然与宏观经济形势有内在关联，因此宏观经济分析是判断整个证券市场投资价值的关键。

（3）有助于掌握宏观经济政策对证券市场的影响力度与方向。在市场经济条件下，国家通过财政政策和货币政策，来影响经济增长速度和企业经济效益，并进一步影响证券市场。因此，投资者只有认真分析宏观经济政策，掌握其对证券市场的影响力度与方向，才能够准确把握整个证券市场的运动趋势和不同证券品种的投资价值变动。

（4）有助于了解转型背景下中国证券市场的特殊性。中国证券市场发展历史短，且正处于经济体制转轨时期，具有一定的特殊性，如国有成分比重较大、行政干预较多、投机性偏高、机构投资者力量相对较弱、阶段性波动较大等。这些特殊性导致宏观经济对中国证券市场的影响不同于成熟市场经济，有时会出现市场表现和宏观经济相背离的情况。因此，在进行宏观经济分析时，投资者只有将中国证券市场与国外成熟市场的共性和自身特性相结合，才能更加准确地把握证券市场的动向。简单地用成熟市场的标准来衡量中国的证券市场，很容易导致分析结果的偏差。

二、宏观经济分析的资料搜集与分析方法

投资者要进行证券投资的宏观经济分析，首先要选准分析对象，主要是选出能从各方面综合反映国民经济的基本面貌，并能与证券投资活动有机结合的经济指标，如国民生产总值、消费额、投资额、银行信贷总额、物价水平等；然后采用恰当的分析方法，评价和预测指标变动规律对证券市场趋势的影响。如果分析工作没有做好，那么不仅前一阶段的努力将付诸东流，后一阶段的预测也变得毫无意义。因此，分析工作必须力求完善、准确。

（一）宏观经济分析资料的获取与处理

进行宏观经济分析需要的资料一般包括政府的重点经济政策和措施、一般生产统计资料、金融物价统计资料、贸易统计资料、每年的国民收入与景气动向、突发性的非经济因素等。其中，数据资料是对宏观经济进行定量分析和预测的基础和依据，因此，特别强调数据资料的有效性，即数据资料一定要注意准确性、系统性、时效性、可比性和适用性等。数据资料来源主要有以下途径：①新闻媒体，如电视、广播、报刊等发布的经济消息和报道；②各级政府部门和经济管理部门公布的各种经济政策、计划、统计资料、经济报告、各种统计年鉴等；③各行业管理部门、主管公司搜集和编制的统计资料；④部门和企业内部的原始记录；⑤各预测、情报和咨询机构公布的数据资料；⑥国家领导人和省市领导报告或讲话中的统计数字和信息等。

需要注意的是，不同途径、不同时间获取的资料有时可能因口径不一致而不可比，或是存在不反映指标变化规律的异常值。因而，为了保证资料的有效性，投资者在使用前必须对这样的数据资料进行处理。

（二）宏观经济分析方法

宏观经济分析的方法多种多样，按时间长短可以分为短期分析、中期分析、长期分析，按对时点和时段的选择可以分为动态分析与静态分析等，但其中最重要、最常用的分析有两组：总量分析与结构分析；定量分析与定性分析。

1. 总量分析和结构分析

总量分析就是投资者对影响宏观经济运行总量指标的各种因素及其变动规律进行分析，从而认识整个经济的运行状态和全貌。总量分析法既是一种动态分析，也是一种静态分析。也就是说，总量分析法以研究总量指标的变动规律为主，同时也需要考察同一时期内各种总量指标之间的相互关系。

结构分析是指针对经济系统中各组成部分及其对比关系变动规律的分析。如经济增长中各因素作用的结构分析、消费和投资的结构分析等。结构分析以静态分析，即对某特定时间内经济结构比例关系变化规律的研究为主；有时也需要将连续几期的经济结构比例关系进行分析的动态分析。

为了能全面把握宏观经济运行状态，投资者需要将总量分析和结构分析结合在一起使用。总量分析的目的在于把握各经济指标的数值变化影响证券市场整体走势的规律；结构分析的目的在于分析特定时期宏观经济的各经济指标之间的比例关系，以及它们对证券市场可能产生的结构性影响。总量分析需要结构分析来深化和补充，而结构分析以服从总量分析为目标。

2. 定量分析和定性分析

定量分析是依据统计数据，建立数学模型，并用数学模型计算出分析对象的各项指标及其数值的一种方法。定性分析则是主要凭分析者的直觉、经验，凭分析对象过去和现在的延续状况及最新的信息资料，对分析对象的性质、特点、发展变化规律做出判断的一种方法。相比而言，前一种方法更加科学，但需要较高深的数学知识；而后一种方法虽然较为粗糙，但在数据资料不够充分或分析者数学基础较为薄弱时比较适用，更适合于一般的投资者与经济工作者。

必须指出，两种分析方法对数学知识的要求虽然有高有低，但并不能就此将定性分析与定量分析截然划分开来。事实上，现代定性分析方法同样要采用数学工具进行计算，而定量分析则必须建立在定性预测基础上，二者相辅相成，定性是定量的依据，定量是定性的具体化，二者结合起来灵活运用才能取得最佳效果。

不同的分析方法各有其不同的特点与性能，但是都具有一个共同之处，即它们一般都是通过比较对照来分析问题和说明问题的。正是通过对各种指标的比较或不同时期同一指标的对照才反映出数量的多少、质量的优劣、效率的高低、消耗的大小、发展速度的快慢等，才能为作鉴别、下判断提供确凿有据的信息。因此，投资者进行宏观分析必须重视并充分发挥比较法的作用，并据此深入解剖，发现经济现象的内在联系与矛盾。

三、评价宏观经济形势的经济指标

一个国家或地区一定时期的经济形势反映了该国在该时期内整个国民经济活动的成果。这一成果可以用几个主要的综合经济指标表示出来，借以考察国民经济生产、分配和使用的情况，并可用以对不同国家和不同时间进行对比，以区分出各国经济发展水平的高低和发展速度的快慢等。

（一）国民经济总体指标

国民经济总体指标很多，评价宏观经济形势常用的指标有生产总值、失业率、通货膨胀和国际收支。

1. 国内生产总值和国民生产总值

国内生产总值（GDP），是指在一定时期一个国家的国土范围内，本国和外国居民所生产的最终商品和劳务的市场价值总和；国民生产总值（GNP），指一个国家的国民在国内、国外所生产的最终商品和劳务的市场价值总和。

实践中，伴随着经济全球化进程，越来越多的国家（包括我国）在国民经济核算中选择使用 GDP 指标。

一般采用 GDP 的增长率来表示经济增长速度。经济增长速度，也称经济增长率，是反映一定时期经济发展水平变化程度的动态指标，也是反映一个国家经济是否具有活力的基本指标。增长速度为正值，表示增长程度；增长速度为负值，表示下降程度，也称为负增长。

2. 失业率

失业率是指劳动人口中失业人数所占的百分比。值得注意的是，通常所说的充分就业是指对劳动力的充分利用，但不是完全利用，因此在实际生活中不可能达到失业率为零的状态。在充分就业情况下，也会存在一部分“正常”的失业，如劳动力的结构不能适应劳动力需求所致的结构性失业。一般而言，失业率达到一个很低的水平就可以认为达到了充分就业。

一直以来，失业率数字被视为资本市场的重要指标，属滞后指标范畴。它是市场上最为敏感的月度经济指标。一般情况下，失业率下降，表示整体经济健康发展，持续下降则可能形成通货膨胀，使银行收紧银根，减少货币投放；失业率上升，则表示经济发展放缓或衰退，可导致政府放松银根，刺激经济增长。

3. 通货膨胀

在现代经济学中，通货膨胀被定义为一般物价水平持续、普遍、明显的上涨。与通货膨胀相反的现象为通货紧缩，无通货膨胀或极低度通货膨胀称为稳定性物价。

在实际工作中，测量通货膨胀程度一般用价格指数的增长率来表示，常用指标主要有：消费者物价指数（CPI）[1]、生产者物价指数（PPI）[2]、批发物价指数[3]、国内生产总值物价平减指数[4]。

由于以上几种指标在衡量通货膨胀时各有利弊，而且设计的计算口径不一致，即使在同一国家的同一时期，各种指数所反映的通货膨胀程度也不尽相同，因此，在衡量通货膨胀时选择指数要适当。通常在衡量通货膨胀时，使用得最多、最普遍的是消费者物价指数。

专栏 5.1　生产者物价指数与消费者物价指数的关系

根据价格传导规律，生产者物价指数对消费者物价指数有一定的影响。生产者物价指数反映生产环节的价格水平，消费者物价指数反映消费环节的价格水平。整体价格水平的波动一般首先出现在生产领域，然后通过产业链向下游产业扩散，最后波及消费品。

在不同市场条件下，工业品价格向最终消费品价格传导有两种可能情形：一是在卖方市场条件下，成本上涨引起的工业品价格（如电力、水、煤炭等能源、原材料价格）上涨最终会顺利传导到消费品价格上；二是在买方市场条件下，由于供大于求，工业品价格很难传递到消费品价格上，企业需要通过压缩利润对上涨的成本予以消化，其结果表现为中下游产品价格稳定，甚至可能继续走低，公司赢利减少。对于部分难以消化成本上涨的企业，可能会面临破产。

可以顺利完成传导的工业品价格（主要是电力、煤炭、水等能源、原材料价格）目前主要属于政府调控范围。在上游产品价格（生产者物价指数）持续走高的情况下，企业无法顺利把上游成本转嫁出去，使最终消费品价格（消费者物价指数）提高，最终会导致企业利润的减少。因此，从理论上来说，生产过程中所面临的物价波动将反映至最终产品的价格上，观察生产者物价指数的变动情形将有助于预测未来物价的变化状况。

通货膨胀会从两个方面影响社会经济：第一，引导收入和财富的再分配；第二，扭曲商品

1　消费者物价指数，反映消费者为购买消费品而付出的价格的变动情况，通常作为观察通货膨胀水平的重要指标。

2　生产者物价指数是衡量工业企业产品出厂价格变动趋势和变动程度的指数，是反映某一时期生产领域价格变动情况的重要经济指标，也是制定有关经济政策和国民经济核算的重要依据。

3　批发物价指数是根据大宗物资批发价格的加权平均价格编制而得的物价指数。包括在内的产品有原料、中间产品、最终产品与进出口品，但不包括各类劳务。

4　国内生产总值物价平减指数是指没有剔除物价变动前的国内生产总值物价增长与剔除了物价变动后的国内生产总值物价增长之商。

价格信号，降低经济效率。

投资者要了解通货膨胀可能产生的影响。首先，必须从了解通货膨胀产生的原因入手。需求拉动型通货膨胀通常比较温和，能增加企业利润、刺激就业、增加国民产出；而成本推动型和结构性通货膨胀可能会引致大量失业、经济衰退甚至崩溃。其次，在实践中，必须将它与经济增长的动态变化相结合，并考虑其他重要影响因素，如政治体制改革、经济体制改革、战争、国际收支状况以及其他突发性因素。最后，关注政府为应对通货膨胀而采取的货币政策和财政政策，这些政策的抑制作用通常会导致高失业和国内生产总值的低增长。投资者如果能对通货膨胀的后果以及政府的宏观调控进行及时预测，并适时调整投资策略，就可以降低投资损失甚至险中求胜。

4. 国际收支

国际收支是一国居民在一定时期内与非居民在政治、经济、军事、文化及其他往来中所产生的全部交易的系统记录。这里的“居民”是指在国内居住一年以上的自然人和法人。一国国际收支的状况主要取决于该国进出口贸易和资本流入流出状况，并主要反映在国际收支平衡表的经常账户、资本和金融账户两大账户当中。简单地说，涉及商品服务的交易，在国际收支账户的经常项目中记录；涉及国际资产买卖的交易，在资本和金融账户中记录。

当一国国际收入等于国际支出时，称为国际收支平衡；当国际收入大于国际支出时，称为国际收支顺差；当国际支出大于国际收入时，称为国际收支逆差。过度的顺差或逆差都不利于一国经济发展的稳定。在一国国际收支处于不平衡状态时，市场机制可以进行某种程度的调节，但这种调节的力度有限，尤其是在固定汇率制度下。为此，政府在很多情况下要实施不同的宏观经济政策以弥补市场对国际收支平衡调节力度的不足。因此，投资者既要关注国际收支的变化对进出口公司、国际资本流动的影响，也要及时把握政府可能出台的调控政策，两者都会影响证券市场的波动。

（二）投资指标

投资规模是一个关系到国民经济全局的经济指标。投资规模过大或过小，都不利于国民经济的发展。投资规模过小，不利于为经济的进一步发展奠定物质技术基础；投资规模过大，超出了一定时期人力、物力和财力的可能，又会造成国民经济比例的失调，对国民经济造成的影响和损失更大。投资规模是否适度，是影响经济稳定与增长的一个决定因素。

全社会固定资产投资是衡量投资规模的主要指标。具体包括国有经济单位投资、城乡集体经济单位投资、其他各种经济类型的单位投资和城乡居民个人投资。

（三）消费指标

生产的主要目的是为了消费，消费指标是进行宏观预测中重要的依据，消费指标多种多样，其中最重要的两个指标是社会消费品零售总额和城乡居民储蓄存款余额。

1. 社会消费品零售总额

社会消费品零售总额的大小和增长速度能够反映出城乡居民与社会集团消费水平的高低和消费意愿的强弱，因此，它是研究国内零售市场变动情况、反映经济景气程度的重要指标。

2. 城乡居民储蓄存款余额

城乡居民储蓄存款余额是居民可支配收入扣除消费支出后形成的，其大小与可支配收入水平、消费支出比例有直接关系，同时利率的变化、直接或间接投资品种的完善等也是影响人们储蓄意愿的主要因素。一方面，城乡居民储蓄存款余额增加，意味着居民消费需求和投资需求的减少，对经济发展的预测趋于谨慎；另一方面，如果银行的存贷比不变，居民储蓄增加，银行的资金来源扩大，对企业的贷款投放也会放宽，正常情况下又会扩大公司的投资需求。因此，对这一指标的认识要结合同期的金融政策。

（四）金融指标

金融指标相对于其他经济指标更为敏感，能更早地展现经济发展趋势，是研究宏观经趋势的重要指标。现代经济更加依赖金融业的支持，而且金融危机还可引发经济危机，如 1998 年东南亚金融风暴、2008 年美国次贷危机引发的全球金融危机均对全球经济产生了深远的影响。

1. 总量指标

（1）货币供应量。货币供应量是计算具有不同变现能力的货币数量，表现货币总体结构的指标。货币供应量根据流动性划分为三个层次：流通现金（M0）、狭义货币供应量（M1）和广义货币供应量（M2）。通常所说的货币供应量，主要指 M2。

M0 与消费变动密切相关，是最活跃的货币。M1 反映居民和企业资金松紧变化，代表社会的直接购买能力，是经济周期波动的先行指标，商品的供应量应和 M1 保持合适的比例关系，不然经济会过热或萧条。M2 流动性偏弱，但代表着现实购买力和潜在购买力，能够反映社会总需求的变化和未来通货膨胀的压力状况，研究 M2 构成的变化，对整个国民经济状况的分析和预测都有特别重要的意义。

（2）金融机构各项存贷款余额。金融机构各项存贷款余额是指某一时点金融机构存款金额与金融机构贷款金额。其中，金融机构包括商业银行、政策性银行、非银行信贷机构和保险公司。

（3）金融资产总量。金融资产总量是指手持现金、银行存款、有价证券、保险等其他资产的总和。

2. 利率

利率是指在借贷期内所形成的利息额与本金的比率。一国各种不同的利率相互联系而构成的有机整体称为利率体系，主要包括中央银行利率、商业银行利率和市场利率三个层次。基准利率、存款利率、贷款利率、国债利率属于中国人民银行指定利率。市场利率是指由借贷资金的供求关系所决定的利率，主要针对贷款利率，在基准利率上下浮动 10%～50%，存款利率、国债利率不会浮动。

各种利率中，存贷款利率对经济的影响表现最明显、最直接。在其他条件不变时，由于利率水平上浮引起存款增加和贷款下降，一方面是居民消费支出减少；另一方面是企业的生产成本增加，它会同时抑制供给和需求。而利率水平的降低则会引起需求和供给的双向扩大。

因此，现在所有国家都把利率作为宏观经济调控的重要工具之一。当经济过热、通货膨胀上升时，便提高利率、收紧信贷；当过热的经济和通货膨胀得到控制时，便会把利率适当地调低。因此，利率是重要的基本经济因素之一。

3. 汇率

汇率也称“外汇行市或汇价”，是指一国货币兑换另一国货币的比率，也就是以一种货币表示另一种货币的价格。

国际收支及外汇储备、利率、通货膨胀和政治局势等因素都会影响一国汇率的波动。发生国际收支顺差，会使该国货币对外汇率上升；反之，该国货币汇率下跌。利率水平直接对国际间的资本流动产生影响，高利率国家发生资本流入，低利率国家则发生资本外流，资本流动会造成外汇市场供求关系的变化，从而对外汇汇率的波动产生影响。通货膨胀影响本币的价值和购买力，会引发出口商品竞争力减弱、进口商品增加，还会对外汇市场产生心理影响，削弱本币在国际市场上的信用地位，最终导致本币贬值，而通货膨胀的缓解又会使汇率上浮。政治局势的变化一般包括政治冲突、军事冲突、选举和政权更迭等，这些政治因素对汇率的影响有时很大，但影响时限一般都很短。

汇率的波动会影响一国进出口额的变化。例如，美元升值，人民币贬值，将刺激中国商品的出口[1]，同时制约外国商品对中国的进口；反之，美元贬值而人民币升值却会大大刺激进口，减少出口。

汇率的波动又会影响国际间资本的流动。汇率的变动对长期资本流动的影响较小。由于长期资本的流动主要受利润和风险因素影响，在利润有保证和风险较小的情况下，汇率变动不会直接引起长期资本巨大的波动。短期资本流动则常常受到汇率的较大影响。当存在本币对外贬值的趋势下，本国投资者和外国投资者就不愿意持有以本币计值的各种金融资产，并会将其转兑成外汇，发生资本外流现象。同时，投资者由于纷纷转兑外汇，加剧外汇供求紧张，会促使本币汇率进一步下跌；反之，当存在本币对外升值的趋势下，本国投资者和外国投资者就力求持有以本币计值的各种金融资产，并引发资本的内流。同时，由于外汇纷纷转兑本币，外汇供过于求，会促使本币汇率进一步上升。

4. 外汇储备

国家外汇储备是指一国货币当局所持有的、可以用于对外支付的国外可兑换货币。并非所有国家的货币都能充当国际储备资产，只有那些在国际货币体系中占有重要地位，且能自由兑换其他储备资产的货币才能充当国际储备资产。我国和世界其他国家在对外贸易与国际结算中经常使用的外汇储备主要有美元、欧元、日元、英镑等。

当国际收支顺差时，外汇的流入量大于流出量，外汇储备就会增加；当国际收支逆差时，外汇储备就会减少。外汇储备增加，赚取了外汇的公司或个人大多会兑换为本币，在国内进行消费或投资，这样就扩大了市场上本币的流通量，需求增加推动物价随之上升，可能形成通货膨胀。在实行浮动汇率制的国家，由于本币需求增大，会导致本币升值，从而加大出口和外来投资的成本，进而使国际收支趋于平衡；在实行固定汇率制的国家，政府一般会采取提高利率的手段来抑制通货膨胀，这样同时也会抑制消费和投资，使经济发展速度减缓。

（五）财政指标

财政收入的变动能反映经济运行状态，财政支出对经济的发展有重要的影响，财政赤字或节余可作为调节经济的重要手段，这些财政指标是研究宏观经济必不可少的条件。

1. 财政收入

财政收入指国家财政参与社会产品分配所取得的收入和，是实现国家职能的财力保证。财政收入的内容主要包括各项税收、专项收入、其他收入、国有公司计划亏损补贴等。

---

1 例如，一件价值100元人民币的商品，如果美元对人民币汇率为6.13，则这件商品在国际市场上的价格就是16.31美元。如果美元汇率涨到6.50，也就是说美元升值，人民币贬值，则该商品在国际市场上的价格就是15.38美元。商品的价格降低，竞争力增强，肯定好卖，从而刺激该商品的出口。反之，如果美元汇率跌到6.00，也就是说美元贬值，人民币升值，则该商品在国际市场上的价格就是16.67美元。高价商品肯定不好售，必将打击该商品的出口。

2. 财政支出

财政支出是指在市场经济条件下，政府为提供公共产品和服务，满足社会共同需要而进行的财政资金的支付。

财政支出按最终用途可分为积累性支出与消费性支出。积累性支出指最终用于社会扩大再生产和增加社会储备的支出，如基本建设支出、工业交通部门基金支出、企业控潜发行支出等，这部分支出是社会扩大再生产的保证；消费性支出指用于社会福利救济费等的支出，这部分支出对提高整个社会的物质文化生活水平起着重大的作用。

在财政收支平衡的条件下，财政支出的总量并不能扩大和缩小总需求。但财政支出的结构会改变消费需求和投资需求的结构。在总量不变的条件下，两者是此多彼少的关系。扩大了投资，消费就必须减少；扩大了消费，投资就必须减少。

3. 赤字或结余

财政收入与财政支出的差额即为赤字（差值为负时）或结余（差值为正时）。财政赤字有两种弥补方式：一是通过举债即发行国债来弥补；二是通过向银行借款来弥补。

第二节　宏观经济运行与证券市场

投资者从宏观层面进行证券投资分析，主要是通过把握宏观经济运行与宏观经济政策对证券市场的影响，进而预测证券市场的总体走势。

关于宏观经济运行与证券市场的关系，理论界一直很推崇“股市是经济晴雨表”这一命题。该命题是由查尔斯·道在 100 多年前提出来的。他认为，股票市场集中了各行各业、各种类型的精英，他们掌握着各种信息，能从各个层面、各种跨度对信息作分析判断，得出相对准确的预期，成为股市上的先知先觉者。在经济变化还没有被大多数人发觉之时，这些人就已经提前行动，而股市走势就是这些人投资决策信息综合反映的结果。所以股市就像气象上的晴雨表，能预先反映天将下雨还是放晴，成为经济的晴雨表。

这一命题表明证券市场在一定条件下能够提前反映宏观经济的运行，同样，宏观经济的走向也会影响证券市场的长期趋势。自该命题提出来后，100 多年来几乎没有人会从根本上去否认它。但是，宏观经济环境对证券市场的影响因素很复杂，除了经济周期波动这种纯粹的经济因素外，还包括政府经济政策、经济体制、政治体制等其他因素。这就使得证券市场反映经济的过程并不那么简单，其间充满了复杂性与多变性。

一、宏观经济运行对证券市场的影响

证券市场是整个国民经济的重要组成部分，它在宏观经济的大环境中发展，同时又服务于国民经济的发展。宏观经济运行态势是关系到证券市场大盘走势的最基本因素。它从以下几条途径影响证券市场。

1. 上市公司经营业绩

上市公司的经营业绩是影响投资者决策的关键要素。公司的经营业绩会随着宏观经济运行周期、

宏观经济政策、利率水平和物价水平等宏观经济因素的变动而变动。如果宏观经济运行趋好，企业总体赢利水平提高，有利于其股票市值的上涨；如果政府采取强有力的宏观调控政策，紧缩银根，企业因投资和经营受到抑制，赢利下降，其股票市值就可能缩水。

2. 居民可支配收入

在经济周期处于上升阶段或在提高居民收入政策的作用下，居民可支配收入水平提高，将会在一定程度上拉动消费需求，从而增加相关公司的经济效益。另外，居民可支配收入水平的提高，也会直接增加对证券的投资需求。

3. 资金成本

单位和居民的资金成本会因国家某些经济政策的调整而发生变化。如采取调高利率、实施消费信贷管制、加征所得税等政策时，上市公司、各类投资者和普通居民的资金成本将随之增加，进而会影响上市公司的业绩水平、证券的投资意愿和投资能力，最终可能会形成证券市场下行的压力。

4. 投资者对股价的预期

投资者对股价的预期最终决定其投资决策。当宏观经济总体趋好时，投资者预期公司业绩和自身投资收益会上升，证券市场自然人气旺盛，从而推动市场股票平均价格走高；反之，则会令投资者对证券市场信心下降。

二、宏观经济变动与证券市场波动的关系

（一）国内生产总值变动对证券市场的影响

国内生产总值变动是一国经济成就的根本反映，国内生产总值的持续上升表明国民经济良性发展，制约经济的各种矛盾趋于或达到协调，人们有理由对未来经济产生好的预期；相反，如果国内生产总值处于不稳定的非均衡增长状态，暂时的高产出水平并不表明一个好的经济形势，非均衡的发展可能激发各种矛盾，从而孕育一个深的经济衰退。

从长期来看，在上市公司行业结构与该国产业结构基本一致的情况下，股票平均价格变动与国内生产总值变化趋势相吻合。但投资者并不能简单地认为，只要国内生产总值增长，证券市场行情必将随之上扬，实际走势往往复杂多变，必须将国内生产总值的增长和与它相关的各种经济因素结合在一起进行考察。

（1）持续、稳定、高速的国内生产总值增长，一般推动证券市场呈上升走势。这是因为在这种情形下，经济增长往往源于需求刺激下资源更充分的利用，社会总供求协调增长，经济结构趋于平衡、合理，经济的健康发展为证券市场的上升提供了良好的推动力量。具体体现在：上市公司利润持续上升，投资风险逐渐减小，股票和债券全面升值；国民收入和个人收入增加，扩大了对债券的需求；人们对经济形势的乐观预期进一步提升了证券投资的积极性。

（2）高通货膨胀下的国内生产总值增长，必将导致证券市场行情下跌。高通货膨胀率的出现通常是由于社会总需求大大超过社会总供给，经济严重失衡，如果调控不当，极可能导致未来的滞胀。这时经济中的各种矛盾会逐渐显现，企业经营面临困境，人们的收入降低，对未来的悲观预期加重，必将导致证券市场行情下挫。

（3）宏观调控下的国内生产总值减速增长，将使证券市场呈平稳渐升的态势。为了控制失衡状

态下的国内生产总值高速增长，政府一般都要采取一些紧缩性的政策来减缓国内生产总值的增长速度，维持经济的稳定。如果调控得力，国内生产总值仍然保持适度增长而非负增长或者低增长，各种经济矛盾逐步缓解，人们对经济的发展将重新恢复信心，证券市场行情由此亦将平稳渐升。

（4）转折性的国内生产总值增长，会促使证券市场走强。当国内生产总值负增长速度逐渐减缓并呈现向正增长转变的趋势时，证券市场走势也将由下跌转为上升；当国内生产总值由低速增长转向高速增长时，证券市场亦将伴之以快速上涨之势。

以上分析我们均沿着国内生产总值正增长的方向进行，当事实呈反方向运行时，则会导出相反的后果。值得注意的是，国内生产总值是经济的宏观指标，股价指数是股市的宏观指标，两个指标之间理应存在一定的内在关联，但这种关联不是机械的对应。由于影响证券市场走势的因素很多，一国的证券市场与本国的国内生产总值的走势可能出现超前、同步或者背离等多种情况。

图 5.1 显示的是 1992 年以来我国历年国内生产总值增长率（按可比价格计算）和上证指数年度收盘价的运行情况。从图上我们可以看到，从 1993 年开始，我国国内生产总值实际增长率连续 7 年下降，直到 1999 年到达低谷。但在这 7 年中，我国股市以上证指数年平均值来算，有 5 年上涨。尤其是 1995～1999 年，国内生产总值增长率连续 4 年下降，从 10.9%下降到 7.6%，股票市场却连续 4 年上涨，涨幅达到 110%。相反，2001—2005 年的 4 年间，国内生产总值的增长率连续提高，股票市场却连跌 4 年。由此看来，股市对经济的反映并不是那么机械的对等。

图 5.1　我国国内生产总值增速与上证指数走势关系图

（二）经济周期与证券市场波动的关系

科学研究和实践证明，宏观经济走势呈螺旋式上升、波浪式前进，具有周期轮回的特征。宏观经济的这种周期性波动，被称为经济周期。通常情况下，一个完整的经济周期划分为 4 个阶段：复苏—繁荣—衰退—萧条。与实体经济周期变化相对应，证券市场也会呈现出上升期、高涨期、下降期和停滞期的交替状况，如图 5.2 所示。

经济周期对证券市场走势的影响可以从经济周期 4 个阶段的运行轨迹来分析。

（1）萧条阶段。即经济活动低于正常水平的阶段。此时，信用收缩，投资减少，生产下降，失业严重，消费萎缩，悲观情绪笼罩着整个经济领域。在股市中，利空消息满天乱飞，市场人气极度低迷，成交萎缩频创地量，股指不断探新低，一片熊市景象。当经济萧条到一定时期，人们压抑的需求开始显露，公司开始积极筹划未来，政府为了刺激经济增长，出台放松银根及其他有利于经济增长的政策。由于对经济复苏的预期，一些有远见的投资者开始默默吸纳股票，股价在缓缓回升。

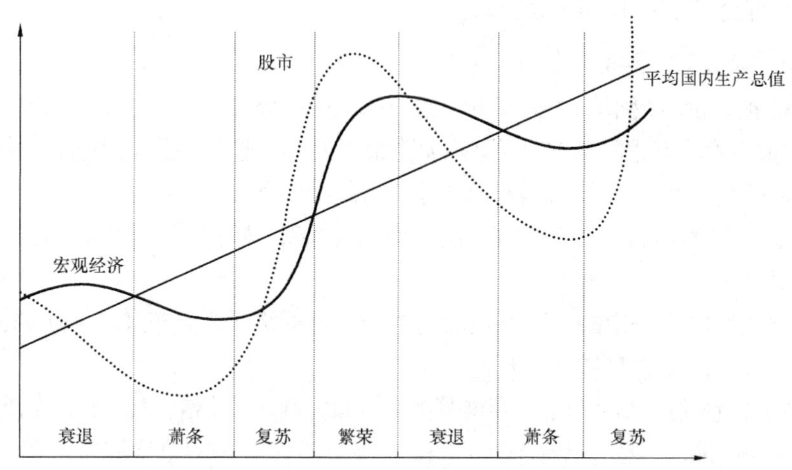

图 5.2　经济周期与股市走势关系图

（2）复苏阶段。该阶段是萧条与繁荣的过渡阶段。在这一阶段，各项经济指标显示，经济已开始回升，公司的经营转好，赢利水平提高，因经济的复苏使居民的收入增加，加之良好预期，流入股市的资金开始增多，对股票的需求增大，从而推动股价上扬。股市的获利效应使投资者对股市的信心增强，更多的居民投资股市，形成股价上扬的良性循环。

（3）繁荣阶段。在这一阶段，信用扩张，投资增加，生产高涨，就业充分，消费旺盛，乐观情绪笼罩着整个经济领域。在股市中，投资者信心十足，交易活跃，成交剧增，股价指数屡创新高。当经济繁荣达到过热阶段时，政府为调控经济会提高利率实行紧缩银根的政策，公司业绩会因成本上升收益减少而下降，股价上升动力衰竭。此时股价所形成的峰位往往成为牛市与熊市的转折点。

（4）衰退阶段。在该阶段，国内生产总值开始下降，股价由繁荣末期的缓慢下跌变成急速下跌，由于股市的总体收益率降低甚至低于利率，加之对经济的预期看淡，人们纷纷离开股市，股市进入漫长的熊市。

证券市场与宏观经济之间所具有的显著相关性只有在成熟的证券市场条件下才能表现出来，而在不成熟的证券市场上，证券市场与宏观经济的走势则经常会出现相互背离的现象。近几年来，我国经济强劲上升，股市却我行我素，疲弱不堪，证券市场与宏观经济走势相互背离极为严重。其中的原因是，在我国，影响上市公司股价或股市变动的核心因素并不是宏观经济基本面或公司基本面，而是我国证券市场的非市场化因素，尤其是股市形成机制和结构问题。政府作为市场的管理者，同时也是一个特殊的主体介入市场活动中，它通过行政机制和行政手段对证券市场进行全程的监管，这就决定了中国证券市场与经济发达国家不一样，它不可能完全通过市场引导资源配置，诱发规范的市场行为产生。

在我国资本市场逐渐融入国际化的浪潮中，股市的规范化和国际惯例化的程度将会日益提高，这在相当大的范围内会促使证券市场更加成熟。我国证券市场政策市、独立市的特点将趋于弱化，不完全流通、不能做空等历史弊端也将随着时机的成熟而得到解决。相信，在不远的将来，我国股市将迎来真正的理性投资时代，而作为宏观经济“晴雨表”的功能也将逐步得以实现。

（三）通货变动对证券市场的影响

通货变动包括通货膨胀和通货紧缩。

1. 通货膨胀对证券市场的影响

通货膨胀对证券市场特别是个股的影响，没有永恒的定势，它完全可能同时产生相反方向的影响，对这些影响做具体分析和比较必须从该时期通胀的原因，通胀的程度，配合当时的经济结构和经济形势，政府可能采取的干预措施等分析入手。一般有以下几种情形。

（1）温和、稳定的通货膨胀对股价的影响较小。通货膨胀提高了债券的必要收益率，从而引起债券价格下跌。

（2）如果通货膨胀在一定的可容忍范围内持续，而经济处于景气（扩张）阶段，产量和就业都持续增长，那么股价也将持续上升。

（3）严重的通货膨胀是很危险的，可能从两个方面影响证券价格：其一，资金流出证券市场，引起股价和债券价格下跌；其二，经济扭曲和失去效率，企业筹集不到必需的生产资金，同时，原材料、劳务成本等价格飞涨，使企业经营严重受挫，赢利水平下降，甚至倒闭。

（4）政府往往不会长期容忍通货膨胀存在，因而必然会使用某些宏观经济政策工具来抑制通货膨胀，这些政策必然对经济运行造成影响。

（5）通货膨胀时期，并不是所有价格和工资都按同一比率变动，而是相对价格发生变化。这种相对价格变化引致财富和收入的再分配，因而某些公司可能从中获利，而另一些公司可能蒙受损失。

（6）通货膨胀不仅产生经济影响，还可能产生社会影响，并影响投资者的心理和预期，从而对股价产生影响。

（7）通货膨胀使得各种商品价格具有更大的不确定性，也使得企业未来经营状况具有更大的不确定性，从而增加证券投资的风险。

（8）通货膨胀对公司的微观影响表现为：通货膨胀之初，“税收效应”“负债效应”“存货效应”“波纹效应”有可能刺激股价上涨；但长期严重的通货膨胀，必然恶化经济环境、社会环境，股价将受大环境影响而下跌。

2. 通货紧缩对证券市场的影响

通货紧缩带来的经济负增长，使得股票、债券及房地产等资产价格大幅下降，银行资产状况严重恶化。而经济危机与金融萧条的出现反过来又大大影响了投资者对证券市场走势的信心。

第三节　财政政策与证券市场调控

财政政策是政府依据客观经济规律制定的指导财政工作和处理财政关系的一系列方针、准则和措施的总称。主要通过财政赤字、财政补贴、改变税收、国债政策等手段影响总需求，促进社会总供给和总需求趋于平衡。

一、财政政策的手段及功能

财政政策的实施主要是通过国家预算、税收、国债、财政补贴等手段，这些手段可以单独使用也可以相互配合使用。

1. 国家预算

国家预算是财政政策的主要手段。国家预算对经济的调控作用主要表现在以下两个方面。

首先，通过调整国家预算收支之间的关系，可以起到调节社会供求总量的作用。当社会总需求大于社会总供给时，国家预算采用"收大于支"的结余政策，压缩财政支出，可以缩小社会总需求；当社会总供给大于总需求时，国家预算采用"支大于收"的赤字政策则能够扩张社会总需求；在社会供求总量大体平衡时，国家预算实行收支平衡的中性政策与之配合。

其次，通过调整国家预算支出结构，可以调节国民经济中的各种比例关系和经济结构，促使社会的总供求结构平衡。财政投资主要运用于能源、交通以及重要的基础产业、基础设施的建设，财政投资的多少和投资方向直接影响和制约部门经济，因而既具有造就未来经济结构框架的功能，也有矫正当期结构失衡的功能。但国家预算手段调控能力的大小，与财政收入占国民收入的比重关系极大。这一比例越高，国家预算调控力度就越大；反之，比重越低，国家预算调控的力度就越小。

2. 税收

税收是国家凭借政治权力参与社会产品分配的重要形式，具有强制性、无偿性和固定性的特征。税收既是筹集财政收入的主要工具，又因具有多重调节职能成为宏观经济调控的重要手段。

（1）税收能够调节社会总供给与总需求之间的总量平衡。从调节总供给来看，可以通过降低税率和扩大减免税范围，增加企业可支配收入，刺激投资和增加供给；反之，提高税率和缩小减免税范围，使企业可支配的收入减少，影响企业投资和生产的发展，从而减少供给。从调节社会总需求来看，可以根据消费需求和投资需求设置不同的税种或在同一税种中实行差别税率，控制需求数量。

（2）税收能够调节供求结构。这主要是通过设置不同的税率和税种来实现对生产结构和消费结构的调节。就生产结构来看，某一产业的发展取决于该产业的赢利水平，而税收对赢利水平有着重要的影响。在价格不变的条件下，税收的增减直接影响利润，从而鼓励或限制某些产业的发展。就消费结构来看，当某种产品供求不平衡时，既可以通过调节产业结构来实现，也可以通过设置不同的税种和税率直接调节消费结构来进行。

（3）税收能够调节国际收支平衡。这主要通过进口关税政策和出口退税政策来实现。例如，当一国国际收支出现赤字时，政府一方面通过出口退税刺激出口，另一方面征收或调高进口关税抑制进口，使国际收支达到平衡。

3. 国债

国债是中央政府按照有偿信用原则筹集财政资金的一种重要形式，同时也是实现宏观调控的重要财政政策手段。国债的调节作用主要表现在以下方面。

（1）国债可以调节国民收入的使用结构，以及积累和消费的比例关系。中央政府通过发行国债，将社会上闲散的消费资金转化为积累资金，用于生产建设。

（2）国债可以调节产业结构。中央政府通过发行国债筹集资金并将资金运用到社会效益和宏观效益较高的项目上，消除企业和银行投资较注重微观效益而常常与宏观经济目标发生矛盾的弊端，站在整个国家的角度调节投资结构，促进整个国民经济结构趋于合理。

（3）国债可以调节资金供求和货币流通。中央政府通过扩大或减少国债的发行，降低或提高国债利率或贴现率直接调节货币供求和货币流通量来调节整个国民经济。

4. 财政补贴

财政补贴是国家为了某种特定需要，将一部分财政资金无偿补助给企业和居民的一种再分配形式。我国的财政补贴主要包括：价格补贴、企业亏损补贴、财政贴息、房租补贴、职工生活补贴和外贸补贴。

5. 财政管理体制

财政管理体制是中央与地方、地方各级政府之间，以及国家与企事业单位之间资金管理权限和财力划分的一种根本制度。它的主要功能是调节各地区、各部门之间的财力分配。

6. 转移支付制度

转移支付制度是指中央财政将集中的一部分财政资金，按一定标准拨付给地方财政的一项制度。它的主要功能是调整中央政府和地方政府之间的财政纵向不平衡，以及调整地区间的财政横向不平衡。

二、财政政策的运作及对证券市场的影响

一国政府运用财政政策来影响国民经济，一方面可以通过“自动稳定器”[1]作用，调节社会供需，减轻经济波动；另一方面通过“相机抉择”[2]，发挥财政政策的职能。在我国，政府主要发挥财政政策的“相机抉择”作用。

财政政策分为扩张性财政政策、紧缩性财政政策和中性财政政策。一般情况下，当总需求不足，物价持续走低，经济出现衰退时，政府往往会实施扩张性财政政策，即增加政府支出、加大财政赤字，减少税收、扩大减免税范围，刺激需求增加。相反，当总需求过旺，经济过热，出现通货膨胀时，政府往往会实施紧缩性财政政策，即减少财政支出，增加税收、减少减免税范围，抑制需求。

作为国民经济“晴雨表”的证券市场，与国家的经济形势息息相关，财政政策的运作在很大程度上将通过影响国民经济进而影响证券市场价格。总体上讲，扩张性财政政策旨在刺激经济发展，将促使证券市场走强；而紧缩性财政政策旨在控制过热的经济，证券市场趋于走弱。

1. 扩张性财政政策对证券市场的作用机理

扩张性财政政策又称为宽松的或积极的财政政策，通常采用下列政策手段对证券市场发生影响。

（1）减少税收，降低税率，扩大减免税范围。对于上市公司，减税会直接减少支出增加税后利润，每股税后收益增加，这使股票更加“值钱”，股票的交易价格也将上涨。上市公司税后收益增加，企业投资增加，进而带动社会整体需求增加，促进经济增长，使企业利润进一步增加，证券价格将长期走牛。对于社会公众，降低税收、扩大减免税范围，在增加了社会公众收入的同时也增加了投资需求和消费需求，增加投资需求会直接加大对证券的需求，而增加消费

1　自动稳定器，即财政政策系统本身存在的一种防御各种干扰因素对国民经济冲击的机制，能够在经济繁荣时自动抑制膨胀，在经济衰退时减轻萧条。自动稳定器的作用通常比较有限。

2　相机抉择，即为确保经济稳定，还需政府从经济形势出发，主动运用一些财政政策工具，促使总供需平衡。

需求会带动社会整体需求增加，因此，减税有利于证券价格上涨。

专栏 5.2 印花税与股价波动

在税种的设置中，与证券价格变动关系最为密切的是证券交易印花税。证券交易印花税是股民从事证券买卖所强制缴纳的一笔费用，根据一笔股票交易成交金额计征。印花税率的高低可以直接地改变股票的交易成本，因此监管层通过调整印花税率可以起到调控股市的作用，参见表 5.1。

表 5.1 中国历次印花税调整情况及对股市的影响

时　间	证券交易印花税调整幅度	市 场 动 态
2008 年 9 月 19 日	由双边征收改为单边征收，税率保持 1‰	当天沪指上涨 132.29 点，涨幅 4.76%
2008 年 4 月 24 日	从 3‰调整为 1‰	当天沪指上升 130 多点，之后一周内产生一波 600 多点的上升行情
2007 年 5 月 30 日	从 1‰调整为 3‰	两市收盘跌幅均超 6%，跌停个股达 859 家，12 346 亿元市值在一日间被蒸发
2005 年 1 月 23 日	从 2‰调整为 1‰	此后一个月内现波段行情，随后继续探底，直至年中股改行情启动
2001 年 11 月 16 日	从 4‰调整为 2‰	股市产生一波 100 多点的波段行情
1999 年 6 月 1 日	B 股交易印花税降低为 3‰	上证 B 指一月内从 38 点升至 62.5 点，涨幅高达 50%
1998 年 6 月 12 日	从 5‰下调至 4‰	沪指此后形成阶段性头部，调整近一年
1997 年 5 月 12 日	从 3‰上调至 5‰	当天形成大牛市顶峰，此后股指下跌 500 点，跌幅达到 30%
1992 年 6 月 12 日	按 3‰税率缴纳印花税	当天指数没剧烈反应，盘整一个月后从 1 100 多点跌到 300 多点，跌幅超 70%
1991 年 10 月	深市调至 3‰，沪市开始双边征收 3‰	大牛市行情启动，半年后上证指数从 180 点飙升至 1 429 点，升幅高达 694%
1990 年 11 月 23 日	深市对买方开征 6‰印花税	
1990 年 6 月 28 日	深市对卖方开征 6‰印花税	

当市场人气过旺，证券市场泡沫加大时，政府往往会提高印花税，加大交易成本，使过旺的人气降下来；而当证券市场过于萎靡，人气极度涣散时，政府又会降低印花税，减少交易成本，刺激证券价格上涨。

具体来讲，印花税的调整对机构投资者影响较强，对中小投资者影响较弱。这是因为机构投资者动用资金量大，印花税的调整对机构交易成本影响更明显。降低印花税，有利于机构坐庄，活跃股市人气，带动中小投资者参与。提高印花税，加大资金运作成本，不利于机构资金入市。印花税的调整对中小投资者的影响相对较小，主要是因为中小投资者资金少，印花税率变动引起的成本变动不大，且中小投资者更注重中长线投资，因此印花税变动一般不会改变中小投资者的投资方向。

（2）增加政府支出。加大政府的财政支出与财政赤字，通过政府的投资行为，增加社会整体需求、扩大就业、刺激经济的增长，这样企业利润也将随之增加，进而推动股票价格上涨。特别是与政府购买和支出相关的企业将最先、最直接获益，其证券价格将率先上涨。在经济的回升中，居民收入增加，居民的投资需求和消费需求也会随之增加，前者会直接刺激股价上涨，后者会间接促使股价步入上升通道。但此项政策使用要适度，否则支出过度导致财政出现巨额赤字时，需求虽然得到进一步扩大，但同时也增加了经济的不稳定因素。通货膨胀加剧，物价上涨，有可能使投资者对经济预期不乐观，反而造成股价下跌。

（3）发行国债。一国政府运用国债这个政策工具实施财政政策时，往往要考虑很多的因素。

实施松的财政政策，从增加社会货币流通量这个角度出发，往往会减少国债的发行；从增加政府支出及加大财政赤字这个角度出发，又会增加国债的发行。减少国债的供给，社会货币流通量增加，在股票总供给量不变或变化较小时会增加对股票的需求，使股价上涨。但减少国债发行又会影响到政府的支出，给国民经济及股市上涨带来负面影响。增加国债的发行一方面导致证券供应的增加，在证券市场无增量资金介入的情况下，就会减少对股票的需求，引起股票价格下跌；另一方面又会增加政府的支出，刺激国民经济增长，有利于股市上涨。因此国债的发行对股价的影响十分复杂，不能单纯地从一个角度来分析国债发行对股价的影响。

（4）增加财政补贴。财政补贴增加了财政支出，有利于扩大社会总需求和刺激供给增加，从而使整个证券市场的总体水平趋于上涨。

2. 紧缩性财政政策对证券市场的作用机理

紧缩性财政政策对证券市场的影响与上述情况相反，从总体上抑制证券市场价格上涨。

专栏 5.3　我国 2013 年实施积极财政政策的主要内容

2013 年继续实施积极的财政政策，重点是深化财税制度改革，推进国民收入分配格局调整，进一步优化财政支出结构，切实保障和改善民生，厉行节约，严格控制一般性支出，提高财政资金使用效益。

税制改革与结构性减税：扩大营业税改征增值税试点地区和行业范围，抓紧研究交通运输业和部分现代服务业在全国试点的方案，适时将邮电通信、铁路运输、建筑安装等行业纳入试点范围。推进资源税改革，扩大资源税从价计征范围。落实好支持小微型企业发展的各项财税政策。降低能源、资源、原材料等产品的进口关税，落实好其他各项税费减免政策。

扩大内需：多渠道增加农民收入，增强居民消费能力。扩大节能与新能源汽车示范应用推广规模，支持文化、体育、健身等消费，鼓励社会资本举办养老、康复等服务机构，促进消费结构升级。

收入分配：完善对垄断行业工资总额和工资水平的双重调控政策，加大对高收入者的调节力度。切实减轻困难群众在教育、医疗、住房等方面的负担，提高居民福利水平。

强农惠农：提高小型农田水利重点县建设水平，进一步扩大覆盖面。增加农机购置补贴规模，健全农资综合补贴政策，积极推进种粮大户补贴试点，逐步扩大补贴试点范围。

教育投入：提高农村义务教育经费保障水平，着力提升农村义务教育薄弱学校办学水平。落实农村义务教育阶段学生营养改善计划。全面落实国家资助经济困难学生政策，促进教育公平。

医疗保障：提高新农合和城镇居民医保财政补助标准，支持开展城乡居民大病保险试点，推动各项基本医疗保险制度相互衔接。适当提高人均基本公共卫生服务补助标准，扩大免费服务范围。

社会保障：巩固新型农村和城镇居民社会养老保险制度全覆盖成果，研究建立企业退休人员基本养老金正常调整机制。适当提高城乡居民最低生活保障标准，适时调整优抚对象等人员抚恤和生活补助标准。

保障房建设：中央财政将继续大力支持保障性安居工程建设，增加相关基础设施配套投入。实施相关税费减免优惠政策，切实降低保障性安居工程建设成本。着力支持发展公共租赁住房，加快推进棚户区和农村危房改造，扎实推进游牧民定居工程。

厉行节约：严格控制“三公经费”支出，深入推进会议费、差旅费管理和公务接待制度改革，加强车辆编制管理，严格按标准配备车辆。继续严格控制修建装修办公楼等楼堂馆所。进一步清理规范庆典、研讨会、论坛等活动。

思考与讨论：

这些积极的财政政策手段在当时对我国的经济发展起到了哪些作用？对股市有何具体影响？

第四节　货币政策与证券市场的调控

货币政策是指政府为实现一定的宏观经济目标所制定的关于货币供应和货币流通组织管理的基本方针和基本准则。主要通过调控货币供应总量保持社会总供给与总需求平衡；通过调控利率和货币总量控制通货膨胀，保持物价总水平的稳定；调节消费、储蓄与投资的比例，引导储蓄向投资的转化，实现资源的合理配置，保持经济持续稳定发展。具体来讲，货币政策的目标就是：稳定物价、实现充分就业、保持经济增长和国际收支平衡。

一、货币政策工具及功能

货币政策工具，又称为货币政策手段，是指中央银行为实现货币政策目标而采取的政策手段。货币政策工具分为两类：一般性政策工具（包括法定存款准备金率、再贴现政策及公开市场业务）和选择性政策工具（包括直接信用控制、间接信用指导等）。

（一）一般性政策工具

1. 法定存款准备金率

法定存款准备金率是指中央银行规定的金融机构为保证客户提取存款和资金结算而准备的在中央银行的存款占其存款总额的比例。法定存款准备金率的作用效果十分明显，它在很大程度上限制了商业银行体系创造派生存款的能力。提高法定存款准备金率，商业银行可运用资金减少，贷款能力下降，市场货币流通量减少；降低法定存款准备金率，商业银行可运用资金增多，贷款能力增强，市场货币流通量加大。此外，法定存款准备金率还可通过货币乘数效应，对货币供给总量产生更大的影响。因此法定存款准备金率是一种影响货币供应的强有力的工具，中央银行很少动用这一工具。一般情况下，当物价上涨幅度过快，发生较严重的通货膨胀时，中央银行会提高法定存款准备金率；反之，当发生较严重的需求不足，经济出现危机时，中央银行会降低法定存款准备金率。

2. 再贴现政策

再贴现政策是中央银行对商业银行用持有的未到期票据向中央银行融资所做的政策规定，主要包括再贴现率的确定和再贴现的资格条件。中央银行根据市场资金供求状况确定再贴现率，再贴现率能够影响商业银行借款成本，进而影响商业银行对社会的信用量，从而调节货币供应总量。中央银行提高再贴现率，商业银行向中央银行融资成本提高，商业银行就会提高对客户的贴现率或贷款利率，使商业银行信用量收缩，减少市场货币量供应。反之，中央银行降低再贴现率，商业银行向中央银行融资成本降低，商业银行会降低对客户的贴现率或贷款利率，增加市场货币供应。再贴现率的短期政策效应比较明显，而中央银行对再贴现资格条件的规定则偏向于长期的政策效应，释放扶持或抑制作用，并改变资金流向。

3. 公开市场业务

公开市场业务是指中央银行在金融市场上公开买卖有价证券，以此来调节市场货币量的政策行为。中央银行的公开市场购买行为，会扩大基础货币，增加货币供应；中央银行的公开市场出售行为，会缩小基础货币，减少货币供应。这一货币政策工具对金融市场上货币供应量的影响最为直接，因此，公开市场业务是中央银行经常采用的货币政策工具。

（二）选择性政策工具

1. 直接信用控制

直接信用控制是以行政命令或其他方式，直接对金融机构尤其是商业银行的信用活动进行控制。其具体手段包括：规定利率限额与信用配额、信用条件限制、规定金融机构流动性比率和直接干预等。

2. 间接信用指导

间接信用指导是指中央银行通过道义劝告、窗口指导等办法来间接影响商业银行等金融机构行为的做法。

（三）我国常用的货币政策工具

目前，我国常用的货币政策工具主要有：银行存贷款利率、法定存款准备金率、公开市场业务、中央银行外汇操作等。近年来，中国人民银行连续多次调整银行存贷款利率和法定存款准备金率，充分发挥这两大工具的作用，逐步加强对货币供应量的调控能力。

二、货币政策的运作及对证券市场的影响

货币政策的运作主要是指中央银行根据客观经济形势采取适当的货币政策，调控货币量和信用规模，使之达到预定的货币政策目标，并以此影响经济的运行。根据运作方向货币政策可以分为宽松性货币政策和紧缩性货币政策。一般情况下，当物价持续回落、需求不足、经济衰退时，中央银行会采取宽松性货币政策，即降低法定存款准备金率和再贴现率及再贷款利率、增加政府公开购买、降低利率；当物价上涨、需求过度、经济过度繁荣时，中央银行会采取紧缩性货币政策，即提高法定存款准备金率和再贴现率及再贷款利率、减少政府公开购买、提高利率。总的来说，宽松性货币政策将促使证券市场走强，紧缩性货币政策则使其趋弱。

（一）宽松性货币政策对证券市场的作用机理

1. 降低利率

一般而言，降低利率将促使股票价格上涨。其原因是：①降低利率，投资于股票的机会成本降低，从而会直接吸引储蓄资金流入股市，导致对股票需求增加，刺激股价长期走好；②降低利率，企业借款成本降低、利润增加，股价自然上涨；③利率是计算股票理论价格的重要依据，利率降低，股票理论价格提高，促使股票市场价格进一步上涨。

在货币政策工具中，利率的调整对股价的影响是十分直接的，但利率的变动与股价运动呈反方向变化是一般情况，并非绝对的负相关关系。在股市暴跌时，即使下调利率，也可能会使股市回升乏力；同样，在股市行情暴涨时，上调利率控制股价的作用也不一定很明显。

2. 下调法定存款准备金率、再贷款利率、再贴现率

中央银行利用这三种货币政策工具来调节货币供应量，从而影响货币市场和资本市场的资

金供求，进而影响证券市场。如果中央银行下调存款准备金率、再贷款利率、再贴现率，就能增加商业银行的资金头寸，使商业银行可贷资金充裕。这样，首先能够为上市公司提供良好的融资环境：一方面有利于上市公司获得更多的贷款进行资产重组，摆脱经营困境，增加营业利润，为股价攀升奠定坚实的基础；另一方面，上市公司拥有多个融资渠道，就会减轻对股民的配股压力，使二级市场资金更为宽裕，也有利于股价震荡上行。其次，有利于基金管理公司、证券公司等非银行金融机构到银行同业拆借市场拆借更多的资金，也有利于上市公司、国有公司、国有控股上市公司直接向商业银行借款投资于证券市场，资金供应增加会直接刺激证券市场行情上扬。

3. 加大公开市场购买

在政府倾向于实施宽松性货币政策时，中央银行利用公开市场业务操作可以从两个方面影响证券市场：第一，中央银行大量购买有价证券，增加市场上的货币供应量，会推动利率下调，降低资金成本，从而激发企业和个人的投资热情和消费热情，有利于推动股价上涨；第二，中央银行公开市场业务直接以国债为操作对象，大量购买国债会改变国债市场的供求关系，直接影响国债市场的波动。

4. 选择性货币政策工具的使用

直接信用控制和间接信用指导通常和产业政策、区域政策结合使用，对证券市场走势产生结构性影响。对于国家的优先发展产业、支柱产业以及农业、能源、交通、通信等基础产业，或者国家要优先重点发展的地区，政府如果采取放松对商业银行的信贷管制、扩大信贷规模等扶持措施加以区别对待，相应板块的股票价格往往会领涨于其他板块或者大盘，甚至逆势而上。

（二）紧缩性货币政策对证券市场的作用机理

紧缩性货币政策对证券市场的影响与宽松性货币政策正好相反。

值得注意的是，财政政策与货币政策对股票价格的影响十分复杂，并且政策滞后效应较为明显。受到其他宏观经济因素以及投资者预期因素的影响，在政策调整的消息出台后，证券市场的表现有时与理论上的推导相一致，有时可能会有偏差，甚至反向运动，如表 5.1 和表 5.2 所示。但财政政策与货币政策对股市的影响是十分深远的，它能在较长的时期内影响股价的运行趋势，因此正确预测与把握国家的财政政策和货币政策，认真分析财政政策、货币政策对经济形势的综合影响，是进行股票投资决策必不可少的理论依据。

表 5.2　中国人民银行近年历次利率调整及其对股市影响

（单位：%）

数据上调时间	存款基准利率			贷款基准利率			消息公布次日指数涨跌	
	调整前	调整后	调整幅度	调整前	调整后	调整幅度	上海	深圳
2012.06 08	3.50	3.25	−0.25	6.56	6.31	−0.25	1.07	1.47
2011.07.07	3.25	3.50	0.25	6.31	6.56	0.25	−0.58	−0.26
2011.04.06	3.00	3.25	0.25	6.06	6.31	0.25	0.22	1.18
2011.02.09	2.75	3.00	0.25	5.81	6.06	0.25	−0.89	−1.53
2010.12.26	2.50	2.75	0.25	5.56	5.81	0.25	−1.90	−2.02
2010.10.20	2.25	2.50	0.25	5.31	5.56	0.25	0.07	1.23
2008.12.23	2.52	2.25	−0.27	5.58	5.31	−0.27	−4.55	−4.69
2008.11.27	3.60	2.52	−1.08	6.66	5.58	−1.08	1.05	2.29
2008.10.30	3.87	3.60	−0.27	6.93	6.66	−0.27	2.55	1.91

续表

数据上调时间	存款基准利率			贷款基准利率			消息公布次日指数涨跌	
	调整前	调整后	调整幅度	调整前	调整后	调整幅度	上海	深圳
2008.10.09	4.14	3.87	−0.27	7.20	6.93	−0.27	−0.84	−2.40
2008.09.16	4.14	4.14	0.00	7.47	7.20	−0.27	−4.47	−0.89
2007.12.21	3.87	4.14	0.27	7.29	7.47	0.18	1.15	1.10
2007.09.15	3.60	3.87	0.27	7.02	7.29	0.27	2.06	1.54
2007.08.22	3.33	3.60	0.27	6.84	7.02	0.18	0.50	2.80
2007.07.21	3.06	3.33	0.27	6.57	6.84	0.27	3.81	5.38
2007.05.19	2.79	3.06	0.27	6.39	6.57	0.18	1.04	2.54
2007.03.18	2.52	2.79	0.27	6.12	6.39	0.27	2.87	1.59
2006.08.19	2.25	2.52	0.27	5.85	6.12	0.27	0.20	0.20
2006.04.28	2.25	2.25	0.00	5.58	5.85	0.27	1.66	0.21
2004.10.29	1.98	2.25	0.27	5.31	5.58	0.27	−1.58	−2.31
2002.02.21	2.25	1.98	−0.27	5.85	5.31	−0.54	1.57	1.40

专栏 5.4　利率升降和股市涨跌的相关性分析

根据理论推导，一般而言，降低利率对股市是利好因素；而提高利率，则是利空因素。但是在现实当中，利率的升降与股价的涨跌相关性的表现比较复杂。因此，要正确认识两者之间的关系，必须注意以下问题。

第一，由于股价变动相对于利率调整存在时滞，因而两者的相关性要从长计议。一方面，从利率下调到股价上涨之间有一个过程。由于利率下调首先引起储蓄分流，增加股市的资金供给，更多的资金追逐同样多的股票，才能引起股价上涨。另一方面，利率对于公司的经营成本影响同样需要一个生产和销售的资本运转过程，短时间内，难以体现出来。如中国人民银行自 2008 年 10 月 9 日至 2008 年 12 月 23 日连续 4 次下调存款利率，不仅初次下调当日上证指数跌幅 0.84%，而且跌势持续了 4 周，下跌近 300 点，直到 11 月初才开始拉升，涨势延续到 2009 年的 8 月初，9 个月内上涨 1790 点。

第二，在中长期走势中，利率升降和股市的涨跌之间也绝非简单的负相关关系。中长期股价指数的走势不仅仅受利率走势的影响，它同时对经济增长因素、非市场宏观政策因素的反应也很敏感。如果经济增长因素、非市场宏观政策因素的影响大于利率对股市的影响，股价指数的走势就会与利率的中长期走势相背离。典型例子是美国的利率调整和股市走势就出现同步上涨的过程。1992 年至 1995 年美元加息周期中，由于经济处于稳步增长阶段，逐步收紧的货币政策并未使经济下滑，公司赢利与股价走势也保持了良好态势，加息之后，股票市场反而走高，其根本原因是经济增长的影响大于加息的影响。从这个角度来看，由于我国目前非市场宏观政策因素仍然有比较大的不确定性，所以利率对股市的影响不能够成为我们研究和预测股市中长期走势的主要因素。

第三，在短期趋势中，利率变动与股价走势的相关性没有规律。从表 5.2 可以看出，利率调整当天和随后的股价波动很难说清两者之间存在某种必然联系。有时候，股价变动和利率的走势很明显地不符合理论上的负相关性。股票市场的低迷更多地被归结为上市公司的质量以及诸多体制性问题和投资者信心问题。因此，在看待我国加息预期对于股票市场的影响时，还要考虑其他诸多因素，而不能简单从理论关系来判断。利率只是影响股市的因素之一，而非唯一决定因素。因此，我们不能唯利率升降是从，要具体分析。即使利率上升，股市当中也存在投资机会。

第五节　产业政策和收入政策与证券市场调控

一、产业政策

产业政策是一个国家在一段时期内，为了引导和推进实现产业结构升级目标，在充分发挥市场调节作用的前提下，所制定的干预产业结构调整和产业组织调整的一系列政策措施。产业政策包括产业结构政策和产业组织政策，其中，产业结构政策是产业政策的核心内容。产业结构政策依据产业结构发展规律，规定各产业部门在国民经济全局中的地位和作用，提出协调产业结构的内部比例关系，以及将已有产业结构推向具有更高经济效益的产业结构的政策措施。产业组织政策则是在产业结构政策规定的前提下，充分利用社会资源，提高经济效益的政策手段。在现代经济发展中，科技革命对产业结构产生了重大影响，而产业结构的变革，又对整个国民经济发展具有重大意义。为了优化产业结构，国家必须对其进行干预。产业政策是国家改善产业结构的政策工具，现代产业结构的形成和变革，主要是国家利用一系列政策手段对旧的产业结构进行调整和重建的结果。

（一）产业政策的制定

任何一个国家在制定产业政策时必须考虑以下几点。

（1）产业政策的制定必须符合产业结构演变的趋势。世界产业结构演变呈现以下两种趋势：一是第一、第二、第三产业在国民经济总产值中所占比重的演变，由第一产业为主过渡到第二产业为主，再过渡到第三产业为主。目前世界发达国家第三产业在国内生产总值中的比重已上升到 70%以上，中等发达国家也已经上升到 50%以上。第三产业持续发展成为一种不可逆转的趋势。二是从资源结构演变过程来看，产业结构已从劳动密集型阶段发展到资金密集型阶段并向技术密集型转变。技术密集型产业的发展是产业结构演变的大势所趋。因此产业政策的制定，必须符合上述产业结构演变的趋势。

（2）产业政策的制定必须符合国情。制定产业政策，调整产业结构可以借鉴别国经验，但不可全部照搬。必须从国情出发，扬长避短，发挥自己的优势。影响和制约产业结构调整的主要因素是资源状况和经济发展水平，资源包括自然资源和社会资源，如人力、物力、科技、文化信息等；经济发展水平包括生产力发展水平、人均国内生产总值水平、消费水平、综合国力等。一国只有从国情出发，充分了解和把握本国在资源和经济方面的优势和劣势，把产业政策建立在实事求是的基础上，产业政策的实施才能收到实效。

（3）产业政策的制定必须顺应世界经济发展的要求，有利于参与国际分工。世界经济一体化是当今世界经济发展的潮流。产业政策的制定在立足国情的同时，还必须顺应世界经济发展潮流，瞄准国际市场，积极参与国际分工，大力发展外向型产业，带动其他经济部门的发展。

（二）产业政策对证券市场的影响

国家在实施产业政策时，对需要重点支持的产业，往往配合财政政策和货币政策给予重点扶持。国家产业政策倾斜的产业，将会有长足的进步，这些公司会具有长久的生命力，其股票价格将会走长期上升通道。国家限制发展的产业则相反，在长时期内其股价上涨会遇到巨大阻力。以产业支持政策为例，其主要的政策手段以及对证券市场的影响主要表现如下。

1. 减免税收

受产业政策重点保护的企业，国家对其所纳税款进行减免。如国家对重点支持的高新技术产业，从被确定为高新技术产业时起，两年内免征所得税。中原油气，2000 年 1 月 25 日被确定为河南省高新技术产业，1999 年、2000 年免征所得税，公布信息当日股价涨停。

2. 放宽筹资限制

《关于股票发行工作若干问题的规定》明确要重点支持农业、能源、交通、通信、重要原材料等基础产业和高新技术产业通过发行股票筹集资金，从严控制一般加工工业和商业流通性公司，暂不考虑金融、房地产业等行业通过发行股票筹资。对于属于受产业政策扶持的已上市企业，在进行配股筹资时，放宽配股条件。这些企业优先得到政府的资金支持，有利于企业的长远发展，为今后股价上涨奠定了基础。

3. 加大财政支持力度

凡是中央财政预算中明确提出国家要重点支持的产业，都会极大地刺激投资者对这些行业发展前景的乐观预期，常常会导致一段时期内该行业股价的整体上涨。

二、收入政策

收入政策是国家为实现宏观调控总目标和总任务，针对居民收入水平高低、收入差距大小，在分配方面制定的原则和方针。收入政策比财政政策、货币政策具有更高一层次的调节功能。它不仅制约着财政政策和货币政策的作用方向和作用力度，而且最终还要通过财政政策和货币政策来实现。

（一）收入政策的目标和手段

收入政策目标包括收入总量目标和收入结构目标。收入总量目标着眼于近期的宏观经济总量平衡，着重处理积累和消费、人们近期生活水平改善和国家长远经济发展以及失业和通货膨胀的关系。收入结构目标则着眼于处理各种收入的比例，以解决公共消费和私人消费、收入差距等问题。其中，收入总量调控借助于财政政策和货币政策的传导机制对证券市场产生影响。收入政策既可以通过财政政策的预算控制、税收控制、补贴调控和国债调控等手段加以贯彻，也可以通过调控货币供应量、货币流通量、信贷方向和数量、利率等货币政策工具来实现。

收入政策出现于第二次世界大战后的荷兰和瑞典。之后，英国、加拿大、意大利、美国都曾实行过。国家实施收入政策的手段主要有以下三种。

1. 强制性收入政策

强制性收入政策主要是政府通过立法来冻结物价和工资，实行价格、工资冻结，并由具体主管机构实施，一般是在通货膨胀严重时采用的手段。

2. 非强制性的“指导性”方法

非强制性的“指导性”方法，即由政府提出工资和价格指导指标，或由政府进行口头劝告等。

3. 收入指数化措施

收入指数化措施，即将名义收入与某种物价指数联系起来，名义收入随物价指数变动而变动，其作用在于避免或减轻物价上涨对实际工资的影响。

收入政策具有一定的功效，但是在严重通货膨胀面前往往无能为力。口头劝告、指导性指标等非强制性措施往往难以遏止通货膨胀上升的势头，而全面冻结价格、工资等极端的强制性措施可能暂时有效，但一旦解除冻结，通货膨胀常会以更猛烈的势头出现。导致收入政策调控失败的原因之一是缺乏适当的总需求政策与之相配合。收入政策（工资—价格控制）的目的是通过使总供给曲线下移而达到降低通货膨胀的目的。只要总需求的曲线同时下移，通货膨胀率就会下降并能保持在较低的水平上。但如果没有总需求曲线的下移相伴随，工资和价格控制将只是增加通货膨胀的压力，而且这种压力终将爆发出来。

（二）收入政策对证券市场的影响

1. 我国目前的收入政策和收入格局

我国个人收入分配实行以按劳分配为主体，多种分配方式并存的收入分配政策。在以劳动收入为主体的前提下，国家依法保护法人和居民的一切合法收入和财产，鼓励城乡居民储蓄和投资，允许属于个人的资本等生产要素参与分配。

“十八大”报告提出，要提高居民收入在国民收入分配中的比重，提高劳动报酬在初次分配中的比重。初次分配和再分配都要兼顾效率和公平，再分配更加注重公平。2011 年 9 月 1 日，中国个人所得税起征点由每月 2000 元提高到 3500 元，这一举措将纳税人群比例由 28%下降到 7.7%。我国民间金融资产大幅度增加，并具有相当规模，而且增加的趋势越来越明显。民间金融资产的出路要么用于储蓄，要么用于投资。由于资金分散，直接的实业投资很难普遍进行，大部分投资必须借助金融市场来实现。

2. 收入政策对证券市场的影响机制

着眼于短期供求总量均衡的收入总量调控，通过财政政策和货币政策的传导，影响着民间金融资产的规模、分配格局以及储蓄倾向和证券市场需求倾向，从而在一定程度上影响着证券市场规模和价格水平的变化。

本章小结

本章内容分五节讲述。

第一节概述在让投资者了解宏观经济分析的意义之后，简要介绍了资料的获取途径，以及进行宏观经济分析的两组主要方法：总量分析与结构分析和定量分析与定性分析。评价宏观经济形势的经济指标是本节的重点内容，共分五大类：国民经济总体指标、投资指标、消费指标、金融指标和财政指标。其中，国内生产总值、失业率、通货膨胀、货币供应量、利率、汇率等具体指标最受关注。

第二节论证了证券市场与宏观经济运行之间的关系，首先介绍了宏观经济运行态势影响证券市场大盘走势的几条途径，包括上市公司经营业绩、居民可支配收入、资金成本和投资者对股价的预期等。其次，重点讲解了国内生产总值、经济周期和通货变动对证券市场的影响。

第三节至第五节则对财政政策、货币政策、产业政策和收入政策等宏观经济政策的调整对证券市场运行的影响进行了详细分析。

财政政策调整的常用手段是国家预算、税收、国债、财政补贴、财政管理体制、转移支付制度等；货币政策调整的主要手段是法定存款准备金率、再贴现政策、公开市场业务和利率等。为了刺激陷入低迷的经济态势，若政府采取宽松的财政政策和货币政策，证券市场一般会得到上行的动力；而在经济增长过快、有泡沫风险时，若政府推出了紧缩性的财政政策和货币政策，证券市场则有下行的压力。

复习思考题

一、名词解释

总量分析　结构分析　定量分析　定性分析　国内生产总值　国民生产总值　失业率　通货膨胀　货币供应量　财政政策　货币政策　利率　汇率　法定存款准备金率　再贴现政策　公开市场业务　产业政策

二、思考题

1. 说明进行宏观经济分析的意义以及主要的分析方法。
2. 在进行宏观经济分析时，需要关注哪些经济指标？这些指标的变动一般如何反映经济形势的变化？
3. 宏观经济运行影响证券市场波动的主要路径是什么？
4. 证券市场在国内生产总值不同的增长态势中通常会如何反应？
5. 不同类型、不同程度的通货膨胀对证券市场的影响相同吗？说明理由以及证券市场的可能表现。
6. 对“股市是经济的晴雨表”这一命题我们应该如何正确理解？

三、分析题

2011—2013 年中国的经济环境比较复杂，请搜集有关这 3 年政府所做的宏观经济政策调整的资料，分析调整的原因、政策的倾向，并联系实际分析说明这 3 年政策调整与股市波动的关系。

第六章

证券投资的行业分析

【学习目标】

通过本章的学习，要求读者了解行业分析的意义，熟悉行业划分的方法，掌握处于不同生命周期阶段的行业、面临不同市场结构的行业各自的特征，掌握行业兴衰的影响因素，熟悉行业分析的方法和路径。

【关键概念】 行业 行业分析 行业生命周期 市场结构 比较研究法

第一节 行业分析概述

一、行业分析的含义及意义

所谓行业，是指从事国民经济中相同性质的生产或其他经济社会活动的经营单位和个体等构成的组织结构体系，如林业、汽车业、银行业、房地行业等。

所谓行业分析，是指通过了解行业本身所处的发展阶段及其在国民经济中的地位，分析各种影响行业发展的因素及其影响力度，预测行业的未来发展趋势，判断行业的投资价值，从而为投资者的决策提供参考依据。

行业分析是基本面分析的中观经济分析，是投资者选择具体的投资领域和投资对象的必要环节，是连接宏观经济分析和上市公司分析的桥梁。宏观经济分析侧重于分析社会经济的总体水平，有助于判断整个证券市场的运行环境以及是否适合入市，但是不能对各个行业的发展水平和增长速度进行具体分析。实际上，同一时期不同行业的投资价值往往有较大差别，如一些行业处于兴盛期的时候而另外一些行业正处于衰退期；一些行业的增长率与国内生产总值的增长率保持同步，而另外一些行业的增长率则高于或低于国内生产总值的增长率。

行业处于生命周期不同的发展阶段，或者在国民经济中具有不同的地位，都会影响到其自身的投资价值。而行业的投资价值又是选择具体上市公司的前提，因为上市公司的投资价值会因所属行业的不同而产生差异。如果我们要选择企业进行投资，就必须研究其所属行业的性质和此行业的发展趋势。行业的当前状况和发展潜力对该行业上市公司的影响是巨大的，如果某个行业整体增长速度较快，未来发展空间广阔，那么该行业内部的上市公司中的大多数都不会错；如果某个行业不景气，处于下滑趋势中，那么该行业内最优秀的公司也难有好的发展前景，其投资价值要大打折扣。因此，在做出股票投资决策之前，投资者对上市公司所属行业进行研究，了解行业的现状和发展趋势是基本面分析中不可缺少的一环。

二、行业的分类

进行行业分析的一个必要前提是行业合理分类。由于研究问题的角度不同，行业分类也不一样。目前常见的分类方法主要有联合国标准分类法、三次产业分类法、我国的国民经济行业分类法等，这些分类方法一般是根据宏观经济管理的需要，根据各行业的技术特征所进行的分类。在证券投资过程中，投资者主要考察行业的赢利状况和发展前景，所以还要从行业发展和赢利的角度考察行业分类。

（一）常见的行业分类

1. 联合国标准行业分类

联合国为了统一各国国民经济统计口径，于 2009 年发布了《所有经济活动的国际标准行业分类》（修订本第 4 版），将全部经济活动分为 21 个门类，在大类之下又分若干中类和小类。标准行业分类的优点在于对全部经济活动进行分类，并且使其规范化，具有很强的可比性，有利于分析各国各地的行业结构，而且与三次行业分类法联系密切。

专栏 6.1　联合国标准的行业分类

在联合国 2009 年颁布的《所有经济活动国际标准行业分类》中，将全部经济活动的单个类别归并为以下 21 个门类：

门类	类	说　明	门类	类	说　明
A	01-03	农业、林业和渔业	L	68	房地产活动
B	05-09	采矿和采石	M	69-75	专业、科学和技术活动
C	10-33	制造业	N	77-82	行政和辅助活动
D	35	电、煤气、蒸气和空调的供应	O	84	公共管理和国防；强制性社会保障
E	36-39	供水、污水处理、废物管理和补救活动	P	85	教育
F	41-43	建筑业	Q	86-88	人体健康和社会工作活动
G	45-47	批发和零售业；汽车和摩托车的修理	R	90-93	艺术、娱乐和文娱活动
H	49-53	运输和储存	S	94-96	其他服务活动
I	55-56	食宿服务活动	T	97-98	家庭作为雇主的活动；家庭自用、未加区分的物品生产和服务活动
J	58-63	信息和通信	U	99	国际组织和机构的活动
K	64-66	金融和保险活动			

2. 我国国民经济的行业分类

传统的三次产业分类。1985 年，国家统计局明确把全部经济活动划分为三大产业，即第一产业、第二产业和第三产业。第一产业以对自然资源的直接利用为特征，泛指农业，包括农业、林业、牧业、渔业等；第二产业以加工制造为特征，指建筑业和工业（包括采掘业、制造业、机械业、家电业、汽车业、食品业等）；第三产业以服务性质为特征，泛指服务业，具体包括商业、邮电通信业、金融保险业、房地产业及科研、文教、卫生等行业。另外，现已出现第四产业的说法。所谓第四产业，即在传统产业（通常分为第一产业、第二产业、第三产业）基础上产生出来的某些新兴行业的概括称谓。主要包括：设计和生产电子、计算机软件的部门，应用微电脑、光导纤维、激光、遗传工程等新技术部门，以及高度电子化和自动化的行业部门等。

国家标准行业划分。《国民经济行业分类》国家标准于 1984 年首次发布，1994 年对其进行了第一次修订，2002 年第二次修订，2011 年第三次修订。2011 年修订的原则是：立足我国社会经济发展的实际情况，确保国家经济结构和产业结构的完整性、科学性和可观察性；确保国家统计、核算真实反映我国的经济结构和产业结构；遵循国际上通行的分类原则，如联合国 2009 年颁布的《国际标准产业分类》（修订本第 4 版）等。此次修订主要调整如下：

（1）调整部门门类名称和顺序。如将“信息传输、计算机服务和软件业”更名为“信息传输、软件业和信息技术服务业”，将“科学研究、技术服务和地址勘查业”更名为“科学研究和技术服务业”，将“居民服务和其他服务业”更名为“居民服务、修理和其他服务业”，将“卫生、社会保障和社会福利业”更名为“卫生和社会工作”。但整体行业门类的数目保持不变，保证了行业分类的延续性。

（2）为与联合国分类相对应以及反映我国产业的状况，行业大类由 95 个调整为 96 个，新增了“开采辅助活动”“汽车制造业”“金属制造机械和设备修理业”“房屋建筑业”“互联网和相关服务”“机动车、电子产品和日用品修理业”等 6 大类，减少了“建筑装修业”“城市公共交通业”“其他金融活动”“地址勘查业”等 4 大类，合并“橡胶制品业”和“塑料制品业”为一个大类。

（3）为反映我国日益发展的互联网、信息技术、金融、影视娱乐等产业，行业中类新增了“互联网接入及相关服务”“信息系统集成服务”“化纤织造及印染精加工”等中类，取消了“猪的饲养”“纺织制成品制造”等中类。

（4）为与联合国《国际标准产业分类》（修订本第 4 版）的小类进行转换同时反映我国新兴产业，行业小类增加了“稻谷种植”“食用菌种植”“葡萄的种植”等小类，取消了“常用有色金属压延加工”“制帽”“车辆、飞机及工程机械轮胎制造”等小类。

《国民经济行业分类》国家标准的修订，不仅坚持行业分类的修订原则和国际惯例，同时顺应《国务院关于加快培育和发展战略性新兴产业的决定》要求，准确反映一定时期内国民经济行业的构成状况。

专栏 6.2　中国国民经济行业分类（GB/T4754—2011）

门类	类	说　明	门类	类	说　明
A	01—05	农、林、牧、渔业	K	70	房地产业
B	06—12	采矿业	L	71—72	租赁和商务服务业
C	13—43	制造业	M	73—75	科学研究和技术服务业
D	44—46	电力、热力、燃气及水生产和供应业	N	76—78	水利、环境和公共设施管理业
E	47—50	建筑业	O	79—81	居民服务、修理和其他服务业
F	51—52	批发和零售业	P	82	教育
G	53—60	交通运输、仓储和邮政业	Q	83—84	卫生和社会工作
H	61—62	住宿和餐饮业	R	85—89	文化、体育和娱乐业
I	63—65	信息传输、软件和信息技术服务业	S	90—95	公共管理、社会保障和社会组织
J	66—69	金融业	T	96	国际组织

3. 我国上市公司的行业分类

上市公司行业信息是上市公司对外应披露信息的重要方面。由于各种原因，在证券市场建立之初，我国对上市公司没有统一的分类。上海证券交易所将上市公司分为工业、商业、房地行业、公用事业和综合等 5 类；深圳证券交易所则分为工业、商业、房地行业、公用事业、金融业和综合等 6 类。近年来，随着证券市场的发展，上市公司数量的激增，两交易所原有分类过粗的不足越来越明显地表现出来，给市场各方对上市公司进行分析带来了很多不便。在这种背景下，为提高证券市场信息质量，规范上市公司行业分类信息，中国证监会于 2012 年 4 月 4 日公布了《上市公司行业分类指引》（以下简称《指引》）。2012 年根据《中华人民共和国统计法》《证券期货市场统计管理办法》《国民经济行业分类》等法律法规和相关规定，又重新做了修订并发布施行，原《指引》废止。该《指引》以在中国境内证券交易所挂牌交易的上市公司为基本分类对象，适用于证券期货监管系统对上市公司行业分类信息进行统计、评价、分析及其他相关工作。

该《指引》分类原则是以上市公司营业收入等财务数据为主要分类标准和依据，所采用财务数据为经过会计师事务所审计并已公开披露的合并报表数据。

该《指引》分类方法如下：

（1）当上市公司某类业务的营业收入比重大于或等于 50%，则将其划入该业务相对应的行业。

（2）当上市公司没有一类业务的营业收入比重大于或等于 50%，但某类业务的收入和利润均在所有业务中最高，而且均占到公司总收入和总利润的 30%以上（包含本数），则该公司归属该业务对应的行业类别。

（3）不能按照上述分类方法确定行业归属的，由上市公司行业分类专家委员会根据公司实际经营状况判断公司行业归属；归属不明确的，划为综合类。

该《指引》参照《国民经济行业分类》（GB T4754—2011），将上市公司的经济活动分为门类、大类两级。与此对应，门类代码用一位拉丁字母表示，即用字母 A、B、C……依次代表不同门类；大类代码用两位阿拉伯数字表示，从 01 开始按顺序依次编码。

专栏 6.3　中国上市公司的行业分类结构与代码

A 农、林、牧、渔业
- A01 农业
- A02 林业
- A03 畜牧业
- A04 渔业
- A05 农、林、牧、渔服务业

B 采矿业
- B06 煤炭开采和洗选业
- B07 石油和天然气开采业
- B08 黑色金属矿采选业
- B09 有色金属矿采选业
- B10 非金属矿采选业
- B11 开采辅助活动
- B12 其他采矿业

C 制造业
- C13 农副食品加工业
- C14 食品制造业
- C15 酒、饮料和精制茶制造业
- C16 烟草制造业
- C17 纺织业
- C18 纺织服装、服饰业
- C19 皮革、毛皮、羽毛及其制品和制鞋业
- C20 木材加工和木、竹、藤、棕、草制品业
- C21 家具制造业
- C22 造纸和纸制品业

C23 印刷和记录媒介复制业

C24 文教、工美、体育和娱乐用品制造业

C25 石油加工、炼焦和核燃料加工业

C26 化学原料和化学制品制造业

C27 医药制造业

C28 化学纤维制造业

C29 橡胶和塑料制品业

C30 非金属矿物制品业

C31 黑色金属冶炼和压延加工业

C32 有色金属冶炼和压延加工业

C33 金属制品业

C34 通用设备制造业

C35 专用设备制造业

C36 汽车制造业

C37 铁路、船舶、航空航天和其他运输设备制造业

C38 电气机械和器材制造业

C39 计算机、通信和其他电子设备制造业

C40 仪器仪表制造业

C41 其他制造业

C42 废弃资源综合利用业

C43 金属制品、机械和设备修理业

D 电力、煤气及水的生产和供应业

D44 电力、热力生产和供应业

D45 燃气生产和供应业

D46 水的生产和供应业

E 建筑业

E47 房屋建筑业

E48 土木工程建筑业

E49 建筑安装业

E50 建筑装饰和其他建筑业

F 批发和零售业

F51 批发业

F52 零售业

G 交通运输、仓储和邮政业

G53 铁路运输业

G54 道路运输业

G55 水上运输业

G56 航空运输业

G57 管道运输业

G58 装卸搬运和运输代理业

G59 仓储业

G60 邮政业

H 住宿和餐饮业

H61 住宿业

H62 餐饮业

I 信息传输、软件和信息技术服务业

I63 电信、广播电视和卫星传输服务

I64 互联网和相关服务

I65 软件和信息技术服务业

J 金融业

J66 货币金融服务

J67 资本市场服务

J68 保险业

J69 其他金融业

K 房地产业

K70 房地产业

L 租赁和商务服务业

L71 租赁业

L72 商务服务业

M 科学研究和技术服务业

M73 研究和试验发展

M74 专业技术服务业

M75 科技推广和应用服务业

N 水利、环境和公共设施管理业

N76 水利管理业

N77 生态保护和环境治理业

N78 公共设施管理业

O 居民服务、修理和其他服务业

O79 居民服务业

O80 机动车、电子产品和日用产品修理业

O81 其他服务业

P 教育

P82 教育

Q 卫生和社会工作

Q83 卫生

Q84 社会工作

R 文化、体育和娱乐业

R85 新闻和出版业

R86 广播、电视、电影和影视录音制作业

R87 文化艺术业

R88 体育

R89 娱乐业

S 综合

S90 综合

4. 上海证券交易所上市公司行业分类调整

上海证券交易所参照国际通用行业分类标准并结合我国上市公司的实际情况，将沪市上市公司进行行业分类，共分为十大类，包括：能源、原材料、工业、可选消费、主要消费、医药卫生、金融地产、信息技术、电信业务和公用事业。上海证券交易所进行行业分类的目的，是为了能够更好地反映上市公司行业结构，为市场参与者提供研究服务，同时方便投资者分析及跟踪研究上证 180 和沪深 300 等股票指数。

从 2003 年起，上海证券交易所每年都根据上年度上市公司年报披露内容对沪市上市公司行业分类进行调整。这种例行调整，有利于及时反映上市公司行业属性。2012 年 6 月 8 日，上海证券交易所与中证指数有限公司公布了依据 2011 年年报调整后的沪深 A 股上市公司行业分类结果，共有 63 家 A 股上市公司的行业分类结果发生变更[1]。例如：无锡市太极实业股份有限公司由于近年来公司主营业务结构发生较大变化，经公司申请并经上海证券交易所核准，将公司行业由原来的化学纤维制造业（行业代码：C47），重新分类为电子器件制造业（行业代码：C5110）。

（二）按行业发展与经济周期的关系进行的行业分类

1. 增长型行业

增长型行业的运动状态与经济活动总水平的周期及其振幅无关。这些行业收入增长的速度相对于经济周期的变动来说，并没有出现同步影响，因为它们主要依靠技术的进步、新产品的推出及更优质的服务，使其经常呈现出增长状态。在过去的几十年里，计算机和打印机这些行业表现出了这种状态。投资者对高增长的行业十分关注，因为这些行业在经济高涨时，它的发展速度通常高于平均水平，而在经济衰退时期，它所受的影响比较小甚至仍然能保持一定的增长。

2. 周期型行业

周期型行业的运动状态与经济周期直接相关。当经济处于上升时期时，这些行业会随之扩张；而当经济衰退时，这些行业也相应跌落。例如，房地产业因其具有基础性、先导性、连带效应等特点，在刺激经济复苏时，往往被作为经济增长点率先得到政策的鼓励而优先发展起来，而在经济过热时，又常常是最早受到紧缩调控的对象；又如珠宝、旅游等其他需求收入弹性较强的行业，对这些行业相关产品的购买常被延迟到经济改善之后，而在经济动荡时又是人们减少开支的首选。

3. 防御型行业

这些行业的产品需求相对稳定，受经济周期的影响比较小，不会因经济周期变化而出现大幅度的变动，甚至在经济衰退时也能取得稳步发展。这些行业的产品往往是生活必需品或是必要的公共服务，公众对其产品有相对稳定的需求，因而其赢利水平相对稳定，如食品业、医药业、公共事业等就属于这一类行业。

（三）按行业的发展前景进行的行业分类

1. 朝阳行业

朝阳行业是指随着新技术革命的进展和社会需求的变化，在开发新产品、开辟新市场的竞

1 行业分类结果及行业分类方法可查阅上海证券交易所网站（www.sse.com.cn）和中证指数有限公司网站（www.csindex.com.cn）。

争中处于兴盛状态的行业部门。比如目前正在迅速发展的新兴技术、知识密集型行业，包括微电子、激光、新材料、新能源、空间开发、海洋开发、卫星通信、生物工程等。朝阳行业的特点是技术先进、知识密集、低能耗和高经济效益。

近年来，随着各项新兴技术的发展和应用范围的扩大，朝阳行业对国家经济的发展起到了巨大的推动作用，促进了世界经济结构的调整和国际分工的深化。

朝阳行业主要处于孕育、成长阶段，虽有比较大的远景，但公司的现阶段赢利的稳定性很难保证，不确定因素很多，创业板公司多具这样的特点。

2. 夕阳行业

夕阳行业是指随着新技术革命的进展和社会需求变化，在开发创造新产品、开辟新市场的竞争中处于衰亡状态的行业部门。例如，发达国家的传统基础行业，如煤炭、纺织、钢铁、汽车、铁路等。夕阳行业的特点是主要以简单的电力机械原理为基础、消耗大量能源，产生大量废弃物和污染物，生产周期长，技术要求低，劳动作业重复，产品标准化，以及高度的集中控制。

就世界范围来看，由于新技术革命浪潮的冲击，一些工业发达国家传统行业正在明显衰退，设备利用率低、生产能力过剩、就业人员减少。

朝阳行业和夕阳行业的划分有一定的相对性，一个国家或地区的夕阳行业在另一个国家或地区可能是朝阳行业，如汽车行业在发达国家已是夕阳行业，但在我国仍是朝阳行业。另外夕阳行业和朝阳行业之间还可以相互转化，朝阳行业在其发展的兴盛期过去之后就会成为夕阳行业，如纺织业曾经一度发展前景良好，收益极高，但现在纺织业的兴盛已成过去；而夕阳行业也有再度兴盛的机会，如钢铁业在日本 20 世纪 70 年代得到了复兴。

一般来说，处于朝阳和成熟阶段的行业赢利增长比较稳定，投资者应主要挑选这类型的上市公司进行投资；处于夕阳阶段的公司投资者就应该小心为上。但现阶段在香港上市的很多内地公司按国际标准来说都是处于成熟和夕阳阶段的，但由于中国的经济相对于发达国家较为落后，可能在国际上看来比较成熟的行业，而在中国则是处于高速发展的阶段，所以要具体问题具体分析。

（四）按资源密集程度进行的行业分类

在行业结构分析中，根据不同的行业在生产过程中对资源依赖程度的差异，行业大致分为以下几种。

1. 资源密集型行业

资源密集型行业亦称土地密集型行业，是指在生产要素的投入中需要使用较多的土地等自然资源才能进行生产的行业。土地资源作为一种生产要素泛指各种自然资源，包括土地、原始森林、江河湖海和各种矿产资源。土地资源是人类进行生产活动所必需的物质条件和自然基础。与土地资源关系比较密切的是农矿业、种植业、林牧渔业、采掘业等。

2. 劳动密集型行业

劳动密集型行业，是指在生产要素的配合比例中，劳动力投入比重较高的行业，是相对资金技术密集型行业而言的。在社会发展过程中，随着生产的发展，科学技术的进步，资本有机构成的提高，行业出现劳动密集型和资金技术密集型两种不同的类型。劳动密集型行业中物化劳动消耗比重较低，活劳动消耗比重较高，如纺织、服装、机械制造等。

3. 资本密集型行业

资本密集型行业，是指在生产要素的配合比例中，资本（资金）投入比重较高的行业，如金融业。

4. 技术密集型行业

技术密集型行业又称知识密集型行业，是指在生产要素的投入中需要使用复杂、先进而又尖端的科学技术才能进行生产的行业，或者在作为生产要素的劳动中知识密集程度高的行业，如软件开发、生物制药等。

三、行业分析的方法和过程

（一）行业分析的方法

行业分析方法有五种，包括比较研究法、历史资料研究法、调查研究法、归纳与演绎法以及数理统计法。其中，比较研究法更为常用。

1. 比较研究法

比较研究法又可以分为横向比较和纵向比较两种方法。横向比较一般是取某一时点的状态或者某一固定时段（通常为 1 年）的指标，在这个横截面上对研究对象及其比较对象进行比较研究。例如，观察同一时期某行业销售额增长是快于还是慢于国内生产总值的增长，从而判断它是增长型、周期型还是防御型行业；或者将不同的行业进行比较，研究该行业的成长性；或者将不同国家或地区的同一行业进行比较，研究行业的发展潜力和发展方向等。纵向比较主要是利用行业的历史数据，分析过去的增长情况，并据此预测行业的未来发展趋势，主要观察营业收入、净利润、资产规模等。

2. 历史资料研究法

历史资料研究法是通过对已存在的资料的深入研究，寻找事实和一般规律，然后根据这些信息去描述、分析和解释过去的过程，同时揭示当前的状况，并依照这种一般规律对未来进行预测。这种方法的优点是省时、省力、节省费用；缺点是只能被动地根据现有资料进行分析，不能主动地提出问题并解决问题。历史资料可以通过图书馆、互联网、各种新闻媒体等途径获取，资料来源通常包括政府部门、专业研究机构、行业协会和其他自律组织、高等院校、相关企业或公司、书刊报纸以及其他机构。

3. 调查研究法

调查研究法通过问卷调查、访查、访谈获得信息，并依此进行研究，是描述一个难以直接观察的群体的最佳方法。调查研究法的优点是可以获得最新的资料和信息，并且研究者可以主动提出问题并获得解释；缺点是这种方法的成功与否取决于研究者和访问者的技巧和经验。其调查方式主要有三种：问卷调查或电话访问、实地调研和深度访谈。

4. 归纳与演绎法

归纳法是从个别出发以达到一般性，从一系列特定的观察中，发现一种模式，这种模式在一定程度上代表所有给定事件的秩序。演绎法是从一般到个别，从逻辑或者理论上的预期的模式到观察检验预期的模式是否确实存在。演绎法是先推论后观察，归纳法则是从观察开始。

5. 数理统计法

数理统计法比较适合于有一定数理统计和计量经济学知识基础的专业分析师们使用。常用的具体方法是相关分析、线性回归和时间数列。相关分析主要用于探究两个数量指标变量之间的不确定的依存关系，如行业发展速度与国民经济增长速度之间的关系。线性回归是对两个具有相关关系的数量指标进行线性拟合获得最佳直线回归方程，从而在相关分析的基础上进行指标预测。时间数列最常用到，比如将行业的年度或月度营业收入指标制成时间数列，根据数列显示的特征，来预测未来时期的发展状况。

（二）行业分析的过程

整个行业分析的过程，通常从三个方面着手：产业现状、产业特性和产业发展趋势。而所有的这些分析最终的目的是认识行业的竞争强度和目标企业的竞争实力，并对该行业的发展前景预测提供依据。具体分析内容如图 6.1 所示。

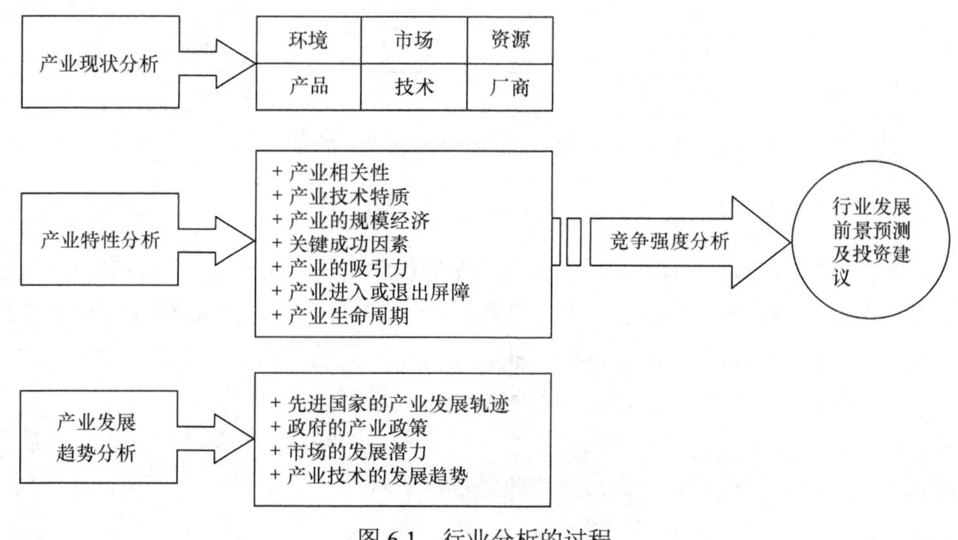

图 6.1　行业分析的过程

第二节　行业投资分析

在实际投资决策过程中，由于投资资金的来源、可使用时间长短及投资人愿意冒的风险大小不同，所以投资者要仔细研究欲投资公司所处的行业生命周期及行业的市场特征，以做出合乎自己情况的选择。

一、行业的生命周期分析

一个行业所经历的从产生、发展到衰退的演变过程成为行业的生命周期。它一般分为四个阶段，即初创期、成长期、成熟期以及衰退期。通常我们通过行业生命周期模型进行行业分析，可以认识和了解行业内公司的经营环境，包括行业所处的类型、外部因素、行业需求、获利能力等。研究行业生命周期的主要目的，不在于描述行业的一般的发展过程，而在于通过研究，认清目标公司所在的行业在生命周期中所处的阶段以及该阶段的特征，能在一定程度上帮助人们选择较合理的行业进行投资，对投资者起到重要的指导作用。

处在生命周期不同阶段的行业，会表现出不同的特点，如图 6.2 所示。

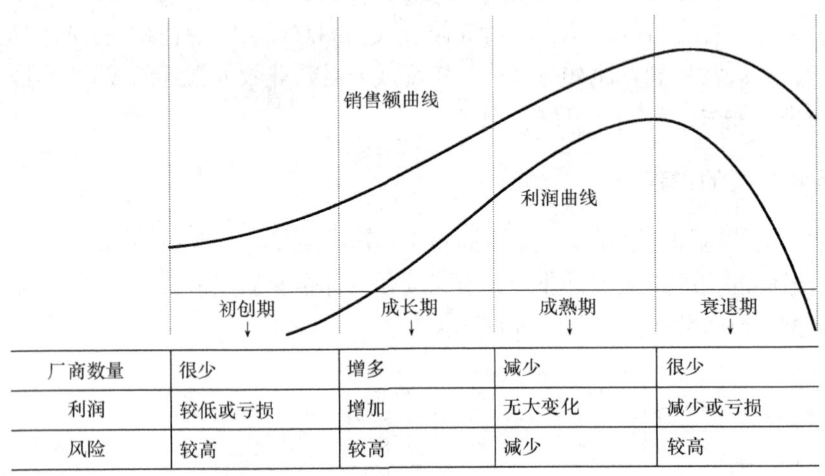

厂商数量	很少	增多	减少	很少
利润	较低或亏损	增加	无大变化	减少或亏损
风险	较高	较高	减少	较高

图 6.2　行业生命周期各阶段及其特征

1. 初创期

在这一阶段，新行业初建不久，只有为数不多的创业公司投资于这个新兴的行业，由于初创阶段行业的创立投资和产品的研究、开发费用较高，同时因大众对其尚缺乏了解，其产品的市场需求狭小，销售收入较低，所以这些创业公司可能不但没有赢利反而发生亏损，这必然使其面临很大的投资风险，甚至还可能因财务困难而引发破产的危险。

在初创期后期，随着行业生产技术的提高、生产成本的降低和市场需求的扩大，新行业便逐步由高风险低收益的初创期转向高风险高收益的成长期。

2. 成长期

在这一时期，拥有一定市场营销和财务力量的公司逐渐主导市场，这些公司往往是较大的公司，其资本结构比较稳定，因而它们开始定期支付股利并扩大经营。

在成长期，新兴行业的产品经过广泛宣传和消费者的试用，逐渐赢得了消费者的认可，市场需求开始上升。与市场需求变化相适应，供给方面也相应出现了一系列的变化，即投资于新兴行业的厂商大量增加，产品也逐渐从单一、低质、高价向多样、优质、低价方向发展，因而新兴行业出现了生产厂商和产品相互竞争的局面。这种状况的继续将导致市场竞争的不断发展和产品产量的不断增加，市场的需求日趋饱和。生产厂商不能单纯地依靠扩大生产量、提高市场份额来增加收入，而必须依靠追加投资、提高生产技术、降低成本以及研制和开发新产品来争取竞争优势、战胜竞争对手和维持公司的生存。但是这种方法只有资本和技术力量雄厚、经营管理有方的企业才能做到。那些财力与技术较弱、经营不善或新加入的公司则往往被淘汰。

处于成长期的公司其利润虽然增长很快，但是所面临的竞争风险也非常大，破产率与合并率相当高。在成长阶段的后期，由于优胜劣汰规律的作用，市场上生产厂商的数量在大幅度下降之后开始稳定下来，市场需求基本饱和，产品的销售增长率减慢，迅速赚取利润的机会减少，整个行业开始进入稳定期。

在成长期，虽然行业仍在增长，但是这时的增长具有可测性。由于受不确定因素的影响较少，行业的波动也比较小，此时投资者蒙受经营失败而导致投资损失的可能性大大降低，因此他们分享行业增长带来的收益的可能性大大提高。

3. 成熟期

行业的成熟期是一个相对较长的时期。这一时期中，在竞争中生存下来的少数大厂商垄断了整个行业的市场，每个厂商都占有一定比例的市场份额。由于彼此势均力敌，市场份额比例发生变化的程度比较小。厂商之间的竞争逐渐从价格手段转向非价格手段，例如提高产品质量、改善性能和加强售后服务等。行业利润达到了较高的水平，而风险却比较低，这是因为市场已经被原有大公司按比例分割，新公司很难进入市场。

在行业成熟期，行业增长速度降到一个更加适度的水平。在某些情况下，整个行业的增长可能会完全停止，其产出甚至会下降。当国内生产总值减少时，行业会蒙受更大的损失。然而我们在短期内很难识别某一行业何时进入成熟阶段。

4. 衰退期

这一时期出现于较长的成熟期之后，由于新产品和大量替代品的出现，原行业的市场需求开始逐渐减少，产品的销售量开始下降，某些厂商开始向其他更有利可图的行业转移资金，因而原行业出现了厂商数目减少、利润下降的萧条景象。至此，整个行业便进入了生命周期的最后阶段。当正常利润无法维持或现有投资折旧完毕后，整个行业便逐渐解体了。

行业生命周期在运用上有一定的局限性，因为生命周期曲线是一条经过抽象化了的典型曲线，各行业按照实际销售量绘制出来的曲线远不是这样光滑规则，因此，有时要确定行业发展处于哪一阶段是困难的，识别不当，容易导致战略上的失误。而影响销售量变化的因素很多，关系复杂，整个经济中的周期性变化与某个行业的演变也不易区分开来。再者，有些行业的演变是由集中到分散，有的行业由分散到集中，无法用一个战略模式与之对应。因此，应将行业生命周期分析法与其他方法结合起来使用，才不至于陷入分析的片面性。

不同偏好的投资者应该选择适合自己的行业类型进行投资。例如，相对谨慎的收益型的投资者，建议优先选择处于成熟期的行业，因为这些行业基础稳定、赢利丰厚，市场风险相对较小；而风险投资者可以适当投资处于初创期或成长前期的行业，这类行业在高风险中也蕴藏着高收益的诱惑；正在快速成长的行业则适合价值型的投资者来选择。

二、行业的市场结构分析

行业的市场结构随该行业中公司的数量、产品的性质、价格的制定和其他一些因素的变化而变化。行业基本上面临四种市场类型：完全竞争、垄断竞争、寡头垄断、完全垄断。每种市场类型的特点如表 6.1 所示。

表 6.1 行业的四种市场结构

市场结构	完全竞争	垄断竞争	寡头垄断	完全垄断
厂商数量	很多	较多	很少	一个
产品差别程度	均质或相同	实际或观念上的差别	相同或有差别	独特产品（不存在相近的替代品）
控制价格的能力	没有	较小	较大	相当大
新厂商进入该行业的难易程度	很容易	较容易	很不容易	不可能
非价格竞争	没有	有	有	主要进行公共关系宣传
典型行业	农业	服装、鞋帽等轻工业	钢铁、汽车等重工业	地方性公用事业

1. 完全竞争市场

在现实中完全竞争的市场类型很少存在，一些初级产品和某些农产品的市场类型比较接近完全竞争市场的情况。

2. 垄断竞争市场

在国民经济各行业中，大多数产成品的市场类型都属于垄断竞争市场这种类型。股市上面临这种市场结构的上市公司数量也很多，行业内部的竞争也最为激烈。因此，对影响行业发展的各种因素的分析以及行业内部各上市公司地位的变化，是投资者需要关注的重点。

3. 寡头垄断市场

寡头垄断市场在现实中是普遍存在的，资本密集型、技术密集型行业，如汽车行业，以及少数储量集中的矿产品，如石油等产品的市场多属这种类型。生产所需的巨额投资、复杂的技术或产品储量的分布成为限制新公司进入寡头垄断行业的主要障碍。在这样的市场中，少数几个大公司把持整个市场，它们相互之间的抗衡是相对稳定的。丰厚的利润和稳定的市场份额使得这样的上市公司往往成为蓝筹股。但是“不进则退”的道理，提醒投资者面对这一类的上市公司，要十分关注公司的资金链的安全，以及由新产品或服务的不断创新提供的后续发展动力。

4. 完全垄断市场

完全垄断可分为两种类型：①政府完全垄断，如国营铁路等部门；②私人完全垄断，如政府赋予的特许专营或拥有专利的独家经营以及由于极其强有力的竞争实力而形成的私人垄断经营。在现实经济生活中，公用事业（如铁路、煤气公司、自来水公司和邮电通信等）和某些资本、技术高度密集型行业或稀有金属矿藏的开采等行业属于这种完全垄断的市场类型。这种市场中的上市公司由于享受了某种特权，市场地位比较稳固，投资风险相对较小。影响其股价变动的主要因素更多地集中在有关其特权的相关政策的变动、产品的资源优势的增减以及市场需求的变化等方面。

三、影响行业兴衰的因素

以上对行业的生命周期和经济结构的分析只是对行业总体情况的描述，实际上行业的发展还要受多种因素的影响，例如技术进步、政府政策和社会习惯等。总的来说，主要有以下几方面。

（一）技术进步

技术进步对行业的影响是巨大的。例如，数码相机的普及使柯达、乐凯衰败。因此，投资者必须不断考察一个行业产品的前途，分析其被优良产品或其他消费需求替代的趋势。

行业追求技术进步也是时代的要求。目前人类社会所处的时代正是科学技术日新月异的时代，不仅新兴学科不断涌现，而且理论科学向实用技术的转化过程也大大缩短，速度逐步加快。新技术在不断推出新兴行业的同时，也在不断地淘汰旧行业。因此，充分了解各种行业技术发展的状况和趋势，对投资者来说是至关重要的。近年来环保意识逐渐渗透到了各国的政治、经济和社会生活当中，受此影响，各国的产业结构调整步伐正在加快，越来越多的新兴产业将逐渐成为未来经济发展的主流，其中低碳技术的应用将促进许多行业的技术进步与创新，形成新的竞争格局。

专栏 6.4　低碳技术引领下的产业发展新格局

从全球经济领域看，低碳技术与经济是未来20年内国际竞争的制高点，低碳经济将成为推动世界经济新一轮增长的增长点。2008 年全球金融危机推动了应对气候变化的低碳技术创新，各国均寄希望于通过发展低碳经济相关产业来增加就业和复苏经济，美国、欧盟等发达经济体纷纷出台绿色新政和低碳经济发展策略，旨在争夺全球低碳经济领域的话语权和规则制定权，借此实现在低碳经济时代对国际经济秩序的主导权。作为崛起中的经济大国，中国在本轮危机中国际地位得到进一步提升，但在新一轮以低碳经济为核心的全球竞争中，中国能否借助于金融危机引发的产业调整机遇，尽快转向低碳化的经济发展模式，已经成为影响中国未来国际地位的重要战略因素。

从发展趋势看，工业化和城市化将是支撑中国经济下一个30年持续高速增长的强大动力，中国不可能人为地减缓城市化与工业化进程，但可将其作为低碳发展的机会，摒弃高能耗、高污染、低效率的发展模式，转向资源节约、环境友好型的低碳模式，实现工业化、城市化与低碳化的协调发展，这既是中国未来经济发展的客观要求，也是实现可持续发展的战略抉择。

发展低碳经济，要聚焦新能源、节能环保等新兴产业，将其培育成为新的经济增长点。要重点推进四类产业发展：

一是新能源产业要进一步强化技术研发。核电要实现成套能力，扩大市场份额，保持国内领先；风电要推进自主创新，实现大型海上风机产业化；太阳能发电要重点发展薄膜电池，提升技术水平和产业能级；整体煤气化联合循环（IGCC）要以示范工程项目为载体，在国内形成设计、制造和成套能力。

二是新能源汽车发展要进一步加快产业化进程。主攻油电混合动力汽车和高性能纯电动汽车两大重点，突破电池、电机、电控等关键零部件，降低燃料电池汽车成本，形成国内领先、国际先进的自主产业体系和产业集群。

三是节能服务业发展要进一步健全市场交易平台。积极发展合同能源管理，培育完善环境能源交易所功能，不断拓展节能减排与环保领域的技术、资本和权益交易，开发创新碳交易、碳金融产品市场。

四是环保产业要进一步为促进减排和循环经济发展发挥作用。加快大气污染整治、污水处理和中水回用、固体废弃物处理等重点领域发展，提高电子垃圾、生活垃圾的循环利用率。

（二）政府的影响和干预

1. 政府影响的行业范围

政府的管理措施可以影响到行业的经营范围、增长速度、价格政策、利润率和其他许多方面。政府实施管理的主要行业是：①公用事业，如煤气、电力、供水、排污、邮电通信、广播电视等；②运输部门，如铁路、公路、航空、航运和管道运输等；③金融部门，如银行、保险公司、证券交易市场、其他非银行金融机构等。

政府实施管理的主要行业都是直接服务于公共利益，或与公共利益密切联系的。公用事业是社会的基础设施，投资大、建设周期长、收效慢，因此政府往往通过授予某些厂商在指定地区独家经营某项公用事业特许权的方法来对它们进行管理。被授权的厂商也就因此而成为这些行业的合法垄断者。但这些合法的垄断者和一般的垄断者不一样，它们不能任意规定不合理的价格，其定价要受到政府的调节和管制。政府一般只允许这些厂商获得合理的利润率，而且政府的价格管理并不保证这些公司一定能够赢利。成本的增加、管理的不善和需求的变化同样会使这些企业发生亏损。

交通运输行业与大众生活和经济发展有着密切的联系。这些行业服务的范围广（国内外运输），涉及的问题多（各地不同的法律、税收和安全规则等），因而有必要由政府统一管理。金融部门，尤其是银行部门，是国民经济的枢纽，也是政府干预经济的主要渠道之一。它们的稳定关系到整个经济的繁荣和发展，因而是政府重点管理的对象。

2. 政府对行业的促进作用和限制作用

政府对行业的促进作用可通过补贴、优惠税法、限制外国竞争的关税、保护某一行业的附加法规等措施来实现，因为这些措施有利于降低该行业的成本，并刺激和扩大其投资规模。同时，考虑到生态、安全、企业规模和价格因素，政府会对某些行业实施限制性规定，这会加重该行业的负担；某些法律已经对某些行业的短期业绩产生了副作用。总的来说，政府的干预极大地支持了某些行业的稳定性，否则情况会变得十分混乱。例如，航空业有其自己的正常航线，因而不会出现所有的航班仅在可能获利的城市之间飞行；公用事业的规模保证了某地域只能有一家电力公司，从而避免了潜在的混乱。

（三）相关行业的变动

某一行业的相关行业主要是上游行业、下游行业、替代产品行业、互补产品行业。这些行业的变动都会对本行业产生正面或负面的影响。

1. 上游行业

上游行业是指为本行业提供机器设备和原材料的行业。如果上游行业产品的价格上升，本行业的生产成本就会提高，使利润下降；反之，则利润上升。利润的升降必定牵动公司证券价格的涨落。例如，钢材价格下跌，就可能使制造机床的公司股票价格上涨。

2. 下游行业

下游行业是指对本行业产品构成需求的行业。下游行业快速增长，对本行业的需求也会随之增加，导致本行业公司的销量和销售价格的上升，本行业的利润率就有可能显著增长；相反，如果下游行业出现衰退，本行业的利润率就可能随之降低。例如，建筑行业兴旺，生产建筑材料的公司也必然受益。

3. 替代产品行业

替代产品行业是指产品能够替代本行业产品的行业。如果替代产品的价格上涨，其用户有可能转而购买本行业的产品，使本行业的市场需求增加，本行业企业将因此活跃；相反，替代产品价格下跌，本行业的市场需求有可能缩小。

4. 互补产品行业

互补产品行业是指其产品与本行业产品构成互补关系的行业。例如，汽油和汽车为互补产品。互补产品的需求量减少，对本行业产品的需求也必然减少；相反，互补产品的需求量增加，对本行业产品的需求也必然增加。

（四）社会习惯的改变

人们的消费心理、消费习惯、文明程度和社会责任感的改变，会改变对某些商品的需求，并进一步影响相关行业的兴衰。按照马斯洛需求理论，随着人们收入水平和受教育程度的提高，消费需求层次会相应改变。例如，近年来我国居民对智力投资、旅游、汽车、通信、住宅以及绿色食品和保健品的需求日渐旺盛，而各种消费性贷款的支持更进一步推动了人们更现代化的消费习惯的形成。同时，消费者和政府越来越注重工业化给社会带来的种种负面影响，越来越强调行业应担负起保护环境的社会责任，并通过法律法规加以约束。这种日益增强的社会意识或社会倾向对许多行业已经产生了明显的作用。从上面的分析可知，社会倾向对公司的经营活动、生产成本和利润收益等方面都会产生一定的影响。

（五）经济全球化

经济全球化出现于 20 世纪 80 年代中期，90 年代以后得到迅猛发展。经济全球化是指借助于商品、技术、信息、服务、资金、人员等生产要素的跨国、跨地区的流动，将全世界连接成为一个统一的大市场，各国在这一大市场中发挥自己的优势，从而实现资源在世界范围内的优化配置，是全球化趋势的一个组成部分。

经济全球化的具体表现主要集中在贸易自由化、生产国际化、金融全球化和科技全球化等四个方面。经济全球化使每一个行业和公司都置身于全球性竞争中，同时也使各行业各公司获得全球性的市场和资源。图 6.3 以光伏产业为例对此进行了具体解读。

经济全球化从以下几个方面影响着各国产业的发展：①推动产业布局发生全球性转移。如发达国家将低端制造技术加速向发展中国家进行产业化转移，制造业结构正在向技术密集型和高新技术行业加速转移，等等。②国际分工的基础和模式出现重要变化。一个国家的优势行业也不再主要取决于资源禀赋，后天因素的作用逐步增强。跨国公司在全球范围内寻求资源的最佳配置，将其产业链的不同环节布局在不同的国家，将越来越多的国家纳入跨国公司的全球生产与服务网络之中。③经济全球化导致贸易与投资理论一体化。

在经济全球化背景下，不能以单纯的贸易行为来衡量国家之间的经济利益。跨国公司不仅通过价格和质量进行竞争，而且还通过生产的组织进行竞争[1]。

分析经济全球化对行业的影响，关键要看经济全球化是否有利于这一行业整合全球性的资源、是否有利于这一行业面向全球性的市场满足全球性的需求。在国际贸易中，当一国某产业的迅速崛起对他国本土产业存在威胁时，可能导致的国际摩擦会对该行业的发展不利。如 2012 年 8 月开始的欧盟对华光伏公司反倾销[2]事件就是一个极好的例证，如图 6.4 所示。

1 在贸易与投资一体化理论中，企业行为被分为两大类型：第一，总部行为。包括总部工程、管理和金融服务以及信誉、商标等甚至可以无偿转让给远方的服务。这类行为有时被概括为研究与开发。第二，实际生产行为。实际生产行为又可分为上游生产（中间产品）和下游生产（终极产业）。企业在两个国家间进行活动时，可以将总部行为安排在母国进行，但其实际生产或转移到东道国进行（纵向一体化），或者既安排在国内，又安排在国外进行（横向一体化）。

2 反倾销（Anti-Dumping），是指对外国商品在本国市场上的倾销采取的抵制措施。一般是对倾销的外国商品除征收一般进口税外，再增收附加税。

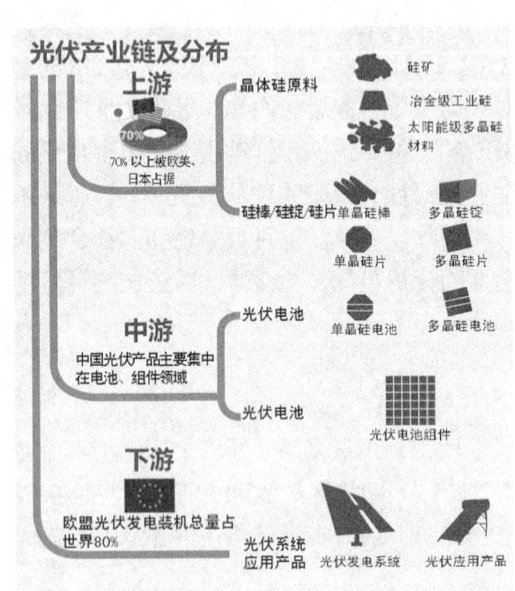

图 6.3　全球化的光伏产业链

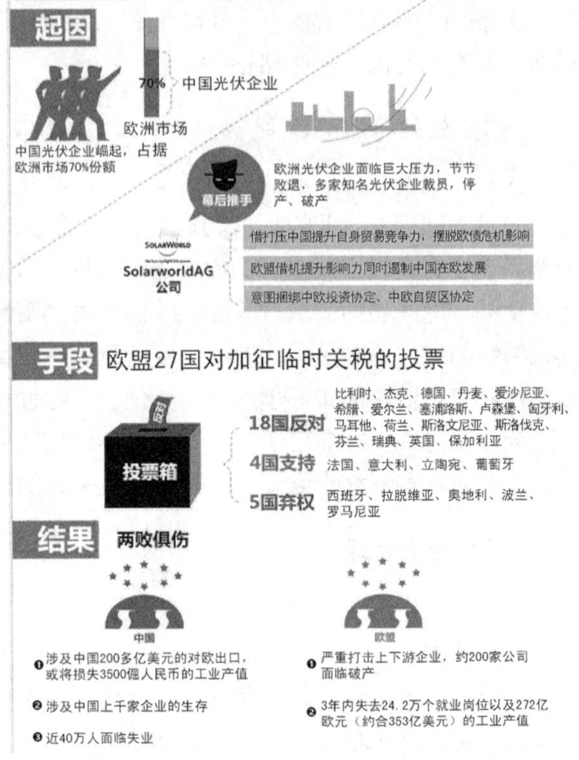

图 6.4　欧盟对华光伏公司反倾销解读

本章小结

本章首先解释了行业、行业分析的概念以及行业分析的意义，并详细介绍了目前常用的行业划分的标准，其中常见的分类方法主要有联合国标准分类、国家标准行业分类、上市公司行业分类等，另外还有从行业发展和赢利的角度考虑的几组行业分类，如增长型行业、周期型行业和防御型行业，朝阳行业和夕阳行业，资源密集型行业、劳动密集型行业、资本密集型行业和技术密集型行业等。

其次，重点介绍行业的投资分析主要内容、方法和路径。

行业分析通常以行业生命周期理论和市场结构理论为基础展开，行业的生命周期一般要经历四个阶段即初创期、成长期、成熟期和衰退期；面临的四种市场类型即完全竞争、垄断竞争、寡头垄断和完全垄断。

不同的发展阶段和不同的市场结构具有各自的特点，由于收益和风险的对比程度不同，不同类型的投资者需要做出相宜的投资选择。

同时，行业的发展前景与技术进步、政府的影响和干预、相关行业的变动、社会习惯的改变以及经济全球化有着密切的关系。

行业分析方法有五种，包括比较研究法、历史资料研究法、调查研究法、归纳与演绎法和数理统计法。其中，比较研究法更为常用。整个行业分析的过程，通常从三个方面着手：产业现状、产业特性和产业发展趋势，分析人员可以据此对行业做出前景预测并提出投资建议。

复习思考题

一、名词解释

行业　行业分析　增长型行业　周期型行业　防御型行业　朝阳行业　夕阳行业　资源密集型行业　劳动密集型行业　资本密集型行业　技术密集型行业　行业生命周期　行业市场结构　比较研究法

二、思考题

1. 行业分析与宏观经济分析、公司分析之间有何关联？

2. 行业的分类有哪几种主要标准？

3. 请根据不同生命周期阶段行业的不同特征，分析其各自的投资风险与收益的对比状况，并对不同类型的投资者提出选择建议。

4. 影响行业兴衰的因素主要有哪些？

5. 行业分析通常有几种方法？如果你撰写一份行业投资分析报告，可以选择怎样的分析路径？

三、案例分析题

1. 请根据图 6.5 中各种行业所处的生命周期阶段，分析各自的特点，并提出投资建议。

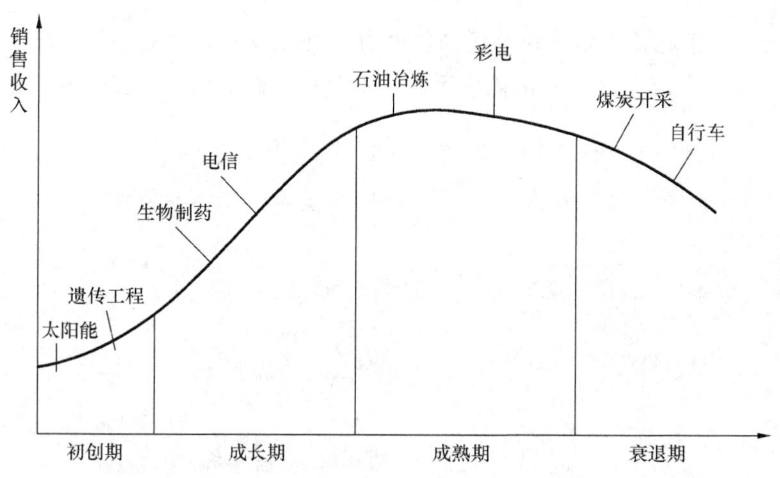

图 6.5　各种行业所处的生命周期阶段

2. 请阅读以下材料，并结合图 6.4 思考并进行讨论：

欧盟对华光伏产品征收反倾销税事件

背景：2008 年和 2010 年美债、欧债危机相继发生，欧美经济不景气，一方面政府缩减对新能源补贴让光伏市场缩水，另一方面中国企业产能不断扩展带动市场价格下滑。这些境况在在美上市的光伏中国概念股公司股价上得到充分反映。2011～2012 年间包括中国企业在内的数十家光伏企业股价狂跌不止，多家企业累计跌幅在57%～84%之间。如我国在纽约上市的尚德、大全、晶澳等公司股价多日低于1美元。欧盟企业也同样损失惨重。为缓解危机，拯救本国光伏企业，欧盟对中国企业蓄意用经济手段进行制裁、排挤。2012年8月31日，欧盟48小时内公开立案决定对华光伏公司发起反倾销调查，我国商务部急召光伏龙头企业应对，由此拉开了这一事件的大幕。

事件发展：

2012年9月6日，欧盟发起光伏反倾销 商务部呼吁磋商解决摩擦

2012年9月19日，中欧磋商光伏反倾销初获成效

2012年10月11日，欧盟公布对华光伏反倾销调查名单 6家公司强制应诉

2012年11月1日，商务部对欧盟多晶硅进行反倾销和反补贴立案调查

2012年11月8日，欧盟对中国光伏产品发起反补贴调查

2012年11月26日，欧洲光伏制造商联盟提交反倾销诉讼

2013年2月20日，欧盟酝酿对华光伏双反增加追溯期

2013年4月9日，欧洲上千家光伏公司要求欧盟委员会放弃制裁中国

2013年5月15日，欧盟闭门磋商对华太阳能产品征收47%反倾销关税

2013年5月22日，中欧光伏双反案首轮价格谈判破裂

2013年5月26日，李克强：坚决反对欧盟对华光伏产品双反调查

2013年5月30日，欧盟18成员国反对对华光伏双反

2013年6月3日，李克强称中欧光伏贸易争端涉及中国重大经济利益

2013年6月4日，欧盟宣布自6月6日起对华光伏产品征收11.8%的临时反倾销税

2013年6月25日，争端日益白热的中欧光伏案迎来转机，双方已就解决光伏案的大体框架达成一致

图6.6反映了中国在美上市光伏公司尚德电力在2012.6～2013.6的股市量价走势。请结合上述文字材料，分析全球经济一体化背景下行业发展的受制约因素及其对股价变化的影响。

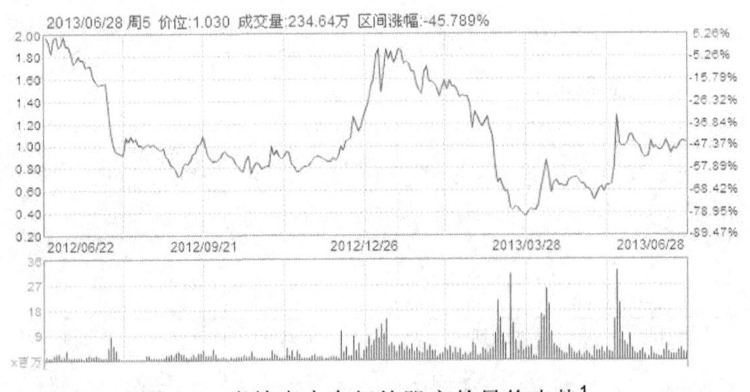

图6.6　尚德电力在纽约股市的量价走势[1]

1　尚德电力，全称为无锡尚德太阳能电力有限公司，于2005年在纽约证券交易所成功上市（证券代码：STP）。目前全球分支机构遍及13个国家，其中包括3个地区中心，即中国无锡、瑞士沙夫豪森和美国旧金山。尚德电力是拥有领先光伏技术的国际化高科技企业，专业从事太阳能光伏产品的研发、制造、销售和售后服务，提供全世界最可靠和经济高效的太阳能系统解决方案。自2001年9月由施正荣博士创立至今，短短数年尚德电力已快速成长为全球最大的晶硅组件制造商。从离网系统到住宅屋顶，从商业应用到大型太阳能电站，尚德电力为各类客户和各地市场提供清洁能源。尚德电力产品已经遍布全球80多个国家。

第七章

证券投资的公司分析

【学习目标】

通过本章的学习，要求读者了解公司分析需要掌握的资料信息，侧重把握经济区位、竞争地位以及经营管理能力对公司发展前景的影响，熟悉公司财务报告的构成以及三大财务报表的作用，掌握财务分析的主要方法，能熟练地运用各种财务比率对上市公司进行综合财务状况评价。

【关键概念】 公司分析　基本素质　经济区位　财务状况

公司分析是证券投资分析的微观层次，是确定最终具体的投资对象的必要环节。公司分析的内容包括基本素质分析和财务分析两个部分，其中最重要的是财务分析。公司分析的对象主要是指上市公司，但有时还需要关注一些与上市公司之间存在关联关系或收购行为的非上市公司。

第一节　公司基本素质分析概述

公司的基本素质分析主要针对上市公司的基本资料，综合考察公司的内部条件和外部环境，分析上市公司自身的优势和劣势、面临的挑战和机遇、发展的可行性和现实需要等。因公司基本资料多种多样，分析者应养成对信息进行分类的习惯，以便日后使用。

分析者利用所收集资料对公司进行基本素质分析应有侧重，对公司的经济区位、竞争地位、经营管理能力应着重分析。

一、公司基本资料归类

上市公司的基本资料信息，分析者可以通过各种股票分析软件、各类网站、报刊、广播电视等媒体以及公司内部资料等渠道来搜集和整理。基本资料信息大致可以分为以下几类，每一类都从不同层面反映了上市公司的现实状况。

（1）公司所属行业。包括行业的发展历史沿革与发展前景、影响行业增长和赢利能力的关键因素、行业进入壁垒、来自行业内外的竞争、政府的产业支持或管制政策、上下游产业的市场前景和供需状况、国民经济波动对行业发展的影响等。

（2）公司的背景和历史沿革。包括公司性质、集团及其关联公司、公司规模、股本结构和主要投资者、公司的中长期发展战略和发展方向的历史沿革，公司的主要产品和利润的主要来源，公司的主要优劣势等。

（3）公司的经营管理。包括公司的组织结构和管理体制、管理层人员及其简历、员工技术构成、薪酬激励制度、人力资源管理体制、生产能力和生产效率、原材料构成及其供应、与主要供货商的关系等。

（4）公司的市场营销。包括公司的主要产品的市场需求弹性、产品销售的季节性或周期性波动特点、主要客户组成及与主要客户的关系、产品覆盖的地区与市场占有率、销售成本与费用控制、顾客购买力和满意度、主要竞争对手的市场占有率等。

（5）公司的研发能力。包括公司研发的重点项目、研发设施和研发人员的比例、研发费用支出占销售收入的比率、新产品开发频率与市场需求、生产规模和投资需求等。

（6）公司的融资与投资。包括公司目前的资金缺口、融资途径、融资前后的资本结构、投资结构、投资项目的可行性与投资收益等。

（7）公司潜在的风险。包括公司正在面临或可能面临的宏观经济风险、汇率或利率风险、市场风险、财务风险等。

二、公司的经济区位分析

经济区位，又称区位，是指地理范畴上的经济增长点及其辐射范围。如近几年来相继出现的沈阳、上海浦东、天津滨海新区、成都、重庆、武汉城市圈、长株潭城市群、深圳等八个国家综合配套改革试验区。上市公司的投资价值与区位经济的发展密切相关。具体来讲，以下区位因素会影响到投资者对上市公司的投资价值判断。

1. 区位内的自然资源和基础设施

如果上市公司的主营业务能够获得当地的自然资源和基础设施的有效支撑，则有利于公司的发展，否则就会成为公司发展的障碍。

2. 区位内的产业政策

为了促进区位经济的发展，中央和地方政府一般都会制定区位经济发展规划和产业布局战略，确立优先发展和扶植的产业，并会给予一定的财税、信贷、土地等多方面的优惠政策。如果区位内的上市公司的发展方向与区位经济发展战略要求相符，通常都会受惠于各种优惠政策，借力加快自身发展。

3. 区位经济特色

区位经济特色，是指区位内经济相对于区位外经济的比较优势，包括区位内的经济发展环境、条件与水平、经济发展现状等。区位优势可以使该区位内的相关上市公司，在同等条件下比其他区位主营相同业务的上市公司具有更大的竞争优势和发展空间。

专栏 7.1　沈阳近海经济区的区位优势、政策优惠与受益上市公司

2010 年 4 月 6 日，辽宁省政府公布国家发改委已经批准沈阳近海经济区为“国家新型工业化综合配套改革试验区”。沈阳经济区由沈阳、鞍山、抚顺、本溪、营口、阜新、辽阳、铁岭 8 个城市组成。

1. 沈阳近海经济区十大优势

区位优势：地理位置优越。临近海港和空港，是东北三省对外开放的门户和环渤海经济圈的战略节点。

交通优势：交通便捷。营口港、沈阳桃仙国际机场、干线铁路、高速公路、沈西工业通海开发大道和已规划建设的沈—辽轻轨构筑了最密集的海、陆、空立体交通网。

资源优势：资源丰富，价格低廉。境内地势平坦，工业用地充足，土地成本较低；水资源丰富；能源供应充足；毗邻工业原料资源主产区；区内农副产品丰富等。

产业优势：工业基础雄厚。

政策优势：享有东北老工业基地振兴、辽宁省“五点一线”沿海开发、沈阳市扶持县域经济发展的各项优惠政策以及新出台的一系列优惠政策。

金融优势：各类金融机构20余家，民间资本近100亿元，具有宽松、便捷的融资环境。

人才优势：现有专业技术、管理、科研人才5 000余人，是沈阳重要的职业教育基地。

劳动力成本优势：拥有较低的劳动力成本，每名劳动力每月成本800元人民币。

服务优势：综合服务局和行政审批服务大厅为公司提供高效、创新、增值的全程式、跟踪式、一站式服务。

体制优势：沈阳近海经济区实行开放式管理，封闭式运行。把建设服务型政府作为体制、机制创新的目标，致力于打造一支想事、干事、干成事的高素质、年轻化干部队伍。

2. 沈阳近海经济区的优惠政策

土地优惠政策。具有较低的土地取得成本。例如，对于落户沈阳近海经济区的生产性公司，固定资产投资在3 000万～5 000万元项目地价为每亩7万元；固定资产投资在5 000万～1亿元项目地价为每亩6万元，固定资产投资在1亿元（含）以上项目地价为每亩5万元。

税费优惠政策。见表7.1。

表7.1　沈阳近海经济区的税收优惠政策

不同固定资产投资规模项目	税收优惠
3 000万元以上项目	耕地占用税实行先征后退
3 000万（含）～5 000万元项目	企业纳税形成县本级财政收入部分，第一年50%奖励给企业作为企业发展基金
5 000万（含）～1亿元项目	企业纳税形成县本级财政收入部分，连续两年奖励给企业50%作为企业发展基金
1亿（含）～3亿元项目	企业纳税形成县本级财政收入部分，在企业纳税每年20%递增的前提下，连续三年奖励给企业50%作为企业发展扶持基金
引进县域外的异地注册、总部经济等“零”占地项目	企业纳税进入县级财政收入部分，每年予以50%奖励

人才引进优惠政策。例如，对企业外聘的专家和各类高级专业人才缴纳个人所得税者，按地方分享部分的50%奖励给本人，期限为5年；新建企业员工子女就学，享受本地学生同等待遇，等等。

3. 相关受益股一览

见表7.2。

表7.2　沈阳近海经济区受益股

股票简称	股票代码	股票简称	股票代码
营口港	600317	大连国际	000881
铁龙物流	600125	锦州港	600190
ST松辽	600715	红阳能源	600758
东北电气	000585	大连热电	600719
沈阳机床	000410		

课堂讨论：请阅读专栏7.1的内容后，对沈阳近海经济区的区位优势进行归纳，并分析其对区域内上市公司发展的影响。

三、公司竞争地位分析

上市公司行业地位、市场占有率水平应成为投资者进行股票投资的一个重要的决策参考依据。一家行业地位出色的企业往往历史悠久、客户稳定、信誉良好，其面临的商业风险相对较小。从近几年的情况看，很多上市公司纷纷以合资、参股、并购等方式向通信、网络、生物制药等领域渗透，行业内的竞争日趋激烈。按照市场竞争的一般规律，只有行业地位出众、市场占有率不断提高，特别是具有垄断优势的公司才能成为行业巨头，这些公司是投资者首选的投资品种。

判断上市公司行业地位应主要从以下几方面入手：一是要看该公司产品的市场占有率是否居行业前列；二是要看该公司产品销售增长率在本行业是否处于领先地位；三是要看该公司在行业内是否保持着技术领先地位。

四、公司经营管理能力分析

（一）上市公司主营业务状况

任何公司都有其特定的经营范围，公司在这一范围内通过组合生产经营要素来实现自己的赢利。上市公司也一定要有鲜明的主营业务才能在激烈的市场竞争中取胜。如果公司没有进行过根本性的产业转移和多种经营，主营业务状况在相当程度上决定着公司经营状况、赢利能力，进而决定着投资者的投资回报。

投资者可以根据公司年报和中报的相关统计报表从以下几方面分析上市公司的主营业务状况。

1. 公司的经营方式

经营方式分析主要考察公司是单一经营还是多元化经营。多元化经营的优点是风险相对分散，但容易导致公司经营管理缺乏针对性，造成主营业务不精，影响公司赢利增长。单一经营的缺点是风险相对集中，但如果其产品占有很大的市场份额，公司赢利也会很丰厚。

2. 主营业务的赢利能力和主营业务利润占净利润的比重

主营业务的赢利能力是指主营业务利润占主营业务收入的比重，主营业务赢利能力越高，说明公司为实现一定的主营收入而实际付出的物化劳动和活劳动相对较少，或者意味着公司付出一定的物质消耗和劳动消耗实现的主营产出相对较多。该指标可以综合反映公司主营产品的科技含量和附加价值的大小、主营产品的竞争力和市场销售情况。主营业务利润占净利润的比重可以衡量公司净利润的可信度和公司可持续发展能力的强弱。一般而言，一个优秀的企业，其主营业务利润占净利润总额的比重要达到 70%以上。而那些主营业务不精，利润的取得主要依赖于无法控制和具有较大偶然性的投资收益、财政补贴或者营业外净收入的企业，它们的经营业绩尽管也一时“惊人”，但因为基础不牢固，其业绩只能是昙花一现。

3. 主营业务规模的扩展情况

衡量一家上市公司主营业务规模的扩展情况，一方面要看该公司主营业务收入的增长情况；另一方面要看公司的主营利润的增长和主营收入的增长是否相适应。前者是从外延的角度对公司主营业务扩展的“量”的考察；后者是从内涵的角度对公司主营业务发展的“质”的考察。一个发展势头良好的企业，其主营业务的发展总是伴随着利润的相应增长。

（二）上市公司人才素质状况

企业竞争的焦点是人才的竞争。一个企业人才素质从根本上决定着企业的生存与竞争实力。分析者对上市公司人才素质进行分析首先要考察公司管理层的素质，其次要看员工素质。

1. 公司管理层的素质

公司管理层人员包括公司的各级经理人员。公司管理层的素质状况在企业发展中起决定性作用，直接关系到公司的业绩表现。在我国，由于企业家的市场生成机制还不成熟，外部约束机制又很不健全，公司管理层的德才素质水平在公司的生存发展中就显得更为重要。一般而言，公司管理层应该具备以下良好素质：一是积极从事管理工作的意愿；二是较高的专业技术能力；三是良好的道德品质修养；四是较强的人际关系协调能力。

考察公司管理层素质可以通过以下途径。

第一，了解他们的社会与历史背景，包括学历、家庭环境、个人爱好等反映个人成长方面的内容。这些可以反映一个人的受教育程度、品格、专业知识水平、是否具有高瞻远瞩统帅全军的能力等。

第二，调查以往的工作业绩。主要考察工作能力、工作阅历、组织才能、领导才能、活动能力、政策水平和业务实绩等，以及在本行业中经营管理的年限。若该领导人未担任过领导职务，则应考察他过去工作的性质、种类、工作魄力、是否已显示出具有领导才能等。

第三，利用相关数据指标。如平均受教育年限、不同学历领导人占领导总数的百分比、公司管理人员占公司总人数的百分比、管理费用占公司总支出的百分比、管理人员的平均年龄、不同年龄管理人员占管理人员总数的百分比等，这些指标可以反映公司领导人的平均业务水平和管理能力。一般而言，管理人员占比重较少、管理费用占支出比重较低，说明该公司管理水平较高；若管理人员较多，管理费用占总支出比重较大，说明公司管理水平较低。平均受教育年限长，高学历人员所占比重高，说明管理人员素质较高，反之说明管理人员素质较低。管理人员平均年龄较轻，青年管理人员占比重较大，说明公司比较有活力和朝气。

2. 公司员工的素质

上市公司员工是公司经营的主体，他们的文化和业务素质对公司的发展起着至关重要的作用。公司员工应该具有专业技术能力、对企业的忠诚度、责任感、团队合作精神和创新能力等素质。反映劳动力素质的指标主要有劳动者平均受教育水平、高学历的人数构成、职工技术水平构成、劳动生产率等。

（三）公司产品开发、技术创新能力

当今社会，由于科技的不断进步，产品更新换代的速度越来越快，公司要想保持和巩固其市场地位，赢得竞争优势，就必须不断地开发新产品、应用新技术、引入新机制，否则迟早会被市场淘汰。

分析者分析一家上市公司产品开发、技术创新能力可以从以下几方面入手。

1. 人力资源状况

即公司是否拥有稳定的专业人才和技术骨干队伍，稳定人才的措施是否得力、到位。

2. 研究机构的设置状况

公司通过独立研究、委托研究、合作研究等方式将经济资产与科技资产结合、重组，从而奠定公司技术创新的基础。我们注意到大凡强势高科技公司都在研究开发中持续投入，如联想集团建立了国家级技术中心，成立了专业的软件开发生产机构，并在香港、深圳、美国硅谷设立研究开发中心；海尔与中国科学院化学所联合成立了国家工程研究中心；清华同方拥有国家工程研究中心做后盾。

3. 研发费用

美国《加州高科技股通讯报》创办人麦克·墨菲是世界著名的高科技投资专家，被誉为全美首席高科技分析师。墨菲在其所著的《高科技选股策略》一书中，曾提到高科技高成长公司所具备的四个要素：①研发费用至少占营业收入的7%；②营业额每年至少增长15%；③税前销售利润率（即毛利率）至少达到15%或更高；④股东权益报酬率（即净资产收益率）至少达到15%或更多。

墨菲认为，这四个条件中最重要的是研发费用，净资产收益率相对最不重要。墨菲推出了“成长流量”和“成长流量比”的概念。他提出，高科技股除了每股收益外，还必须计算每股研发费用，每股收益加上每股研发费用，就是公司的成长流量，用股价除以成长流量就是成长流量比。一般上市公司是以市盈率来衡量其股价高低的，高科技公司则应按成长流量比来衡量其投资价值。因为每股收益是过去已经拿到的利润，每股研发费用才能代表公司未来的获利能力。研发费用的主要开支，就是用高薪吸引高智能人才。

市场是最公正的，高智能人才愿意加盟的公司，肯定是好公司，这样的高投入也会有高回报。当然，研发费用的投向必须对路，否则，就可能竹篮打水一场空。另外，根据墨菲的考察，研发费用不得少于营业额的2%，否则就难以在国际市场上竞争。

4. 新产品开发、试制情况

一个公司应能根据市场需求的变化、产品销售情况正确判断公司现有产品所处的生命周期阶段，及时制订新产品开发计划，从人员、技术设备、资金供应等方面保证新产品开发工作正常进行，并注意新产品对公司经济效益的影响。

第二节　公司财务分析的对象

一、公司财务分析的主体及其关注点

公司财务分析，又称财务报表分析，是指上市公司的关注者以公司的财务报表为主要依据，采取一定的标准和系统科学的方法，综合分析和评价公司的财务状况和经营成果，以便为相关决策提供参考。进行公司财务分析的目的，一般可以归结为：评价过去的经营业绩，衡量现在的财务状况，预测未来的发展趋势。关注上市公司财务状况的人，主要包括公司现有股东和潜在股东、债权人、公司管理者、政府管理部门、竞争对手和其他相关人士等。但是，他们与上市公司经济利害关系关系不同，需要的信息不同，因此对财务报表的关注点也就不同。

1. 公司现有股东和潜在股东

公司的现有股东和潜在股东作为主要投资人，考虑最多的是以尽可能小的投资风险置换尽可能多的投资回报。因此，他们进行财务报表分析的目的在于估计公司的未来收益和风险水平，较多关注公司的赢利能力和市场竞争能力，以便决定自己是投资还是撤资，以及投资的数量和持股的时间。

但是，上市公司的股东由于持有的股份比例不同，对上市公司财务状况关注点会有一定差异。大股东们通常对上市公司有一定的控制权，能够直接或间接地影响上市公司重要岗位上的人事安排、投资决策、经营决策以及股利分配政策等，因此，他们往往关心与上市公司战略性发展有关的财务信息，如上市公司资产的基本结构和质量、上市公司资本结构、上市公司长期获取质量较高利润的前景等；而小股东们则更关心上市公司近期业绩、股利分配政策以及短期现金流状况等。

2. 债权人

债权人是指提供信用给公司并得到公司还款承诺的人，包括金融机构债权人和商业债权人（即商品或劳务的供应商）。债权人最为关心的是上市公司是否具有偿还债务的能力。根据提供的债务期限不同，债权人分为短期债权人和长期债权人。其中，短期债权人提供的债务在一年期以内，长期债权人提供的债务超过一年。相应地，两者关注财务信息的侧重点有所区别。短期债权人一般关心上市公司支付短期债务的能力，对上市公司的获利能力并不十分在意。而长期债权人的利息和本金是否能按期清偿，与上市公司是否具有长期获利能力及良好的现金流动性密切相关，因此，他们比较关心上市公司的获利能力。

3. 公司管理者

公司管理者受聘于股东，负责公司的日常经营活动，对公司资产的保值增值和债务的清偿负有责任。因此，他们关注公司各方面的财务信息，包括偿债能力、赢利能力、资产周转效率和持续发展能力等。他们根据财务报表的数据，以及外部使用人无法获得的内部信息，能够了解公司最真实的经营状况，以便发现问题，采取对策改善经营管理。

4. 政府管理部门

政府管理部门包括财政审计部门、工商税收部门、证券管理机构和社会保障部门等。他们分析公司的财务报表是为了履行自己的职责，督促公司依法经营、依法纳税，以及履行必要的社会责任。

5. 竞争对手

竞争对手希望获取关于上市公司财务状况的会计信息及其他信息，借以判断上市公司间的相对效率，同时，还可为未来可能出现的上市公司兼并提供信息。因此，竞争对手可能把上市公司作为关注目标，因而对上市公司财务状况的各个方面均感兴趣。

6. 其他相关人士

其他相关人士包括专业的证券投资分析师、注册会计师、律师、公司雇员等。通过财务报表分析，证券投资分析师可以为客户提供专家意见和理财服务；注册会计师可以在完成自己的业务指标的同时为上市公司、有关管理机构和社会公众提供有价值的参考意见；律师可以为追查财务案件寻求帮助；公司雇员最关心自己收入的稳定、持续以及是否有加薪的可能，因此，他们借助于财务报表，可以了解公司当前和未来的经营发展状况，有效维护个人的相关权益。

二、公司财务分析的对象——财务报告

根据中国证监会的要求，上市公司必须遵守财务公开的原则。除了在证券募集说明书中披露的财务报告之外，上市公司应当定期披露年度财务报告、上半年中期财务报告和季度财务报告。财务报告是上市公司董事会向社会公众（投资者）公开披露或列报的全面反映报告期财务事项的规范化文件。一份完整的财务报告应当包括财务报表、财务报表附注和审计报告，如图 7.1 所示。

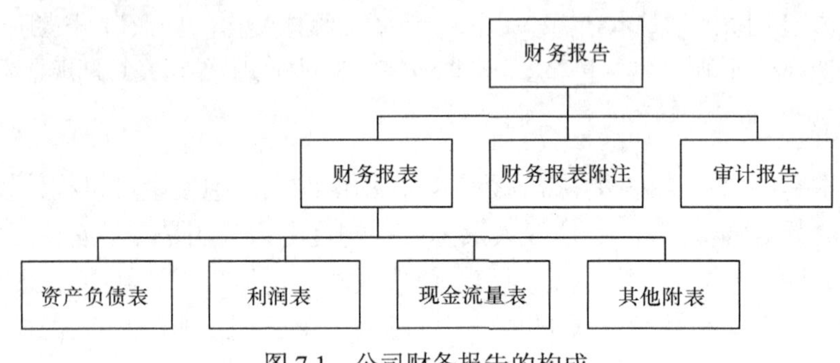

图 7.1　公司财务报告的构成

（一）财务报表

财务报表是反映一个企业过去所取得的财务成果及其质量，以及当前财务状况的报告性文件。上市公司的财务报表是公司的财务状况、经营业绩和发展趋势的综合反映，是投资者了解公司、决定投资行为的最全面、最翔实的、往往也是最可靠的第一手资料。其中最重要的是资产负债表、利润表和现金流量表。

1．资产负债表

资产负债表是反映企业某一特定日期资产、负债、所有者权益等财务状况的财务报表。它表明公司在某一特定日期所拥有的经济资源、所承担的经济义务和公司所有者对净资产的要求权。资产负债表以“资产 = 负债 + 所有者权益”为平衡关系。资产负债表的作用在于：表明资产及其分布状况，反映公司所承担的债务及其偿还期限分布，反映净资产的持有状况，有助于判断企业财务状况的发展趋势。

资产负债表有两种格式：一是左右排列的账户式，二是上下排列的报告式。表 7.3 是典型的账户式结构，表 7.4 是典型的报告式结构。现实实务中通常使用账户式资产负债表，但上市公司向社会公众提供的一般是报告式资产负债表。

表 7.3　资产负债表（账户式）

编制单位：　　　　年　　月　　日　　　　单位：万元

资　　产	期末数额	年初数额	负债及所有者权益（或股东权益）	期末数额	年初数额
流动资产：			流动负债：		
货币资金			短期借款		
交易性金融资产			交易性金融负债		
应收票据			应付票据		

续表

资　　产	期末数额	年初数额	负债及所有者权益（或股东权益）	期末数额	年初数额
应收账款			应付账款		
预付账款			预收账款		
应收利息			应付职工薪酬		
应收股利			应缴税费		
其他应收款			应付利息		
存货			应付股利		
一年内到期的非流动资产			其他应付款		
其他流动资产			一年内到期的非流动负债		
流动资产合计			其他流动负债		
非流动资产：			流动负债合计		
可供出售金融资产			非流动负债：		
持有至到期投资			长期借款		
长期应收款			应付债款		
长期股权投资			长期应付款		
投资性房地产			专项应付款		
固定资产			预计负债		
在建工程			递延所得税负债		
工程物资			其他非流动负债		
固定资产清理			非流动负债合计		
生产性生物资产			负债合计		
油气资产			所有者权益（或股东权益）：		
无形资产			实收资本		
开发支出			资本公积		
商誉			减：库存股		
长期待摊费用			盈余公积		
递延所得税资产			未分配利润		
其他非流动资产			所有者权益（或股东权益）合计		
非流动资产合计					
资产总计			负债及所有者权益总计		

表 7.4　资产负债表（报告式）

编制单位：　　　　　　年　月　日　　　　　　单位：

项　　目	期　初　数	期　末　数
资　　产		
流动资产：		
非流动性资产:		
资产总计		
负债及所有者权益		
流动负债：		
非流动负债:		
负债合计		
所有者权益：		
所有者权益合计		
负债及所有者权益总计		

2. 利润表

利润表是反映上市公司某一会计期间财务成果的报表。它可以提供上市公司在月度、季度或年度内净利润或亏损的形成情况。利润表各项目间的关系可用“收入 − 费用 =利润”来概括，如表 7.5 所示。

表 7.5 利润表

编制单位： ________年度 单位：

项 目	本期金额	上期余额
一、主营业务收入		
减：主营业务成本		
主营业务税金及附加		
销售费用		
管理费用		
财务费用		
资产减值损失		
加：公允价值变动收益（损失以“−”填列）		
投资收益（损失以“−”填列）		
二、营业利润（亏损以“−”号填列）		
加：营业外收入		
减：营业外支出		
其中：非流动资产处理损失（净收益以“−”填列）		
三、利润总额（亏损总额以“−”号填列）		
减：所得税		
四、净利润（净亏损以“−”号填列）		
五、每股收益		
基本每股收益		
稀释每股收益		

利润表的作用在于：能够反映企业在一定期间内的经营成果，有助于评价企业的获利能力，帮助判断企业的价值，预测企业未来赢利变化的趋势。

3. 现金流量表

现金流量表是反映上市公司在一定会计期间现金流入与流出情况的报表，表明公司获得现金和现金等价物的能力。现金流量表的核心内容是经营活动现金流量、投资活动现金流量、筹资活动现金流量三个部分，如表 7.6 所示。

表 7.6 现金流量表

编制单位： ________年度 单位：

项 目	本期金额	上期金额
一、经营活动产生的现金流量：		
销售商品、提供劳务收到的现金		

续表

项　　目	本期金额	上期余额
收到的税费返还		
收到的其他与经营活动有关的现金		
现金流入小计		
购买商品、接受劳务支付的现金		
支付给职工以及为职工支付的现金		
支付的各项税费		
支付的其他与经营活动有关的现金		
现金流出小计		
经营活动产生的现金流量净额		
二、投资活动产生的现金流量：		
收回投资所收到的现金		
取得投资收益所收到的现金		
处置固定资产、无形资产和其他长期资产所收回的现金净额		
收到的其他与投资活动有关的现金		
现金流入小计		
购建固定资产、无形资产和其他长期资产所支付的现金		
投资所支付的现金		
取得子公司及其他营业单位支付的现金净额		
支付的其他与投资活动有关的现金		
现金流出小计		
投资活动产生的现金流量净额		
三、筹资活动产生的现金流量：		
吸收投资所收到的现金		
取得借款所收到的现金		
收到的其他与筹资活动有关的现金		
现金流入小计		
偿还债务所支付的现金		
分配股利、利润或偿付利息所支付的现金		
支付的其他与筹资活动有关的现金		
现金流出小计		
筹资活动产生的现金流量净额		
四、汇率变动对现金的影响		
五、现金及现金等价物净增加额		
加：期初现金及现金等价物余额		
六、期末现金及现金等价物余额		

利润表列示了公司一定时期实现的净利润，但未揭示其与现金流量的关系，资产负债表提供了公司货币资金期末与期初的增减变化，但未揭示其变化的原因。现金流量表如同桥梁沟通

了上述两表的会计信息，使公司的对外财务报表体系进一步完善，向投资者与债权人提供更全面、有用的信息。

专栏 7.2 财务报表基本分析框架

1. 从资产负债表分析公司资产质量和财务结构

资产负债表所反映的资产价值是以历史成本为基础的，所以资产负债表上的资产账面价值并不能反映资产的真正价值。比如：短期投资可能存在市值变动；应收账款可能存在坏账损失；存货可能存在价值贬损与实物损失；待摊费用没有变现价值，而只是一种财务手段；无形资产支出的资本化或费用化、固定资产折旧、技术的更新等都会对资产价值带来影响。以上因素都可能导致资产的账面价值高于或者低于实际价值。

公司的负债和所有者权益反映了公司不同的资金来源方式，资本结构的差异将可能影响人们对公司财务政策稳健性的判断。

2. 从利润表分析公司赢利能力和成本控制能力

从赢利角度看，利润表的收入结构分析可以反映公司获得利润的来源与途径；收入趋势分析可以反映公司持续赢利的潜能或危机；投资报酬分析可以反映公司资本投资所创造出的价值和效用。

从成本费用角度看，营业成本分析可以说明公司成本计算是否真实、存货计价方法是否稳健、营业成本水平下降是否为暂时性或特殊性因素所致等；营业及管理费用分析可以说明折旧及其他摊销性费用是否得到正确处理、费用控制是否具有短期行为、非经营性费用是否能得到有效管理等；财务费用分析可以说明企业是否较少或过分地依赖于负债、是否依赖于短期负债来获取长期借款以及是否主要利用商业信用来筹措资金等问题。

3. 从现金流量表分析现金流量质量

分析现金流量表应重点关注经营活动产生的现金流量，注意公司在不同阶段现金流量的特点。

分析投资活动产生的现金流量。若其小于零，意味着企业对外投资支大于收，这通常是正常现象，但必须关注投资支出的合理性和投资收益的实现状况；若其大于或等于零，这通常是非正常现象，因此必须关注长期资产处置或变现、投资收益实现以及投资支出减少等方面的因素。

分析筹资活动产生的现金流量。如果其小于零，则需关注企业是否面临偿债压力而又缺乏新的筹资能力，抑或企业是否有新的投资发展机会等问题。

（二）财务报表附注

财务报表附注是为了便于财务报表使用者理解财务报表的内容而对财务报表的编制基础、编制依据、编制原则和方法及主要项目等所作的解释。它是对财务报表的补充说明，是财务决算报告的重要组成部分。公司的年度财务报表附注至少应披露以下内容：财务报表附注是对资产负债表、利润表、现金流量表和所有者权益变动表等报表中列示项目的文字描述或明细资料，以及对未能在这些报表中列示项目的说明等。

1. 财务报表附注的具体内容

（1）不符合会计核算前提的说明。

（2）重要会计政策和会计估计的说明。

（3）重要会计政策和会计估计变更的说明，以及重大会计差错更正的说明。

（4）或有事项的说明。

（5）资产负债表日后事项的说明。

（6）关联方关系及其交易的说明。

（7）重要资产转让及其出售的说明。

（8）企业合并、分立的说明。

（9）财务报表重要项目的说明。

（10）企业所有者权益中，国家所有者权益各项目的变化数额及其变化原因。

（11）收入。

（12）所得税的会计处理方法。

（13）合并财务报表的说明。

（14）企业执行国家统一规定的各项改革措施、政策，对财务状况发生重大事项的说明。

（15）企业主辅分离、辅业改制情况的说明。

（16）有助于理解和分析财务报表需要说明的其他事项。

2. 财务报表附注中需要特别关注的内容

（1）重要会计政策和会计估计的说明。重要会计政策和会计估计对企业财务报表有重大影响，证券分析人员应当在详细了解企业所采纳的会计政策和会计估计的基础上，确认其是否遵循了谨慎、重要性和实质重于形式三个会计原则，是否最恰当地反映企业的财务状况和经营成果，分析会计政策和会计估计的变更带给企业的影响。主要关注以下方面的变更：报表合并范围的变化，折旧方法及其他资产摊销政策的变更，长期、重大供销合同利润的确认，特别收入事项的确认，等等。

（2）或有事项。或有事项指可能导致公司发生损益的不确定状态或情形。常见的或有事项包括：已贴现商业承兑汇票形成的或有负债，未决诉讼、仲裁形成的或有负债，为其他企业提供债务担保形成的或有负债，很可能给企业带来经济效益的或有资产，等等。证券分析人员要考虑或有事项给企业带来的潜在风险和收益，更全面地掌握企业在生产经营过程中的实际状况。

（3）资产负债表日后的事项。资产负债表日后的事项，反映自年度资产负债表日至财务报告批准报出日之间发生的需要告诉或说明的事项。这些事项对公司来说既有利也不利，对日后事项进行分析，可以帮助证券分析人员快速判断这些重要事项是给企业增加了经济收益还是使其遭受了损失。

（4）关联方关系及其交易的说明。企业的关联交易，是指关联企业之间为达到某种目的而进行的交易。证券分析人员应了解这些关联交易的实质，了解企业被交换出去的资产是否是企业的非重要性资产，被交换进来的资产是否能在未来给企业带来一定的经济效益。

（三）审计报告

审计报告是指注册会计师依据独立审计准则，在实施必要审计程序后出具的，对被审计单位提供的财务报表发表审计意见的书面文件。通常，只有上市公司的年度财务报告必须提供审计报告。除非上市公司拟进行中期分配或再融资，或中国证监会要求，中期财务报告无须提供审计报告。季度报告无须接受独立审计，也无须提供全面的财务报表附注。

审计报告根据最终意见的性质分为四种类型：无保留意见的审计报告，保留意见的审计报告，否定意见的审计报告，拒绝表示意见的审计报告。其中，无保留意见审计报告表明注册会计师对被审计单位财务报表数据真实性、合法性的认可，而其他三种审计报告表达了对被审计公司财务报表的不同程度的质疑，有提示风险的作用。

第三节　财务报表的分析方法

财务报表分析的基本方法有两大类：比较分析法和因素分析法。其中，比较分析法最常用。

一、比较分析法

比较分析法是指对财务报表当中两个或两个以上的可比数据进行对比，解释财务指标的差异和变动关系，是财务报表分析的最基本方法。比较分析法具体有以下几种方法。

（一）按比较的标准分类

1. *历史分析*

历史分析也称趋势分析，是指将公司财务报表中连续两期或多期的项目金额或财务指标进行对比，确定其增减变化的方向、数额和幅度，揭示公司财务状况和经营状况变化的趋势。适用于对公司的财务状况进行纵向的发展趋势分析。

2. *同业分析*

同业分析，是指将公司的主要财务指标与同行业的平均指标或先进企业的指标进行对比，判断企业在行业中所处的地位和水平。适用于作横向的同业比较，认识公司自身的优势和不足，确定公司的投资价值。

3. *预算差异分析*

预算差异分析是指对比公司期初预算和期末实际的会计项目数据和财务指标，分析预算（计划）的完成情况。由于企业财务预算一般属于内部信息，所以仅适用于企业内部管理层使用，目的在于发现企业存在的问题，完善经营管理。

（二）按比较的指标分类

1. *总量指标分析*

总量是指财务报表某个项目的金额总量，比如净利润、应收账款、存货等。由于不同企业的财务报表项目的金额之间不具有可比性，因此总量比较主要用于历史和预算比较。

2. *财务比率分析*

财务比率是用倍数或比例表示的分数式，反映各会计要素的相互关系和内在联系，代表了企业某一方面的特征、属性或能力。比如流动比率、速动比率、资产负债率、产权比率等。财务比率以相对数的形式，排除了规模的影响，使不同比较对象建立起可比性，因此广泛用于历史比较、同业比较和预算比较。

3. *结构百分比分析*

结构百分比是用百分率表示某一报表项目的内部结构，反映该项目内各组成部分的比例关系，代表了企业某一方面的特征、属性或能力。结构百分比排除了规模的影响，使不同比较对象建立起可比性，可以用于本企业历史比较、与其他企业比较和与预算比较。

二、因素分析法

因素分析法是指把整体分解为若干个局部的分析方法，包括比率因素分解法和差异因素分解法。

（一）比率因素分解法

比率因素分解法，是指把一个财务比率分解为若干个影响因素的方法。企业的偿债能力、收益能力等是用财务比率评价的，对这些能力的分析必须通过财务比率的分解来完成。著名的杜邦财务分析模型就是采用的比率因素分解法，如图 7.2 所示。在实际的分析中，分解法和比较法是结合使用的。比较之后需要分解，以深入了解差异的原因；分解之后还需要比较，以进一步认识其特征。不断地比较和分解，构成了财务报表分析的主要过程。

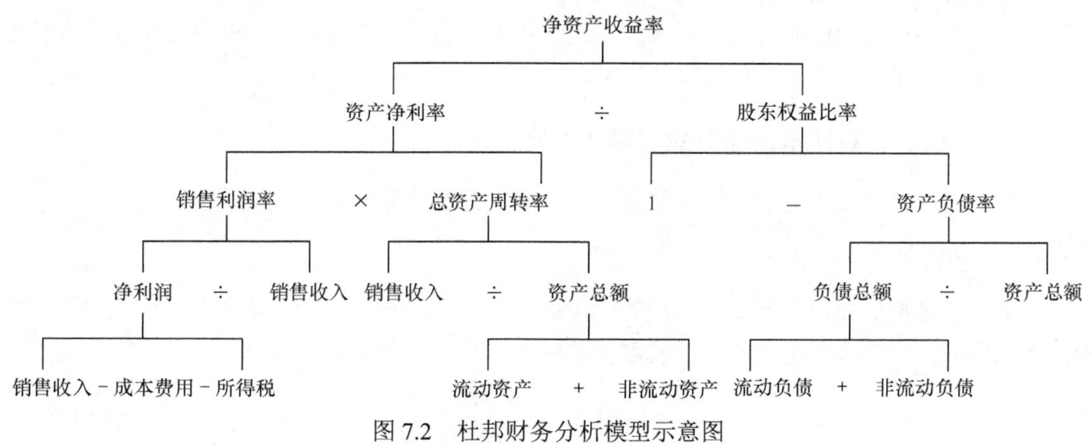

图 7.2　杜邦财务分析模型示意图

（二）差异因素分解法

差异因素分解法又分为定基替代法和连环替代法两种。

1. 定基替代法

定基替代法是测定比较差异成因的一种定量方法。分析人员按照这种方法，需要分别用实际值替代标准值，以测定各因素对财务指标的影响，计算公式为

数量变动影响金额 = 实际价格 × 实际数量 – 实际价格 × 预算数量 = 实际价格 × 数量差异

价格变动影响金额 = 实际价格 × 实际数量–预算价格 × 实际数量 = 价格差异 × 实际数量

2. 连环替代法

连环替代法需要依次用实际值替代标准值，以测定各因素对财务指标的影响，计算公式为

数量变动影响金额 = 预算价格 × 实际数量 – 预算价格 × 预算数量 = 预算价格 × 数量差异

价格变动影响金额 = 实际价格 × 实际数量 – 预算价格 × 实际数量 = 价格差异 × 实际数量

在运用连环替代法进行因素分析时，分析人员一定要注意掌握好分解的关联性和因素替代的顺序性。

第四节　财务比率分析的主要内容

财务比率是比较分析的结果，同时也是对公司财务报表进行更深层次的比较分析和因素分析的基础。比率分析涉及公司管理的各个方面，比率指标也很多，根据指标反映财务状况的侧重点，可以大致归纳为以下几类：短期偿债能力分析、长期偿债能力分析、营运能力分析、赢利能力分析、投资报酬分析、现金流量分析等。

一、短期偿债能力分析

短期偿债能力又称变现能力分析，是指公司产生现金的能力，主要考察近期能够变现的流动资产偿付流动负债的能力。如果公司的流动资产不足以支付流动负债，不仅会影响到公司的信誉，加大公司在资金市场上的筹资难度，还会影响到公司的生存。公司短期偿债能力一般取决于营运资金的多少和资产变现速度的快慢。

（一）反映公司短期偿债能力的主要财务比率指标

考核公司短期偿债能力的指标主要有流动比率、速动比率、现金比率等。

1. *流动比率*

流动比率是指流动资产与流动负债的比值。该指标表示每一元流动负债有多少流动资产作为偿还的保证，反映公司流动资产对流动负债的保障程度，计算公式为

$$流动比率=\frac{流动资产}{流动负债}$$

流动比率是最常用的衡量企业短期偿债能力的指标之一。该指标是相对数，克服了公司规模不同的影响，适合不同公司之间以及同一公司不同历史时期的比较。

分析人员应用流动比率分析时要注意以下几个问题。

（1）通常认为流动比率在 1.5～2 之间，企业财务状况比较稳妥可靠。从理论上讲，该比率接近于 2 较为理想。有时流动比率小于 2，公司也会使到期债务得以偿还，但若长时间小于 2，且差距较大，债权人通常会因为对企业的偿债能力信心不足而拒绝借款。在实际工作中，该比率主要视流动资产与流动负债之间变现与偿付的对称关系及企业对待收益与风险的态度而具体确定。一般存货周转较快或结算资产较好的企业，流动比率可以适当小一些。20 世纪 90 年代之后，流动比率平均值已降为 1.5 左右。

（2）流动比率并非越高越好。一方面，流动比率越高，公司偿还短期债务的流动资产保障程度越高，但并不说明公司有足够的现金或存款用来偿还短期负债，投资者还应进一步分析公司存货、应收账款的变现能力。另一方面，从短期债权人的角度看，自然希望该比例越高越好，因为其债权越安全，但在其他情况正常的情况下，过高的流动比率意味着公司的闲置资金过多，会造成公司机会成本的上升和获利能力的下降。因此，从有效利用资金的角度讲，公司应根据自身特点、行业特点尽可能将流动比率维持在不使货币资金闲置的水平。

（3）流动比率是否合理，不同公司及同一公司的不同时期评价标准不同，不应用同一标准来评价。只有和同行业平均流动比率、本公司历史的流动比率进行比较，才能知道该比率是高还是低。至于导致流动比率高低变化的原因，分析人员还必须分析流动资产和流动负债所包含项目的内容以及经营上的因素，其中营业周期、应收账款和存货是影响流动比率的重要因素。

2. 速动比率

速动比率是指速动资产与流动负债的比值，计算公式为

$$速动比率=\frac{速动资产}{流动负债}$$

速动资产是指流动资产减去变现能力较差且不稳定的存货、待摊费用、待处理流动资产损失后的余额，主要包括变现能力较强的现金、有价证券、应收账款。由于剔除了存货等变现能力弱且不稳定的资产，速动比率能更加准确、可靠地评价公司资产的流动性及偿还短期负债的能力，因此，分析人员常常将其作为流动比率指标的一个重要的辅助指标。

同流动比率一样，速动比率的合理范围也没有绝对标准。传统经验认为，该比率为1时是安全边界。但在实际工作中，公司还应结合债务人的信用状况及市场销售状况等因素，确定自身的速动比率，速动比率主要视应收账款周转速度而定。

速动比率的局限性：第一，该指标也是一个时点指标，即反映的是某一时点用于偿还流动负债的速动资产，它并不能说明未来现金流入的多少，而未来现金流入是反映流动性最好的指标。第二，速动资产中包含了应收账款，因而用速动资产反映企业的短期偿债能力也会受到怀疑。第三，各种预付款项的变现能力也很差，分析人员分析时也应注意。

3. 现金比率

现金比率是现金类资产与流动负债的比值，计算公式为

$$现金比率=\frac{现金类资产}{流动负债}$$

其中，现金类资产是指货币资金与短期投资净额之和。现金比率反映了企业随时可以偿债的能力或对流动负债的随时支付能力，通常在0.3左右比较合理。一般来说，分析人员分析现金比率的重要性不大，因为不可能要求企业用现金和短期证券投资来偿还全部的流动负债，但是当发现企业的应收账款和存货的变现能力存在问题时，现金比率就显得十分重要，它说明在最坏的情况下企业的短期偿债能力。

通常来说，以上指标值越大，或有加大的趋势，说明短期偿债能力有所增强。除此之外，还有一些财务报表中没有反映出来的因素，也会影响公司的变现能力以及短期偿债能力。报表使用者多了解这些方面的情况，有利于做出正确判断。

（二）影响公司实际短期偿债能力的表外因素

存在下列几种情况之一时，企业实际的偿债能力要比报表所显示得更强。

（1）拥有可动用的银行信贷额度。银行已同意公司未办理贷款手续的银行信贷额度，可以随时增加公司的现金，提高支付能力。

（2）一些长期资产可以迅速变现。如果企业有一些长期资产可以很快出售，也可以准备变现以增强短期偿债能力。

（3）企业长期债务状况良好，积累了一定的信誉。在出现短期偿债压力时，企业可以利用良好的信誉，通过发行债券或股票的方法解决资金短缺问题。

存在下列几种情况之一时，企业实际的偿债能力要比报表所显示得更差。

（1）附注中揭示了已贴现但另一方有追索权的票据。

（2）大额或有负债，如未决税款争议、未决诉讼等。

（3）为其他企业的银行借款提供了担保。

二、长期偿债能力分析

长期债务是指按照债务合同约定在1年以后需要偿还的债务。由于债务是长期的，其本息的偿付不仅取决于届时的现金流入量，更取决于公司的获利能力和经济实力。由于短期债务的偿还对长期债务的清偿能力存在着“挤压”效应，以及部分短期债务可能长期化，所以衡量公司长期偿债能力要以公司的获利能力、资产规模、股东权益并联系短期债务的规模来进行。

（一）反映公司长期偿债能力的主要财务比率指标

考核公司长期偿债能力的财务比率指标主要有：资产负债率、产权比率、有形净值债务率等。

1. 资产负债率

资产负债率，又称负债比率，是负债总额与资产总额的比值。即资产总额中有多大比例是通过负债筹资形成的，计算公式为

$$资产负债率=\frac{负债总额}{资产总额}\times100\%$$

该指标揭示了资产负债的依存关系，即负债偿还的物质保证程度。负债比率越低，债务偿还的稳定性、安全性就越大。同时意味着公司利用财务杠杆进行融资的空间较大。相反，该指标越高，说明公司资产总额中有较大部分是用债权人提供的资金形成的，一旦市场不振，公司就有可能陷入破产清算的境地。

对公司而言，负债经营规模应控制在合理水平内，该指标一般在50%为宜。过高的资产负债率会造成公司债务偿还稳定性差，但过低的资产负债率又说明公司的经营过于保守，不能充分地发挥负债的财务杠杆效应，减少公司获利。然而在具体分析公司的偿债压力时，分析人员还要考虑到公司负债结构的合理性，例如，对银行借款、应付票据、应付账款、其他应付款、1年内到期的长期负债等项目规模的大小进行综合分析。如果某一公司的资产负债率很低，反映其总体偿债能力较高，但在负债结构中，短期负债与长期负债的比例不够合理，或短期借款、应付票据、应付账款、其他应付款、1 年内到期的长期负债等对偿债时间要求很强的负债项目过多，规模很大，在公司资产变现能力差的情况下，就可能会发生偿债危机。

2. 产权比率

产权比率，又称为负债权益比，是指负债总额与所有者权益的比值，计算公式为

$$产权比率=\frac{负债总额}{所有者权益}\times100\%$$

该比率揭示了公司负债与资本的对应关系，即在公司清算时债权人权益的保障程度。产权比率越低，偿还债务的资本保障程度越大，债权人遭受风险损失的可能性就越小，反之亦然。当然，

产权比率过低，尽管有利于公司长期偿债能力的提高，但公司不能充分地发挥负债的财务杠杆效应。所以在评价产权比率适度与否时，分析人员应从提高获利能力与增强偿债能力两方面进行，即在保障债务偿还安全的前提下，应尽可能提高产权比率。

产权比率与资产负债率对评价公司偿债能力的作用是基本相同的，主要区别是：资产负债率侧重于分析债务偿还安全性的物质保障程度，产权比率则是侧重于揭示财务结构的稳健程度以及所有者权益对偿债风险的承受能力。

3. 有形净值债务率

有形净值债务率是将无形资产从所有者权益中予以扣除，从而计算公司负债总额与有形净值的百分比。该指标反映了公司在清算时债权人投入的资本受到所有者权益的保护程度，计算公式为

$$有形净值债务率=\frac{负债总额}{所有者权益-无形资产净值}\times 100\%$$

该指标扣除了不能作为偿债资源的无形资产，因此与产权比率指标相比，该指标是更为谨慎、保守地反映债权人利益受保护程度的指标。从长期偿债能力分析，该指标数值越低越好，但一般也应维持在 1:1 的比例。应注意的是分析人员在使用该指标分析公司长期偿债能力时，还应对递延资产、待摊费用、待处理财产损益等进一步分析，因为这些资产具有极大的不确定性。

（二）影响长期偿债能力的其他因素

1. 长期租赁

在公司急需某种设备或资产但又缺乏足够资金时，可以通过租赁的方式解决。长期租赁有两种形式：融资租赁和经营租赁。

融资租赁是一种资本化的租赁，相当于变相地分期付款购买固定资产。其操作流程是：先由租赁公司垫付资金购买设备租给承租人使用，承租人按合同规定支付租金（包括设备买价、利息、手续费等），一般情况下，在承租人付清最后一笔租金后，租赁物所有权归承租人所有。因此，依靠融资租赁租入的资产以公司固定资产入账，相应的租赁费作为长期负债处理，已经纳入长期偿债能力的财务比率指标的计算当中。

而经营租赁形式下租入的固定资产，不作为固定资产入账，相应的租赁费用作为当期的费用处理。如果公司的经营租赁量比较大、期限比较长或具有经常性时，就会构成一种长期性筹资。虽然这种长期性筹资不包括在长期负债之内，但到期时必须支付租金，会影响到公司的偿债能力。因此，如果公司的经营租赁业务经常发生，就要考虑租赁费用对偿债能力的影响。

2. 担保责任

由于担保项目的时间长短不一，对于涉及公司长期负债的担保项目，分析人员有必要根据有关资料判断担保责任可能带来的潜在长期偿债压力。

3. 或有项目

或有项目最终结果的不确定性，使得它对公司财务状况的影响不容忽视，分析人员在考察长期偿债能力时也要考虑在内。

三、营运能力分析

营运能力是指公司在经营管理中利用资金运营的能力，反映资产管理和利用的效率。常用

考察指标主要包括总资产周转率、流动资产周转率、应收账款周转率和存货周转率等财务比率。

1. 总资产周转率

总资产周转率指企业一定时期的营业收入与平均资产总额的比率，说明企业的总资产在一定时期内（通常为一年）周转的次数，计算公式为

$$总资产周转率=\frac{营业收入}{平均资产总额}(次)$$

式中，平均资产总额是资产负债表中的资产总计的期初数与期末数的平均数。

该指标反映了企业对全部资产的运用效率。指标数值越大，说明企业全部资产的周转速度越快，资产的运用效率越高，其结果必然会给公司带来更多的收益，使企业的赢利能力、偿债能力都得到提高。

分析人员从指标的计算方法可知，要想提高总资产的运用效率有两条途径，一是增加收入；二是减少资产。怎样增加收入？这就要从影响收入的各项因素入手进行分析；减少资产，当然要减少的是企业不需要的、闲置的、质量差的资产。

与总资产周转率相关的另一个指标是总资产周转天数。该指标反映的是总资产每周转一次需要的时间（天数），指标数值越小，说明总资产的周转速度越快，资产运用的效率越高，因此，该指标是反映总资产运用效率的逆指标，计算公式为

$$总资产周转天数=\frac{计算期天数}{总资产周转次数}$$

2. 流动资产周转率

流动资产周转率指企业一定时期的营业收入与平均流动资产的比率，计算公式为

$$流动资产周转率=\frac{营业收入}{平均流动资产}(次)$$

该指标反映了企业对流动资产的使用效率，指标数值越大，说明企业流动资产的周转速度越快，资产运用效率越高。当然，要想提高流动资产的周转率，也需要从公式的分子、分母的构成项目中寻找解决办法。

与流动资产周转率相联系的另一个指标是流动资产周转天数，计算公式为

$$流动资产周转天数=\frac{计算期天数}{流动资产周转次数}$$

该指标说明流动资产每周转一次所用的时间。每周转一次使用的时间越短，则流动资产的周转速度越快，资产的运用效率越高，因此，此指标是反映流动资产运用效率的逆指标。

3. 应收账款周转率

应收账款周转率，指企业一定时期的营业收入与平均应收账款的比值，计算公式为

$$应收账款周转率=\frac{营业收入}{平均应收账款}(次)$$

该指标反映了企业应收账款在一定时期内周转的次数。周转次数越多，则应收账款收回速度越快，资产的流动性越强，企业短期偿债能力越强，当然企业对资产的使用效率就越高。

与应收账款周转率相联系的另一个指标是应收账款周转天数，计算公式为

$$应收账款周转天数=\frac{360}{应收账款周转次数}=\frac{平均应收账款\times 360}{营业收入}$$

该指标反映企业应收账款周转一次所用的时间。时间越短，应收账款回收速度越快，企业资产的流动性就越好，企业资产使用效率越高。

应收账款周转率指标可以检查公司应收账款变为现金的快慢速度，进而对公司应收账款的质量有一个较准确的把握。由于计算是用销售额代替赊销额，对有很多现金销售的公司（如零售业），计算的结果可能会大大低估公司的赊销部分从赊销到货款到位的时间。因此一个公司应收账款回收期究竟是多少为好，要视公司的经营特点，并参照同行业情况进行评价。

4. 存货周转率

存货周转率是公司在某一会计报告期内主营业务成本和平均存货的比值，计算公式为

$$存货周转率=\frac{主营业务成本}{平均存货}（次）$$

式中，

$$平均存货=\frac{期初存货余额+期末存货余额}{2}$$

同样，存货周转速度也可用存货周转天数表示，计算公式为

$$存货周转天数=\frac{360}{存货周转率}=\frac{360}{\frac{营业成本}{平均存货}}=\frac{平均存货\times 360}{营业成本}$$

通过对该指标的分析可以衡量公司存货是否适量，从而对公司商品市场的竞争力、公司的推销能力和管理绩效有一个基本的估计和判断。同时它还是衡量公司短期偿债能力的一个重要参考指标。一般来说，存货周转越快，存货的占用水平越低，说明公司资金的回收速度越快，在公司资金利润率较高的情况下，公司就能获取更高的利润，并具备较强的短期偿债能力。如果存货周转慢，说明公司的存货可能适销不对路，有过多的存货影响资金及时回笼。

总之，各项资产的周转指标用于衡量公司运用资产赚取收益的能力，经常和反映赢利能力的指标结合在一起使用，可全面评价公司的赢利能力。

四、赢利能力分析

赢利能力实际上就是指公司的资金增值能力，通常体现为公司收益数额的大小与收益水平的高低，是衡量公司经营效果的重要指标。正确计算赢利能力可以合理测算公司的赢利水平，评判公司经营管理者的管理绩效，为投资决策提供依据。反映公司赢利能力的指标主要有：销售净利率、销售毛利率、资产净利率、净资产收益率等。

1. 销售净利率

销售净利率指净利润与营业收入的比值，计算公式为

$$销售净利率=\frac{净利润}{营业收入}\times 100\%$$

这个指标反映每1元营业收入带来净利润的程度，比值越高反映赢利能力越强。

2. 销售毛利率

销售毛利率是毛利占营业收入的百分比，其中毛利是营业收入与营业成本的差额，计算公式为

$$销售毛利率=\frac{营业收入-营业成本}{营业收入}\times 100\%$$

该指标表示每 1 元营业收入扣除营业成本后，有多少钱可以用于各项期间费用和形成赢利。销售毛利率反映的是公司营业收入的获利水平，比率越高，说明公司营业成本控制得越好，获利能力越强。销售毛利率指标具有明显的行业特点。一般来说，营业周期短、固定费用低的行业的毛利率水平比较低；营业周期长、固定费用高的行业，则要求有较高的销售毛利率，以弥补其巨大的固定成本。

3. 资产净利率

资产净利率，又叫资产回报率或资产收益率，是指公司净利润与平均资产总额的百分比，计算公式为

$$资产净利率=\frac{净利润}{平均资产总额}\times 100\%$$

该指标反映公司资产总额中每百元资产所能获得的纯利润，其数值越高，说明公司总资产的获利能力越强。

4. 净资产收益率

净资产收益率又称股东权益收益率，是指公司净利润与净资产（即股东权益）的百分比，计算公式为

$$净资产收益率=\frac{净利润}{净资产}\times 100\%$$

净资产收益率是衡量股份制公司赢利能力的重要指标之一。其数值越高，说明公司净资产的获利能力越强。

五、投资报酬分析

（一）每股收益

每股收益（earning per share，EPS），又称每股税后利润、每股盈余，指税后利润与股本总数的比率，计算公式为

$$每股收益=\frac{净利润}{总股本}$$

该比率反映了每股创造的税后利润，比率越高，表明所创造的利润越多。若公司只有普通股时，净收益是税后净利，股份数是指流通在外的普通股股数。如果公司还有优先股，应从税后净利中扣除分派给优先股股东的利息。目前，上市公司主要是按中国证监会颁布的《公开发行证券的公司信息披露内容与格式准则第 2 号——年度报告的内容与格式》及《公开发行证券的公司信息披露编报规则第 9 号——净资产收益率和每股收益的计算与披露》（以下简称《第 9 号》）的要求提供每股收益信息。

在新会计准则颁布之前，每股收益的计算有全面摊薄法和加权平均法两种方法。之前投资者较为熟悉的是全面摊薄法，即直接用报告期的利润除以期末的股份数得出。

在新会计准则下，每股收益指标的计算方法发生了重大变化。定期报告中将不再出现按全面摊薄法计算的每股收益，取而代之的是基本每股收益。相对于全面摊薄每股收益，基本每股

收益进一步考虑了股份变动的时间因素及其对全年净利润的贡献程度。

1. 基本每股收益

根据中国证监会《第 9 号》规则的第五条规定，基本每股收益参照如下公式计算

$$基本每股收益 = P \div S$$

且

$$S = S_0 + S_1 + S_i \times M_i \div M_0 - S_j \times M_j \div M_0 - S_k$$

式中，P 为归属于公司普通股股东的净利润或扣除非经常性损益后归属于普通股股东的净利润；S 为发行在外的普通股加权平均数；S_0 为期初股份总数；S_1 为报告期因公积金转增股本或股票股利分配等增加股份数；S_i 为报告期因发行新股或债转股等增加股份数；S_j 为报告期因回购等减少股份数；S_k 为报告期缩股数；M_0 为报告期月份数；M_i 为增加股份下一月份起至报告期期末的月份数；M_j 为减少股份下一月份起至报告期期末的月份数。以上公式用文字形式表达如下

$$基本每股收益 = 普通股股东的报告期净利润 \div 发行在外普通股的加权平均数$$

其中，

$$\begin{aligned}当期发行在外普通股加权平均数 = &\ 期初发行在外的普通股股数\\ &+ 当期新发行普通股股数 \times \frac{发行在外时间}{报告期时间}\\ &- 当期回购普通股股数 \times \frac{已回购时间}{报告期时间}\end{aligned}$$

在计算当期发行在外普通股加权平均数时，权数可以按天数来计算，在不影响计算结果合理性的前提下，也可以按月来计算。

以某公司 2007 年度的基本每股收益计算为例。该公司 2007 年度归属于普通股股东的净利润为 25 000 万元。2006 年年末的股本为 8 000 万股，2007 年 2 月 8 日，以截至 2006 年总股本为基础，向全体股东 10 送 10 股，总股本变为 16 000 万股。2007 年 11 月 29 日再发行新股 6 000 万股。

（1）按照新会计准则计算该公司 2007 年度基本每股收益：

$$基本每股收益= 25\,000\div (8\,000 + 8\,000 + 6\,000 \times 1/12) = 1.52（元/股）$$

（2）上述案例如果按照旧会计准则的全面摊薄法计算，则

$$全面摊薄每股收益= 25\,000 \div (8\,000 + 8\,000 + 6\,000) = 1.14（元/股）$$

从以上案例数据来看，在净利润指标没有发生变化的情况下，通过新会计准则计算的基本每股收益较旧会计准则计算的每股收益高出 33%。

2. 稀释每股收益

实践中，上市公司常常存在一些潜在的可能转化成上市公司股权的工具，如可转债、认股期权或股票期权等，这些工具有可能在将来的某一时点转化成普通股，从而减少上市公司的每股收益。

稀释每股收益，即假设公司存在的上述可能转化为上市公司股权的工具都在当期全部转换为普通股股份后计算的每股收益。相对于基本每股收益，稀释每股收益充分考虑了潜在普通股对每股收益的稀释作用，以反映公司在未来股本结构下的资本赢利水平。

根据我国证监会《第 9 号》规则第六条的规定，公司存在稀释性潜在普通股的，应当分别调整归属于普通股股东的报告期净利润和发行在外普通股加权平均数，并据以计算稀释每股收益。

稀释每股收益参照以下公式计算

$$稀释每股收益= P \div (S_0 + S_1 + S_i \times M_i \div M_0 - S_j \times M_j \div M_0 - S_k + \text{认股权证、股份期权、可转换债券等增加的普通股加权平均数})$$

式中，P 为归属于公司普通股股东的净利润或扣除非经常性损益后归属于公司普通股股东的净利润。公司在计算稀释每股收益时，应考虑所有稀释性潜在普通股的影响，直至稀释每股收益达到最小。

3. *每股收益的应用*

分析人员使用每股收益指标考察投资收益时应该注意的问题：①每股收益并不反映股票所含有的风险。由于信息不对称始终存在，信息使用者单纯看每股收益指标，并不能全面了解公司财务状况、经营成果以及现金流量，更不清楚公司的投资活动。当公司的经营风险加大时，每股收益很有可能没有变化，由此可能误导投资者做出不当的投资决策。②不同股票的每股所含有的净资产和市价不同，即获得每股收益的投入成本不同，不同公司的每股收益基本不具备可比性。③每股收益和实际每股分红不一定对等，要看公司的股利分配政策。

（二）市盈率

市盈率是普通股每股市场价格与每股收益的比值，计算公式为

$$市盈率 = \frac{每股市价}{每股收益}(倍)$$

该指标的表面含义是显示股价相当于每股净收益的倍数，深层含义是每股股票以现价购入收回投资的年限。它是投资者判断投资于某公司股票的重要参考依据。高市盈率的股票表明投资者预期公司收益会稳定增长，低市盈率的股票说明投资者对公司发展前景，尤其是公司的成长性不持乐观态度。使用该指标一定要注意分析公司的成长性，一般来讲，高成长性的企业其市盈率往往较高，成长性差的企业其市盈率往往较低。所以重视市盈率，更重视成长性，应成为投资者坚持的一个重要选股原则，但投资者还应注意辩证地使用该指标。

一般而言，市盈率越低越好。市盈率越低，表示公司股票的投资价值越高，反之，则投资价值越低。然而，也有一种观点认为，市盈率越高，意味着公司未来成长的潜力越大，也即投资者对该股票的评价越高，反之，投资者对该股票评价越低。

影响公司股票市盈率的因素有以下几方面：第一，上市公司赢利能力的成长性。如果上市公司预期赢利能力不断提高，说明公司具有较好的成长性，虽然目前市盈率较高，也值得投资者进行投资，因为上市公司的市盈率会随公司赢利能力的提高而不断下降。第二，投资者所获报酬率的稳定性。如果上市公司经营效益良好且相对稳定，则投资者获取的收益也较高且稳定，投资者就愿意持有该公司的股票，则该公司的股票市盈率会由于众多投资者的普遍看好而相应提高。第三，市盈率也受到利率水平变动的影响。当市场利率水平变化时，市盈率也应作相应的调整。在股票市场的实务操作中，利率与市盈率之间的关系常用以下公式表示：市场平均市盈率=1/市场利率。所以，上市公司的市盈率一直是广大股票投资者进行中长期投资的重要决策指标。

投资者使用市盈率指标时要注意以下问题：①不同行业的公司的市盈率不具有可比性。成长性好的新兴行业的市盈率普遍较高，而传统行业的市盈率普遍较低，这并非说明后者的股票没有投资价值。②在每股收益很少或者亏损时由于市价不能降至为零，公司的市盈率也会很高，但它不能说明任何问题。③市盈率的高低受市价影响，而市价的影响因素很多，包括短线的投机炒作等，因此观察市

盈率的长期趋势更重要。④市盈率的取值没有一个统一标准，投资者运用市盈率指标来判断股票的价值时，一般要结合其他相关信息，进行公司的历史分析和同业分析，才能有比较可靠的结果。

（三）市净率

市净率是每股市价与每股净资产的比值，表明股价以每股净资产的若干倍在流通转让，用来评价股价相对于每股净资产而言是否被高估，计算公式为

$$市净率=\frac{每股市价}{每股净资产}（倍）$$

每股市价低于每股净资产的股票，就像售价低于成本的商品一样，属于“处理品”。但是，“处理品”并不意味着没有投资价值。对于投资者来说，将市净率作为选股标准，市净率越低的股票，风险越小。熊市中投资者们乐于使用市净率指标，因为这种指标更能体现股票的安全边际。历史经验表明，一些跌破净资产的股票的投资风险往往会表现为较小，在行情启动之时，往往具有较好的价值回归动力。这种情况下分析重点在于该公司今后是否有转机，或者购入后经过资产重组能否提高获利能力。

市净率能够帮助投资者寻求哪个上市公司能以较少的投入得到较高的产出，对于大的投资机构，它能帮助其辨别投资风险。这里要指出的是：市净率不适用于短线炒作。

六、现金流量分析

现金流量分析以现金流量表为基础，结合资产负债表和利润表，能够对上市公司的偿债能力、赢利能力的真实可靠性进行验证。

（一）偿债能力保障性分析

一般来讲，能够偿还债务的最可靠的保障是现金流量，因此，现金流量和债务的比较可以更好地反映公司偿还债务的能力。

1. 现金流动负债比

现金流动负债比是经营现金净流量与流动负债的比值，计算公式为

$$现金流动负债比=\frac{经营现金净流量}{流动负债}$$

式中，经营现金净流量是指现金流量表中的经营活动产生的现金流量净额。

2. 现金到期债务比

现金到期债务比是经营现金净流量与本期到期债务的比值，计算公式为

$$现金到期债务比=\frac{经营现金净流量}{本期到期债务}$$

式中，本期到期债务是指本期到期的长期债务和本期应付的应付票据。

3. 现金债务总额比

现金债务总额比是经营现金净流量与负债总额的比值，计算公式为

$$现金债务总额比=\frac{经营现金净流量}{负债总额}$$

以上三种比率与同行业平均水平相比较高（低），显示公司的偿债能力相对较强（弱）；如果与上期同指标数据相比逐渐提高（或降低），则说明偿债能力有增强（或减弱）的趋势。

（二）收益质量分析

收益质量分析是指利用现金流量表，分析经营现金净流量与会计收益的比例关系。若经营现金净流量能与公司账面利润基本相符，则认为收益的质量较好；如果经营现金净流量少于账面利润，则认为收益质量不佳。关于收益质量的信息，列示在现金流量表的补充资料中。

收益质量分析的常用财务比率是现金营运指数。现金营运指数是指经营现金净流量与经营所得现金的比值，计算公式为

$$\text{现金营运指数}=\frac{\text{经营现金净流量}}{\text{经营所得现金}}=\frac{\text{经营现金净流量}}{\text{经营活动收益}-\text{非经营损益}+\text{非付现费用}}$$

式中，经营活动收益采用净利润；非经营损益包括处置固定资产、无形资产和其他资产的损益，固定资产报废损益，财务费用，投资损益等项目；非付现费用则包括计提的资产减值准备、固定资产折旧、无形资产摊销、长期待摊费用摊销、待摊费用的减少等科目。

现金营运指数能够反映公司现金回收质量，衡量现金风险。理想的现金营运指数应为 1，小于 1 的现金营运指数反映了公司部分收益没有取得现金，而是停留在实物或债权形态，而实物或债权资产的风险远大于现金。现金营运指数越小，以实物或债权形式存在的收益占总收益的比重越大，收益质量越差。应收账款增加、应付账款减少、存货增加等，都会占用现金，使得公司实际得到的经营现金收益减少。

以 A 公司为例，有关收益质量的现金流量补充资料如表 7.7 所示。

表 7.7　A 公司的现金流量补充资料

单位：万元

将净利润调整为经营现金流量	金额	说　明
净利润	3 568.5	
加：计提的资产减值准备	13.5	非付现费用共 3 913.5 万元，少提取这类费用，可增加会计收益却不会增加现金流入，会使收益质量下降
固定资产折旧	1 500	
无形资产摊费	900	
长期待摊费用摊销	0	
待摊费用减少（增加以“–”号填列）	1 500	
处置固定资产损失（收益以“–”号填列）	–750	非经营净收益 604.5 万元，不代表正常的收益能力
固定资产报废损失（收益以“–”号填列）	295.5	
财务费用	322.5	
投资损失（收益以“–”号填列）	–472.5	
存货减少（增加以“–”号填列）	79.5	经营资产净增加 655.5 万元，如收益不变而现金减少，收益质量下降（收入未收到现金），应查明应收项目增加的原因
经营性应收项目减少（增加以“–”号填列）	–735	
经营性应付项目增加（减少以“–”号填列）	–790.5	无息负债净减少 505.5 万元，收益不变而现金减少，收益质量下降
其他	285	
经营活动现金流量净额	5 716.5	

根据表 7.7 资料，A 公司现金营运指数计算如下：

$$\text{A 公司经营所得现金}=3\,568.5-604.5+3\,913.5=6\,877.5\ (\text{万元})$$

$$现金营运指数 = 5\,716.5 \div 6\,877.5 \approx 0.83$$

该指数计算结果表示 A 公司每 1 元的经营活动现金收益收回了 0.83 元，另外的 0.17 元则作为营运资金使用了，表明该公司的收益质量偏弱。

表 7.8 为公司财务分析主要指标的总结。

表 7.8　公司财务分析主要指标一览

财务比率	计算公式
一、短期偿债能力指标	
1．流动比率	$流动比率 = \dfrac{流动资产}{流动负债}$
2．速动比率	$速动比率 = \dfrac{速动资产}{流动负债}$
3．现金比率	$现金比率 = \dfrac{现金类资产}{流动负债}$
二、长期偿债能力指标	
1．资产负债率	$资产负债率 = \dfrac{负债总额}{资产总额} \times 100\%$
2．产权比率	$产权比率 = \dfrac{负债总额}{所有者权益} \times 100\%$
3．有形净值债务率	$有形净值债务率 = \dfrac{负债总额}{股东权益 - 无形资产净值} \times 100\%$
三、营运能力指标	
1．总资产周转率	$总资产周转率 = \dfrac{营业收入}{平均资产总额}$（次）
2．流动资产周转率	$流动资产周转率 = \dfrac{营业收入}{平均流动资产}$（次）
3．应收账款周转率	$应收账款周转率 = \dfrac{营业收入}{平均应收账款}$（次）
4．存货周转率	$存货周转率 = \dfrac{营业成本}{平均存货}$（次）
四、赢利能力指标	
1．销售净利率	$销售净利率 = \dfrac{净利润}{营业收入} \times 100\%$
2．销售毛利率	$销售毛利率 = \dfrac{营业收入 - 营业成本}{营业收入} \times 100\%$
3．资产净利率	$资产净利率 = \dfrac{净利润}{平均资产总额} \times 100\%$
4．净资产收益率	$净资产收益率 = \dfrac{净利润}{净资产} \times 100\%$
五、投资报酬能力指标	
1．每股收益	$每股收益 = \dfrac{净利润}{总股本}$
2．市盈率	$市盈率 = \dfrac{每股市价}{每股收益}$（倍）
3．市净率	$市净率 = \dfrac{每股市价}{每股净资产}$（倍）

续表

财务比率	计算公式
六、现金流量分析指标	
1．现金流动负债比	$现金流动负债比=\frac{经营现金净流量}{流动负债}$
2．现金到期债务比	$现金到期债务比=\frac{经营现金净流量}{本期到期的债务}$
3．现金债务总额比	$现金债务总额比=\frac{经营现金净流量}{负债总额}$
4．现金营运指数	$现金营运指数=\frac{经营现金净流量}{经营所得现金}$

七、财务报表附注对财务比率的影响分析

财务报表附注作为财务报表的重要组成部分，是对财务报表本身无法或难以充分表达的内容和项目所作的补充说明和详细解释。它提供与财务报表所反映的信息相关的其他财务信息，使财务报表使用者通过阅读财务报表及其相关的附注，为其决策提供更充分的信息。通过财务报表附注的阅读和分析，会计信息使用者可以充分地了解企业的基本会计假设、会计政策和会计估计变更、关联方关系及其交易、资产负债表日后事项等财务报表中无法反映却对财务分析非常重要的内容。由于财务报表附注的内容较多，且相当一部分内容是定性的而不是定量的，因而相对来说，财务报表附注的分析往往容易被人忽视。

财务比率分析作为最重要的财务分析方法，它反映各会计要素之间的相互关系和内在联系。基本的财务比率分析主要包括：偿债能力分析、营运能力分析和赢利能力分析。下面我们主要从基本财务比率的三个方面分析财务报表附注对于财务分析的影响。

1．对偿债能力分析的影响

企业的偿债能力分析包括短期偿债能力分析和长期偿债能力分析。短期偿债能力分析主要有流动比率和速动比率，它建立在对公司流动资产和流动负债关系的分析之上，其分母均为流动负债。长期偿债能力分析主要有资产负债率和产权比率，其分子均为负债总额。而会影响企业流动资产变现能力的因素主要有未作记录的或有负债。按照《企业会计准则——或有事项》的定义，或有负债指“过去的交易或事项形成的潜在义务，其存在须通过未来不确定事项的发生或不发生予以证实；或过去的交易或事项形成的现时义务，履行该义务不是很可能导致经济利益流出公司或该义务的金额不能可靠地计量”。或有事项准则规定，只有同时满足以下三个条件才能将或有事项确认为负债，列示在资产负债表中。

（1）该义务是企业承担的现时义务。

（2）该义务的履行很可能导致经济利益流出企业。

（3）该义务的金额能够可靠地计量。

或有负债确认的第 2 项和第 3 项条件往往需要会计人员的职业判断。尤其是第 2 项，准则指南虽然规定了可能性的对应概率，但实际上或有负债的概率很难通过科学的方法计算出来，必须依靠相关会计人员的职业判断。

《或有事项准则》只规定了四类或有事项必须在财务报表附注中披露：“已贴现商业承兑汇

票形成的或有负债；未决诉讼、仲裁形成的或有负债；为其他单位提供债务担保形成的或有负债；其他或有负债（不包括极小可能导致经济利益流出企业的或有负债）。”其他的或有负债，包括售出产品可能发生的质量事故赔偿、尚未解决的税额争议可能出现的不利后果、污染环境可能支付的罚款和治污费用等，对于企业来说其可能性是经常存在的。企业有可能利用或有事项准则对其他或有负债极小可能性的规定，不披露或少披露或有负债，这些或有负债一旦成为事实上的负债，将会加大企业偿债的负担。

由于或有负债的存在，资产负债表确认的负债并不一定完整反映了企业的负债总额。所以企业偿债能力分析应该结合财务报表附注，如果存在或有负债，显然会减弱企业流动资产的变现能力。如果存在未作披露的或有负债，更会令偿债能力指标的准确性大打折扣。不考虑或有负债的资产负债率夸大了企业的偿债能力。因此，要更准确地反映短期偿债能力和长期偿债能力，涉及的相关公式中的流动负债和负债总额均应加上或有负债，即

$$流动比率 = 流动资产 \div (流动负债 + 或有负债)$$

$$速动比率 = 速动资产 \div (流动负债 + 或有负债)$$

$$资产负债率 = (负债总额 + 或有负债) \div 资产总额$$

$$产权比率 = (负债总额 + 或有负债) \div 所有者权益$$

2. 对营运能力分析的影响

资产营运能力分析比率是用来衡量公司在资产营运方面的效率的财务比率。资产营运能力分析比率包括营业周期、存货周转率、应收账款周转率等。

$$营业周期 = 存货周转天数 + 应收账款周转天数$$

对营业周期的分析可以通过对存货及应收账款的分析来代替。

$$应收账款周转率 = \frac{营业收入}{平均应收账款}（次）$$

其中平均应收账款指未扣除坏账准备的应收账款余额，即资产负债表中“应收账款年初余额”与“应收账款年末余额”的平均数。由于收入确认是一项重要的会计政策，因而本指标的分析不可避免地要参考财务报表附注。收入的确认方法包括行业会计制度规定和收入准则规定（目前仅适用于上市公司）。对于同一笔业务是否确认收入，收入准则较行业会计制度要严格得多，因而，对于同样的业务，按收入准则确认的收入一般较遵照行业会计制度确认的收入要少，因而其应收账款周转率也偏低。

$$存货周转率 = \frac{营业成本}{平均存货}（次）$$

正确理解其分子和分母的意义都应该仔细阅读财务报表附注。首先营业成本与平均存货的大小与存货流转假设有直接关系。除了个别计价法外，存货的实物流转与价值流转并不一致，严格来说，只有应用个别计价法计算出来的存货周转率才是标准的存货周转率。因而，其他存货流转假设（主要有先进先出法、后进先出法、加权平均法、移动平均法、计划成本法、毛利率法和零售价法），都是采用一定技术方法在营业成本和期末存货之间进行分配，营业成本和平均存货存在着此消彼长的关系。这种关系在采用先进先出法和后进先出法的情况下特别明显。在目前经济生活中，由于通货膨胀是个不容忽视的全球性客观经济现象，物价普遍呈现持续增长的趋势。采用先进先出法的营业成本偏低，而期末存货则高，这样计算出来的存货周转率毫无疑

问偏低。而应用后进先出法则恰恰相反，这样必然导致存货周转率偏高。其次按照股份有限公司会计制度，上市公司期末存货应按成本与可变现净值孰低法计价。在计提存货跌价准备的情况下，期末存货价值小于其历史成本。公式中的分母变小，存货周转率必然变大。

3. 对赢利能力分析的影响

赢利能力分析比率包括销售净利率、销售毛利率、资产净利率和净资产收益率等。其分子都是净利润，影响利润的因素就是影响赢利能力的因素。

一般情况下，我们分析企业的赢利能力只涉及正常的营业状况，而非正常的营业状况，同样会给企业带来收益或损失，但只是特殊状况下的个别结果，不能说明企业的赢利能力。因此分析人员在分析企业赢利能力时，应当排除：①证券买卖等非常项目；②已经或将要停止的营业项目；③重大事故或法律更改等特别项目；④会计准则和财务制度变更带来的累积影响等因素。这四个项目无一例外要从财务报表附注中获得资料。

除此之外，影响企业利润的主要有以下几方面。

（1）存货流转假设。在物价持续上涨的情况下，采用先进先出法结转的营业成本较低，因而计算出的利润偏高；而采用后进先出法计算出的营业成本则较高，其利润则偏低。

（2）计提的损失准备。财政部颁布的《企业会计制度》要求企业按规定计提八项减值准备（坏账准备、短期投资跌价准备、存货跌价准备、长期投资减值准备、固定资产减值准备、无形资产减值准备、在建工程减值准备和委托贷款减值准备），其计提方法和比例会对企业利润总额产生影响。

（3）长期投资核算方法，即采用权益法还是成本法。在采用成本法的情况下，只有实际收到分得的利润或股利时才确认收益；而权益法则是一般情况下每个会计年度都要根据本公司占被投资单位的投资比例和被投资单位所有者权益变动情况确认投资损益。

（4）固定资产折旧方法，是加速折旧法还是直线法。在加速折旧法下的前几年，其利润要小于直线法，加速折旧末期则其利润一般要大于直线法。

（5）收入确认方法。按收入准则确认的收入较按行业会计制度确认的收入要保守，一般情况下其利润也相对保守。

（6）或有事项的存在。或有负债有可能导致经济利益流出企业，未作记录的或有负债将可能减少企业的预期利润。

（7）关联方交易。应注意关联方交易的变动情况，关联方交易的大比例变动往往存在着粉饰财务报告的可能。这些影响利润的因素，凡可能增加企业利润的，会增加企业的赢利能力，反之则削弱企业的赢利能力。

第五节　上市公司财务分析案例

本节以 A 上市公司的财务报告部分内容为例，在对该公司 2010—2012 年连续三年的财务报表数据进行整理计算的基础上，侧重介绍如何综合运用财务比率比较分析、杜邦分析等方法，深入理解各种财务指标的内涵，全面分析、把握上市公司的财务状况，并合理预测公司的发展前景（注：本节省略了原始财务报表）。

一、偿债能力分析

通过对三年财务报表数据的收集整理计算,我们利用以下三个指标对其进行评价,见表 7.9。

表 7.9 A 公司 2010—2012 年主要偿债能力指标

单位：%

项　目	2010 年	比上年同期增减	2011 年	比上年同期增减	2012 年	比上年同期增减
资产负债率	38.75	—	36.51	−2.24	44.22	7.71
流动比率	1.99	—	2.14	0.15	1.64	−0.50
速动比率	0.98	—	1.31	0.33	0.91	−0.40

通过上表我们可以看出以下两点。

（1）该公司的资产负债率在三年内的变动范围处于 30%～50%之间，表明企业的财务状况处于良好的状态，经营收益比较好，投资比较安全，偿债能力较强，对债权人比较安全，对投资者有较好的收益。

（2）流动比率和速动比率比较合理，但 2012 年较前两年均明显降低。

以上指标说明该公司的短期偿债能力趋弱。这种状况如果继续发展下去将严重损害企业的信誉，削弱企业的筹资能力。

二、营运能力分析

通过对三年财务报表数据的收集整理计算，我们利用以下四个指标对其进行评价，见表 7.10。

表 7.10 A 公司 2010—2012 年主要营运能力指标

单位：%

项　目	2010 年	比上年同期增减	2011 年	比上年同期增减	2012 年	比上年同期增减
应收账款周转率	322.07	—	572.09	250.02	745.26	173.17
存货周转率	165.51	—	234.13	68.62	314.94	80.81
总资产周转率	62.35	—	95.71	33.36	115.81	20.10
流动资产周转率	78.36	—	124.26	45.90	154.47	30.21

通过表中数据，我们可以看出：

（1）该公司近三年来营运能力有了较大的提高，资金周转状况有了显著改善，资金利用率得到了提高。尤其是应收账款周转率增长幅度尤其明显，2011 年较 2010 年提高了 250.02%，2012 年较 2011 年增长了 173.17%。这是由于公司在 2010—2011 年间改变了应收账款的计提方法，即由原来的账龄分析计提法改为个别认定法，计提了大量的坏账准备。金额为 313 814 980.6 美元折合人民币 2 597 289 686.94 元。2011—2012 年是因为该公司减少了赊销额，加强了对应收账款的回收力度。

（2）存货周转率呈增长趋势。公司在三年中不断拓展国内外市场，提高市场占有率，扩大产品销售，减少了存货。

（3）应收账款和存货周转速度的加快、资产减值准备的计提，提高了资产利用效率，也将提高资产的赢利能力。

三、赢利能力分析

通过对三年财务报表数据的收集整理计算，我们利用以下四个指标对其进行评价，见表 7.11。

表 7.11　A 公司 2010—2012 年主要赢利能力指标

单位：%

项目	2010 年	比上年同期增减	2011 年	比上年同期增减	2012 年	比上年同期增减
销售毛利率	14.32	—	16.21	1.89	15.52	−0.69
销售净利率	-31.90	—	1.89	33.79	1.63	−0.26
净资产收益率	-32.59	—	2.95	35.54	3.33	0.38
资产净利率	-19.89	—	1.81	21.70	1.88	0.07

通过对上表的分析，我们得知：

（1）该公司三年内销售毛利率比较正常，变化不大，总体呈上升趋势，略有波动。

（2）2010 年销售毛利率与销售净利率以及 2011 年和 2012 年销售净利率相差太大，主要是由于该公司在 2010 年计提了对下游某公司的大量坏账准备和资产减值准备，转入管理费用导致期间费用增加所致。

（3）净资产收益率、资产净利率有所提高主要是因为资产周转速度加快。

四、现金流量分析

通过对三年财务报表数据的收集整理计算，我们利用以下四个指标对其进行评价，见表 7.12。

表 7.12　A 公司 2010—2012 年主要现金流量分析指标

项目	2010 年	增减	2011 年	增减	2012 年	增减
现金流动负债比率	12.73%	—	24.70%	11.97%	5.28%	−19.42%
现金债务总额比率	12.54%	—	24.60%	12.06%	5.26%	−19. 34%
现金到期债务比率	48.42%	—	76.80%	28.38%	19.97%	−56.83%
现金营运指数	3.25	—	3.11	−0.14	0.64	−2.47

通过分析我们得出：

（1）就总体而言，该公司的现金流动负债比率较低，说明企业的短期偿债能力较弱，2012 年较其他年度表现得尤为突出。

（2）2011 年的现金债务总额比率比 2010 年增加了 12.06%，说明企业的偿债能力增强，但 2012 年的陡降则表明公司的偿债能力削弱了。因此也说明该公司的经营现金净流量波动较大，公司的销售收入不稳定，存在一定的风险。

（3）该公司 2010 年、2011 年的现金到期债务比率较高，说明企业偿债能力较强，被迫破产清算的风险较小，但 2012 年的数据却让人迷惑，与前两年相差太大，降低了约 57%。偿债风险过大，也有破产清算的潜在危机。

（4）大于 1 的现金营运指数表明公司的收益质量高，2010 年、2011 年均大于 1 则表明该公司在两年内的收益质量较高。2012 年的现金营运指数为 0.64，小于 1 则说明营运资金增加了，反映公司为取得同样的收益占用了更多的营运资金，取得收益的代价增加了，代表着较差的营运业绩。

五、投资报酬分析

通过对三年财务报表数据的收集整理计算，我们利用以下两个指标对其进行评价，见表 7.13。

表 7.13 A 公司 2010—2012 年主要投资报酬分析指标

指标	A 公司			B 公司			C 公司		
	2010 年	2011 年	2012 年	2010 年	2011 年	2012 年	2010 年	2011 年	2012 年
每股收益	−1.70	0.13	0.16	0.23	0.12	—	0.09	−0.12	—
市盈率	−2.08	28.71	27.40	32.14	15.30	34.96	10.20	26.59	—

众所周知，市盈率是反映上市公司获利能力的一个重要财务指标。由上表我们认为，A 公司每股收益水平较低，市盈率超出一般认为正常的范围 5～20。由表 7.13 可知，虽然 A 公司 2010 年市盈率为负，但是 2011 年、2012 年已经有了较大的改善，虽然超过了 20，但与同行业的 B 公司、C 公司等相比，发展趋势还是相对稳定的，每股收益虽然不是很多，但整体趋势是上涨的，因此从理论上看 A 公司的股票具有良好的发展前景，是值得投资的。

但仔细研究每个指标的由来，我们觉得各个公司的收益计算标准难免存在差异，再加上公司人为粉饰利润的原因等，由此造成各公司收益总额不一定具有完全的可比性，每股收益、市盈率也必然不具有完全的可比性，分析得出的结论也未必可靠，所以还须剔除公司间由于计算标准不同造成的差异并综合公司其他资料作进一步分析，得出相对合理的结论。

本章小结

公司分析的内容包括基本素质分析和财务分析两个部分。公司基本素质分析的侧重点在于经济区位分析、公司竞争地位分析和公司经营管理能力分析三个方面。上市公司的投资价值与区位内的自然资源和基础设施、区位内的产业政策以及区位经济特色有密切关系。判断上市公司行业地位应主要从以下几方面入手：一是要看该公司产品的市场占有率是否居行业前列；二是要看该公司产品销售增长率在本行业是否处于领先地位；三是要看该公司在行业内是否保持着技术领先地位。而判断上市公司的经营管理能力需要深入了解公司主营业务状况、人才素质状况和产品开发、技术创新能力。公司财务分析的对象是财务报告，财务报告包括财务报表、财务报表附注和审计报告三大部分。其中，财务报表主要是指资产负债表、利润表和现金流量表。财务报表分析的基本方法有两大类：比较分析法和因素分析法。通常，人们通过利用各种财务比率，对上市公司的短期及长期偿债能力、营运能力、赢利能力、投资报酬以及现金流量等各方面进行历史比较和同业比较，有时还会利用杜邦财务分析体系，诊断该公司的财务状况和可能风险，估测其投资价值。另外，为了提高财务分析的质量，还不能忽视财务报表附注对财务比率的影响。

复习思考题

一、名词解释

公司分析　基本素质分析　财务分析　经济区位　财务报表　财务报表附注　审计报告

比较分析法　因素分析法　历史分析　同业分析　预算比较分析　杜邦财务分析　流动比率　速动比率　现金比率　资产负债率　产权比率

二、思考题

1. 试述上市公司基本素质包含哪些方面的内容，基本素质分析的侧重点又主要体现在哪几个方面，并说明每一方面影响公司投资价值的具体意义。

2. 如何判断一个上市公司的行业地位？

3. 从企业自身来讲，你认为有助于形成企业核心竞争力并保持可持续发展的主要着力点应该是什么？并说明理由。

4. 如果让你对某家上市公司进行全面的财务分析，你需要掌握哪些信息资料？你准备用何种方法展开分析？

5. 公司的财务状况通常通过衡量偿债能力、赢利能力、营运能力、投资报酬能力、现金流量水平等来体现，每一方面的主要评价指标是什么？如何运用这些指标值来做出财务评价？

6. 为什么在公司的财务分析过程中有必要关注财务报表附注？它通常会如何影响我们的财务分析结果？

三、案例分析题

1. 阅读下面一段材料后，结合专栏 7.1 的内容，请分析：该发展战略是否会影响沈阳近海经济区内的上市公司在股票市场上的表现？将会影响哪些行业？如何影响？

沈阳近海经济区主导产业的发展战略

在近海工业新城重点发展：①基础装备制造产业，重点发展专用设备制造及铸锻造、机加、泵阀、汽车零部件等基础装备制造产业集群；②新型材料加工产业，重点发展有色金属加工以及新型材料、环保节能材料等产业集群；③近港保税物流产业，重点发展保税物流、出口加工等大出大进产业集群；④国际石化产业，重点发展石油化工、精细化工和重化工产业集群。

近港商贸新城：以服装、建材等大型专业市场集群为龙头，大力发展现代商贸物流产业。

滨水宜居新城：重点发展政务、商务、商住、教育等现代服务业。

2. 请根据表 7.14 提供的资料，对 ABC 公司的短期和长期偿债能力进行历史比较和同业比较，要求对该公司年末的财务状况做出评价并分析其中可能原因。

表 7.14　ABC 公司部分财务指标值及同行业平均值

指　　标	上年实际值	本年实际值	同行业平均值
流动比率	1.41	1.60	1.67
应收账款周转率（次）	14.57	12.00	14.09
存货周转率（次）	5.97	6.18	6.91
速动比率	1.09	1.06	1.15
现金比率	0.72	0.25	0.50
资产负债率（%）	40.67	20.64	60
产权比率（%）	68.56	26.01	
有形净值债务率（%）	68.56	26.01	

第八章

K 线、切线、形态理论

【学习目标】

通过本章的学习，读者主要了解K线、切线和形态理论的主要内容，理解并掌握具有典型意义的K线组合的技术含义、趋势线的画法及其支撑和压力作用、典型的反转形态和整理形态的构成及其对后市的预测作用，能够运用以上理论在实战中加以辨识并进行投资操作的判断。

【关键概念】 K线 趋势线 支撑 压力 突破 反转 整理

第一节 K 线理论

一、K 线的起源和画法

K线又称日本线、红黑线、阴阳线、蜡烛线。K线起源于200多年前的日本米市交易，是当时描述米价每日涨跌所使用的图示方法。后广为流传，被逐步应用到证券市场、外汇市场以及期货市场的技术分析中，至今已经形成了一整套K线分析理论。

1. 画K线必需的四个价格

画出一根K线需要掌握四个证券价格，即开盘价、收盘价、最高价、最低价，并且它们同属于同一个单位交易时间内。以日数据为例，开盘价是每个交易日的第一笔成交价；收盘价是每个交易日的最后一笔成交价；最高价是当日交易中的最高成交价；最低价是当日交易中的最低成交价。根据以上数据画出的线被称为日K线。除此以外，我们还可以画出周K线、月K线和分钟K线。它们的画法与日K线完全相同，只是四个价格的时间参数不同。如周K线使用的是一个交易周内的首日开盘价、最后一日的收盘价以及一周内的最高价和最低价，月K线则使用一个月内相应的四个价格，而分钟K线的时间参数又可以根据需要细分为5分钟、15分钟、30分钟、60分钟等，四个价格也均选自相应时间段内。其中日K线图最常用，周K线、月K线反映趋势和周期比较清晰，适用于中长线分析，分钟K线则波动频繁，适合短线和超短线分析。

在日 K 线的四个价格中，收盘价是多空双方经过一天的争斗后最终达成的暂时平衡点，具有指明当前价格位置的重要功能，因此最受重视。多数技术分析方法都只关心收盘价。人们在谈论证券价格时，往往也是指收盘价。

2. K 线的结构

K 线一般由上影线、下影线和中间实体三部分组成，可以显示出证券价格的涨跌及其幅度。如果收盘价高于开盘价，中间实体为红色或中空长方形，称为红实体或阳线实体；如果收盘价低于开盘价，中间实体为绿色或黑色长方形，称为绿实体或阴线实体。实体上方与最高价的连线称为上影线，实体下方与最低价的连线称为下影线。具体画法如图 8.1 所示。其中，左图为阳线，右图为阴线。

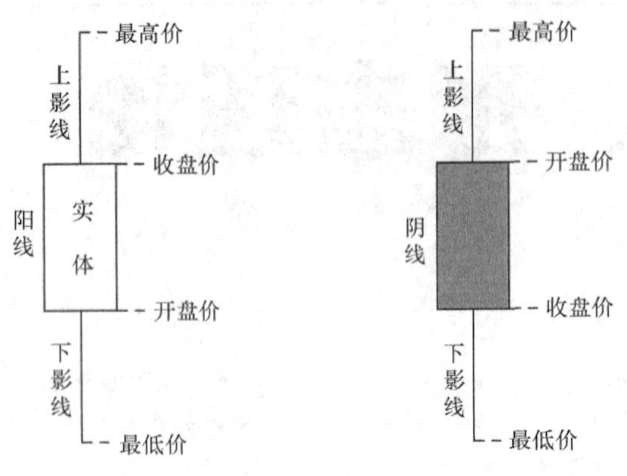

图 8.1　K 线的结构

3. K 线的分析要点

实体的阴阳和长短、上下影线的长短显示了 K 线的重要特征。一根 K 线记录了证券在一个交易单位时间内价格变动的情况。将每个交易时间的 K 线按时间顺序排列组合，就能反映出该证券价格波动的历史轨迹，叫作“K 线图”。

分析 K 线图，是为了判断证券价格的未来走势，而决定证券价格未来走势的根本因素是市场中多方与空方力量的对比。如果多方占优，价格将上涨；反之，空方占优，价格将下跌。从 K 线图来判断多空双方力量的对比与变化，可以从三个方面来考虑：一看阴阳，二看实体大小，三看影线长短。

“一看阴阳”：阴阳表明多空双方孰占优势以及趋势方向。以阳线为例（日线），经过一天的多空拼搏，收出阳线表明多头占据上风，收出阴线则是空头占优。根据牛顿力学定理，在没有外力作用下价格仍将按原有的方向与速度运行，因此阳线最起码能保证下一阶段初期能惯性上涨，同理，阴线表示将惯性下跌。

“二看实体大小”：实体是开盘和收盘的差价，其大小代表内在动力。阳线实体越大代表其内在上涨动力也越大；而阴线实体越长，下跌动力也越足。在实践中，实体有大阳（阴）、中阳（阴）和小阳（阴）的说法，但实体大小的量化是个相对的概念，最好只同最靠近的 K 线实体长度和价格的移动距离相比。

“三看影线长短”：影线代表转折信号。向一个方向的影线越长，越不利于证券价格向这个方向变动。即上影线越长，越不利于证券价格上涨；下影线越长，越不利于证券价格下跌。以上影线为例，在经过一段时间多空斗争之后，多头终于晚节不保败下阵来，不论 K 线是阴还是阳，上影线部分已构成下一阶段的上档阻力，证券价格向下调整的概率居大。同理，下影线预示着证券价格向上攻击的概率居大。

上述 K 线分析的三个方面，既可对单根 K 线进行分析，也可对两根、三根甚至多根 K 线的组合形态进行研判。

二、单根 K 线主要形状及其含义

（一）单根 K 线的基本形状

由于证券交易中四个价格的取值时有不同，K 线可以归纳为 12 种基本形状，如图 8.2 所示。

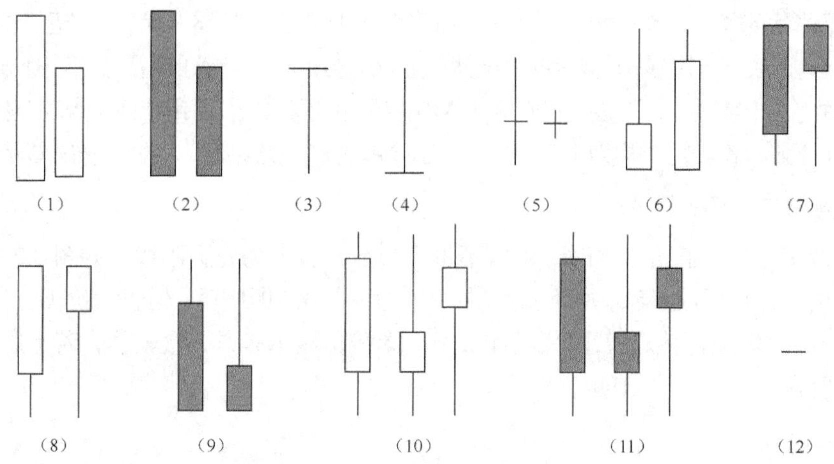

图 8.2　单日 K 线的 12 种基本形状

（二）单根 K 线分析

下面以日 K 线为例来介绍单根 K 线的分析原理，周 K 线、月 K 线等的分析原理相同。

1. 光头光脚的阳线实体

当开盘价和收盘价分别与最低价和最高价相等时，K 线不带上下影线，为光头光脚的阳线实体。如图 8.2（1）所示。表明证券价格在开盘后即上涨，最后收于全天最高价，空方没有力量反击，多方占据绝对优势，是一种涨势信号。实体越长，上涨动能越大。图中左方实体长于右方实体，表明左方的多方力量更强。如果在一段盘局的末端出现大阳线，它的看涨信号将更强。

2. 光头光脚的阴线实体

当开盘价和收盘价分别与最高价和最低价相等时，K 线不带上下影线，为光头光脚的阴线实体。如图 8.2（2）所示。表明证券价格在开盘后即下跌，最后收于全天最低价，多方没有力量反击，空方占据绝对优势，是一种跌势信号。图中左方阴线实体较长，表明空方力量更强。如果在一段上涨行情的末端出现大阴线，则看跌信号将更强。

3. T 字线

如果开盘价、收盘价和最高价相等，则 K 线实体缩短为一条直线，且不带上影线，为 T 字线，如图 8.2（3）所示。表明全天多方和空方的力量对等，但由于证券价格先跌后涨，显示收盘时多方力量略占优势。

4. 倒 T 字线

如果开盘价、收盘价和最低价相等，则 K 线实体缩短为一条直线，且不带下影线，为倒 T 字线，如图 8.2（4）所示。表明全天多方和空方的力量对等，但由于证券价格先涨后跌，显示收盘时空方力量略占优势。

5. 十字星

在十字星中，开盘价等于收盘价，表明多空双方的力量基本对等，趋势暂时不明，但却是一个值得警惕、随时可能改变趋势方向的 K 线图形。如图 8.2（5）所示。判断十字星的预示作用主要是对比上影线和下影线的长度。若上影线远远长于下影线，表明空方力量略占优势，接近于倒 T 字线的情形；若下影线远远长于上影线，表明多方力量略占优势，接近于 T 字线的情形。若上下影线都较长且基本等长，称为大十字星，表明多空双方争斗激烈，最后回到原处，后市往往有大的变化，如其中左图所示；若上下影线都较短，称为小十字星，表示窄幅盘整，交易清淡，如其中右图所示。

6. 光脚阳线

当开盘价正好与最低价相等时，K 线不带下影线，表现为光脚阳线。如图 8.2（6）所示。表明证券价格在开盘后就上涨，尽管到达最高价之后价格有所回落，但收盘价仍然高于开盘价，表明全天多方力量占据优势。若阳线实体长于上影线，显示多方力量较强；若上影线长于阳线实体，则要警惕后市空方力量的打压。

7. 光头阴线

当开盘价正好与最高价相等时，K 线不带上影线，表现为光头阴线。如图 8.2（7）所示。表明证券价格在开盘后就下跌，尽管到达最低价之后价格有所回升，但收盘价仍然低于开盘价，表明全天空方力量占据优势。若阴线实体远远大于下影线，显示空方力量较强；若下影线长度大于阴线实体的长度，则后市多方力量可能酝酿反击。

8. 光头阳线

当收盘价正好与最高价相等时，K 线不带上影线，表现为光头阳线。如图 8.2（8）所示。表明证券价格在开盘后下跌，其后多方开始反击，将证券价格拉高，最终收盘价高于开盘价，多方力量占据优势。阳线实体越长，表明多方力量就越强。

9. 光脚阴线

当收盘价正好与最低价相等时，K 线不带下影线，表现为光脚阴线。如图 8.2（9）所示。表明证券价格在开盘后上涨，其后空方开始反击，将证券价格压低，最终收盘价低于开盘价，表明空方力量占据优势。阴线实体越长，表明空方的优势就越明显。

10. 有上下影线的阳线和阴线

这是两组最为常见的 K 线形状，说明多空双方展开了拉锯战，都曾占据优势，把价格一度推到了最高价或压到了最低价，但是又被对方顽强拉回。如图 8.2（10）和图 8.2（11）所示。到收盘时勉强获胜的若为多方则收成阳线，若为空方则收成阴线。对多空双方实力孰优孰劣的判断，主要看上下影线和实体长度的对比。上影线越长，表明空方反击的力量越强。上影线越短、下影线越长、阳线实体越长或阴线实体越短，表明多方实力越强；上影线越长、下影线越短、阴线实体越长或阳线实体越短，表明空方实力占优。

11. 一字线

出现在开盘价、收盘价和最高价、最低价都相等的时候，通常表示证券价格封于涨停或跌停位置。如果不是则表明多空双方力量均衡，处于胶着状态，证券价格将会继续整理，但这种情形极少出现。如图 8.2（12）所示。

三、K 线组合形态及其应用

以日 K 线为例介绍多根 K 线的分析原理。多日 K 线图的分析是在单日 K 线图分析基础上的延伸，其基本原理与单日 K 线图的分析相同。但通过对多日 K 线组合的分析，更容易发现多空双方力量对比的变化，从而判断出其后的证券价格走势。下面列举几个典型的 K 线图组合形态进行分析，这些组合形态只是 K 线组合形态中很少的一部分，不能包含 K 线形态分析的全部，只是起到抛砖引玉的作用。

1. 早晨之星

早晨之星即晨星，表示在太阳升起之前，前途一片光明，它代表证券价格可能见底回升，后市应看好。其典型的技术表现由三个交易日的 K 线组成：第一日，在下跌市道中，出现一根实体较长的阴线，空头能量得到进一步宣泄；第二日，出现跳空下跌，K 线实体缩短，既可为阴线，又可为阳线，此根 K 线为晨星的主体部分，如果为阳或阴十字星效果则更佳；第三日，出现阳线，阳线实体能部分或全部吞食第一根阴线的实体，显示出多头已开始了初步的反攻，其典型形态如图 8.3（a）、（b）所示。

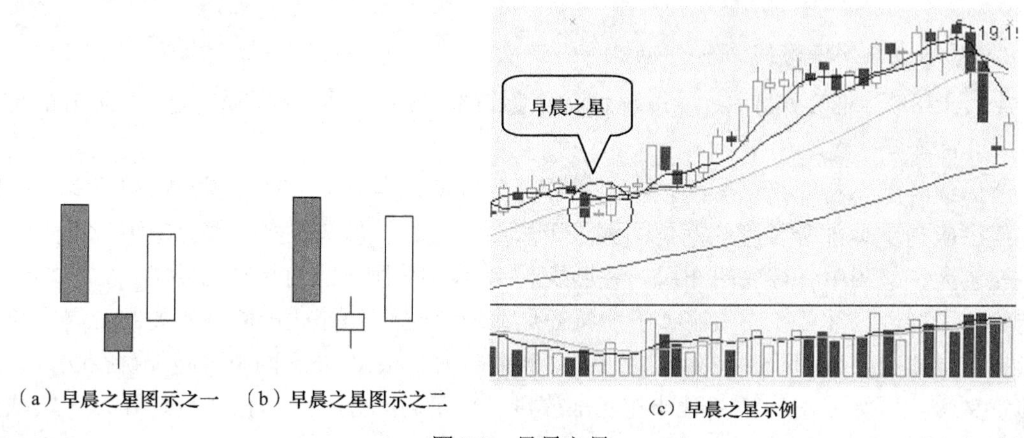

（a）早晨之星图示之一　（b）早晨之星图示之二　（c）早晨之星示例

图 8.3　早晨之星

案例 8.1

如图 8.3（c）所示。某股票在持续几日的窄幅震荡整理之后以中阴继续大幅下挫；次日平开低位徘徊终以小十字星报收，显示出多空双方达到暂时的平衡；第三日多方发起反攻并以大阳报收，阳线实体突破了第一根阴线的最高价阻挡，下方成交量亦表现出了放量增长，量价配合非常协调，奠定了后期上涨的基础。

2. 黄昏之星

与早晨之星相反，黄昏之星预示着证券价格将见顶回落，是卖出的有利时机。黄昏之星的典型技术表现也由三个交易日的 K 线组成：第一日，证券价格继续上升，出现一根实体较长的阳线；第二日，震荡缩小，既可为阳线也可为阴线，构成星的部分，如果为阳或阴十字星则更佳，这种组合又可称为黄昏十字星；第三日，出现阴线，并且下跌吞食第一根阳线实体的一部分或全部，表明空方已开始向多方发起反击，其典型形态如图 8.4（a）、图 8.4（b）所示。

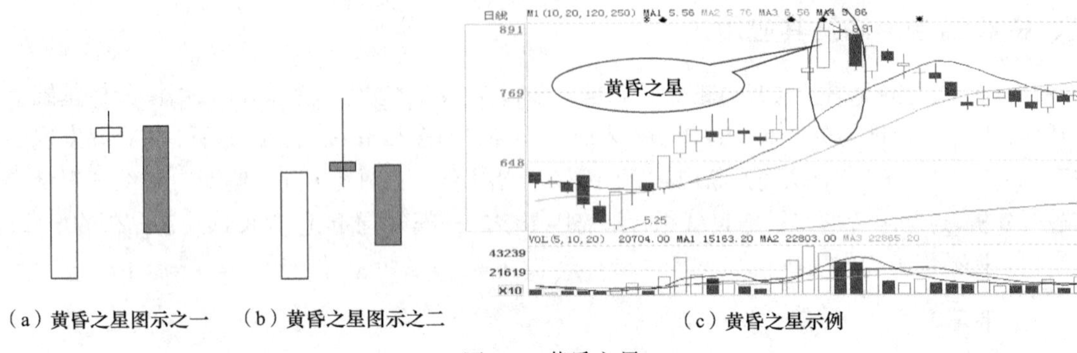

（a）黄昏之星图示之一　（b）黄昏之星图示之二　（c）黄昏之星示例

图 8.4　黄昏之星

案例 8.2

如图 8.4（c）所示。该只股票的股价在经历了若干交易日的扬升之后，于某日放量长阳上攻达到阶段性高位，次日日收出短小的阴十字星，显示出多头力量已是强弩之末。第三个交易日果真以长阴吞食前日的长阳，形成了典型的黄昏之星 K 线组合。

3. 锤形线与倒锤形线

锤形线和倒锤形线都是出现在市场的阶段性底部区域的一种 K 线形态，是见底回升的转向形态，具有转势的意义。

锤形线的形态特征是下影线较长而实体部分较短，类似于“T”，通常情况下其下影线长度至少应是实体部分长度的两倍。如果下影线越长，上影线及实体部分越短，锤头的威力也就越大，起到单针探底的作用。锤形线对 K 线实体阴阳没有特别的要求，如为阳线，其转势的可能性往往要比阴线高。不能将锤形线理解成独立的一根 K 线，要结合周围的 K 线形态以及成交量共同研判。如果锤形线的实体与前一根 K 线之间出现向下跳空缺口，则反转意义较浓；如果出现锤头时伴随底部放量，放量越明显，转势信号也越强，其典型形态如图 8.5（a）所示。

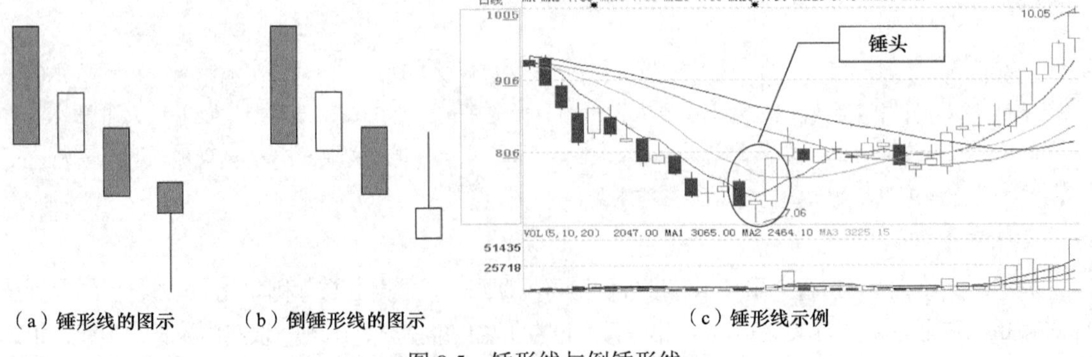

（a）锤形线的图示　（b）倒锤形线的图示　（c）锤形线示例

图 8.5　锤形线与倒锤形线

倒锤形线的形态特征是上影线较长，实体部分较小，类似于"⊥"。表明在长期下跌过程中多头开始组织反攻，但革命没有马上成功，留下了长长的上影线，不过已显示出多头力量开始增强，多空双方争夺的区域在逐渐上移。倒锤形线对 K 线实体的阴阳也没有特别的要求，如为阳线其转势的可能性往往要比阴线高。如果倒锤形线出现后，次日证券价格向上跳空或者收出一根阳线，其转势向上的信号就很强，其典型形态如图 8.5（b）所示。

案例 8.3

如图 8.5（c）所示，该只股票跌破前期平台后加速暴挫，但随后收出锤头，同时成交量也有所放大，底部特征初现，第三日更是以放量巨阳确立了转势，随后股价就开始震荡攀升。

4. 上吊线与射击之星

上吊线和射击之星都是出现在上升趋势末端的一种 K 线形态，是见顶回落的转向形态。

上吊线的形态特征是下影线较长而实体部分较小，近似于"T"，通常情况下下影线长度至少应是实体部分长度的两倍。上吊线的 K 线实体可以是阴线，也可以是阳线，如果是阴线，表示收盘价已无力回升至开盘价位的水平，见顶回落的可能性往往比阳线高。上吊线与锤形线的形态相似，只不过上吊线在上升趋势的顶部出现，属于见顶回落的信号；锤形线则在下跌趋势的底部出现，预示着证券价格可能见底回升。上吊线的分析也要结合周围的 K 线形态共同研判。在上吊线出现后，第二天证券价格跳空低开出现缺口，上吊线确认反转的意义极大。其典型形态如图 8.6（a）所示。

射击之星的形态特征是上影线较长，实体部分较小，近似于"⊥"。射击之星的形态类似于倒锤形线，但射击之星的 K 线形态是出现在顶部区域。长长的上影线表明空头的力量在逐渐增强，开始酝酿反击。如果射击之星出现后，次日证券价格向下跳空或者收出一根阴线，其转势向下的信号就很强。其典型形态如图 8.6（b）所示。

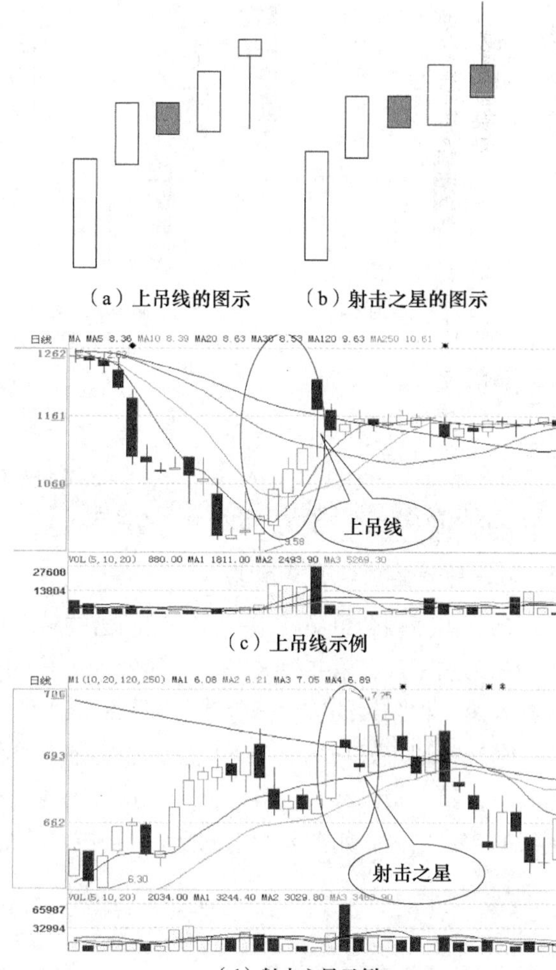

图 8.6　上吊线与射击之星

案例 8.4

如图 8.6（c）所示，该股在见底后展开了四连阳上攻，但在跳空高开之后放巨量收出上吊线之后出现调整行情。

如图 8.6（d）所示，该股在以六连阳完成强力上攻，经历五日回调整理后再次上触之前的高位阻力线，突破后一度快速拉升至更高价位但又迅速回落，最终收出一条长上影的阴线，形成射击之星，之后就开始逐波下行。

5. 红三兵与三阳开泰

红三兵与三阳开泰都是重要的底部 K 线组合，在形式上都是于低位时连拉三根阳线，预示着后市可能见底回升。三根阳线表明多头的力量已占据绝对优势，空方力量已经衰竭。

如果三根阳线都是小阳线，则称为红三兵，是短期见底信号；如果三根阳线为中或大阳线，称为三阳开泰，后市可能快速扬升。三阳开泰所确认的转势信号更加可靠。其典型的技术形态如图 8.7（a）、（b）所示。

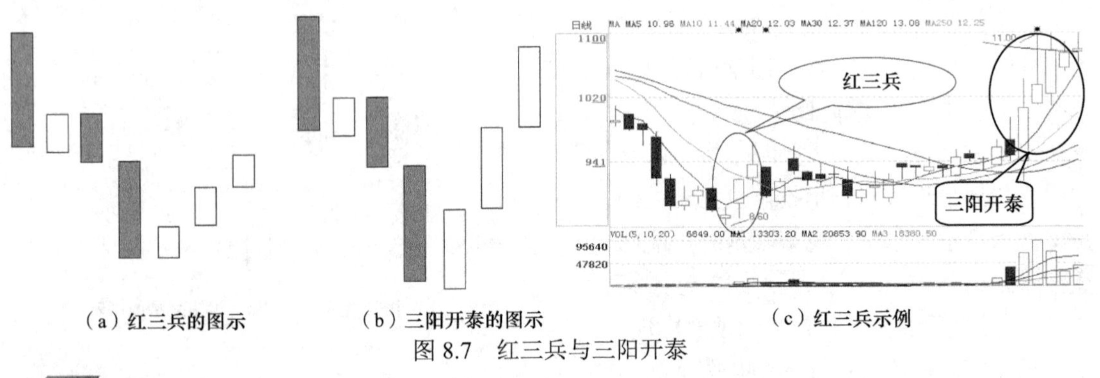

（a）红三兵的图示　（b）三阳开泰的图示　（c）红三兵示例

图 8.7　红三兵与三阳开泰

案例 8.5

如图 8.7（c）所示。图中股票就是连拉三根小阳，以红三兵的形式企稳并逐渐转强。而后出现的三根大阳线构成三阳开泰将涨幅迅速拉大。

6. 乌云盖顶与曙光初现

乌云盖顶顾名思义就是一种见顶回落的转向形态。由一根阳线与一根阴线组成，第一根 K 线为强劲的阳线，第二根 K 线开盘价比前一日的最高价要高，但收盘价为当日波动的低点，而且深入第一根阳线的实体部分，如图 8.8（a）所示。

曙光初现正好与乌云盖顶相反，表明证券价格可能见底回升。第一根阴线表示证券价格仍然向下，第二根阳线向下跳空低开，其后出现强有力的上涨，在回补缺口之后，更涨至前一根阴线的实体部分，如图 8.8（b）所示。其技术特征与乌云盖顶基本上相同，但以相反方向处理。

案例 8.6

如图 8.8（c）所示，该只股票在摸高 22.73 元之后就是以乌云盖顶 K 线组合见顶回落的。而图 8.8（d）中的股票在以曙光初现见底开始展开一波上攻行情。

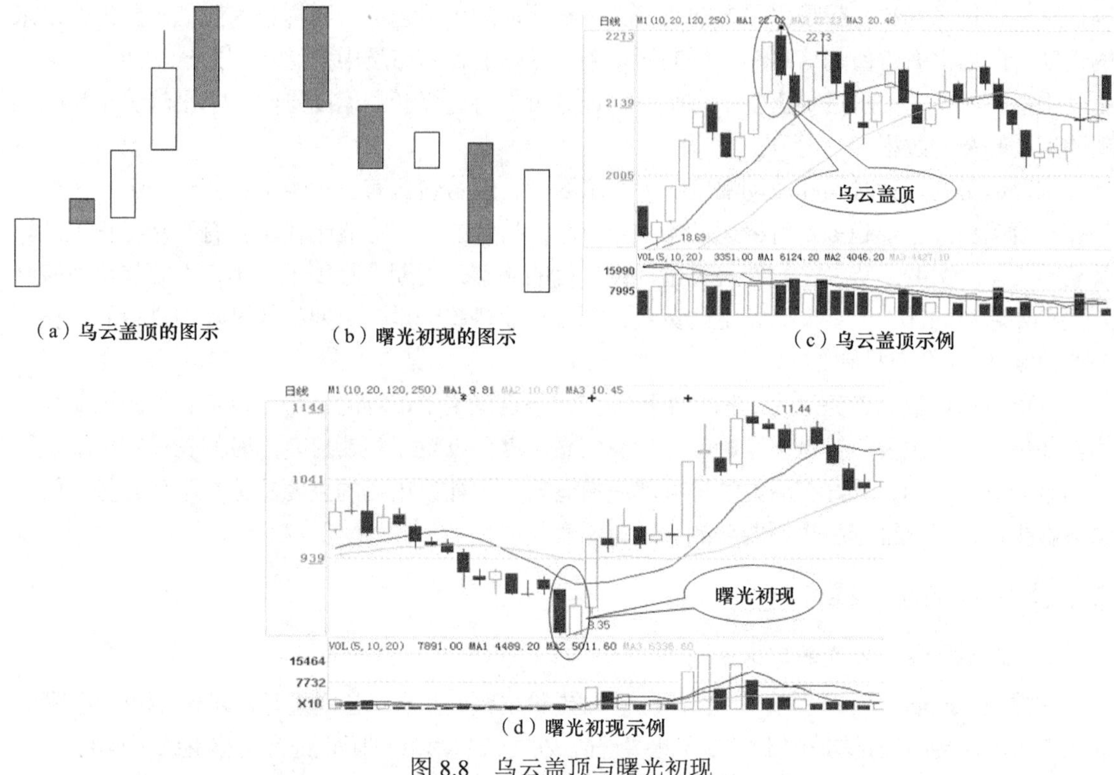

（a）乌云盖顶的图示　（b）曙光初现的图示　（c）乌云盖顶示例

（d）曙光初现示例

图 8.8　乌云盖顶与曙光初现

第二节　切线理论

一、趋势

趋势就是价格波动的方向，或者说是证券市场运动的方向。若确定了当前市场是一段上升（或下降）趋势，则价格的波动就是向上（或向下）运动。当然，在向上的趋势中，肯定会出现下降的过程，但这不是主流，不会影响上升的大方向。技术分析三大假设的第二条就明确说明价格的变化是有趋势的，对证券价格运行趋势的研判是形态分析的主要内容。

趋势有三种方向：第一个是上升方向，第二个是下降方向，第三个是水平方向。如图 8.9 所示。在实际的投资操作中，人们关心的重点是上升和下降方向。价格的波动在图表上会形成一些峰和谷。从直观上看，如果价格波动图形中后面的峰和谷都高于前面的峰和谷，则趋势就应该属于上升的方向，这就是常说的一底比一底高，或底部抬高。如果图形中后面的峰和谷都低于前面的峰和谷，则趋势就应该是下降方向，这就是常说的一顶比一顶低，或顶部降低。如果价格图形中后面的峰和谷与前面的峰和谷相比没有明显的

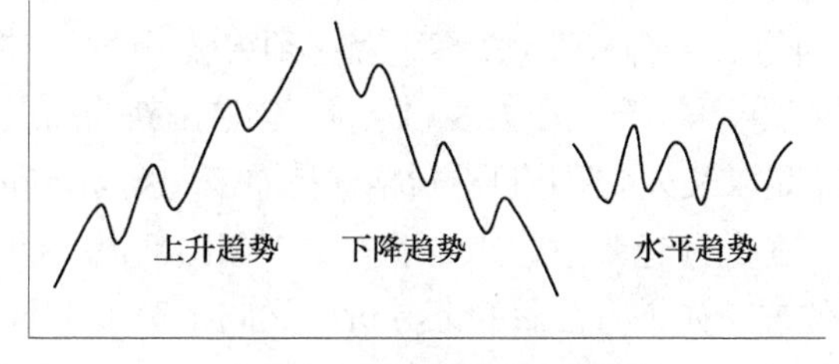

图 8.9　趋势的三种方向

高低之分，这时的趋势就是水平方向。证券价格运动的水平趋势，同样也为我们研判价格未来的运动方向提供有价值的信息。水平的运动趋势意味着目前市场中多空双方力量均衡，证券价格处于盘整状态，一旦这种盘整状态结束，证券价格将选择新的运动方向，水平趋势正是酝酿新的运动趋势的过程。

按照趋势的运行时间和波动幅度的大小来区分，趋势包含有三种类型：主要趋势、次要趋势和短暂趋势。主要趋势是价格运动的主要方向，持续的时间一般比较长，有的甚至长达几年甚至十几年；次要趋势是在主要趋势过程中进行的调整，周期一般少于一年，次要趋势一般会到达主要趋势的 1/3 或某一个特定的黄金分割位；短暂趋势是在次要趋势过程中进行的调整，一般持续 2～3 个交易周。

发现价格运行的趋势是为了指导买卖操作，一旦确定了市场的趋势，投资者就应该顺势而为。如果市场的主要趋势是上升趋势，持有的仓位就可以重一些，持有的时间长一些，尽量不要频繁地进进出出，选好有潜力的证券然后持仓待涨；如果市场的主要趋势是下降趋势，就应该多看少动，买入证券后也不要恋战，以免深套其中。

二、支撑线和压力线

1. 支撑线和压力线的定义和作用

支撑线（support line）又称为抵抗线。当证券价格跌到某个价位附近时，证券价格停止下跌，甚至有可能还会回升，这是由于多方在此买进造成的。支撑线起到阻止证券价格继续下跌的作用。这个阻止价格继续下跌或暂时阻止价格继续下跌的价位就是支撑线所在的位置，如图 8.10 所示。

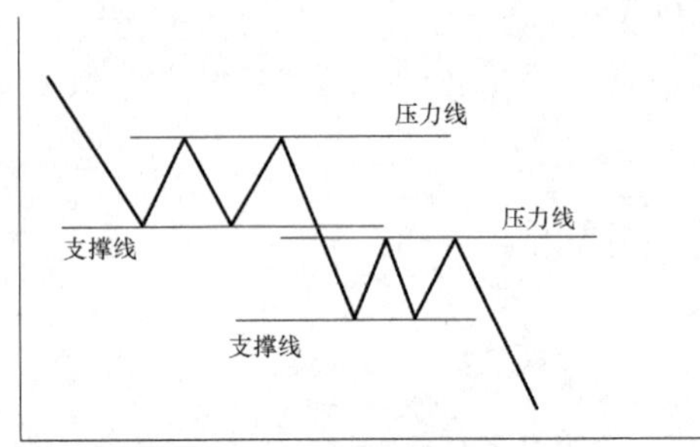

图 8.10　支撑线与压力线及其作用

压力线（resistance line）又称为阻力线。当证券价格上涨到某价位附近时，证券价格会停止上涨，甚至回落，这是由于空方在此价位抛出造成的。压力线起到阻止证券价格继续上升的作用。这个阻止或暂时阻止证券价格继续上升的价位就是压力线所在的位置，如图 8.10 所示。

有些人往往产生这样的误解，认为只有在下跌行情中才有支撑线，只有在上升行情中才有压力线。其实，在下跌行情中也有压力线，在上升行情中也有支撑线。但由于在下跌行情中人们最关注的是跌到什么地方是个头，因此关心支撑线就多一些；在上升行情中人们更关注涨到什么地方会停止，所以关心压力线多一些。

如前所述，支撑线和压力线可以阻止或暂时阻止证券价格向一个方向继续运动。我们知道证券价格的变动是有趋势的，要维持这种趋势，保持原来的变动方向，就必须冲破阻止其继续向前的障碍。例如，要维持下跌行情，就必须突破下降的支撑线的阻扰，创造出新的低点；要维持上升行情，就必须突破上升的压力线的阻扰，创造出新的高点。由此可见，支撑线和压力线迟早会被突破，它们不足以长久地阻止证券价格保持原来的变动方向，只不过是使之暂时停顿而已。

在上升趋势中，如果下一次未创出新高，即未突破压力线，这个上升趋势就已经处在关键的位置，如果再往后的证券价格又向下突破了这个上升趋势的支撑线，则这就产生了一个趋势将要改变的强烈信号，通常这意味着，这一轮上升趋势已经结束，下一步的走向是下跌的过程。

同样，在下降趋势中，如果下一次未创新低，即未突破支撑线，这个下降趋势就到了关键的位置，如果下一步证券价格向上突破这个下降趋势的压力线，这就发出了下降趋势将要结束的强烈信号，以后的证券价格将是上升趋势。

2. 支撑线与压力线的理论依据和地位的相互转化

支撑线和压力线主要是从人的心理因素方面考虑的，两者的相互转化也要从心理角度来考虑。支撑线和压力线之所以能起支撑和压力作用，很大程度上是由于心理方面的原因，这是支撑线和压力线的理论依据。

一个市场中不外乎三种人，多头、空头和旁观者。旁观者又可分为持有证券的旁观者和持有货币的旁观者。假设证券价格在一个支撑区域运动一段时间后开始向上移动，在此支撑区买入的多头很肯定地认为自己对了，并对自己没有更多地买入而感到后悔；在支撑区卖出的空头这时也认识到自己弄错了，他们希望证券价格再跌回他们卖出的区域，将他们原来卖出的证券补买回来；而旁观者中的持有证券者的心情和多头相似，持有货币者的心情与空头相似。无论是这四种人中的哪一种，都有买入证券成为多头的愿望。

正是由于这四种人决定要在下一个买入的时机买入，所以才使证券价格稍一回落就会受到大家的关心，他们或早或晚地进入证券市场买入证券，这就使价格还未下降到原来的支撑位置，买入的力量已经把价格推上去。在该支撑区发生的交易越多，就说明越多的证券投资者在关注着这个支撑区域，这个支撑区域就越发重要。

我们再假设证券价格在一个支撑位置获得支撑后，运动一段时间开始向下移动，而不是像前面假设的那样是向上移动。对于上升，由于每次回落都有更多的买入，因而产生新的支撑。而对于下降，跌破了该支撑，情况就截然相反。在该区域买入的多头意识到自己错了，而没有买入的或卖出的空头都意识到自己对了。无论是多头还是空头，他们都有抛出证券逃离目前市场的想法。一旦证券价格有些回升，尚未到达原来的支撑位，就会有一批证券抛压出来，再次将证券价格压低。

以上的分析过程对于压力线也同时适用，只不过结论正好相反。

这些分析的附带结果是支撑和压力地位的相互转化。如上所述，一个支撑如果被跌破，那么这个支撑将成为压力，同理一个压力被突破，这个压力将成为支撑。这说明支撑和压力的角色不是一成不变的，两者会相互转化。如图 8.11 所示。

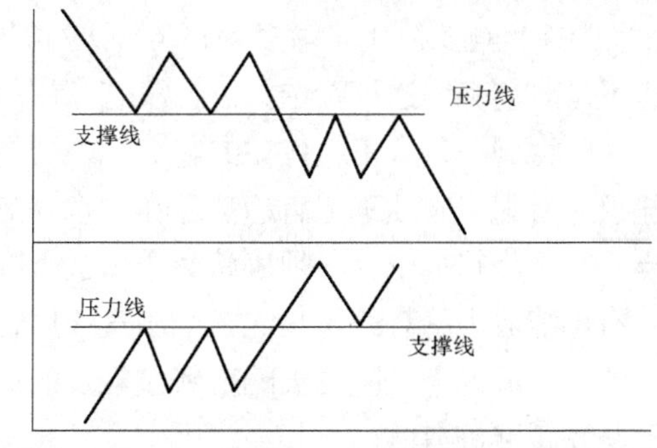

图 8.11 支撑线和压力线的相互转化

支撑线和压力线相互转化的重要依据是被突破，怎样才能算被突破呢？用一个数字来严格区分突破和未突破是很困难的，没有一个明确的截然分明的界线。

一般说来，穿过支撑和压力线越远，突破的结论越正确，越值得我们相信。有几个数字，值得我们注意，3%、5%、10%和一些整数的价位。突破这些数字，往往是我们改变看法的开始。3%、5%和 10%是针对突破支撑和压力的幅度而言。3%偏重于短线的支撑和压力区域，10%偏重于长线的支撑和压力区域，5%介于两者之间。整数价位主要是针对人的心理状态而言，它更注重心理，而不是注重技术。4.99 元与 5.00 元相差并不多，但 4.99 元给人的印象是已经跌破 5 元，而5元还未跌破5元。

3. 支撑线和压力线的确认和修正

如前所述，每一个支撑线和压力线的确认都是人为的，主要依据是证券价格变动所画出的图表。

一般来说，一个支撑线或压力线的重要性要从三个方面考虑：一是证券价格在这个区域持续的时间长短；二是证券价格在这个区域伴随的成交量大小；三是这个支撑区域或压力区域发生的时间距当前这个时期的远近。很显然，持续的时间越长，伴随的成交量越大，离现在越近，则这个支撑和压力区域对当前的影响就越大，反之就越小。

上述三个方面是确认一个支撑和压力的重要识别手段。有时，由于证券价格的变动，会发现原来确认的支撑或压力可能不真正具有支撑或压力的作用，或者说，不很符合上面所述的三条，这时，就有一个对支撑线和压力线进行调整的问题，这就是支撑线和压力线的修正。

三、趋势线

1. 趋势线的画法

趋势线是用来衡量价格趋势的，由趋势线的方向可以明确地看出价格的运动方向。

在上升趋势中，将两个上升的低点连成一条直线，就得到上升趋势线。在下降趋势中，将两个下降的高点连成一条直线，就得到下降趋势线。如图8.12所示。

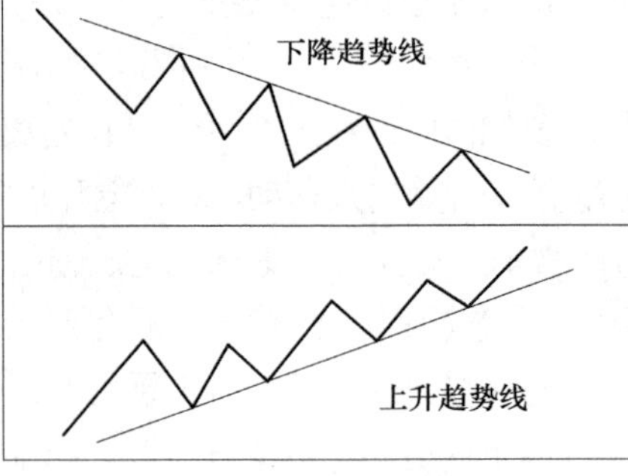

图8.12 趋势线

上升趋势线起支撑作用，下降趋势线起压力作用。也就是说，上升趋势线是支撑线的一种，下降趋势线是压力线的一种。

我们很容易在K线图上画出趋势线，但这并不意味着趋势线已经被我们掌握了。我们画出一条直线后，还有很多问题需要我们去回答。最迫切需要解决的问题是：我们画出的这条直线是否具有使用价值，以这条线作为我们今后预测市场的参考是否具有很高的准确性？

这个问题实际上是对多条趋势线进行筛选和评判，最终保留一条确实有效的趋势线的过程。也就是对趋势线进行筛选，去掉没有作用的，保留有作用的。

要得到一条真正起作用的趋势线，要经多方面的验证才能最终确认，不符合条件的应予以删除。首先，必须确定有趋势存在，也就是说，在上升趋势中，必须确认出两个依次上升的低点；在下降趋势中，必须确认两个依次下降的高点，才能确认趋势的存在，连接两个点的直线才有可能成为趋势线。其次，画出直线后，还应得到第三个点的验证才能确认这条趋势线是有效的。一般说来，所画出的直线被触及的次数越多，其作为趋势线的有效性越可信，用它进行预测就越准确有效。

2. 趋势线的作用

一条趋势线一经认可，下一个问题就是：怎样使用这条趋势线来对价格进行预测？一般来说，趋势线有两个作用：

第一，对价格今后的变动起约束作用，使价格总保持在这条趋势线的上方（上升趋势线）或下方（下降趋势线）。实际上，就是起支撑和压力作用。

第二，趋势线被突破后，就说明价格下一步的走势将要向相反的方向运行。越重要和越有效的趋势线被突破，其转势的信号就越强烈。被突破的趋势线原来所起的支撑和压力作用，也将相互交换角度，即原来是支撑线的，现在将起压力作用，原来是压力线的现在将起支撑作用。如图 8.13 所示。

3. 趋势线突破的确认

应用趋势线最为关键的问题是：怎么才算对趋势线的突破。

这个问题本质上是对支撑和压力的突破问题的进一步延伸。同样没有一个截然分明的数字告诉我们，这个数字之前算突破，之后不算突破。这里面包含很多的人为因素，或者说是主观成分。这里只提供几个判断是否有效的参考意见，以便在具体判断中进行考虑。

（1）收盘价突破趋势线比当日内最高最低价突破趋势线重要。

（2）穿越趋势线后，离趋势线越远，突破越有效。人们可以根据各个证券的具体情况，自己制定一个界限。

（3）穿越趋势线后，在趋势线的另一方停留的时间越长，突破越有效。很显然，只在趋势线的另一方停留了一天，肯定不能算突破。至少多少天才算，这又是一个人为选择的问题。

趋势线的突破示例，如图 8.14 所示。

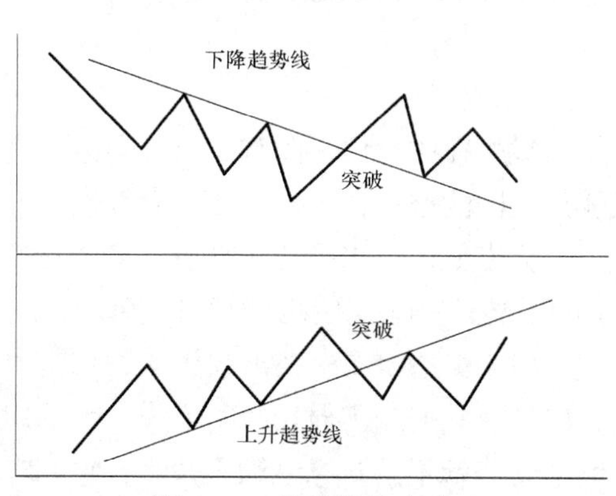

图 8.13 趋势线的突破

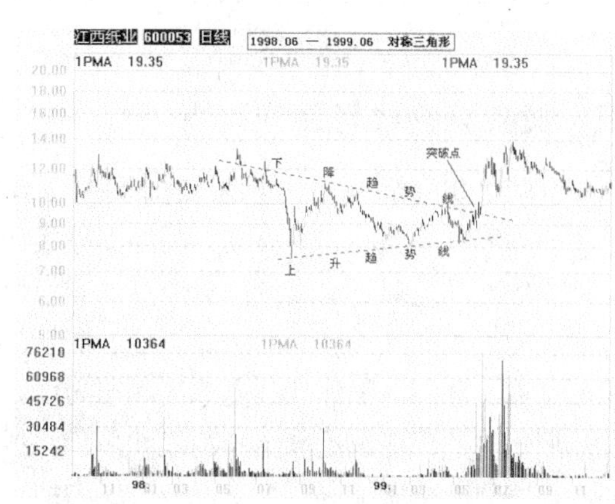

图 8.14 趋势线的突破示例

四、轨道线

1. 轨道线的画法

轨道线又称为通道线或管道线，是基于趋势线的一种支撑、压力线。在得到了趋势线后，通过第一个峰和谷可以作出这条趋势线的平行线，这条平行线就是轨道线。两条平行线组成一个轨道，这就是常说的上升通道和下降通道，如图 8.15 所示。

2. 轨道线的作用

轨道线的作用是限制价格的变动范围，让它不能过分地远离。一个轨道一旦得到确认，价格将在这个通道里变动。如果通道上沿或下沿的直线被突破，就意味着价格将有一个大的变化。同趋势线一样，轨道线也有是否被确认的问题。价格如果的确得到支撑或受到压力而在轨道线处掉头，并一直走回到趋势线上，那么这条轨道线就可以被确认了。当然，轨道线被触及的次数越多，延续的时间越长，其被认可的程度和重要性就越高。

轨道线的另一个作用是提出趋势转向的预警。如果在一次波动中未触及到轨道线，离得很远就开始掉头，这往往是原有的趋势将要改变的信号。

3. 轨道线的突破

与突破趋势线不同，对轨道线的突破并不是趋势反向的开始，而是原来趋势加速的开始，即原来趋势线的斜率将会增加，趋势线将会更加陡峭，如图 8.16 所示。

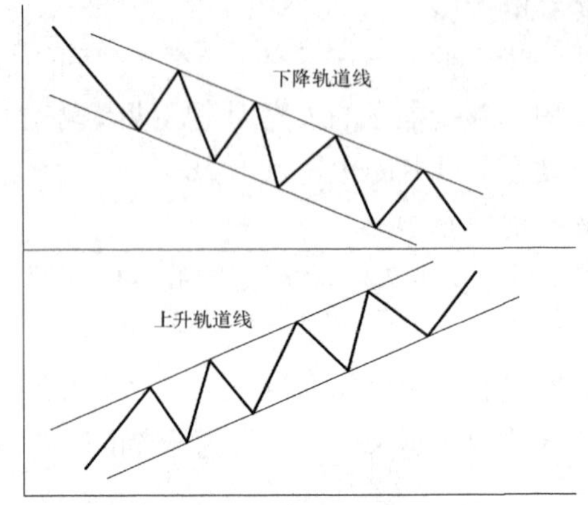

图 8.15 轨道线形态

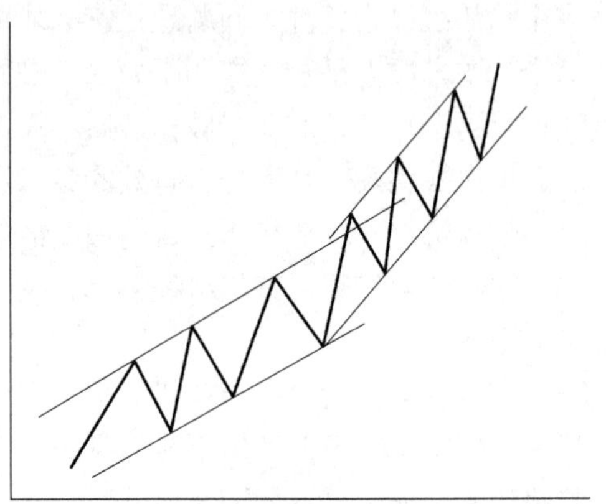

图 8.16 轨道线的突破

五、黄金分割线与百分比线

这两种切线是水平的直线，它们注重于支撑线和压力线所在的价位，而对什么时间达到这个价位并不过于关心。很显然，斜的支撑线和压力线随着时间的推移，支撑位和压力位也要不断地变化。向上斜的切线价位会变高，向下斜的切线价位会变低，对水平切线来说，每个支撑位或压力位相对来说较为固定。为了弥补它们在时间上的不同，在画水平切线时往往多画几条，也就是说，同时提供好几条支撑线和压力线，并希望这几条中最终确有一条能起到支撑和压力的作用。为此，在应用黄金分割线和百分比线的时候，应注意它们与其他切线的不同。水平切线中最终只有一条被确认为支撑线或压力线，这样，其他切线就不是支撑线和压力线，它们应当自动被取消，或者说在图形上消失，只保留那条被确认的切线。这条保留下来的切线就具有一般的支撑线或压力线所具有的全部特性和作用，对于我们今后的价格预测工作有一定的帮助。

1. 黄金分割线的画法

黄金分割是一个古老的数学方法。它的各种神奇作用和魔力，屡屡在实际中发挥意想不到的作用。在这里，我们仅仅说明如何得到黄金分割线，并根据它的指导进行下一步的买卖操作。

画黄金分割线的第一步是记住若干个特殊的数字：

0.191　0.382　0.618　0.809

1.191　1.382　1.618　1.809　2.00　2.618　4.236　6.854

这些数字中 0.382、0.618、1.382、1.618 最为重要，价格很容易在这四个数对应的黄金分割线处产生支撑和压力。

第二步是找到一个点。这个点是上升行情结束，调头向下的最高点；或者是下降行情结束，调头向上的最低点。当然，这里的高点和低点都是指一定范围的，是局部的。只要我们能够确认一个趋势（无论是上升还是下降）已经结束或暂时结束，则这个趋势的转折点就可以作为进行黄金分割的起点，这个点一经选定，我们就可以画出黄金分割线了。

第三步，计算黄金分割线的位置，分为下降行情和上升行情两种情况。

（1）下降行情。当下降行情进行了很长时间后，价格已经下降了很多，此时，投资者最为关心的是下降趋势将在什么位置获得支撑。黄金分割线提供的是几个价位，它们是这次下降开始的最高点价位分别乘以上面所列数字中比 1 小的数字。例如，如果下降起点的顶点位为 10 元，依次可以计算出 8.09、6.18、3.82、1.91 四个价位，这是四个黄金分割线的位置，这四个价位今后可能成为支撑位，如图 8.17（a）所示。

（2）上升行情。当上升行情进行了很长时间后，价格已经上涨了很多，此时，投资者最为关心的是上升趋势将在什么位置遇到阻力。用本次上升开始的低点位分别乘以上面所列数字中比 1 大的数字。例如，如果上升起点的低点位为 10 元，依次可以计算出 11.91、13.82、16.18、18.09、20、26.18、42.36、68.54 等，这些位置是黄金分割线的位置，它们今后可能成为压力位，如图 8.17（b）所示。

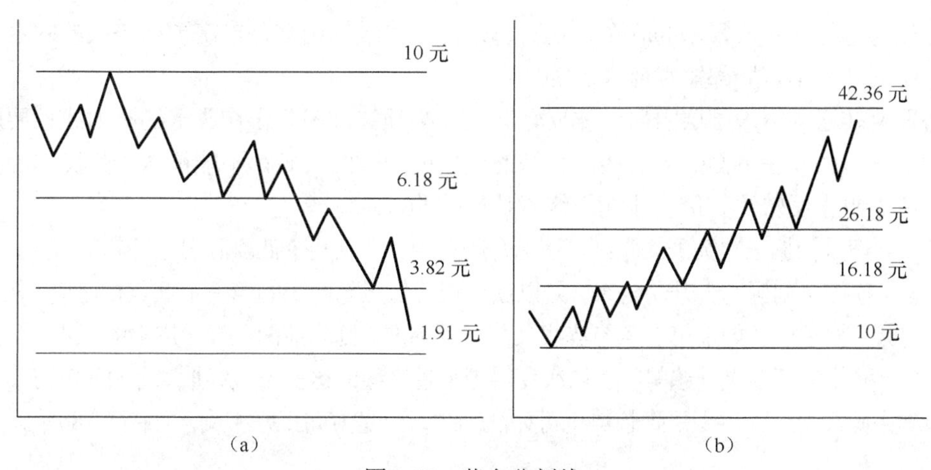

图 8.17　黄金分割线

2. 百分比线的画法

百分比线考虑问题的出发点是人们的心理因素和一些整数的分界点。

当价格持续向上，涨到一定程度，肯定会遇到压力，遇到压力后，就要向下回撤，回撤的位置很重要。黄金分割线提供了几个价位，百分比线也可以提供几个价位。

以这次上涨开始的最低点和开始向下回撤的最高点两者之间的差，分别乘上几个特别的百分比数，就可以得到未来支撑位可能出现的位置。

设低点是 10 元，最高点是 22 元。这些百分比数一共 9 个，它们是

1/8、1/4、3/8、1/2、5/8、3/4、7/8、1/3、2/3

按上面所述方法我们将得到以下 9 个价位：

$1/8 \times (22-10) + 10 = 11.5$　　　$1/4 \times (22-10) + 10 = 13$

$3/8 \times (22-10) + 10 = 14.5$　　　$1/2 \times (22-10) + 10 = 16$

$$5/8 \times (22-10) + 10 = 17.5 \qquad 3/4 \times (22-10) + 10 = 19$$

$$7/8 \times (22-10) + 10 = 20.5 \qquad 1/3 \times (22-10) + 10 = 14$$

$$2/3 \times (22-10) + 10 = 18$$

这里的百分比线中，1/2、1/3、2/3 这三条线最为重要。在很大程度上，回撤到 1/2、1/3、2/3 是人们的一种心理价位。如果没有回落到 1/2、1/3、2/3 以下，就好像没有回落够似的；如果已经回落了 1/2、1/3、2/3，人们自然会认为回落的深度已经够了。

上面所列的 9 个特殊的数字都可以用百分比表示。之所以用上面的分数表示，是为了突出整数的习惯。这 9 个数字中有些很接近，如 1/3 和 3/8，2/3 和 5/8。在应用时，以 1/3 和 2/3 为主。

对于下降行情中的向上反弹，百分比线同样也适用。其方法与上升情况完全相同。

如果百分比数字取为 61.8%、50%和 38.2%，就得到另一种黄金分割线——两个点的黄金分割线。在实际中两个点黄金分割线被使用得很频繁，差不多已经取代了百分比线，但它只是百分比线的一种特殊情况。

六、其他切线

1. 扇形线

扇形线与趋势线有很紧密的联系，初看起来像趋势线的调整，丰富了趋势线的内容，明确给出了趋势反转（不是局部短暂反弹）的信号。

趋势要反转必须突破层层阻碍，要反转向上，必须突破多条压在头上的压力线；要反转向下，必须突破多条横在下面的支撑线。稍微的突破或短暂的突破都不能被认为是反转的开始，必须消除所有阻止反转的力量，才能最终确认反转的来临。

扇形线原理是依据三次突破的原则。在上升趋势中，先以两个低点画出上升趋势线后，如果价格向下回档，跌破了刚画的上升趋势线，则以新出现的低点与原来的第一个低点相连接，画出第二条上升趋势线。再往后，如果第二条趋势线又被向下突破，则同前面一样，用新的低点，与最初的低点相连接，画出第三条上升趋势线。依次变得越来越平缓的这三条直线形如张开的扇子，扇形线和扇形原理由此而得名，对于下降趋势也可如法炮制，只是方向正好相反，如图 8.18 所示。

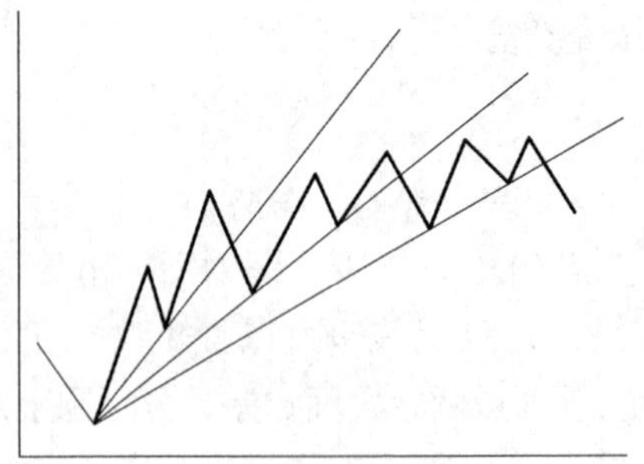
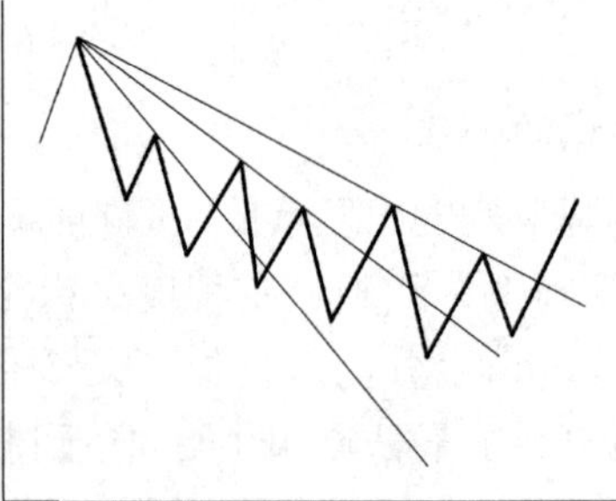

图 8.18 扇形线

扇形原理可以简单地叙述为：如果所画的三条趋势线一经突破，则趋势将反转。

在实际应用的时候，扇形线的使用并不方便。一方面，画这些趋势线本身就比较麻烦；另一方面，画出 3 条趋势线后，并不能保证趋势反转，因为所画的趋势线是否合理还是个问题。通常要画三条趋势线才会出现反转。此外，等到第三次突破后，价格往往已经下降或上升了很多，这给投资者的使用造成了麻烦。在对技术分析方法了解不够深入的情况下，我们建议不使用扇形线。

2. 速度线

同扇形原理考虑的问题一样，速度线也是用以判断趋势是否将要反转。不过，它给出的是固定的直线，而扇形原理中的直线是随着价格的变动而变动的。另外，速度线又具有一些百分比线的思想。它是将每个上升或下降的幅度分成三等分进行处理。

速度线的画法分为两个步骤。第一步，找到一个上升或下降过程的最高点和最低点，然后，将高点和低点的垂直距离三等分；第二步，连接高点（在下降趋势中）与 1/3 和 2/3 分界点，或连接低点（在上升趋势中）与 1/3 和 2/3 分界点，得到两条直线。这两条直线就是速度线，如图 8.19 所示。

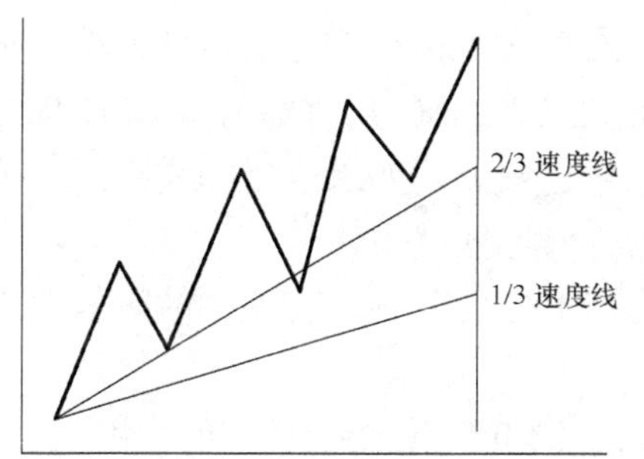

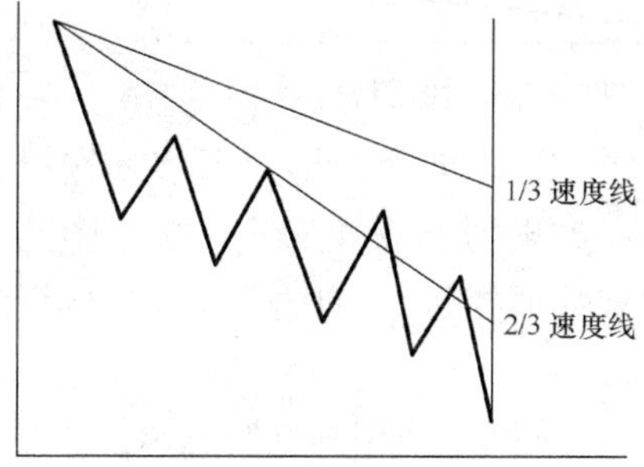

图 8.19　速度线

与别的切线不同，速度线有可能随时变动，一旦有了新高或新低，则速度线将随之发生变动，尤其是新高和新低离原来的高点和低点相距很近时，更是如此，原来的速度线就一点用也没有了。

速度线一经被突破，其原来的支撑线和压力线的作用将相互转换，这也是符合支撑线和压力线一般规律的。

速度线最为重要的功能是判断一个趋势是被暂时突破还是长久突破（转势）。其基本的思想如下。

（1）在上升趋势的调整之中，如果向下折返的程度突破了位于上方的 2/3 速度线，则价格将试探下方的 1/3 速度线。如果 1/3 速度线被突破，则价格将一泻而下，预示这一轮上升的结束，也就是转势。

（2）在下降趋势的调整中，如果向上反弹的程度突破了位于下方的 2/3 速度线，则证券价格将试探上方的 1/3 速度线。如果 1/3 速度线被突破，则价格将一路上行，标志这一轮下降的结束，价格进入上升趋势。

同扇形线一样，速度线的使用也是“高难度的”。画起来比较麻烦，而且经常变动。此外，还可以想象，如果等到突破了 1/3 速度线才开始行动，那么一定不是“好的位置”和好的时机。这是没有办法的事情，一方面需要结论的准确，另一方面又需要“好的位置”，实际中这样的好事可以说根本没有。对于不是专业研究速度线的投资者，建议不使用这个方法。

3. 甘氏线

甘氏线分上升甘氏线和下降甘氏线两种，它是由 William D.Gann 创立的一套独特理论。Gann 有时被翻译成江恩，他是一位具有传奇色彩的证券技术分析大师。甘氏线就是他将百分比原理与几何角度原理结合起来的产物。甘氏线从一个点出发，依一定的角度，向后画出多条射线，所以，甘氏线包含了角度线的内容。

每条直线都有一定的角度，这些角度都与百分比线中的某些数字有关。每个角度的正切或余切分别等于百分比数中的某个分数（或者说是百分数）。

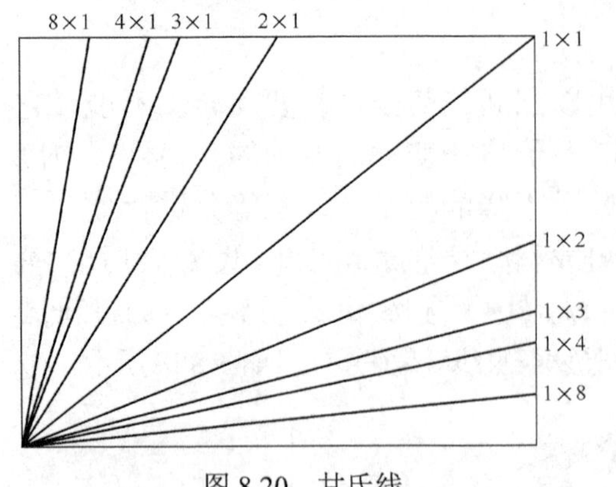

图 8.20 甘氏线

每条直线都有支撑和压力的功能，但这里面最重要的是 1×1、2×1 和 1×2。其余的角度虽然在价格的波动中也能起一些支撑和压力作用，但重要性都不大，都很容易被突破。

画甘氏线的方法是首先找到一个点，然后以此点为中心按照不同的角度向上或向下画出数条射线，如图 8.20 所示。

同其他趋势线的选点方法一样，被选择的点一定是显著的高点和低点，如果刚被选中的点马上被新的高点和低点取代，则甘氏线的选择也随之变更。如果画下降甘氏线，被选中的点应该是高点；如果画上升甘氏线，被选中的点应该是低点。

需要特别强调的是，甘氏线是比较早期的技术分析工具，在使用的时候会遇到以下两个问题。

（1）受到技术图表使用刻度的影响，选择不同的刻度将影响甘氏线的作用。

（2）甘氏线提供的不是一条或几条线，而是一个扇形区域，在实际应用中有相当的难度。对那些不是专业研究甘氏理论的投资者，最好不要使用甘氏线。

第三节 形 态 理 论

趋势的变化一般不是突如其来的，它通常需要一定的酝酿时间，有一个发展的过程。研究酝酿期内证券价格的变化及其形态特征，对价格运行趋势的预测具有重要意义。证券价格运动形态一般可分为反转形态和整理形态两大类。

一、反转形态

反转形态是指将导致运行趋势发生逆转的价格形态。其最主要的特点是，形态所在的平衡被打破后，波动方向与平衡之前的趋势方向相反。例如，之前是上升趋势，在经过了一段时间的平衡整理之后，价格的波动趋势是下降。

反转形态是形态理论研究的重要内容。判断反转形态，需要注意以下几点。

（1）市场事先必须存在某种趋势，这是所有反转形态产生的前提。事先不存在趋势，那也就谈不上反不反转的问题。

（2）某一条重要的支撑线或压力线被突破，是反转形态突破的重要依据。

（3）在向上突破的时候伴随着成交量越大，可靠性就较强。成交量往往在重大阻力位被突破的时候起到关键的作用，说明大多数投资者的看法正在发生变化。

（4）形态的规模越大，反转形成时市场的波动就越大。

（一）头肩顶

1. 形态分析

头肩顶走势，可以划分为以下部分。

（1）左肩部分：持续一段时间的上升，成交量很大，前期的多头开始获利沽出，令证券价格出现短期的回落，成交较上升阶段有显著的减少。

（2）头部：证券价格经过短暂的回落后，又有一次强有力的上升，成交亦随之增加。不过，成交量的最高点较之于左肩部分，明显减少。证券价格超过上次的高点后再一次回落，成交量在这次回落期间亦同样减少。

（3）右肩部分：证券价格下跌到接近上次回落的低点时再获得支撑而回升，市场投资的情绪显著减弱，成交较左肩和头部明显减少，证券价格没有到达头部的高点便开始回落，最后形成右肩部分。

（4）突破：从右肩顶下跌穿破由左肩底和头部底所连接的底部颈线，其突破颈线的幅度要超过市价的3%以上。

简单来说，头肩顶的形状呈现三个明显的高峰，位于中间的峰较其他两个峰的高点略高。至于成交量方面，则出现梯级型的下降，如图8.21（a）所示。

2. 市场含义

（1）这是一个长期性趋势的转向形态，通常会在牛市的末端出现。

（2）头肩顶形态显示，在上涨趋势的末端，多头力量不足以将证券价格推向更高的位置，而获利盘的不断沽出使空头力量不断增加，最终空头战胜多头。

（3）成交量方面，头肩顶的三个峰对应的成交量渐次减少。

（4）当头肩顶的颈线被击破时，没有卖出的投资者就必须下决心采取行动了。头肩顶被突破后往往会有一个回抽的过程，这是多头最后的逃命机会。

（5）当颈线跌破后，我们可根据该形态的最少跌幅量度方法预测证券价格会跌至哪一水平。量度的方法是：从头部的最高点画一条垂直线到颈线，然后在完成右肩突破颈线的点开始，向下量出同样的长度，由此量出的价格区间就是将下跌的最小幅度。

头肩顶形态如图8.21（b）所示。

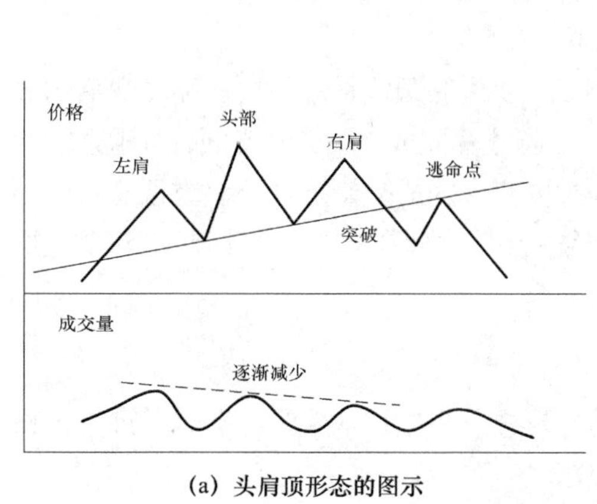

(a) 头肩顶形态的图示

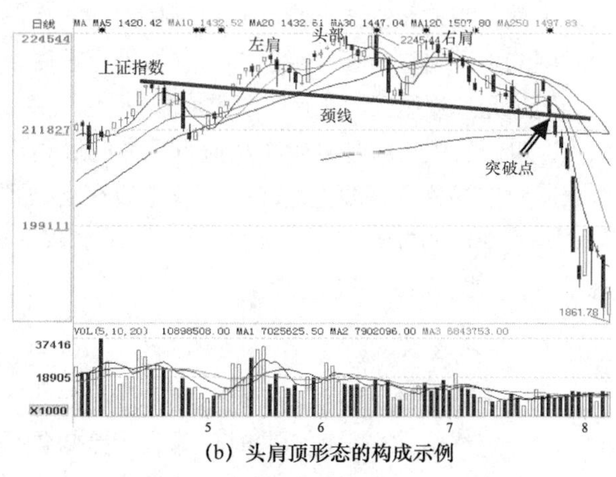

(b) 头肩顶形态的构成示例

图8.21 头肩顶形态

（二）头肩底

1. 形态分析

头肩底和头肩顶的形状一样，只是整个形态倒转过来而已，又称“倒转头肩式”。在长期下跌过程中，暂时超跌获得支撑而反弹，形成左肩；左肩开始的反弹至颈线时，出现新的下跌形成新的低点即头部；从头部开始成交量逐步增加，股价也逐渐回暖，直到涨至颈线位受阻后形成右肩；随着右肩的形成，头肩底形态初步确立，多头开始大胆涌入并推高股价，突破颈线时伴随着较大的成交量；在突破之后往往会有回抽颈线的过程，颈线压力随即变成支撑，回抽就是为了测试颈线的支撑力度，为头肩底的最佳买入点，如图 8.22 所示。

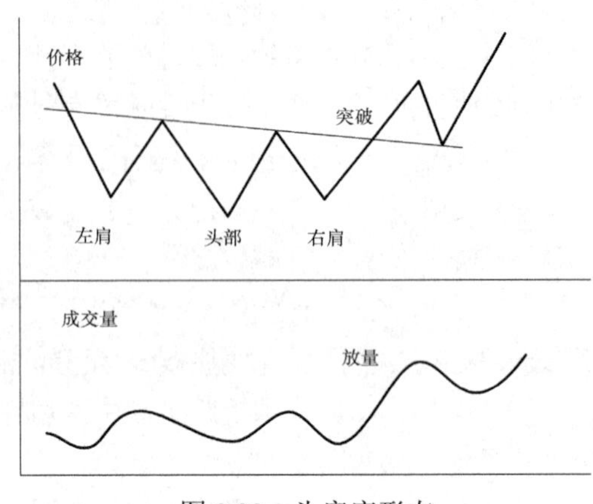

图 8.22　头肩底形态

2. 市场含义

这是一个长期性趋势的转向形态，通常会在熊市的尽头出现。当两次反弹的高点阻力线（颈线）打破后，显示多方的力量已经超过空方，多方代替空方完全控制整个市场。需要注意的是，头肩底的突破一定要有成交量的有效放大，没有成交量的配合，其突破往往是假突破，头肩底形态不能得到确认。头肩底突破后的回抽是最佳的买入时机。头肩底形态被突破后的升幅与头肩顶降幅的预测原则一样。

（三）双重顶（底）

1. 形态分析

一只证券上升到某一价格水平后遇到阻力，证券价格随之下跌，并在低位获得支撑。接着证券价格又升至与前一个价格几乎相等的高点，但成交量却不能达到上一个高峰的成交量，随后在压力线的阻压下再次下跌，证券价格的移动轨迹就像 M 字。这就是双重顶，又称 M 头走势。

一只证券持续下跌到某一平台出现技术性反弹，但回升幅度不大，时间也不长，证券价格又再下跌，当跌至上次低点时获得支持，再一次回升，同时成交量也随之放大。证券价格在这段时间的移动轨迹就像“W”字，这就是双重底，又称 W 走势。

无论是“双重顶”还是“双重底”，都必须突破颈线（双头的颈线是第一次从高峰回落的最低点；双底的颈线就是第一次从低点反弹的最高点），形态才算完成。成交量方面，双重顶的两个峰所对应的成交量要逐渐减少，双重底在突破颈线时要有大的成交量配合，双重顶的突破不一定要成交量的放大，如图 8.23（a）所示。双重顶形态示例，如图 8.23（b）所示。双重底形态示例，如图 8.23（c）所示。

2. 市场含义

双头（双重顶）或双底（叠重底）形态是一个转向形态。当出现双头时，即表示证券价格的升势已经终结；当出现双底时，即表示跌势告一段落。

通常这些形态出现在长期性趋势的顶部或底部，所以当双头形成时，我们可以肯定双头的最高点就是该证券的顶点；而双底的最低点就是该证券的低点了。

当双头颈线被跌破，就是一个可靠的卖出讯号；而双底的颈线被冲破，则是一个买入的讯号。

双重顶或双重底被突破后，价格至少要跌到或涨到与形态高度相等的距离。所谓形态高度，是从顶点到颈线位置的距离。

（四）圆弧顶（底）

1. 形态分析

圆弧形又称为碟形、圆形、碗形等，图中的曲线不是数学意义上的圆，也不是抛物线，而仅仅是一条曲线。

将证券价格在一段时间内的顶部高点用曲线连起来，得到类似于圆弧的弧线盖在证券价格之上，称为圆弧顶。在圆弧顶形成过程中，日 K 线主要以小阴、小阳及十字星之类的震荡线为主。在圆弧顶形成过程中，成交量逐步萎缩，尤其是在下跌半圆的末期，成交量可能会萎缩到底量。圆弧顶是中级头部形态中比较少见的一种。形成的时间较长，在形成过程中不易辨认。当圆弧顶头部确认后，证券价格下跌的幅度会较大，而且较难出现反弹离场的时机。

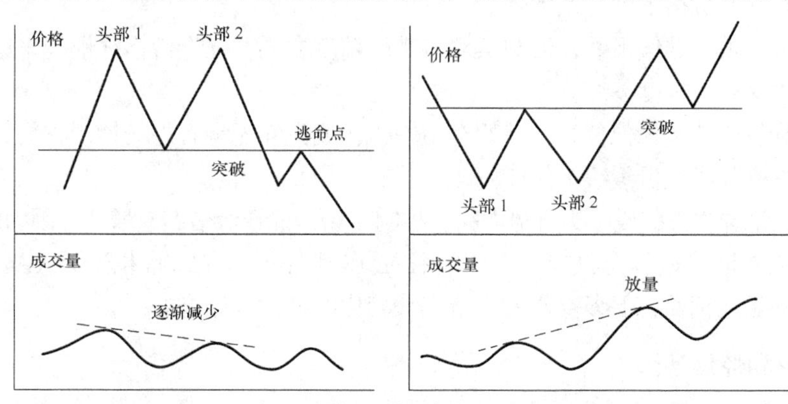

（a）双重顶和双重底形态的图示

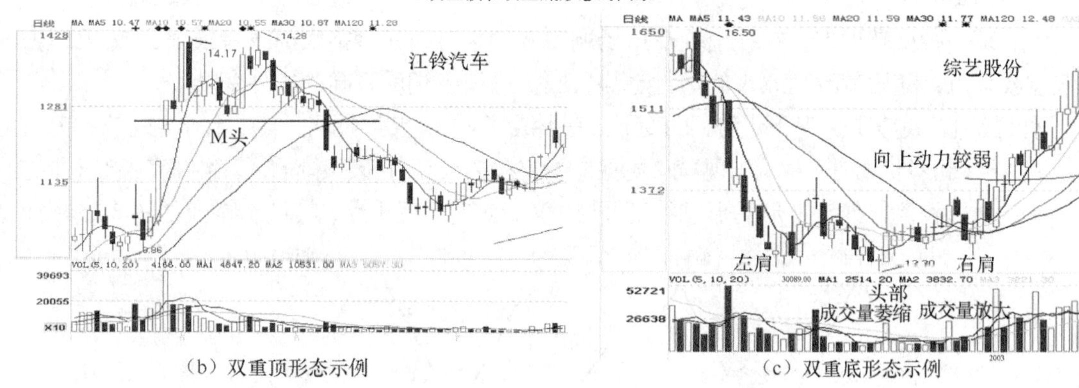

（b）双重顶形态示例　　（c）双重底形态示例

图 8.23　双重顶和双重底形态

将每一个局部的低点连在一起也能得到一条弧线，这条弧线托在证券价格之下，称为圆弧底。圆弧底的形成过程中，两头的成交量多，中间少，而且以圆弧的中心点为界，右侧的成交量水平要明显地超过其对称左侧的成交量水平，这是一条确认底部将形成反转的条件，否则这个圆弧可能是一种假象。圆弧底是少见的底部形态，不易识别。一旦形成，上涨的空间极大。

圆弧顶与圆弧底形态如图 8.24 所示。

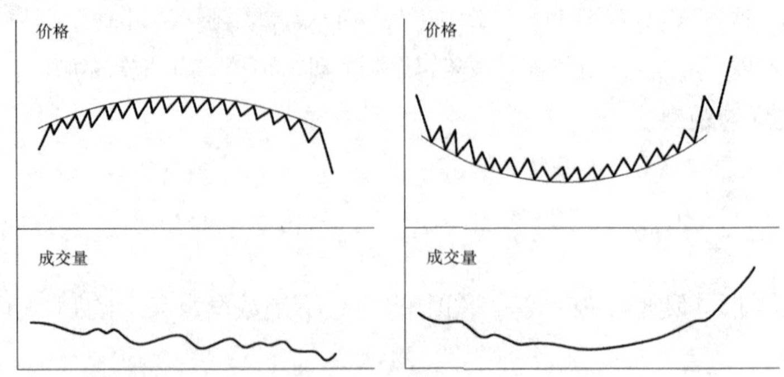

图 8.24　圆弧顶和圆弧底形态

2. 市场含义

圆弧顶和圆弧底清晰地显示了多空双方力量消长变化的全过程。以圆弧底为例，说明如下。

（1）证券价格从高位跌下来，卖方的势力逐步减弱，主动性抛盘减少，买方力量畏缩不前，于是成交量随着证券价格下跌持续下降。

（2）证券价格虽然继续下跌，但买卖双方都已精疲力竭，证券价格跌幅越来越小，直至水平发展，同时成交量也极度萎缩。

（3）当证券价格跌至极低位时，开始有主力机构或先知先觉者入场悄悄收集，多方力量渐渐增强，证券价格及成交量缓缓上扬。

（4）最后，证券收集完成，买方势力完全控制市场，证券价格迅速攀升，因为底部耗时长，换手充分，所以向上突破后，卖方无力抵抗，往往无需回档，短期升幅相当惊人。

圆弧顶与圆弧底相反，但多空双方力量消长变化的规律是一样的。

（五）V 形和伸延 V 形

1. 形态分析

V 形是一种反转形态，往往出现在市场剧烈波动之时，在价格底部或者顶部区域只出现一次低点或高点，随后就改变原来的运行趋势，股价呈现出相反方向的剧烈变动。

“伸延V形”走势是“V形走势”的变形。在形成“V形走势”期间，其中上升（或是下跌）阶段呈现变异，证券价格有一部分出现横向发展的成交区域，其后打破该徘徊区，继续完成整个形态。

倒转V形和倒转伸延V形的形态特征，与“V形走势”正相反，其形态特征如图 8.25 所示。

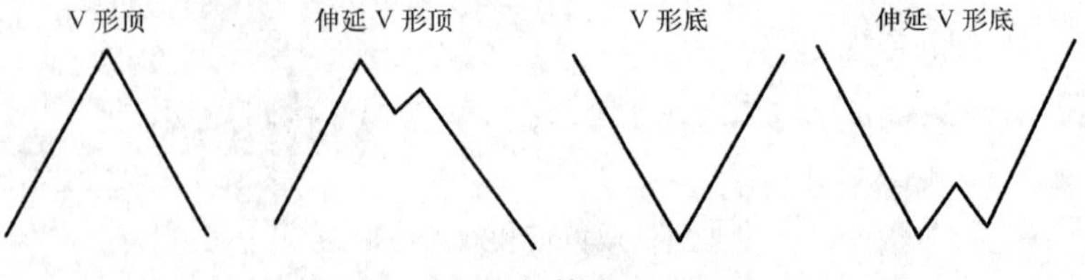

图 8.25　V 形与伸延 V 形形态

2. 市场含义

V 形反转事先一般没有征兆，往往伴随着价格的剧烈波动，形态完成后潜能相当惊人，所达到的上升或下跌幅度也不可测算。在实际运用时，应注意以下几点。

（1）涨跌幅度。一般来讲，短期内涨跌幅度越大、动力越强，出现 V 形反转的可能性也越强，超过 5%以上的巨阳或巨阴往往成为很好的配合证据。

（2）价量配合。正 V 形反转在转势时成交量要明显放大，价量配合好，尤其转势前后交投的放大，实际上是最后一批杀跌盘的涌出和先知先觉者接货造成的；倒转 V 形反转对成交量没有强制要求，不过其转势前成交量往往也会暴增，实际上意味着多头力量已成强弩之末，买盘后继无力；而伸延 V 形的价量要求则与伸延前的 V 形性质相同。

（3）结合中长期均线和其他技术指标进行研判。

（六）喇叭形

1. 形态分析

证券价格经过一段时间的上升后下跌，然后再上升再下跌，上升的高点较上次更高，下跌的低点也较上次的低点更低。整个形态以狭窄的波动开始，然后从上下两个方向扩大，如果我们把上下的高点和低点分别连接起来，形成一个类似于喇叭的形状，这便是喇叭形。

成交量方面，喇叭形在整个形态形成的过程中，保持着高而且不规则的成交量。喇叭形分为上升型和下降型，其含义一样。其形态特征如图 8.26 所示。

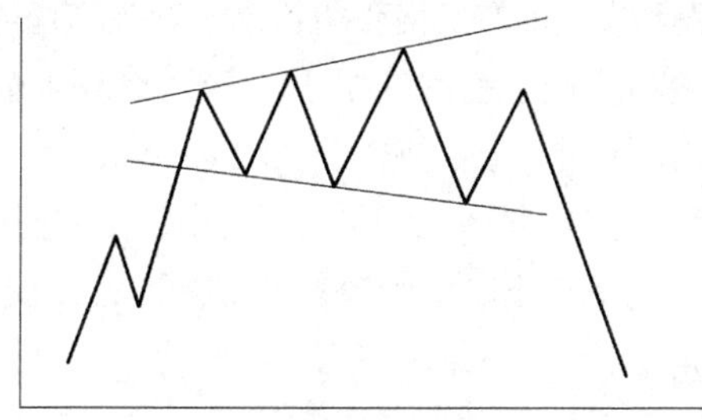

图 8.26　喇叭形

2. 市场含义

整个形态是因为投资者冲动的投资情绪所造成，通常在长期性上升的最后阶段出现，这是一个缺乏理性和失去控制的市场，投资者受到市场炽烈的投机风气或传言所感染，当证券价格上升时便疯狂追涨，当证券价格下跌时又盲目地加入抛售行列。他们冲动和杂乱无章的行动，使得证券价格不正常地大涨大落。成交量也是出现不规则波动，而且成交量较高。

该形态一般是大的跌市来临前的先兆，因此可以看作是一个下跌形态。由于喇叭形是由投资者冲动和不理性的情绪造成的，它极少在跌市的底部出现，原因是证券价格经过一段时间的下跌之后，投资者投资意愿薄弱，在低沉的市场气氛中，不可能形成这种形态。

（七）菱形

1. 形态分析

菱形又称为钻石形，是喇叭形、对称三角形、头肩顶的综合体。形态犹如钻石或平行四边形，其颈线为 V 字状。左半部类似于喇叭形，右半部类似于对称三角形。菱形形成过程中的成交量方面，左边喇叭形部分量较大且呈现不规则的波动，右边对称三角形部分成交量越来越小。其形态特征如图 8.27 所示。

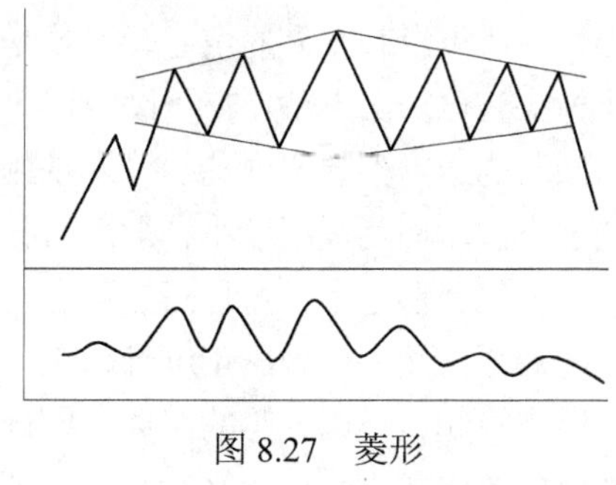

图 8.27　菱形

2. 市场含义

当证券价格越升越高时，投资者显得冲动和失去理智，因此价格波动增大，成交亦大量增加，但很快地，投资情绪渐渐冷静下来，成交减少，证券价格波幅收窄，市场的投资意愿从高涨转为观望，投资者等待市场进一步的变化再作投资决定。

菱形很少为底部反转，通常它在中级下跌前的顶部或大量成交的顶点出现，是个转向形态。

二、整理形态

任何一种证券的价格在上升或下跌过程中，由于买卖双方势均力敌，证券价格出现短暂的休整，或者证券价格变动得太快、幅度太大，出现一段回档行情，再继续原来的趋势。证券价格的这些形态称为整理形态。重要的整理形态有三角形、矩形、楔形、旗形等。

（一）对称三角形

1. 形态分析

对称三角形，又称为正三角形或敏感三角形。证券价格在经过一段猛烈的上涨或下跌之后进入横盘整理，证券价格在两条逐渐聚拢的趋势线中越盘越窄，变动幅度逐渐缩小，也就是说每次变动的最高价低于前次的水平，最低价高于前次的水平，形成一个由左向右的收敛三角形。在证券价格图形上，其上限为向下的斜线，下限为向上的倾线，把短期高点和低点分别以直线连接起来，上升的斜率和下跌的斜率是近似相等的，形成对称的三角形。

在对称三角形形成的过程中成交量不断减少，反映出多空力量对后市犹疑不决的观望态度，使得市场暂时沉寂。对称三角形最终会选择突破方向，可能向上突破，也可能向下突破。向上突破必须有成交量的配合，即带量突破、快速上升；向下突破不需要成交量的配合。其形态特征如图 8.28 所示。

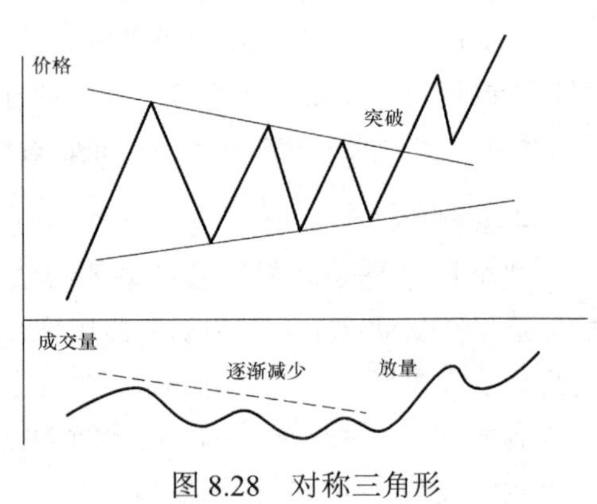

图 8.28　对称三角形

2. 市场含义

对称三角形是因为买卖双方的力量在该段价格区域内势均力敌，暂时达到平衡状态所形成的。证券价格从第一个短期性高点回落，但很快地便被买方所消化，推动价格回升；但购买的力量对后市没有太大的信心，又或是对前景感到有点犹疑，因此证券价格未能回升至上次高点又掉头，再一次下跌。在下跌阶段，那些沽售的投资者持有惜售心理或对前景仍存有希望，所以回落的压力不强，证券价格未跌到上次的低点便又回升，买卖双方的观望性心态使证券价格的上下波动幅度逐渐缩小，形成对称三角形形态。

一般情形之下，对称三角形是整理形态，即证券价格会继续原来的趋势。

对称三角形突破后量度升跌幅一般有两种方法：一是测出三角形最宽部分的高度，然后从突破点算起，量出相等的距离，即最小的升跌幅；二是从三角形转折点中找到那个最高的波峰或最低的波谷，画一条平行于三角形下颈线或上颈线的直线，突破点到这条平行线的垂直高度就是最小价格目标。两者的量度幅度是不相等的，前者是固定数字，后者是不断变动的数字，一般使用前者较多。

（二）上升三角形和下降三角形

1. 形态分析

上升三角形是对称三角形的变形体，是整理形态中最强势的上升中途整理形态，多数将向上突破。其形态特征是上边的趋势线为水平颈线，下边的趋势线向上倾斜即支撑颈线，两条趋势线逐渐汇合。形态内成交量由左向右逐渐减少。但价格向上突破颈线时，成交量要明显放大，即带量突破。其形态特征如图 8.29（a）所示。

下降三角形是对称三角形的另一变形。下降三角形也有两条颈线。上面的颈线向下方倾斜，起到压力线作用；下面的颈线水平，起支撑线作用。下降三角形最终方向一般是下跌。形态内成交量由左向右逐步递减。下降三角形向下突破时，不需要成交量的配合，可以无量空跌，若成交量放大则下降动能增大。其形态特征如图 8.29（b）所示。

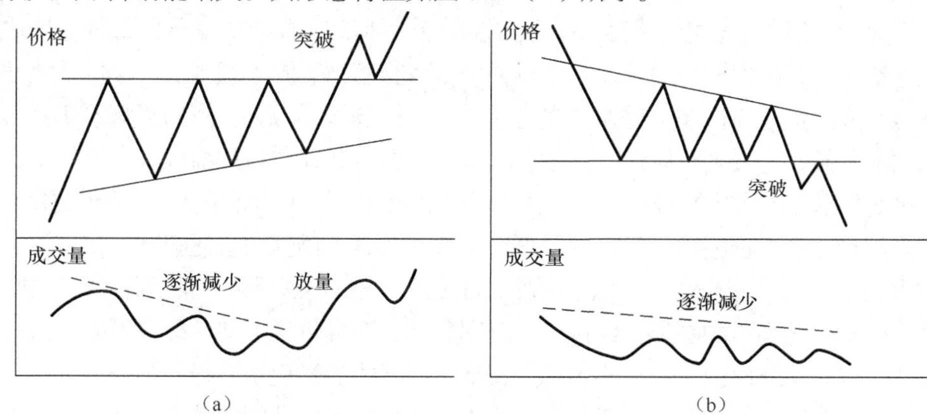

图 8.29　上升三角形和下降三角形

2. 市场含义

上升三角形的高位区基本在同一水平区域，证券价格反复地冲击这一压力区，表明市场积极攻击该区域以消化压力，反映市场做多意愿强烈。在形态的多次回调中低位逐步上升，其原因是市场对其看好而在回调中积极吸纳，反映出市场中空方力量在逐渐被多方瓦解的变化趋势。

下降三角形所反映的多空双方的力量对比变化与上升三角形相反。多方坚守着某一价格的防线，使证券价格每次回落到该水平便获得支持，而空方的卖压在不断地增强，证券价格还没回升到上次高点便再次回落，反映出多方力量在逐渐被空方瓦解的趋势。

上升三角形和下降三角形都属于整理形态。上升三角形在上升过程中出现，下降三角形在下降过程中出现。上升三角形在突破顶部水平的阻力线时，是买入讯号；下降三角形在突破下部水平阻力线时是卖出信号。

上升三角形和下降三角形被突破后的升跌幅度测算与对称三角形的测算方法相同。

（三）旗形

1. 形态分析

旗形形态就像一面挂在旗杆顶上的旗帜，该形态通常在急速而又大幅的市场波动中出现。旗形走势又可分作上升旗形和下降旗形。

上升旗形的形成过程是：证券价格经过陡峭的飙升后，接着形成一个紧密、狭窄和稍微向下倾斜的价格密集区域，把这个密集区域的高点和低点分别连接起来，就可以画出两条平行而又下倾的直线，这就是上升旗形。急速上升行情为旗杆，振荡行情形成旗帜部分，其形态特征如图 8.30（a）所示。

下降旗形则刚刚相反，当证券价格出现急速或垂直的下跌后，接着形成一个波动狭窄而又紧密，稍微上倾的价格密集区域，像是一条上升通道，这就是下降旗形，其形态特征如图 8.30（b）所示。

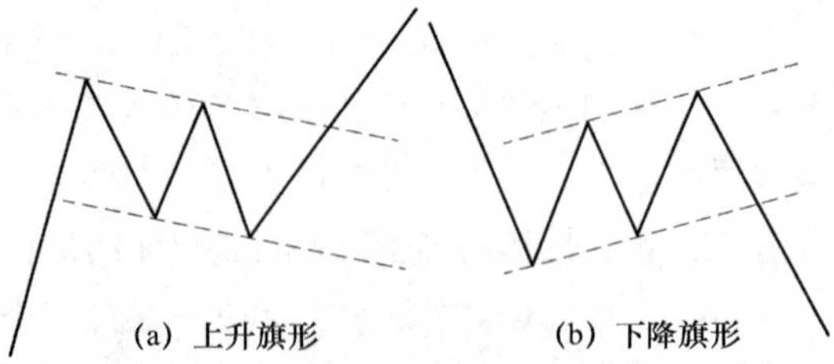

(a) 上升旗形　　(b) 下降旗形

图 8.30　旗形

2. 市场含义

旗形经常出现在急速上升或下降的行情中途。

在上升旗形的形成过程中，经过一段陡峭的上升行情后，做空力量开始加强，单边上扬的走势得到遏制，价格出现剧烈的波动，形成了一个成交密集、向下倾斜的证券价格波动区域。在旗形区域，成交量逐渐递减，普遍存在惜售心理，市场抛压减轻，新的买盘不断介入，直到形成新的向上突破，完成上升旗形。伴随着旗形向上突破和成交量逐渐放大，开始了新的多头行情，因此上升旗形是强势的特征，投资者在调整的末期可以大胆地介入，等待新的飙升行情。

在下降旗形的形成过程中，经过一段急速下跌行情后，抛售力量逐渐减少，证券价格在一定的位置得到支撑，于是形成第一次比较强劲的反弹，然后再次下跌，再反弹，经过数次反弹，形成一个类似于上升通道的图形。经过一段时间反弹，证券价格突然跌破旗形的下沿，新的跌势终于形成，因此下降旗形具有空头市场的特征，在调整的过程中应择机离场。

旗形形态在急速上升或下跌之后出现，成交量在形态形成期间显著地逐渐减少。当上升旗形往上突破时，必须要有成交量激增的配合；当下降旗形向下跌破时，成交也是大量增加的。

旗形突破后的升幅或跌幅一般相当于旗杆的高度，即从突破形态颈线算起，加上形态前涨幅或跌幅的旗杆价差。也有的认为旗形被突破后的涨跌幅度为旗形形态的高度，即平行四边形的垂直边的高度。

（四）楔形

1. 形态分析

楔形是指一种类似于楔子的形态，同旗形形成过程差不多，先要有一根旗杆的形成，在旗杆升起之后，进行楔形整理。证券价格波动局限于两条收敛的趋势线，汇集于一个尖顶，成交量也随之逐渐减少，形成一个上倾或下倾的三角形，在原来趋势上选择突破方向。

上升楔形指证券价格下跌后出现反弹，涨至一定水平又掉头下落，但回落点较前次高，又上升至新高点，比上次反弹点高，然后又回落，从而形成一浪高过一浪之势。把高点、低点分别相连形成两条上倾的斜线，形成一个上倾三角形。其形态特征如图 8.31（a）所示。

下降楔形指上升后出现了获利回吐，高点与低点逐渐下移，构成两条同时下倾的斜线，从而形成一个下倾三角形。其形态特征如图 8.31（b）所示。

2. 市场含义

上升楔形是在跌市中的回升阶段出现的整理形态，只是技术性反弹而已，表明多方非常顽强，锲而不舍地向上攻击，但整体来看已属强弩之末，市场做空能量在逐步积聚，当其下颈线被跌破后，就是卖出信号。

下降楔形是在升市的回调阶段出现的整理形态，为正常的调整。虽然下降楔形表现出空头的实力很强，但新的回落较上一个回落幅度小，说明做空力量正减弱，加上成交量的减少，可证明市场卖压减弱。下降楔形多数会向上突破，当其上颈线被突破时，就是买入信号。

楔形形态内的成交量由左向右不断显著递减，下降楔形向上突破必须要有成交量的配合，上升楔形向下突破时不需成交量的配合。

（五）矩形

1. 形态分析

矩形也称箱形，是一种常见的横向盘整形态。每一波反弹，大约都在同一个位置遭遇压力回档，回档的低点也大约位于同一价位区。连接其反弹高点成一条颈线即箱体的上沿；连接其回档低点成一条颈线即箱体的下沿。其形态特征如图 8.32 所示。

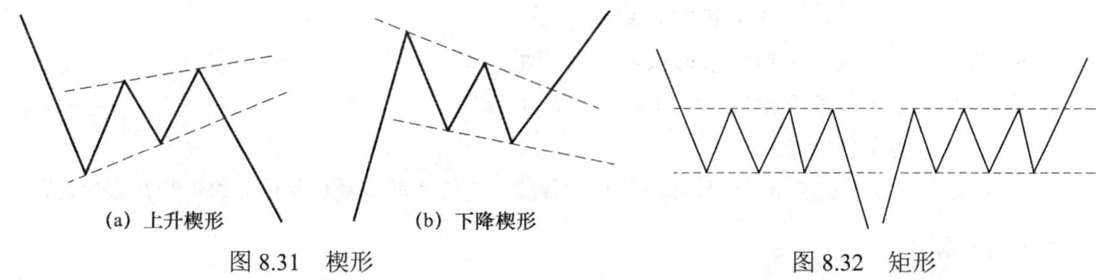

图 8.31　楔形

图 8.32　矩形

在矩形形成过程中，其成交量应该是由左向右逐步递减。证券价格向上突破时须有大成交量配合，向下突破时不需要有成交量配合。

2. 市场含义

矩形一般为牛皮市道的整理形态，可能出现于头部，也可能出现于底部，但多数是出现在上涨或下跌趋势的中途。矩形在形成之初，多空双方全力投入，各不相让，形成双方的拉锯场面。当价格走高后，空方就在某个位置抛出；当价格下跌到某个价位后，多方就开始买入。随着时间的推移，双方在该区域争斗的热情逐渐减弱，市场趋于平淡，成交量也逐渐萎缩。

矩形最终可能选择向上突破，也可能选择向下突破。向上突破时是较好的买入点，向下突破时是逃命点。向上突破时须有大的成交量配合，向下突破时不需要有成交量配合。

矩形突破后向上或向下的涨跌幅度等于矩形上下沿的垂直距离。一般而言，幅度会超过一些，尤其是波动幅度较大的矩形，其突破后的幅度会更大。

本章小结

本章主要介绍了技术分析中三种常用的、经典的和相对成熟的理论——K 线、切线以及形态理论。首先讲述了 K 线理论的主要内容，包括 K 线的画法、主要形状以及几种典型组合的技术含义，并举例加以实证；其次介绍了切线理论，重点在于对趋势线尤其是支撑线和压力线的相互转化与突破的把握，另外黄金分割线在实战中也很受重视；最后是形态理论，具体介绍了反转形态和整理形态中比较典型的具体形态，如头肩形、V形、三角形、楔形、旗形、矩形等，分别对它们的构成特点和技术含义进行了理论和实证分析。

复习思考题

一、名词解释

K 线实体　上影线　下影线　趋势　支撑线　压力线　突破　反转形态
整理形态　头肩顶　三角形

二、思考题

1. 如何从K线的形状来判断多空双方力量的对比与变化？
2. K线组合形态出现的位置高低，对后市走势的影响是否有差异及其原因？
3. 指出几种预示后市可能反转的K线组合形态图形。
4. 支撑线和压力线对证券价格的波动有何作用？
5. 如何判断证券价格有效突破了支撑线或压力线？
6. 头肩形具有哪些特征？
7. 判断某个形态预示市场可能反转还是持续整理，是否有必要观察其前面的走势？为什么？

三、案例分析题

图8.33是五粮液（000858）一段时期内的K线走势图。请指出该股出现行情反转时的两种具体形态，并在图中画出形态的构成要件。再应用趋势线理论对其后市的中期走势做出趋势线和轨道线，预期股价走势，提出投资建议。

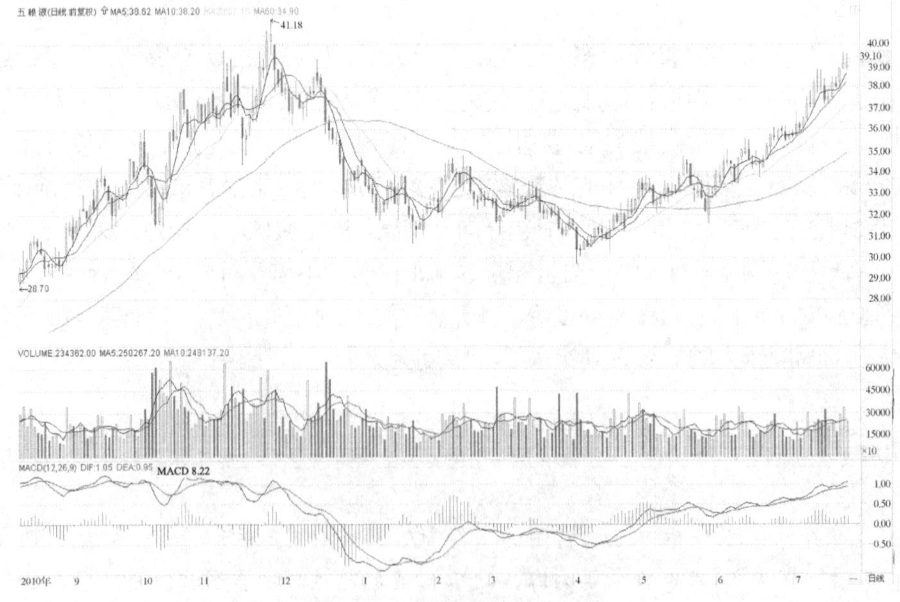

图8.33　五粮液的K线走势

第九章

技术指标的应用

【学习目标】

通过本章的学习，了解技术指标的概念和应用的基本原则和方法。掌握移动平均线（MA）、指数平滑异同平均线（MACD）、随机指标（KDJ）、相对强弱指标（RSI）的原理和应用方法。了解成交量分析的原理和基本法则，了解能量潮（OBV）、指数点成交值（TAPI）和容量比率（VR）的原理和应用方法。

【关键概念】 技术指标 移动平均线 指数平滑异同平均线 随机指标 相对强弱指标 成交量

第一节 技术指标概述

一、技术指标的产生

技术指标是指按照事先规定好的固定方法对证券市场的原始数据进行处理，处理后的结果是某个具体的数字，这个数字就是技术指标值。将连续不断得到的技术指标值制成图表，并根据所制成的图表对市场进行行情研判，这样的方法就是技术指标法。技术指标法是技术分析中极为重要的分支，全世界各种各样的技术指标至少有 1 000 个，它们都有自己的拥护者，并在实际应用中取得一定的效果。

本章所介绍的技术指标是目前在证券市场比较流行的几个。由于有计算机的帮助，在实际的投资决策中，投资者没有必要也不可能用“手工”计算技术指标。技术指标已深入到每一个投资者的心里，进行证券投资操作的人都有一套自己惯用的技术指标体系。

技术指标产生的方法主要有数学模型法和叙述法两类。

（1）数学模型法。这类方法有明确的计算公式，利用原始数据，按照公式计算出技术指标值，一般由计算机来完成计算过程。这一类是技术指标中最为广泛的一类。著名的随机指标、相对强弱指标、移动平均线指标等都属于这类。

（2）叙述法。这类方法没有明确的计算技术指标的数学公式，只有处理数据的文字方面的叙述。对原始数据只说明应该怎样变形，遇到这种情况会怎么样，遇到那种情况会怎么样，这类指标相对较少。

二、技术指标的应用法则

技术指标的应用法则主要体现在以下几方面。

1. 技术指标的背离

技术指标的背离是使用技术指标最为重要的一点，是指技术指标曲线的波动方向与价格曲线的趋势方向不一致。实际中的背离有两种表现形式，第一种是顶背离，第二种是底背离，如图 9.1 所示。技术指标与价格背离表明价格的波动没有得到技术指标的支持。技术指标的波动有超前于价格波动的“功能”，在价格还没有转折之前，技术指标提前指明未来的趋势。

2. 技术指标的交叉

技术指标的交叉是指技术指标图形中的两条曲线发生了相交现象。实际中有两种类型的技术指标交叉，第一种交叉是同一个技术指标的不同参数的两条曲线之间的交叉，常说的黄金交叉和死亡交叉就属于这一类；第二种交叉是技术指标曲线与固定的水平直线之间的交叉，如图 9.2 所示。水平直线通常是横坐标轴，横坐标轴是技术指标取值正负的分界线，技术指标与横坐标轴的交叉表示技术指标由正变负或由负变正。技术指标的交叉表明多空双方力量对比发生了改变，至少说明原来的力量对比受到了“挑战”。

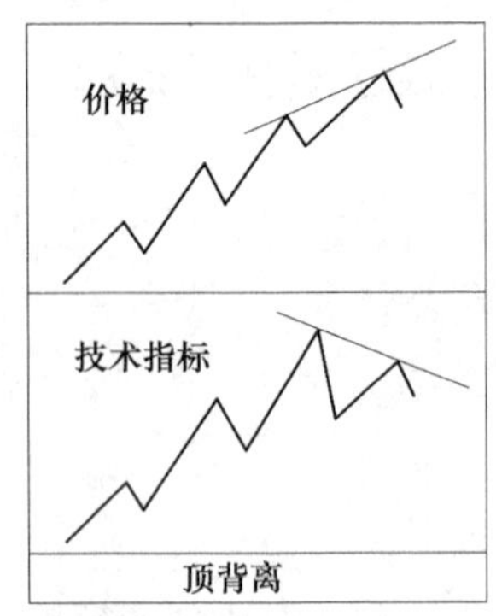

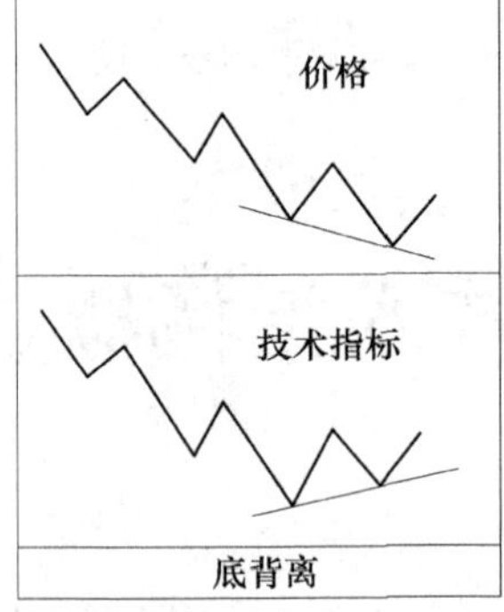

图 9.1　技术指标与价格的背离

死亡交叉　黄金交叉　与横轴的交叉

图 9.2　技术指标的交叉

3. 技术指标极端值

技术指标取极端值是指技术指标的取值极其大或极其小，技术术语上将这样的情况称为技术指标进入“超买区和超卖区”。大多数技术指标的“初衷”是用一个数字描述市场的某个方面的特征，如果技术指标值的数字太大或太小，就说明市场的某个方面已经达到了极端的地步，应该引起注意。

这里就涉及一个定量的问题，即技术指标达到多大或多小应该被认为是极端值。对于同一个技术指标，不同证券的极端值可能是不同的，同一证券在不同时间的极端值也可能是不同的，在实践中对技术指标的极端值的判断应结合经验和实际情况综合分析。

4. 技术指标的形态

技术指标的形态是指技术指标曲线的波动过程中出现了形态理论中所介绍的反转形态。在实际中，出现的形态主要是双重顶、双重底、头肩形，如图 9.3 所示。个别时候还可以将技术指标曲线看成价格曲线，根据形态使用支撑压力线。

5. 技术指标的转折

技术指标的转折是指技术指标曲线在高位或低位调头。有时，这种调头表明前面过于极端的行动已经走到了尽头，或者暂时遇到了“麻烦”；有时，这种调头表明一个趋势将要结束，而另一个趋势将要开始。

6. 技术指标的盲点

技术指标的盲点是指技术指标在大部分时间里是无能为力的。也就是说，在大部分时间里，技术指标都不能发出买入或卖出的信号。这是因为在大部分时间技术指标是处于“盲”的状态，只有在很少的时候，技术指标才能“看清”市场，发出信号。在实践中不能过分依赖技术指标提供买入和卖出信号，要将多个技术指标和技术形态方法综合运用。

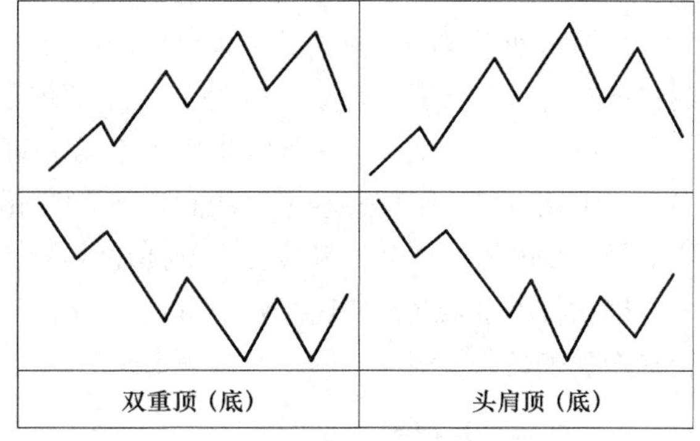

图 9.3　技术指标的形态

三、应用技术指标的注意事项

1. 技术指标的适应范围和应用条件

任何技术指标都有其适用范围和应用条件，得出的结论也都有成立的前提和可能发生的例外。因此，在使用技术指标进行投资分析时，不管这些结论成立的条件，盲目绝对地相信技术指标，容易导致错误的操作。但是，每一种技术指标都有其科学的成分，也不能因为技术指标可能被误用而否定其作用。

2. 多个互补性技术指标综合运用

应用一种技术指标容易出现错误，但当使用多个具有互补性的技术指标时，可以极大地提高预测精度。因此，在实际操作中，应将多个互补性的技术指标综合分析，以提高预测的精度。

3. 要正确处理技术指标应用中的主观因素

首先，每一种技术指标在运用过程中都存在一个参数选择的问题。如使用移动平均线时，要选择计算移动平均值的天数，参数选择的不同，移动平均值和移动平均线所代表的含义也有所不同。选取的参数不同，得到的技术指标数值不同，会影响到技术指标的使用效果。其次，技术指标只是一系列的客观数值，投资者需要利用这些数值对市场进行预测。面对同一种技术指标，由于投资者自身的主观因素的差异，可能会得出不同的结论。

第二节　移动平均线与指数平滑异同平均线

一、移动平均线

（一）移动平均线的概念与计算

1. 移动平均线的概念

移动平均线（moving average，MA）是用统计处理的方法，将某一段时间内证券价格的平均值画在坐标图上并连成的曲线。根据计算移动平均线的周期参数不同，移动平均线可分为长期移动平均线、中期移动平均线和短期移动平均线。

长期移动平均线指明了长期趋势，是市场行情的决定性方向。长期移动平均线向上表明长期趋势向上，向下表明长期趋势向下，这可使投资者了解当前市场是长期强势还是弱势，决定基本投资策略。中期移动平均线指出了市场中期趋势。中期移动平均线向上表明市场中期趋势向上，中期看好；中期移动平均线向下，表明市场中期趋势向下，即中期看淡。短期移动平均线揭示市场的短期波动，是投资者选择短线操作机会的有利工具。

根据移动平均线我们还可以了解目前的平均持有成本。了解不同时期的持有成本，使投资者更加明确当前行情的性质，对未来走势有一个更好的估计。

2. 移动平均线的计算

移动平均线的计算方法主要有简单算术移动平均、加权移动平均和指数平滑移动平均。我们主要介绍前两种方法。

（1）简单算术移动平均。计算方法就是将连续若干天的收盘价做算术平均，天数就是移动平均线的计算参数。例如，参数为 10 的移动平均就是连续 10 日的收盘价的算术平均价格，记为 MA(10)。同理，还有 5 日线、30 日线等概念。计算公式为

$$\mathrm{MA}_T(n)=\frac{C_{T-(n-1)}+C_{T-(n-2)}+\cdots+C_{T-1}+C_T}{n}$$

式中，$\mathrm{MA}_T(n)$ 为第 T 日参数为 n 的简单算术移动平均值；C_T 为第 T 日的收盘价。将所有的 $\mathrm{MA}_T(n)$ 所对应的点连成一条线就是参数为 n 的移动平均线。

（2）加权移动平均线。简单算术移动平均线中，每一天价格对平均线的影响都是相同的，这与现实的情况有些不符。显然，越是最近的价格，所包含的信息量就越大，对研判未来的价格走势越有价值。以 30 日移动平均线为例，当前价格对未来行情的影响远比 30 天前的价格对未来的影响要重要得多。因此，在计算移动平均线时，离现在越近的数据，应该赋予越大的权重。在计算加权移动平均线时，只要按照赋权原则在上面的计算公式中对各天的收盘价分别乘以一定的系数就可以了。

（二）移动平均线的特点

移动平均线的最基本作用是消除偶然因素的影响，另外还有平均成本价格的含义。它具有以下几个特点。

1. 追踪趋势

移动平均线能够表示价格的趋势方向。如果从价格的图表中能够找出上升或下降趋势线，那么，移动平均线将保持与趋势线方向一致。原始数据的价格图表不具备这个保持追踪趋势的特性。

2. 滞后性

在价格原有趋势发生反转时，由于追踪趋势的特性，移动平均线的行动往往相对迟缓，调头速度落后于大趋势。这是移动平均线的一个弱点。等移动平均线发出趋势反转信号时，价格调头的深度已经很大了。

3. 稳定性

由移动平均线的计算就可知道，要比较大地改变它的数值，无论是向上还是向下，都比较困难，必须是当天的价格有很大的变动。这种稳定性有优点，也有缺点，在应用时应多加注意，掌握好分寸。

4. 助涨助跌性

当价格突破移动平均线时，无论是向上突破还是向下突破，价格有继续向突破方面运动的愿望，这就是移动平均线的助涨助跌性。

5. 支撑线和压力线的特性

由于移动平均线的上述四个特性，使得它在价格走势中起到支撑线和压力线的作用。移动平均线被突破，可以看作是支撑线和压力线被突破。

（三）移动平均线的应用

1. 快速移动平均线与慢速移动平均线

由于短期移动平均线较长期移动平均线更易受价格变化的影响，跟踪当前价格变化的速度更快，因此通常将短期移动平均线称为快线，将长期移动平均线称为慢线。快线和慢线是一个相对的概念，如对比 10 日均线和 5 日均线，则 5 日均线是快线，10 日均线是慢线；若对比 10 日均线和 30 日均线，则 10 日均线是快线，30 日均线是慢线。

2. 黄金交叉与死亡交叉

交叉是指参数不同的两条移动平均线出现相交的形态。黄金交叉就是短期均线向上交叉中期均线或长期均线，或者中期均线向上交叉长期均线，简称金叉，预示着证券价格将继续上升。死亡交叉就是短期均线向下交叉中期均线或长期均线，或者中期均线向下交叉长期均线，简称为死叉，预示着证券价格将继续下行。由于当前价格可以看作参数为 1 的移动平均线，因此黄金交叉和死亡交叉也包括当前价格与移动平均线的交叉。如图 9.4 所示。

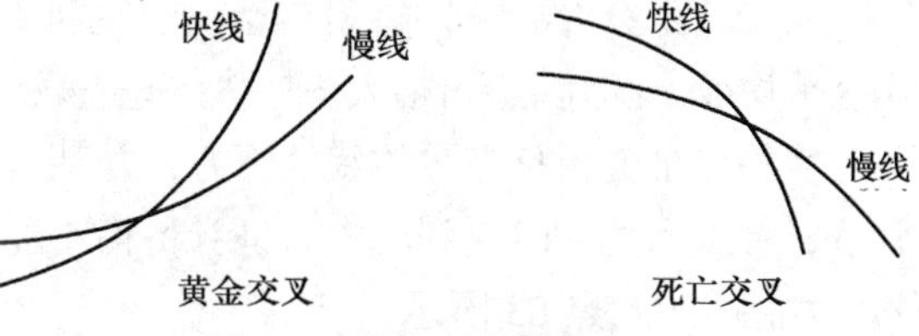

图 9.4 移动平均线的交叉

3. 多头排列和空头排列

多头排列就是当前价格在均线上方，往下依次为短期移动平均线、中期移动平均线、长期移动平均线，说明市场呈现出强烈的赚钱示范效应，做短线的、中线的、长线的都有赚头，这是典型的牛市形态，表明市场做多意愿强烈，预示着价格还会继续上涨。空头排列指的是日 K 线在均线下方，往上依次分别为短期移动平均线、中期移动平均线、长期移动平均线，说明市场呈现出强烈的亏钱效应，做短、中、长线的都亏本，这是典型的熊市形态，表明市场做空意愿强烈，预示着价格还会继续下跌。如图 9.5 所示。

4. 葛兰威尔移动平均线运用八大法则

在移动平均线的诸多理论中，以技术分析大师葛兰威尔的八大买卖法则最为著名，如图 9.6 所示。

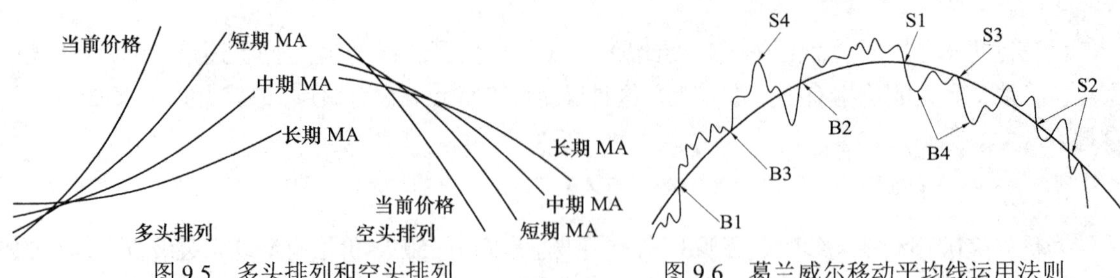

图 9.5　多头排列和空头排列　　图 9.6　葛兰威尔移动平均线运用法则

买 1：平均线经过一路下滑后，从下降开始转为走平，并有抬头向上的迹象。证券价格已经转而上升，并从下方穿越平均线，这是第一个买进信号，如图 9.6 的点 B1 所示。平均线止跌转平，表示证券价格将转为上升趋势，而此时证券价格再突破平均线而上升，则表示当天证券价格已冲破空方压力，多方已处于相对优势地位。

买 2：证券价格在移动平均线之上，突然急剧下跌，在跌破平均线后，很快又掉头向上，并自下方穿越移动平均线，这是第二个买进信号，如图 9.6 的点 B2 所示。因为平均线移动较为缓慢，当平均线持续上升时，表明上升趋势未改变，若证券价格急速跌破平均线后再次向上，穿越移动平均线，表明一波新的升势开始。

买 3：证券价格向下逐渐靠近平均线，平均线依然呈上升趋势，当证券价格在尚未跌破平均线而又再度掉头上升时，这是第三个买进信号，如图 9.6 的点 B3 所示。移动平均线起到了支撑作用，证券价格遇到支撑后再次上扬，上升趋势再次延续。

买 4：证券价格与平均线都在下降，但证券价格在平均线以下快速下降，远离平均线，表明反弹指日可待，这是第 4 个买进信号，如图 9.6 的点 B4 所示。这种抢反弹切记不可恋战，因为大势下跌，久战必被套牢。

卖 1：平均线从上升转为平缓，并有向下趋势，证券价格从其上方向下穿越平均线，这是第一个卖出信号，如图 9.6 的点 S1 所示。

卖 2：证券价格和平均线均下滑，这时证券价格自下方上升，突破了平均线后，又掉头下行并击破平均线，表明证券价格大势趋跌，这是第二个卖出信号，如图 9.6 的点 S2 所示。

卖 3：证券价格在平均线的下方，并朝着平均线的方向上升，但由于反弹的证券价格走势软弱，接近平均线时遇到压力，证券价格不能突破上方的压力而再次下行，这是第三个卖出信号，如图 9.6 的点 S3 所示。

卖 4：平均线呈上升态势，证券价格一路暴涨，远远超过平均线，暴涨之后必有暴跌，这往往表明证券价格离峰值已相差不远，这是第四个卖出信号，如图 9.6 的点 S4 所示。

二、指数平滑异同平均线

指数平滑异同平均线（moving average convergence and divergence，MACD），该技术指标的设计原理是运用快速（短期）和慢速（长期）移动平均线的聚合与分离原理来判断市场趋势。中文名称没有反映其设计原理，但刻画出了该技术指标的计算过程。根据移动平均线原理发展而来的 MACD，去除了移动平均线频繁发出假信号的缺陷，保留了移动平均线的效果，因此，MACD 指标具有均线趋势性、稳重性、安定性等特点，是用来研判和预测价格中长期走势的技术指标。

（一）MACD 指标的计算方法

首先计算出快速移动平均线（即 EMA1）和慢速移动平均线（即 EMA2），以此两个数值，计算两者间的离差值（DIF），然后再求离差值的移动平均线（也有的叫 DEA、DEM 线）。可见，MACD 是双重移动平均。

以 EMA1 的参数取 12 日，EMA2 的参数取 26 日，离差值的参数取 9 日为例来介绍 MACD 的计算过程：

1. 计算移动平均值（EMA）

12 日 EMA 的算式为

$$\text{EMA}_{n+1}(12)=\text{EMA}_n(12)\times\frac{11}{12+1}+P_{n+1}\times\frac{2}{12+1}$$

26 日 EMA 的算式为

$$\text{EMA}_{n+1}(26)=\text{EMA}_n(26)\times\frac{25}{26+1}+P_{n+1}\times\frac{2}{26+1}$$

式中，P_{n+1} 为当日收盘价。

2. 计算离差值

离差值（DIF）的计算公式为

$$\text{DIF}_n=\text{EMA}_n(12)-\text{EMA}_n(26)$$

3. 计算离差值的 9 日移动平均值

根据离差值计算其 9 日的移动平均值，即为所求的 MACD 值。

$$\text{MACD}=\frac{1}{9}(\text{DIF}_{t+1}+\text{DIF}_{t+2}+\cdots+\text{DIF}_{t+9})$$

4. 计算离差值与 MACD 的差值 BAR

$$\text{BAR}=2\times(\text{DIF}-\text{MACD})$$

在实践中，将各点的离差值、MACD 连接起来就会形成在零轴上下移动的两条线，此即为 MACD 图。BAR 数值也标注在图形的下方作为辅助指标。

（二）MACD 指标的应用

1. 离差值、MACD 的取值与交叉

在 0 轴之上时，表明中短期移动平均线位于长期移动平均线之上，为多头市场。在 0 轴之上，当离差值向上突破 MACD 时，是较好的买入信号；离差值向下跌破 MACD 时只能认为是回落，不是空头市场的开始，但此时应准备获利了结。反之，当离差值、MACD 在 0 轴之下时，表明是空头市场。在 0 轴之下，当离差值向下跌破 MACD 时，是较佳的卖出信号；离差值向上突破 MACD 时，只能认为是反弹，作暂时空头回补，但这只能作为短线机会。

2. 离差值的曲线形态

离差值在较高或较低的位置形成头肩形和多重顶或底时，是实战中极好的买卖信号。形态一定要在较高位置或较低位置出现，位置越高或越低，结论越可靠。

3. 技术指标背离原则

离差值或 MACD 在高位或低位，往往出现与证券价格走向的背离。当证券价格的高点比前一次的高点高，离差值或 MACD 处在高位并形成两个依次向下的峰，为顶背离，预示着证券价格将会反转下跌，为卖出信号。例如，沪综指在 2001 年向 2 245 点攻击时，证券价格虽一浪比一浪高，但离差值与 MACD 却并未创新高，顶背离明显。当证券价格的低点比前一次的低点低，离差值或 MACD 处在低位并形成一底比一底高的形态，为底背离，预示证券价格将会反转上涨，是买入信号。

4. MACD 是中长线技术指标

实战中，由于 MACD 是中长线技术指标，买卖点与最低价、最高价之间的价差较大，不过这符合“不买地价，不卖天价”的股谚，因此 MACD 并不适合短线操作，MACD 对于井喷或暴挫行情的反应要慢半拍。由于它与证券价格的运动有一定的时间差，当证券价格处于整理过程时，按 MACD 操作往往会无利润甚至会亏手续费，因此作为中期转向信号的 MACD 主要起辅助工具功能，研判主要还是依据 K 线、均线等技术分析方法。

案例 9.1

沪深 300 指数周 K 线图的移动平均线和 MACD

如图 9.7 所示。

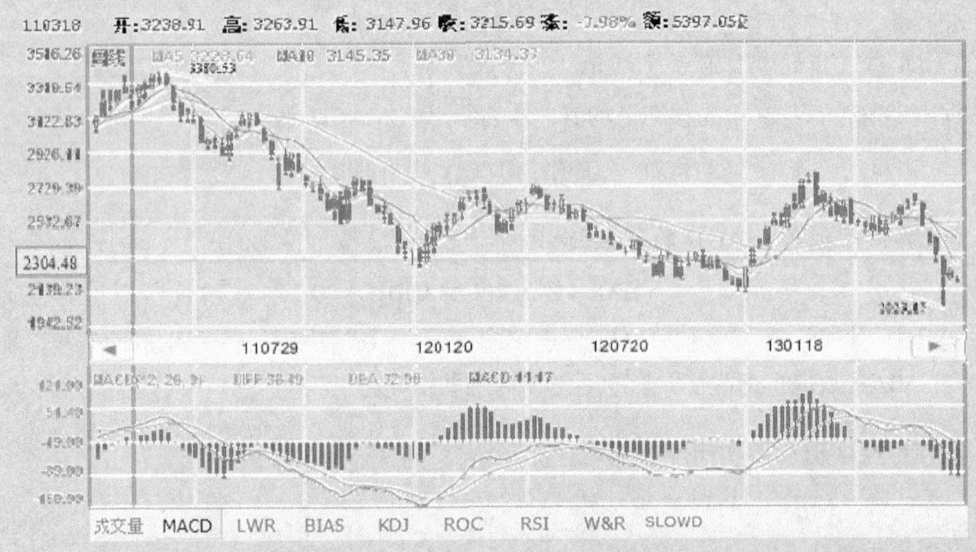

图 9.7 沪深 300 指数（2011-2-11—2013-7-7）周 K 线的移动平均线和 MACD

从移动平均线来看，在 2011 年 3 月到 2011 年 12 月的熊市行情中，移动平均线呈空头排列，10 周移动平均线和 30 周移动平均线都起到了明显的压力线作用。在 2012 年 11 月至 2013 年 1 月的小牛市中，移动平均线先后出现黄金交叉和多头排列，5 周移动平均线起到了明显的支撑线作用。

从 MACD 来看，在 2012 年下半年，牛市进入尾声，DEA 线与 MACD 线在水平线下方出现黄金交叉，预示着熊市的结束；同时，当指数在 2012 年 11 月创出新低时，DEA 和 MACD 没有创新低，出现了底背离。

第三节　随机指标、相对强弱指标和布林线指标

一、随机指标

随机指标（KDJ）是由乔治•蓝恩博士提出的，最早被用于期货市场的分析，后被广泛用于股票市场的中短期趋势分析，是期货和股票市场上最常用的技术分析工具之一。

KDJ 是以最高价、最低价及收盘价为基本数据进行计算，得出 K 值、D 值和 J 值，在坐标图上连接这些数值对应的点位，形成一个完整的、能反映价格波动趋势的 KDJ 曲线。它利用价格波动的幅度来反映价格走势的强弱和超买超卖现象，在设计过程中主要是研究最高价、最低价和收盘价之间的关系，同时也融合了动量观念、强弱指标和移动平均线的一些优点，因此，能够比较迅速、快捷、直观地研判行情。

（一）KDJ 指标的计算方法

KDJ 指标的计算比较复杂，首先要计算周期内（n 日、n 周等）的未成熟随机指标（RSV）值，然后再计算 K 值、D 值、J 值等。

1. 计算未成熟随机指标值

$$\mathrm{RSV}_t=\frac{C_t-L_n}{H_n-L_n}\times 100$$

式中，C_t 为第 t 日收盘价；L_n 为 n 日内的最低价；H_n 为 n 日内的最高价，n 一般取（3，5，9）。未成熟随机指标值始终在 0～100 间波动。

2. 指数平滑得到 KD 值

$$\mathrm{K}_{n+1}=\alpha\mathrm{RSV}_{n+1}+(1-\alpha)K_n$$

$$\mathrm{D}_{n+1}=\beta K_{n+1}+(1-\beta)D_n$$

从数学的观点来看，K 值是未成熟随机指标值的移动平均值，而 D 又是 K 的移动平均值。因此，K 和 D 之间也有移动平均线的快线和慢线的性质。一般α和 β 值取 1/3；K 和 D 的初始值取 50。

3. 计算 J 值

$$\mathrm{J}=3\mathrm{D}-2\mathrm{K}=\mathrm{D}+2(\mathrm{D}-\mathrm{K})$$

实际上，J 的实质是反映 K 值和 D 值的乖离程度，从而领先 KD 值找出头部或底部。J 值的范围可能超过 100。

J 指标是个辅助指标，最早的 KDJ 指标只有两条线，即 K 线和 D 线，指标也被称为 KD 指标，随着证券市场分析技术的发展，KD 指标逐渐演变成 KDJ 指标，从而提高了 KDJ 指标分析行情的能力。

（二）KDJ 指标的应用

KDJ 指标是三条曲线，一般研判标准主要是从 KDJ 的取值、KDJ 曲线的形态、KDJ 曲线

的交叉、KDJ曲线与价格的背离等几个方面来考虑。

1. KDJ指标的取值

KDJ指标中，K值和D值的取值范围都是0～100，而J值的取值范围可以超过100或低于0，但在分析软件上KDJ的研判范围都是0～100。通常就敏感性而言，J值最强，K值次之，D值最慢；而就安全性而言，J值最差，K值次之，D值最稳。

根据KDJ的取值，可将其划分为几个区域，即超买区、超卖区和徘徊区。按一般划分标准，K、D、J值在20以下为超卖区，是买入信号；K、D、J值在80以上为超买区，是卖出信号。这种操作很简单，但容易出错，完全按照这种方法进行操作很容易招致损失，还需要结合市场的具体情况和其他分析工具来具体分析。

一般而言，当K、D、J值在50附近时，表示多空双方力量均衡；当K、D、J值都大于50时，表示多方力量占优；当K、D、J值都小于50时，表示空方力量占优。

2. KDJ曲线的形态

KDJ曲线在50上方的高位，如果曲线的走势形成M头或三重顶等顶部反转形态，预示着证券价格可能由强势转为弱势，价格即将大跌，应及时卖出。如果价格曲线也出现同样形态则更可确认。

KDJ曲线在50下方的低位，如果曲线的走势出现W底或三重底等底部反转形态，预示着证券价格可能由弱势转为强势，价格即将反弹向上，可以逢低少量吸纳。如果价格曲线也出现同样形态更可确认。

3. KDJ曲线的交叉

KDJ曲线的交叉分为黄金交叉和死亡交叉两种形式。一般而言，在一个完整的升势和跌势过程中，KDJ指标中的K、D、J线会出现两次或两次以上的“黄金交叉”和“死亡交叉”情况。

当证券价格经过一段很长时间的低位盘整行情，并且K、D、J三线都处于50以下时，一旦J线和K线几乎同时向上突破D线时，表明证券市场即将转强，价格跌势已经结束，将止跌向上，可以开始买进证券，进行中长线建仓。这是KDJ指标“黄金交叉”的形式。

当证券价格经过前期一段很长时间的上升行情后，价格涨幅已经很大，一旦J线和K线在高位（80以上）几乎同时向下突破D线时，表明市场即将由强势转为弱势，价格将大跌，这时应卖出大部分证券，这是KDJ指标的“死亡交叉”的形式。

4. KDJ曲线与价格走势的背离

KDJ曲线与价格走势的背离就是指KDJ指标曲线图的走势方向和K线图的走势方向正好相反。KDJ指标的背离有顶背离和底背离两种。

当证券价格K线图上的价格走势一峰比一峰高，价格在一直向上涨，而KDJ曲线的走势是在高位一峰比一峰低，这是顶背离现象。顶背离一般是证券价格将高位反转的信号，价格中短期内将下跌，是卖出的信号。

当证券价格K线图上的走势一峰比一峰低，价格在向下跌，而KDJ曲线的走势是在低位一底比一底高，这叫底背离现象。底背离一般是价格将低位反转的信号，表明价格中短期内将上涨，是买入的信号。

案例 9.2

上证综合指数周 K 线的 KDJ 指标

如图 9.8 所示。2012 年 8—11 月，在指数二次探底，创出新低时，KDJ 指标却没有创出新低，KDJ 指标形态与价格形态出现底背离走势，预示着熊市的结束。2012 年 3—5 月，指数出现两波反弹并在第二次反弹中创出新高，但 KDJ 指标没有在第二次反弹中创新高，出现顶背离。

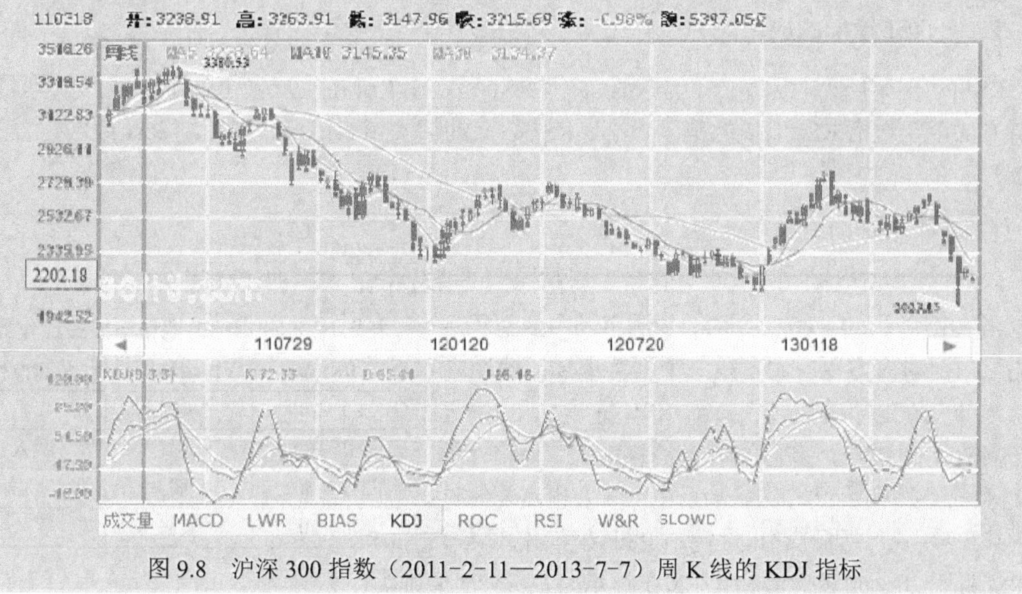

图 9.8　沪深 300 指数（2011-2-11—2013-7-7）周 K 线的 KDJ 指标

二、相对强弱指标

相对强弱指标（relative strength index，RSI）又叫力度指标，由威尔斯・魏尔德（Welles Wilder）所创造，是目前证券市场技术分析中比较常用的中短线技术指标。

RSI 是根据证券市场上供求关系平衡的原理，通过对比一段时期内证券价格的涨跌幅度或指数的涨跌幅度来分析判断市场上多空双方买卖力量的强弱程度，从而判断未来市场走势的一种技术指标。

RSI 是一定时期内市场的涨幅与跌幅之和的比值，它是买卖力量对比在数量指标上的体现，投资者可根据其所反映的行情变动情况及轨迹来预测未来证券价格走势。在实践中，人们通常将其与移动平均线配合使用，借以提高行情预测的准确性。

（一）RSI 指标的计算方法

RSI 的计算公式有两种。

第一种方法：假设 A 为 n 日内收盘价价差的正数之和，B 为 n 日内收盘价价差的负数之和乘以（−1），这样，A 和 B 均为正，将 A、B 代入 RSI 计算公式，则

$$\mathrm{RSI}(n)=\frac{A}{A+B}\times 100$$

第二种方法：先计算相对强度 RS，再计算 RSI。

$$RS=\frac{A}{B}$$

$$\mathrm{RSI}(n)=100-\frac{100}{1+RS}=\frac{RS}{1+RS}\times 100$$

RSI 实际上是将 n 日内价格上涨幅度的总和作为多方力量的代理指标，将 n 日内下跌幅度的总和作为空方力量的代理指标，通过比较这两个汇总的波动幅度来衡量多空双方的力量，从而预测未来的价格走势。

（二）RSI 指标的应用

RSI 的研判主要是围绕 RSI 的取值、长期 RSI 和短期 RSI 的交叉及 RSI 的曲线形状等展开。分析方法主要包括 RSI 取值的范围大小、RSI 数值的超卖超买情况、长短期 RSI 线的位置及交叉等方面。

1. RSI 指标的取值

RSI 的变动范围在 0～100 之间，强弱指标值一般分布在 20～80。如表 9.1 所示。

当 RSI 介于 50～80 之间时，表明市场中多空双方的力量对比对多方更有利，是一个强势市场，短期内价格继续上涨的可能性较大；当 RSI 高于 80 时，表明市场处于超强势，多方的力量消耗过大，价格处于超买区域，预期短期内空方会有反击，多方也需要休整而继续积蓄力量，因此应暂时将手中的证券卖出。同样，当 RSI 处于 20～50 的区域和 0～20 的区域时，其分析原则类似。

表 9.1　RSI 指标的取值与投资操作原则

RSI 值	市场特征	投资操作
80～100	极强	卖出
50～80	强	买入
20～50	弱	卖出
0～20	极弱	买入

极强与强的分界线和极弱与弱的分界线是不明确的，也就是说，这两个区域之间没有一条截然分明的界限。我们可以把分界线看作是一个区域。应该说明的是，这个分界线位置的确定与以下两个因素有关。第一，RSI 的参数，一般而言，参数越大，分界线离中间位置就应该越近，离两端就应该越远；第二，所选证券的活跃程度，证券越活跃，分界线离中间位置就应该越远，离两端就应该越近。

2. RSI 指标的交叉

RSI 指标分析一般将不同参数的 RSI 曲线结合使用。参数相对较小的 RSI 是短期 RSI，参数相对较大的 RSI 是长期 RSI。短期 RSI 大于长期 RSI 为多头市场，反之为空头市场。短期 RSI 在 20 以下超卖区内，由下往上穿越长期 RSI 时，为买进信号。短期 RSI 在 80 以上超买区内，由上往下穿越长期 RSI 时，为卖出信号。

3. RSI 指标的形态

当 RSI 指标在高位或低位盘整时所出现的各种形态也是判断行情，是指导买卖行动的重要依据。

当 RSI 曲线在高位（50 以上）形成 M 头或三重顶等高位反转形态时，意味着证券价格的上升动能已经衰竭，价格有可能出现长期反转行情，投资者应及时地卖出证券。如果证券价格曲线也出现同样形态则更可确认。

当 RSI 曲线在低位（50 以下）形成 W 底或三重底等低位反转形态时，意味着证券价格的下跌动能已经减弱，价格有可能构筑中长期底部，投资者可逢低分批建仓。如果证券价格曲线也出现同样形态则更可确认。

4. RSI 指标与价格走势的背离

RSI 指标与价格走势的背离是指 RSI 指标曲线的走势和证券价格 K 线图的走势方向正好相反。RSI 指标与价格走势的背离分为顶背离和底背离两种。

（1）顶背离。当 RSI 处于高位，形成一峰比一峰低的走势，而此时 K 线图上的证券价格却再次创出新高，形成一峰比一峰高的走势，这就是顶背离。顶背离一般是证券价格在高位即将反转的信号，表明价格短期内即将下跌，是卖出信号。

（2）底背离。RSI 的底背离一般是出现在 20 以下的低位区。当 K 线图上的证券价格一路下跌，形成一波比一波低的走势，而 RSI 线在低位却率先止跌企稳，并形成一底比一底高的走势，这就是底背离。底背离现象一般预示着证券价格短期内可能将反弹，是短期买入的信号。

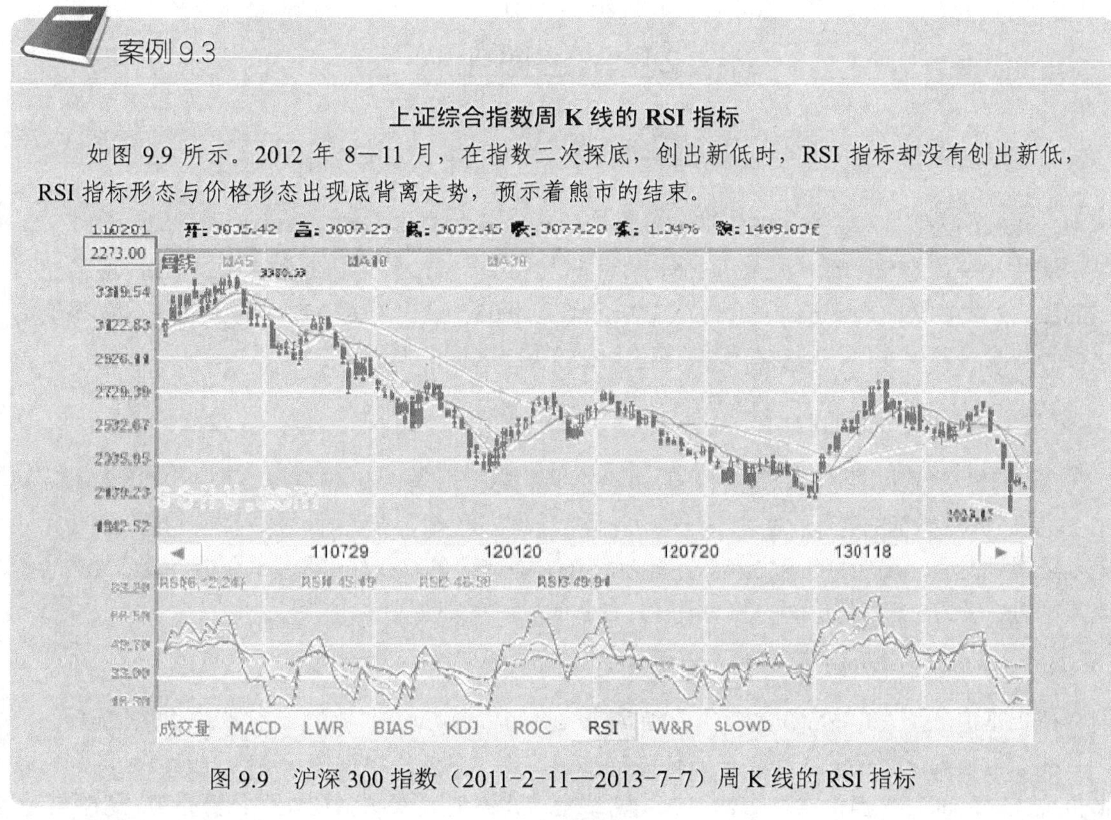

案例 9.3

上证综合指数周 K 线的 RSI 指标

如图 9.9 所示。2012 年 8—11 月，在指数二次探底，创出新低时，RSI 指标却没有创出新低，RSI 指标形态与价格形态出现底背离走势，预示着熊市的结束。

图 9.9 沪深 300 指数（2011-2-11—2013-7-7）周 K 线的 RSI 指标

三、布林线指标

布林线（Bollinger bands，BOLL）指标，是用该指标的创立人约翰 • 布林格（John Bollinger）的姓来命名的，是研判证券价格运动趋势的一种中长期技术分析工具。

布林线指标是美国股市分析家约翰 • 布林格根据统计学中的标准差原理设计出来的一种非常

简单实用的技术分析指标。一般而言，价格的运动总是围绕某一价值中枢（如均线、成本线等）在一定的范围内变动，布林线指标正是在上述条件的基础上，引进了“价格信道”的概念，当市场运行趋势没有发生变化时，价格运行在这个“价格信道”中。布林线指标认为价格信道的宽窄随着价格波动幅度的大小而变化，而且价格信道又具有变异性，它会随着价格的变化而自动调整。正是由于它具有灵活性、直观性和趋势性的特点，布林线指标渐渐成为投资者广为应用的热门技术指标。

（一）布林线指标的计算方法

布林线指标的计算过程是数理统计中的置信区间的计算过程，相对比较复杂，需要用到两个参数，一个是时间区间的长度 n；另一个是置信区间的置信度水平 α。在布林线指标的计算公式中，α 不直接出现，而是通过查 t 分布表得到 $t(\alpha)$。

以移动平均线为中心，布林线指标计算出两条曲线 BU 和 BD，BU 是布林线指标的上限；BD 是布林线指标的下限。布林线指标是以 MA 为中心，以 BU 为上边界，以 BD 为下边界的价格波动带，即“价格信道”。计算公式为

$$\mathrm{BU}=\mathrm{MA}(n)+t(\alpha)\times\sigma(n)$$

$$\mathrm{BD}=\mathrm{MA}(n)-t(\alpha)\times\sigma(n)$$

$$\sigma^2(n)=\frac{\sum[\mathrm{close}(i)-\mathrm{MA}(n)]^2}{n-1}$$

$$\mathrm{MA}(n)=\frac{\sum\mathrm{close}(i)}{n}$$

式中，close(i)为收盘价；MA(n)为移动平均价；$\sigma^2(n)$ 为样本方差；$\sigma(n)$ 为样本标准差。

从数理统计的角度看，$t(\alpha)$的取值由查表直接得到，与α有关。但在这里，$t(\alpha)$一般取成固定的数，2 或者 3。如果 $t(\alpha)=2$，对应的α近似为 0.05，置信度为 95%。也就是说，如果价格运行趋势没有发生变化，则当前价格落在上限和下限区间的概率为 95%。

（二）布林线指标的应用

在证券分析软件中，布林线指标一共由四条线组成，即上轨线、中轨线、下轨线和价格线。其中上轨线是 BU 数值的连线，中轨线是移动平均线数值的连线，下轨线是 BD 数值的连线，价格线是以美国线表示，美国线的画法类似于 K 线，它由一条竖的直线和右侧横线组成。直线部分表示当天行情的最高价与最低价间的波动幅度，右侧横线则代表收盘价。

1. 布林线指标中的上、中、下轨线之间的关系

在正常情况下，价格应在由上下轨道构成的价格信道内运行。如果价格脱离价格信道运行，则意味着行情处于极端的状态。在布林线指标中，上下轨是显示价格安全运行的最高价位和最低价位。一般而言，当价格在布林线的中轨线上方运行时，表明市场处于强势趋势；当价格在布林线的中轨线下方运行时，表明市场处于弱势趋势。

当布林线的上、中、下轨线同时向上运行时，表明价格强势特征非常明显，价格短期内将继续上涨。当布林线的上、中、下轨线同时向下运行时，表明价格的弱势特征非常明显，价格短期内将继续下跌。当布林线的上轨线向下运行，而中轨线和下轨线却还在向上运行时，表明

价格处于整理态势之中。

2. 美国线和布林线上、中、下轨线之间的关系

当美国线（或K线）从布林线的中轨线以下，向上突破布林线中轨线时，预示着价格的强势特征开始出现，价格将上涨。当美国线从布林线的中轨线以上，向上突破布林线上轨线时，预示着价格的强势特征已经确立，价格将可能短线大涨。当美国线向上突破布林线上轨线以后，其运动方向继续向上时，如果布林线的上、中、下轨线的运动方向也同时向上，则预示着市场的强势特征依旧，价格短期内还将上涨。

当美国线在布林线上方向上运动了一段时间后，美国线掉头向下并突破布林线上轨线时，预示着价格短期的强势行情可能结束。当美国线从布林线的上方，向下突破布林线上轨线后，如果布林线的上、中、下轨线的运动方向也开始同时向下，预示着价格的短期强势行情即将结束。

当美国线从布林线中轨上方，向下突破布林线的中轨线时，预示着价格前期的强势行情已经结束，价格的中期下跌趋势已经形成，如果布林线的上、中、下轨线也同时向下则更能确认。

当美国线向下跌破布林线的下轨线并继续向下时，预示着价格处于极度弱势行情。当美国线在布林线下轨线下方运行了一段时间后，如果美国线的运动方向有掉头向上的迹象时，表明价格短期内将止跌企稳。当美国线从布林线下轨线下方、向上突破布林线下轨线时，预示着价格的短期行情可能回暖。当美国线一直处于中轨线上方，并和中轨线一起向上运动时，表明价格处于强势上涨过程中。当美国线一直处于中轨线下方，并和中轨线一起向下运动时，表明价格处于弱势下跌过程中。

3. 布林线“喇叭口”形态分析

所谓布林线“喇叭口”是指在价格运行的过程中，布林线的上轨线和下轨线分别从两个相反的方向与中轨线大幅扩张或靠拢而形成的类似于喇叭口的特殊形状。根据布林线上轨线和下轨线运行方向和所处位置的不同，我们又可以将“喇叭口”分为开口型喇叭口、收口型喇叭口和紧口型喇叭口三种类型。

（1）开口型喇叭口。当价格经过长时间的底部整理后，布林线的上轨线和下轨线逐渐收缩，上下轨线之间的距离越来越小，随着成交量的逐渐放大，价格突然出现向上急速飙升的行情，此时布林线上轨线也同时急速向上扬升，而下轨线却加速向下运动，这样布林线上下轨之间的形状就形成了一个类似于大喇叭的特殊形态，我们把布林线的这种喇叭口称为开口型喇叭口。

开口型喇叭口是一种显示价格短线大幅向上突破的形态。它是形成于价格经过长时间的低位横盘筑底后，面临着向上变盘时所出现的一种走势。布林线的上、下轨线出现方向截然相反而力度却很大的走势，预示着多头力量逐渐强大而空头力量逐步衰竭，价格将处于短期大幅拉升行情之中。

开口型喇叭口形态的形成必须具备两个条件。其一，是价格要经过长时间的中低位横盘整理，整理时间越长，上下轨之间的距离越小，则未来涨升的幅度越大；其二，是布林线开始开口时要有明显的大成交量出现。开口型喇叭口形态的确立是以美国线（或K线）向上突破上轨线、价格带量向上突破中长期均线为准。

（2）收口型喇叭口。当价格经过短时间的大幅拉升后，布林线的上轨线和下轨线逐渐扩张，上下轨线之间的距离越来越大，随着成交量的逐步减少，价格在高位出现了急速下跌的行情，

此时布林线的上轨线开始急速掉头向下，而下轨线还在加速上升，这样布林线上下轨之间的形状就变成一个类似于倒的大喇叭的特殊形态，我们把布林线的这种喇叭口称为收口型喇叭口。

收口型喇叭口是一种显示价格短线大幅向下突破的形态。它是形成于价格经过短时期的大幅拉升后，面临着向下变盘时所出现的一种走势。布林线的上下轨线出现方向截然相反而力度很大的走势，预示着空头力量逐渐强大而多头力量开始衰竭，价格将处于短期大幅下跌的行情之中。收口型喇叭口形态的形成虽然对成交量没有要求，但它也必须具备一个条件，即价格经过前期大幅的短线拉升，拉升的幅度越大，上下轨之间的距离越大，则未来下跌幅度越大。收口型喇叭口形态的确立是以价格的上轨线开始掉头向下、价格向下跌破短期均线为准。

（3）紧口型喇叭口。当价格经过长时间的下跌后，布林线的上下轨向中轨逐渐靠拢，上下轨之间的距离越来越小，随着成交量的越来越小，价格在低位反复振荡，此时布林线的上轨还在向下运动，而下轨线却在缓慢上升。这样布林线上下轨之间的形状就变成一个类似于倒的小喇叭的特殊形态，我们把布林线的这种喇叭口称为紧口型喇叭口。

紧口型喇叭口是一种显示价格将长期小幅盘整筑底的形态。它是形成于价格经过长期大幅下跌后，面临着长期调整的一种走势。布林线的上下轨线的逐步小幅靠拢，预示着多空双方的力量逐步处于平衡，价格将处于长期横盘整理的行情中。

紧口型喇叭口形态的形成条件和确认标准比较宽松，只要价格经过较长时间的大幅下跌后，成交极度萎缩，上下轨之间的距离越来越小的时候就可认定紧口型喇叭初步形成。

案例 9.4

上证综合指数周 K 线的布林线指标

如图 9.10 所示。在 2008 年 10—12 月，熊市到达底部，开始转为牛市，布林线指标出现紧口型喇叭口。美国线从下向上穿越中轨线，预示着牛市的来临。在 2008 年的熊市中，美国线靠近下轨线运行，下轨线对价格起到支撑线作用。在 2009 年的上半年，美国线靠近上轨线运行，上轨线对价格起到压力线的作用。

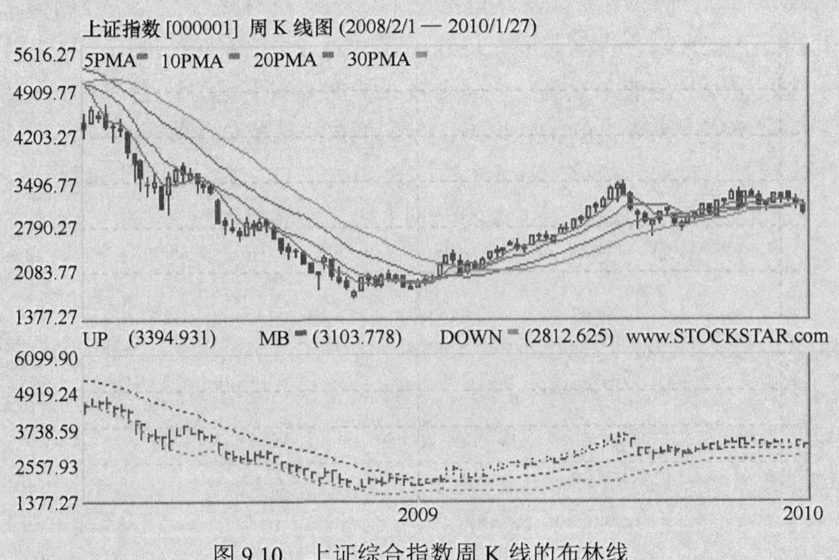

图 9.10 上证综合指数周 K 线的布林线

第四节　其他技术指标

一、乖离率

乖离率（BIAS）是表示一定期间内价格与移动平均线之间差距的技术指标，它是对移动平均线理论的重要补充。它的功能在于测算价格在变动过程中与移动平均线的偏离程度，其指导思想是，当价格在剧烈变动时，偏离移动平均线过远一般会出现回挡或反弹。乖离率指标认为，如果价格离移动平均线太远，不管是价格在移动平均线之上，还是在移动平均线之下，都不会保持太长的时间，随时会有反转现象发生，使价格再次趋向移动平均线。

（一）乖离率指标的计算方法

由于选用的计算周期不同，乖离率指标包括 n 日乖离率指标、n 周乖离率、n 月乖离率和 n 年乖离率以及 n 分钟乖离率等很多种类型。经常被用于市场研判的是日乖离率和周乖离率。虽然它们计算时取值有所不同，但基本的计算方法一样。

以日乖离率为例，其计算公式为

$$\mathrm{BIAS}(n)=\frac{C-\mathrm{MA}(n)}{\mathrm{MA}(n)}\times 100$$

式中，C 为当日收盘价；MA（n）为 n 日移动平均价。BIAS 公式中只有一个参数，即移动平均线的参数 n。因此，移动平均线的参数就是乖离率的参数。一般来说，参数越大，价格偏离均线的程度就越大。

（二）乖离率指标的应用

1. 乖离率指标的取值

乖离率数值的大小可以直接用来研究证券价格的超买超卖现象，判断买卖证券的时机。我们需要选择一个分界线，当乖离率超过这一界限时，就认为价格进入了超买或超卖状态，应该考虑卖出或买入操作了。问题的关键是如何确定这一界限值。界限值的确定与乖离率的参数以及证券的活跃程度都有关系，如果参数越大，这一界限值也应该越大；证券越活跃，界限值也应该越大。

以 5 日和 10 日乖离率为例：一般认为，在弱势市场上，证券价格的 5 日乖离率达到−5 以下，表示证券价格进入超卖区域，可以考虑开始买入证券；而当证券价格的 5 日乖离率达到 5 以上，表示证券价格进入超买区域，可以考虑卖出证券。

在强势市场上，证券价格的 5 日乖离率达到−10 以下，表示证券价格进入超卖区域，为短线买入机会；当证券价格的 5 日乖离率达到 10 以上，表示证券价格进入超买区域，为短线卖出证券的机会。

2. 乖离率曲线的形态

乖离率曲线出现的各种形态也是判断行情走势、决定买卖时机的依据。当乖离率曲线在高位形成 M 头或三重顶等顶部反转形态时，预示着市场可能由强势转为弱势，价格即将大跌，应及时卖出证券。如果证券价格曲线也出现同样形态则更可确认。

当乖离率曲线在低位出现 W 底或三重底等底部反转形态时，预示着市场可能由弱势转为强势，价格即将反弹向上，可以逢低少量吸纳证券。如果证券价格曲线也出现同样形态更可确认。

3. 乖离率曲线与证券价格运行曲线的背离

当乖离率曲线开始从高位向下回落，形成一峰比一峰低的走势，而证券价格曲线却还在缓慢上升，形成一峰比一峰高的走势，为顶背离，是卖出信号。

当乖离率曲线开始从低位向上扬升，形成一底比一底高的走势，而证券价格曲线却还是缓慢下降，形成一底比一底低的走势，为底背离，是买入信号。

二、心理线

心理线（psychological line，PSY）指标是研究投资者对证券市场涨跌产生心理波动的情绪指标，是一种能量类和涨跌类指标，它对证券市场短期走势的研判具有一定的参考意义。心理线指标通过计算 n 日内证券价格或指数上涨天数的多少来衡量投资者的心理承受能力，反映证券市场未来发展趋势及证券价格是否存在过度的涨跌行为，为投资者买卖证券提供参考。

（一）心理线指标的计算方法

心理线指标是从证券投资者买卖趋向的心理方面，对多空双方的力量对比进行探索。它以一段时间收盘价涨跌天数的多少为依据，其计算方法很简单，计算公式为

$$\mathrm{PSY}(n)=\frac{A}{n}\times 100$$

式中，n 为天数，是心理线的参数；A 为 n 天内证券价格上涨的天数。例如：$n=20$ 天，最近的 20 个交易日中 12 天上涨，8 天下跌，则 PSY（20）= 60。

这里判断上涨和下跌是以收盘价为标准，以日数据为例，如果当日收盘价比上一日收盘价高，则为上涨；比上一日的收盘价低，则为下跌。

心理线的参数选择是人为的，可以随投资者的偏好和市场的变化来决定，而参数的选择又是心理线指标研判行情的一个重要因素。参数选择的越大，心理线的取值范围越集中、越平稳，但又有迟滞性的缺点；参数选择的小，心理线取值范围的波动性很大但敏感性过强。

（二）心理线指标的应用

心理线指标的取值始终是处在 0～100 之间，0 值是心理线指标的下限极值，100 是心理线指标的上限极值。50 值为多空双方的分界线。在盘整局面中，心理线指标的值应该在 50 附近，上下限一般定为 25 和 75。心理线在 25～75 的区域内时，说明多空双方基本处于平衡状态，如果心理线超出了这个平衡状态，就是心理线指标的超买超卖。

当心理线达到或超过 75 时，说明在 n 天内，上涨的天数远大于下跌的天数，多方的力量很强大。但从另外一个方面来看，由于上涨天数多，累计的获利盘也多，市场显示出超买迹象，特别是在涨幅较大的情况下，价格上升的压力就会很大，价格可能很快会回落调整，投资者应多加注意。

当心理线达到或低于 25 时，说明在 n 天内，下跌的天数远大于上涨的天数，空方力量比较

强大。但从另一方面看，由于下跌的天数较多，市场上显示超卖的迹象，特别是在跌幅较大的情况下，市场抛盘稀少，抛压较轻，价格可能会反弹向上。

如果心理线值出现大于 90 或小于 10 这种极端超买超卖情况，投资者更要多加注意。

心理线曲线在低位或高位出现 W 底或 M 顶也是买入或卖出的行动信号，高位头肩顶和头肩底形态对心理线也适用。

心理线应和价格曲线配合使用，这样更能从价格的变动中理解超买或超卖的情形。在与价格的配合过程中，如果出现心理线与价格的背离现象，也是应该采取行动的信号。

三、人气指标和买卖意愿指标

（一）人气指标、买卖意愿指标的原理

证券市场上的每一个交易日都要进行多空力量的较量。在一个交易日或某一段时期，多空双方的优势不断地交替着，双方都有可能在一定时期内占据优势。如果一定时期内多方力量占据优势，证券价格将会不断上升；如果一定时期内空方力量占据优势，证券价格则会不断下跌；多空双方力量如果大致平衡，证券价格会在某一区域内窄幅波动。而市场上多方力量强，则买方气势就会比较强，卖方气势就会减弱；市场上空方力量大，则卖方气势就会比较强，买方气势就会衰弱。证券价格走势的变动主要是由供求双方买卖气势和多空力量的对比造成的。

在证券市场上，多空双方的争斗都是从某一个均衡价位（或基点）开始的。证券价格在这个均衡点上方，说明多方力量占优势；证券价格在这个平衡点下方，说明空方力量占优势。随着市场的进一步发展，证券价格会逐渐向上或向下偏离平衡价位区（或基点），价格偏离得越大，说明多空力量对比越悬殊。因此，找到这个平衡价位（或基点），对研判多空力量的变化起着重要的作用。

人气指标（AR）、买卖意愿指标（BR）以及后面的中间意愿指标（CR）三个技术指标是从各自不同的角度选择基点水平，也就是多空双方处于均衡的价格水平。这三个技术指标的构造原理都是基于这样一种思想：用距离基点水平或均衡价格的远近描述多空双方的力量，远的就强，近的就弱，只是几个技术指标在选择基点水平或均衡价位上有所不同。

人气指标是以当日的开盘价为基点，与当日最高价和最低价相比较；买卖意愿指标以前一日的收盘价为基础，与当日的最高价、最低价相比较。

（二）人气指标、买卖意愿指标的计算方法

1. 人气指标的计算方法

以日数据为例，其计算公式为

$$\mathrm{AR}(n)=\frac{\sum(H-O)}{\sum O-L}\times 100$$

式中，H 为当日最高价，L 为当日最低价，O 为当日开盘价，n 为设定的时间参数，一般参数设定为 26 日。可见，人气指标将每日最高价与当日开盘价的差看作是多方强度的代理指标；将每日开盘价与当日最低价的差看作是空方强度的代理指标，通过对比一定周期内多方强度与空方强度来描述多空力量的对比情况。

2. 买卖意愿指标的计算方法

以日数据为例，其计算公式为

$$\mathrm{BR}(n)=\frac{\sum(H-CY)}{\sum CY-L}\times 100$$

式中，H 为当日最高价，L 为当日最低价，CY 为昨日收盘价，n 为设定的时间参数，一般参数设定为 26 日。可见，买卖意愿指标将每日最高价与前一日收盘价的差看作是多方强度的代理指标；将前一日收盘价与当日最低价的差看作是空方强度的代理指标，通过对比一定周期内多方强度与空方强度来描述多空力量的对比情况。

（三）人气指标、买卖意愿指标的应用

1. 人气指标的单独运用

当人气指标在以 100 为中心上下 20 之间的区域时，属于买卖气势的均衡状态。即当 AR 值在 80～120 之间时，属于盘整行情，价格走势平稳，不会出现大幅上升或下降。

人气指标走高时表示行情活跃，人气旺盛，而过高则意味着证券价格已进入高价区，应随时卖出证券。在实战中，人气指标的高度没有具体标准，一般情况下人气指标大于 180 时（有的设定为 150），预示着证券价格随时可能会大幅回落，应及时卖出证券。

人气指标走低时表示行情萎靡不振，市场上人气衰退，而过低则意味着价格可能已跌入低谷，随时可能反弹。一般情况下人气指标小于 40（有的设定为 50）时，预示着证券价格已严重超卖，可考虑逢低介入。

同大多数技术指标一样，人气指标也有领先证券价格到达峰顶和谷底的功能。当人气指标到达顶峰并掉头向下，如果证券价格还在上涨就应考虑卖出证券，获利了结；如果人气指标到达低谷后掉头向上，而证券价格还在继续下跌，就应考虑逢低买入证券。

2. 买卖意愿指标的单独运用

买卖意愿指标在 100 附近区域时也表示买卖意愿的强弱平衡状态。买卖意愿指标的波动比人气指标敏感。当买卖意愿指标介于 70～150 之间时，属于盘整行情，投资者应以观望为主。

当买卖意愿指标大于 300（有的设定为 400）时，表示证券价格进入高价区，随时可能回档下跌，应择机抛出。当买卖意愿指标小于 30（有的设定为 40）时，表示证券价格已经严重超跌，可能随时会反弹向上，应逢低买入证券。

买卖意愿指标也会出现与证券价格的背离现象，其分析方法与人气指标相同。

3. 人气指标、买卖意愿指标的配合使用

一般而言，买卖意愿指标比人气指标更加活跃，波动的幅度更大，经常出现买卖意愿指标穿越人气指标的情形。

当证券价格开始从低位放量启动，而人气指标、买卖意愿指标线也同时向上攀升，特别是买卖意愿指标线向上穿越人气指标线时（即人气指标线、买卖意愿指标线“金叉”），为买入信号。

当证券价格到达高位，而人气指标线和买卖意愿指标线有掉头向下的迹象时，投资者应加倍小心。当买卖意愿指标线向下穿越人气指标线时（即人气指标线、买卖意愿指标线“死叉”），

为卖出信号。

当证券价格从高位开始下跌，买卖意愿指标线开始向下突破人气指标线时，说明证券价格将持续下跌，投资者应及时卖出证券。

和其他技术指标一样，人气指标线、买卖意愿指标线也会出现与价格走势的背离，分为顶背离和底背离两种。

当证券价格 K 线图上的走势一峰比一峰高，证券价格在一直上涨，而人气指标、买卖意愿指标曲线走势是在高位一峰比一峰低，这是顶背离。顶背离一般是证券价格将高位反转的信号，价格短期内即将下跌，是较强烈的卖出信号。

当证券价格 K 线图上的走势一峰比一峰低，证券价格在向下跌，而人气指标、买卖意愿指标曲线的走势是在低位一底比一底高，这是底背离。底背离一般是证券价格将低位反转的信号，价格短期内即将上涨，是较强烈的买入信号。

人气指标、买卖意愿指标背离一般出现在强势行情中比较可靠。即证券价格在高位时，通常只需出现一次顶背离的形态即可确认行情的顶部反转；而证券价格在低位时，一般要反复出现多次底背离后才可确认行情的底部反转。

当人气指标、买卖意愿指标在高位盘整或低位横盘时所出现的各种形态也是判断行情，决定买卖行动的重要依据。

当人气指标、买卖意愿指标曲线在高位形成 M 头或三重顶等高位反转形态时，意味着证券价格的上升动能已经衰竭，价格有可能出现长期反转行情，投资者应及时地卖出证券。如果证券价格走势也出现同样形态则更可确认。

当人气指标、买卖意愿指标曲线在低位形成 W 底或三重底等低位反转形态时，意味着证券价格的下跌动能已经减弱，价格有可能构筑中长期底部，投资者可逢低分批建仓。如果证券价格走势也出现同样形态则更可确认。

四、中间意愿指标

中间意愿指标（CR 指标）同人气指标、买卖意愿指标有很多相似的地方，如计算公式和研判法则等，但它与人气指标、买卖意愿指标不同的地方在于理论的出发点不同。中间意愿指标的理论出发点是：中间价是证券市场最有代表性的价格，即多空双方争夺的基点价格水平或均衡价位。

为避免人气指标、买卖意愿指标的不足，在选择计算的均衡价位时，中间意愿指标采用的是上一计算周期的中间价。理论上，比中间价高的价位其能量为“强”；比中间价低的价位其能量为“弱”。中间意愿指标以上一个计算周期的中间价与当前周期的最高价、最低价相比较，计算出一段时期内证券价格的“强弱”。

（一）中间意愿指标的计算方法

以日数据为例，其计算公式为

$$\mathrm{CR}(n)=\frac{\sum H-\mathrm{YM}}{\sum \mathrm{YM}-L}\times 100$$

式中，H 为当日最高价，L 为当日最低价，YM 为前一个交易日的中间价，n 为设定的时间参数，一般参数设定为 26 日。可见，中间意愿指标将每日最高价与前一日中间价的差看作是多方强度的代理指标，将前一日中间价与当日最低价的差看作是空方强度的代理指标，通过对比一定周期内多方强度与空方强度来描述多空力量的对比情况。

中间价也可以看作是一个指标，它由最高价、最低价、开盘价和收盘价这四个价格进行加权平均而得到，每个价格的权重可以人为地选定。目前比较常用的中间价计算方法有四种：

$$M=\frac{2\times C+H+L}{4}$$

$$M=\frac{C+H+L+O}{4}$$

$$M=\frac{C+H+L}{3}$$

$$M=\frac{H+L}{2}$$

式中，C 为收盘价，H 为最高价，L 为最低价，O 为开盘价。

（二）中间意愿指标的应用

1. 中间意愿指标的取值

从中间意愿指标的计算公式可以看出，中间意愿指标很容易出现负值，但按通行的办法，在中间意愿指标研判中，一旦中间意愿指标出现负值，一律当成 0 对待。

和人气指标、买卖意愿指标一样，中间意愿指标在 100 附近的区域时表示市场呈平衡状态。当中间意愿指标在 75～125 之间（有的设定为 80～150）波动时，表明证券价格属于盘整行情，投资者应以观望为主。在牛市行情中，当中间意愿指标大于 300 时，表明证券价格已经进入高价区，可能随时回档，应择机抛出。

对于反弹行情而言，当中间意愿指标大于 200 时，表明证券价格反弹意愿已经到位，可能随时再次下跌，应及时离场。在盘整行情中，当中间意愿指标在 40 以下时，表明行情调整即将结束，证券价格可能随时再次向上，投资者可及时买进。在熊市行情末期，当中间意愿指标在 30 以下时，表明证券价格已经严重超跌，可能随时会反弹向上，投资者可逢低吸纳。

2. 中间意愿指标曲线的形态

中间意愿指标形态的研判主要是针对中间意愿指标曲线在顶部和底部出现的不同形态而言的。当中间意愿指标曲线在高位形成 M 头或三重顶等顶部反转形态时，预示着行情可能由强势转为弱势，价格即将大跌（特别是对于前期涨幅过大的证券），如果价格的 K 线也出现同样形态则更可确认。

当中间意愿指标曲线在低位出现 W 底或三重底等底部反转形态时，预示着行情可能由弱势转为强势，价格即将反弹向上，如果价格 K 线也出现同样形态则更可确认。

3. 中间意愿指标曲线与价格曲线配合使用

在一定程度上，中间意愿指标具有领先证券价格走势的预警作用，尤其是在证券价格见顶或筑底方面，能比证券价格曲线领先出现征兆。若证券价格曲线与中间意愿指标曲线之间出现背离现象，则预示着证券价格走势可能即将反转。中间意愿指标曲线与证券价格曲线的配合使用主要从以下几方面考虑。

当中间意愿指标曲线向上攀升，而证券价格曲线也呈上升趋势，则意味着证券价格走势是处于强势上涨的阶段，证券价格将维持向上攀升的态势，投资者可坚决持股待涨。

当中间意愿指标曲线继续下跌，而证券价格曲线也呈下跌趋势，则意味着证券价格是处于弱势下跌的阶段，弱势格局难以改变，投资者应以持币观望为主。

当中间意愿指标曲线开始从高位掉头向下滑落，而证券价格曲线却还在缓慢向上扬升，则意味着可能出现“顶背离”现象，特别是证券价格刚刚经历过一段较大涨幅的上升行情以后。当中间意愿指标曲线在高位出现“顶背离”，投资者应及时获利了结。

当中间意愿指标曲线从底部开始向上攀升，而证券价格曲线却继续下跌，则意味着可能出现“底背离”现象，特别是证券价格前期经过一轮时间比较长、跌幅比较大的下跌行情以后。当中间意愿指标曲线在底部出现“底背离”，投资者可以少量分批建仓。

五、腾落指数

腾落指数（advance decline line，ADL）指标又叫涨跌线指标，它是专门研究股票指数走势的技术分析工具。

1. ADL 指标的原理

ADL 指标是以股票每天上涨和下跌的家数作为计算和观察的对象，借此了解股票市场人气的兴衰，探测大势的内在动量是强势还是弱势，从而研判股票市场未来动向。

在正常情况下，股票市场大盘指数上升，上涨股票的家数必然较多；相反，股票市场大盘指数下跌，下降股票的家数较多。两者之间的关系往往成正比，而股票市场大盘的升降与市场的人气强弱情形也是相同的。

ADL 指标与股票市场大盘指数比较类似，两者均为反映大势的动向和趋势，不对个股的涨跌提供讯号。但由于股票市场大盘指数在一定情况下受指标股的影响，这些股票的异常走势（暴涨或暴跌）会对股票市场大盘指数的走势带来影响，从而给投资者提供不真实的信息。为了弥补股票市场大盘指数可能失真的缺点，在对股票市场大盘指数分析中引入了腾落指标来辅助研判股票市场大盘指数。

ADL 指标是一个以个股涨跌家数的多少来进行大盘研判的指标。由于该指标是累计市场上所有交易的个股中上涨家数和下跌家数的差额，因此，只有大盘指数才有 ADL 指标值，而对个股来说没有该指标。ADL 指标计算方便，原理简单，对于观察大盘的人气具有独特的功能。

2. ADL 指标的计算方法

ADL 指标的计算比较简单。日 ADL 是每日上涨股票总数与下跌股票总数的差值的累计。为了准确反映大势走向，一般都采用一段时间内 ADL 的累计值为当天的 ADL 值。具体过程如下：

先假设知道上一交易日的 ADL 值，然后，来计算当日的 ADL 值。如果当日所有股票中上涨的共有 NA 家，下降的共有 ND 家，持平的为 NB 家。这样当日的 ADL 值的计算公式为

$$\mathrm{ADL}_T = \mathrm{ADL}_{T-1} + NA - ND$$

由上式推出

$$\mathrm{ADL}_T = \sum NA - \sum ND$$

式中，∑NA 表示从开始交易的第一天算起，每一个交易日的上涨家数的总和；∑ND 表示从开

始交易的第一天算起，每一个交易日的下跌家数的总和。

这里需要强调的是，和其他技术指标不同，ADL 指标没有周 ADL 指标、月 ADL 指标、年 ADL 指标，也没有分钟 ADL 指标等各种类型指标，它只有日 ADL 这一种指标。

3. ADL 指标的应用

ADL 重在研判其曲线的走势，并不看重取值的大小。ADL 指标的研判主要是看 ADL 曲线与股票市场大盘指数曲线的配合与背离等方面。

（1）ADL 曲线与股票市场大盘指数曲线同步上升（下降），并创新高（低），则可以判断大势的上升（下跌）趋势将继续，大势短期内反转的可能性不大。

（2）ADL 连续上涨（下跌）了一段时间（一般为 3 天），而价格指数却向相反方向下跌（上涨）了一段时间，这是买进（卖出）的信号，至少将有反弹（回档）存在。

（3）股市大盘指数已经进入高位（低位）时，而 ADL 曲线并没有同步上升（下降），而是开始走平或下降（上升），这是大盘趋势可能将要结束的信号。

（4）ADL 保持上升（下降）趋势，价格指数却在中途出现转折，但很快又恢复原来的趋势，并创新高（低），这是买进（卖出）的信号，是后市多方（空方）力量强盛的标志。

（5）ADL 曲线在相对高位（相对低位）形成反转形态，如双重顶（双重底）、头肩顶（头肩底）等形态，是指数将反转的信号。

六、涨跌比率

涨跌比率（advance decline ratio，ADR）又叫上升下降比指标，和 ADL 指标一样，是专门研究股票指数走势的中长期技术分析工具。

（一）ADR 指标的原理

股票市场是多空双方争斗的战场，这种争斗在一定程度上是自发的，带有较多的自由性和盲目性，表现为股市上超买超卖的情况比较严重，有时候投资者盲目地追涨会造成股市超买，有时候又会盲目地杀跌造成股市的超卖。ADR 指标就是从一个侧面反映整个股票市场是否处于涨跌过度、超买超卖现象严重的情况，从而进行比较理性的投资操作。

ADR 指标的理论基础是“钟摆原理”，即当一方力量过大时，会产生物极必反的效果，向相反的方向摆动的动力增强，反之亦然。该原理表现在股市上，就意味着当股市中人气过于高涨，股市屡创新高以后，接下来可能就会爆发一轮大跌的行情，而当股市中人气低迷，证券价格指数不断下挫而跌无可跌的时候，可能一轮新的上涨行情即将展开。ADR 指标就是通过一定时期内整个市场中上涨和下跌家数的比率，衡量多空双方的力量变化，用来判断未来股票市场整体的走势。

（二）ADR 指标的计算方法

由于选用的计算周期不同，ADR 指标包括 n 日 ADR 指标、n 周 ADR 指标、n 月 ADR 指标、n 年 ADR 指标以及 n 分钟 ADR 指标等很多种类型。经常被用于股市研判的是日 ADR 指标和周 ADR 指标。虽然它们计算时取值有所不同，但基本的计算方法一样。

以日 ADR 为例，其计算公式为

$$\mathrm{ADR}(n)=\frac{P1}{P2}$$

式中，$P1=\sum NA$，为 n 日内股票上涨家数之和；$P2=\sum ND$，为 n 日内股票下跌家数之和；n 为选择的天数，是 ADR 的参数。

选择一定参数周期内股票上涨和下跌家数的总和，目的是为了避免由于某一特定时期内股市的异常波动而误导研判。参数 n 到底选多大，没有一定的规则，完全由主观判断。一般而言，参数选择得小，ADR 值上下变动的空间就比较大，曲线的起伏就比较剧烈；参数选择得大，ADR 值上下变动的空间就比较小，曲线的上下起伏就比较平稳。

以 6 日 ADR 指标为例，具体 ADR 指标的计算过程如表 9.2 所示。

表 9.2　6 日 ADR 指标的计算

日期	上涨家数	下跌家数	上涨合计	下跌合计	ADR 值
11.18	79	92			
11.21	86	85			
11.22	6	186			
11.23	5	193			
11.24	75	93			
11.25	187	11	438	660	0.66
11.28	25	159	384	727	0.53
11.29	77	91	375	733	0.51
11.30	35	132	404	679	0.59

（三）ADR 指标的应用

1. ADR 数值的取值

一般而言，由 ADR 的数值大小可以把大势分为以下几个区域。

ADR 数值在 0.5～1.5 之间是正常区域。当 ADR 数值在 0.3～0.5 之间或 1.5～2.0 之间是 ADR 的非正常区域。当 ADR 值是在 0.3 以下或 2.0 以上时是 ADR 的极不正常区域。

（1）当 ADR 数值小于 0.5 时，表示大势经过长期下跌，已经出现超卖现象，很多股票价格可能会止跌企稳并出现一轮反弹行情，投资者可以短线少量买入超跌股。

（2）当 ADR 数值大于 1.5 时，表示大势经过长期上涨，已经出现超买现象，很多股票价格可能已经上涨过度，可能会出现一轮幅度比较大的下跌行情，投资者应及时卖出股票或持币观望。

（3）当 ADR 数值在 0.5～1.5 之间时，表示大势基本处于整理行情之中，没有出现明显的超买和超卖现象。

2. ADR 曲线与股票价格指数曲线的配合

（1）ADR 曲线向上攀升，而股票价格指数曲线也同步上升，则意味着股票市场处于整体上涨阶段，股市大势将维持向上攀升的态势，市场上人气比较活跃，投资者可积极买入和持有。

（2）ADR 曲线继续下滑，而股票价格指数曲线也同步下滑，则意味着股票市场处于整体下跌的阶段，股市大势将维持下跌的态势，市场上人气比较低落，投资者应以持币观望为主。

（3）ADR 曲线开始从高位向下滑落，而股票价格指数曲线却还在缓慢向上扬升，则意味着股市大势可能出现“顶背离”现象。特别是大盘已经经过一轮较长时间的上升行情以后，见顶的可能性更大。股票价格指数上升而 ADR 值从高位回落，说明股市只有一线大盘股领涨，而大多数二、三线小盘股纷纷告跌，上升行情难以持久。

（4）ADR 曲线从底部开始向上攀升，而股票价格指数曲线却继续下滑，则意味着股市大势可能出现“底背离”现象。特别是大盘已经经过一轮较长时间的下跌行情以后，见底的可能性更大。股票价格指数下跌而 ADR 值从低位开始向上扬升，说明股票价格指数的下跌是由大盘股下跌引起的，而许多小盘股经过长时间的下跌开始显示出投资价值，已经有主力在开始建仓，整个大势可能将很快止跌反弹。

3. ADR 曲线的形态

当 ADR 曲线在高位形成 M 头或三重顶等顶部反转形态时，预示着大盘可能由强势转为弱势，大盘即将大跌，如果股票价格指数曲线也出现同样形态则更可确认。

当 ADR 曲线在低位出现 W 底或三重底等底部反转形态时，预示着大盘可能由弱势转为强势，大盘即将反弹向上，如果股票价格指数曲线也出现同样形态更可确认。

七、超买超卖指标

超买超卖指标（over bought and over sold，OBOS），和 ADR、ADL 一样，也是专门研究股票指数走势的中长期技术分析工具。

（一）OBOS 指标的原理

OBOS 指标主要是运用一段时间内整个股票市场中涨跌家数的累积差关系，来测量大盘买卖气势的强弱及未来演变趋势。

OBOS 指标的原理主要是基于对投资者心理变化的假定，认为当股市大势持续上涨时，必然会使部分敏感的主力机构获利了结，从而诱发大势反转向下，而当大势持续下跌时，又会吸引部分先知先觉的机构进场吸纳，触发向上反弹行情。因此，当 OBOS 指标逐渐向上并超越正常水平时，即代表市场的买气过度升温并最终导致大盘超买。同样，当 OBOS 指标持续下跌时，则导致超卖。对整个股票市场而言，由于 OBOS 指标在某种程度上反映了部分市场主力的行为模式，因此在预测上，当大盘由牛市转向熊市时，OBOS 指标在理论上具有领先大盘指数的能力；而当大盘由熊市转向牛市时，OBOS 指标在理论上又有稍微落后于大盘指数的缺陷。

（二）OBOS 指标的计算方法

由于选用的计算周期不同，OBOS 指标包括 n 日 OBOS 指标、n 周 OBOS 指标、n 月 OBOS 指标等很多种类型。虽然它们计算时取值有所不同，但基本计算方法是一样的。

以日 OBOS 指标为例，其计算公式为

$$\text{OBOS}(n)=\sum NA-\sum ND$$

式中，$\sum NA$ 为 n 日内股票上涨家数之和；$\sum ND$ 为 n 日内股票下跌家数之和；n 为选择的天数，是日 OBOS 指标的参数。

从上面计算公式中可以看到，OBOS 指标的计算方法和 ADR 指标的计算方法很相似。所不同的是 OBOS 指标是选择上涨和下跌家数总数相减，而 ADR 指标是选择两者相除。选择相除还是相减仅仅是描述多空力量对比方法的差异，本质含义是一致的。

和 ADR 指标一样，选择一定参数周期内的股票上涨和下跌家数的总和，其目的也是为了避免由于某一特定时期内股市的异常波动而误导判断。参数选择得小，OBOS 值上下变动的空间就比较大，曲线的起伏就比较剧烈；参数选择得大，OBOS 值上下变动的空间就比较小，曲线的上下起伏就比较平稳。目前市场上比较常用的参数是 10、20 等。

（三）OBOS 指标的应用

1. OBOS 指标的取值

OBOS 指标的多空平衡点是 0。当市场处于盘整状态时，OBOS 的取值应该在 0 的上下来回波动。当市场处于多头市场时，OBOS 的取值应为正数；当市场处于空头市场时，OBOS 的取值应为负数。当 OBOS 值为正值且距离 0 越远时，市场上多头力量就越强大，多方的优势就越明显；当 OBOS 值为负值且距离 0 越远时，市场上空头力量就越强大，空方的优势就越明显。

在股票市场上，OBOS 值过大或者过小，都说明市场的涨势或跌势走到了极端。物极必反，当股市走势过于极端时，便会显露出大势出现超买超卖现象，这是市场将向相反方向运动、趋势将发生转折的信号。至于 OBOS 指标超买超卖区域的确定，在世界各地的股票市场都不一样。它主要取决于上市股票总数、参数选择的大小、投资者个人偏好以及分析软件的不同版本来决定。

2. OBOS 曲线与股票价格指数曲线的一致与背离

（1）OBOS 曲线持续向上攀升，而股票价格指数曲线也同步上升，则意味着股票市场处于整体上涨阶段，股市大势将维持向上攀升的态势，市场上人气比较活跃，投资者可积极买入和持有。

（2）OBOS 曲线持续下滑，而股票价格指数曲线也同步下滑，则意味着股票市场处于整体下跌阶段，股市大势将维持下跌的态势，市场上人气比较低落，投资者应以持币观望为主。

（3）当大盘已经经过一轮较长时间的上升行情，OBOS 曲线开始从高位向下滑落，而股票价格指数曲线却还在缓慢向上扬升，则意味着股市大势可能出现“顶背离”现象。当 OBOS 指标出现顶背离时，预示着整个市场开始由强势转为弱势，一轮大跌行情即将开始，投资者应及时卖出个股。

（4）当大盘已经经过一轮较长时间的下跌行情，OBOS 曲线从底部开始向上攀升，而股票价格指数曲线却继续下滑，则意味着股市大势可能出现“底背离”现象。当 OBOS 指标出现底背离现象时，预示着整个市场行情开始趋暖，一轮反弹行情可能展开，投资者可分批少量逢低吸纳个股。

3. OBOS 曲线的形态

当 OBOS 曲线在高位形成 M 头或三重顶等顶部反转形态时，预示着大盘可能由强势转为弱势，大盘即将大跌，如果股票价格指数也出现同样形态则更可确认。

当 OBOS 曲线在低位出现 W 底或三重底等底部反转形态时，预示着大盘可能由弱势转为强势，大盘即将反弹向上，如果股票价格指数也出现同样形态更可确认。

第五节　成交量分析

成交量值是一种供需的表现形式，它代表证券市场投资人购买证券欲望的强弱。一段行情初起，成交量值开始逐渐增加，直至无法再增加，行情便告一段落，进入整理阶段；成交量渐渐减少，至另一段上升行情再起，价格继续上升，成交量再度逐渐增加，价格也创出新高。价格下跌时，人气四散，成交量开始迅速或缓慢萎缩，无法再减少时，下跌行情告一段落。因此，美国投资家葛兰威尔就曾说：“成交量是市场元气，价格只不过是它的表征而已，所以，成交量通常比价格先行。”

一、有关成交量的几个基本概念

有关成交量的基本概念可以分为成交量和成交金额两个方面。

成交量是指某一特定时间内交易所中证券交易的数量，用证券数量或交易单位“手”数来表示。具体又可分为总成交量、平均成交量、个股成交量和笔数成交量。

总成交量是指整个市场在某一特定时间内证券成交的总量，通常用柱状图来表示。

平均成交量即一个时间段内成交量总和的平均数。这个时段通常设定为5天、10天或30天。平均成交量主要用来观察成交量变化的长期趋势，也是观察人气聚散的技术指标，通常用线图来表示。

个股成交量是指某只股票在某一个特定时间段内成交的数量。

笔数成交量是指某只股票一个交易日每笔交易的成交数量的平均数，其计算公式为

$$笔数成交量=\frac{当天成交总额}{当天成交笔数}$$

有时还会听到天量和地量的说法。天量是指大盘或个股在某一个时间段内出现的最大成交量；地量则是指在某一个时间段内大盘或个股出现的最小成交量。判断天量和地量所考察的时间段应足够长，这个时间段越长，天量和地量的结论越可靠。

成交金额是指在某一个特定时间段内证券成交的资金量，又可分为总成交金额和个股成交金额等。

总成交金额是指整个市场在某一个特定时间内成交的总资金量。

个股成交金额是指某只股票在某一个特定时间内成交的资金数量。

二、葛兰威尔法则

葛兰威尔在对成交量与价格趋势关系研究之后，总结出以下九大法则。

（1）价格随着成交量的递增而上涨，为市场行情的正常特性，此种量增价升的关系，表示价格将继续上升。

（2）在一个波段的涨势中，价格随着递增的成交量而上涨，突破前一波的高峰，创下新高价，继续上扬。然而，此段价格上涨的整个成交量水准却低于前一个波段上涨的成交量水准。此时价格创出新高，但量却没有突破，则此段价格涨势令人怀疑，同时也是价格趋势潜在反转信号。

（3）价格随着成交量的递减而回升，价格上涨，成交量却逐渐萎缩。成交量是价格上升的原动力，原动力不足显示出价格趋势潜在的反转信号。

（4）有时价格随着缓慢递增的成交量而逐渐上升，渐渐地，走势突然成为垂直上升的喷发行情，成交量急剧增加，价格跃升暴涨；紧随着此波走势，继之而来的是成交量大幅萎缩，同时价格急速下跌。这种现象表明涨势已到末期，上升乏力，显示出趋势有反转的迹象。

（5）价格走势因成交量的递减而下跌，是十分正常的现象，并无特别暗示趋势反转的信号。

（6）在一波长期下跌形成谷底后，价格回升，成交量并没有随价格上升而递增，价格上涨欲振乏力，然后再度跌落至原先谷底附近，或高于谷底。当第二谷底的成交量低于第一谷底时，是价格将要上升的信号。

（7）价格往下跌落一段相当长的时间，市场出现恐慌性抛售，此时随着日益放大的成交量，价格大幅度下跌；继恐慌卖出之后，预期价格可能上涨，同时恐慌卖出所创的低价，将不可能在极短的时间内突破。因此，随着恐慌大量卖出之后，往往是空头市场的结束。

（8）价格下跌，向下突破价格形态、趋势线或移动平均线，同时出现了大成交量，是价格

下跌的信号，明确表示出下跌的趋势。

（9）当市场行情持续上涨一段时间之后，出现急剧增加的成交量，而价格却上涨无力，在高位整理，无法再向上大幅上升，显示了价格在高位大幅振荡，抛压沉重，上涨遇到了强阻力，此为价格下跌的先兆。价格连续下跌之后，在低位区域出现大成交量，而价格却没有进一步下跌，仅出现小幅波动，此即表示进货，通常是上涨的前兆。

案例 9.5　沪深 300 指数量价分析

图 9.11 是沪深 300 指数从 2011 年 7 月—2013 年 6 月的周 K 线图。从图中可以看出，在 2012 年 3—5 月的两次反弹中，第二次反弹在指数创出新高时，成交量没有创新高，预示着上涨动能不足，之后股指进入新的熊市。在 2012 年 11 月 23 日沪深 300 指数创出一年成交量的新低，随后的一周股指创新低，之后出现一波较大幅度的反弹。2012 年 12 月第一周，沪深 300 指数出现底部放量，在随后的几周里，量能不断放大，股指随之持续上涨，量价关系配合较好。

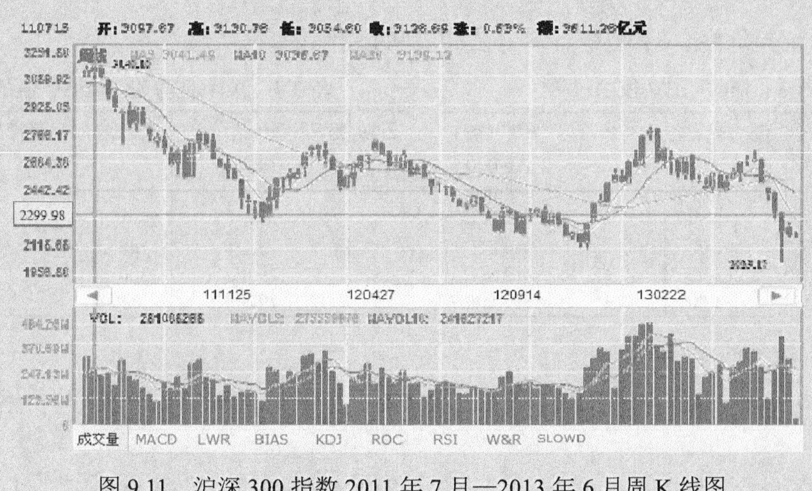

图 9.11　沪深 300 指数 2011 年 7 月—2013 年 6 月周 K 线图

三、成交量分析的技术指标

成交量分析的主要技术指标有能量潮（OBV）、指数点成交值（TAPI）和容量比率（VR）。

（一）能量潮指标

1. 能量潮指标的原理

能量潮指标是葛兰威尔于 20 世纪 60 年代提出的，并被广泛使用。证券市场技术分析的四大要素是价、量、时、空，OBV 指标就是从“量”这个要素出发，来发现热门股票、分析证券价格运动趋势的一种技术指标。它是将证券市场的成交量与证券价格的关系数字化、直观化，以证券市场的成交量变化来衡量证券市场的推动力，从而研判价格的走势。关于成交量方面的研究，OBV 指标是一种相当重要的分析工具。

OBV 方法是葛兰威尔的又一大贡献，他将“量的平均”概念加以延伸，认为成交量是证券市场的元气，证券价格只不过是它的表象特征而已，因此，成交量通常比证券价格先行。这种“先见量、后见价”的理论早已被证券市场所证明。

我们可以把证券市场的每个波动比喻成潮水的涨落过程。如果多方力量大，则向上的潮水就大，中途回落的潮水就小。衡量潮水大小的标准是成交量，成交量大，潮水的力量就大；成交量小，潮水的力量就小。潮涨潮落反映多空双方力量对比的变化和最终大潮将向何处去，这就是 OBV 的基本原理，也是 OBV 被称为能量潮的原因。

2. OBV 值的计算方法

OBV 指标的计算比较简单，主要是计算累积成交量。

以日数据为例，其计算公式为

$$\mathrm{OBV}_T = \mathrm{sign} \times V_T + \mathrm{OBV}_{T-1}$$

式中，V_T 为当日成交量，sign 为符号。如果当日收盘价或指数高于前一日收盘价或指数，则 sign 为 1；如果当日的收盘价或指数低于前一日的收盘价或指数，则 sign 为−1；如果当日值与前一日的收盘价或指数持平，则该成交量不予计算。

关于指数 OBV 值的计算方法如表 9.3 所示。

关于单个证券价格 OBV 值的计算方法如表 9.4 所示。

表 9.3 指数 OBV 值的计算

日期	当日收盘指数	成交量	成交量符号	累积 OBV
1	1 000			10 000
2	1 050	3 000	+	13 000
3	1 025	1 500	−	11 500
4	1 000	1 000	−	10 500
5	1 030	2 000	+	12 500
6	1 070	3 000	+	15 500

表 9.4 单个证券价格 OBV 值的计算

日期	当日收盘价格（元）	成交量	成交量符号	累积 OBV
1	18.8			10 000
2	19.2	3 000	+	13 000
3	19.4	2 500	+	15 500
4	19.1	700	−	14 800
5	19.0	800	−	14 000
6	19.5	2 000	+	16 000

3. OBV 指标的应用

（1）OBV 指标与价格曲线的结合分析。OBV 指标不能单独使用，必须与价格曲线结合才能发挥作用。

1）当 OBV 线下降而证券价格却上升，预示价格上升能量不足，证券价格随时可能会下跌，是卖出信号。

2）当 OBV 线上升而证券价格却小幅下跌，说明市场上人气旺盛，下档承接力较强，证券价格的下跌只是暂时的技术性回调，价格可能很快会止跌回升。

3）当 OBV 线呈缓慢上升而证券价格也同步上涨时，表示行情稳步向上，市场中长期投资形势较好，价格仍有上升空间，投资者应持仓待涨。

4）当 OBV 线呈缓慢下降而证券价格也同步下跌时，表示行情逐步盘跌，市场中长期投资形势不佳，价格仍有下跌空间，投资者应以卖出证券或持币观望为主。

5）一般情况下，当 OBV 线出现急速上升的现象时，表明市场上大部分买盘已全力涌进，而买方能量的爆发不可能持续太久，行情可能会出现回档，投资者应考虑逢高卖出。尤其在 OBV 线急速上升后不久，而在盘面上出现锯齿状曲线并有掉头向下迹象时，表明行情已经涨升乏力，行情即将转势，是明显的卖出信号。

6）一般情况下，当 OBV 线出现急速下跌的现象时，表明市场上大量卖盘汹涌而出，市场行情已经转为跌势，价格将进入一段较长时期的下跌过程中，此时，投资者还是应以持币观望为主，不要轻易抢反弹。只有当 OBV 线经过急跌后，在底部开始形成锯齿状的曲线时，才可以考虑进场介入，做短期反弹行情。

7）OBV 线经过长期累积后的波段性高点（即累积高点），经常成为行情再度上升的阻力区，证券价格常在这些区域附近遭受强大的上升压力而反转下跌。而一旦证券价格突破这些阻力区，其后续涨势将更加强劲有力。

8）OBV 线经过长期累积后的波段性低点（即累积低点），则常会形成行情下跌的支撑区，证券价格会在这些区域附近遇到较强的下跌支撑而止跌企稳。而一旦证券价格向下跌破这些支撑区，其后续跌势将更猛。

（2）OBV 曲线的背离现象和形态特征。OBV 线与证券价格发生背离现象的情况，也是判断市场趋势是否发生转折的重要参考依据。如果市场经过前期一段较大的上涨行情后，价格继续上升，而 OBV 线却开始掉头向下，表明价格高档买盘乏力，是短线卖出的信号。如果经过前期一段较大的下跌行情后，证券价格继续下跌，而 OBV 线却开始掉头向上，表明低位买盘积极，买方力量开始加大，是短线买入信号。

当证券价格波动形态有可能形成 M 头（或三重顶等顶部形态）时，OBV 线会发出很强的警示信号。当证券价格经过一段回落调整再次到达前期顶部附近小幅盘整时，此时的 OBV 线也无力上扬，成交量萎缩，此时证券价格很容易再次下跌形成 M 头，此时投资者应倍加警惕。如果 OBV 线与证券价格形态几乎同时形成三重顶形态，更应短线卖出证券。

当证券价格波动形态有可能形成 W 底（或三重底等底部形态）时，OBV 线也会发出较强的警示信号。当证券价格形态即将形成 W 底时，如果与之相对应的 OBV 线领先上扬，成交量放大，是证券价格可能见底的信号。如果 OBV 线与证券价格形态几乎同时形成三重底时，证券价格阶段性的底部特征将更加明显。

（二）指数点成交值

指数点成交值（TAPI）是根据股票的每日成交值与指数间的关系，来反映股票市场买气的强弱程度及未来股票价格趋势的技术指标。其理论分析重点为成交值。

TAPI 指标认为成交量是股票市场生命的源泉。成交量的变化会反映出市场购买意愿的强弱程度及对未来证券价格的看法，因而可以通过分析每日成交值和加权指数间的关系来研判未来大势变化。

1. TAPI 指标的计算方法

TAPI 指标的计算方法非常简单，主要是利用每个周期成交量与当前周期的加权指数来进行计算。

以日数据为例来计算 TAPI 值，其计算公式为

$$TAPI = 每日成交总值/当日加权指数$$

和其他技术指标的计算一样，由于选用的计算周期不同，TAPI 指标也包括日 TAPI 指标、周 TAPI 指标、月 TAPI 指标、年 TAPI 指标以及分钟 TAPI 指标等各种类型。经常被用于股票市场研判的是日 TAPI 指标和周 TAPI 指标。虽然它们计算时的取值有所不同，但基本的计算方法一样。

2. TAPI 指标的应用

TAPI 指标主要是研究股票价格和大盘的量价关系，运用 TAPI 线与大盘加权指数的运动方向来判断证券市场未来的走势。TAPI 的一般研判标准主要包括以下几个方面。

（1）加权指数上涨，成交量递增，TAPI 值亦应递增，若发生背离走势，即指数上涨，TAPI 值下降，此为卖出信号，可逢高派发或于次日获利了结。

（2）加权指数下跌，TAPI 值上扬，此为买进信号，可逢低买进。

（3）在上涨过程，股票价格的明显转折处，若 TAPI 值异常缩小，是为向下反转信号，持币者应逢高卖出。

（4）在连续下跌过程中，证券价格明显转折处，若 TAPI 值异常放大，是为向上反转信号，持币者可逢低分批买进。

（5）TAPI 值无一定之高点、低点，必须与大势 K 线联合研判，不能单独使用。

（6）由空头市场进入多头市场时，TAPI 值需超越 110，并且能持续在 110 以上，方能确认涨势。

（7）TAPI 值低于 40 以下，是成交值探底时刻，为买进信号。

（8）TAPI 值持续扩大至 350 以上，表示股票市场交易过热，随时会回档，应逢高分批获利了结。

（9）加权股票价格指数创出新高，TAPI 值也随之增大，同时创出新高，是量价的配合。在多头市场的最后一段上升行情中，如果加权股票价格指数创新高，而 TAPI 比前段上升行情要低，呈现量价背离，大盘有可能大幅回落。大势在持续下跌一段时间，接近空头市场末端时，TAPI 值会先于股价指数而止跌企稳，出现底部的量价背离。

（三）容量比率

容量比率（VR）以价格在某一段时期内上涨交易日的成交量总和与下降交易日成交量总和的比值来度量多空双方力量的对比以及投资者的买卖气势，进而推测价格的未来走势。

1. VR 指标的计算方法

VR 的计算公式为

$$\text{VR}=\frac{A(n)+0.5C(n)}{D(n)+0.5C(n)}\times 100\%$$

式中，n 为所考虑的时间区间的长度，用天数来表示，也是 VR 指标的参数，一般取 14 天或 26 天；$A(n)$为最近的 n 个交易日中属于上涨交易日的成交量总和；$D(n)$为最近的 n 个交易日中属于下降交易日的成交量总和；$C(n)$为最近的 n 个交易日中属于平盘交易日的成交量总和，一般来说，平盘的日子很少，所以 $C(n)$大多数情况下为 0。这里判断上涨和下跌是以收盘价为标准，以日数据为例，如果当日收盘价比上一日收盘价高，则为上涨；比上一日的收盘价低，则为下跌。

以上涨交易日的成交量表示多方动能，以下降交易日的成交量表示空方动能；平盘交易日的成交量则是一半归入多方动能，一半归入空方动能。VR 指标描述了多方动能和空方动能的比值，如果市场上多空双方力量均等，VR 指标的取值应该在 100 附近。如果该技术指标远远大于 100，则表示市场上多方力量占优势，如果该指标远远小于 100，则空方力量占优势。

2. VR 指标的应用

（1）将 VR 值划分为下列区域，根据 VR 值大小确定买卖时机。

低价区域	40～70 可以买进
安全区域	80～150 持有股票
获利区域	160～450 根据情况获利了结
警戒区域	450 以上伺机卖出

（2）当成交额经萎缩后放大，而 VR 值也从低价区向上递增时，行情有可能开始发动，是买进的时机。

（3）VR 值在低价区增加，价格牛皮盘整，可考虑伺机买进。

（4）VR 值升至安全区内，而价格牛皮盘整时，一般可以持股不卖。

（5）VR 值在获利区增加，价格亦不断上涨时，应把握高档出货时机。

（6）一般情况下，VR 值在低价区的买入信号可信度较高，但在获利区的卖出时机要把握好，在确定卖出之前，应与其他技术指标一起研判。

本章小结

本章主要介绍了技术分析中的技术指标法。技术指标是指按照事先规定好的固定方法对证券市场的原始数据进行处理，得到技术指标值，再通过对技术指标数值的大小和走势的分析，判断市场上多空力量的对比状况，对证券价格的未来走势进行预测。常用的技术指标很多，本章主要介绍了一些比较成熟和常用的技术指标。应用技术指标时要注意技术指标的假设和应用范围，将多个技术指标综合运用可以提高技术分析的精确度。

复习思考题

一、名词解释

技术指标　顶背离　底背离　黄金交叉　死亡交叉　指标的极端值　移动平均线　指数平滑异同平均线　随机指标　相对强弱指标　成交量

二、思考题

1. 构造技术指标的方法有哪些？
2. 技术指标的交叉法则主要体现在哪些方面？
3. 技术指标的背离法则主要体现在哪些方面？
4. 移动平均线（MA）的作用主要有哪些？
5. 指数平滑异同平均线（MACD）的计算方法和原理是什么？
6. 为什么成交量分析在技术分析中具有重要地位？

三、选择题

1.（　　）是从投资者的买卖趋向心理方面，将一定时期内投资者看多或看空的心理事实转化为数值，来判断股价未来走势的技术指标。

A. PSY　　B. WMS　　C. BIAS　　D. KDJ

2.（　　）是由股票的上涨家数和下降家数的差额，推断股票市场多空双方力量的对比，进而判断出股票市场的实际情况。

A. ADL　　B. OBOS　　C. ADR　　D. WMS

3. 表示市场处于超买或超卖状态的技术指标是（　　）。

A. PSY　　B. BIAS　　C. MACD　　D. WMS

4. 关于 MACD 的应用法则不正确的是（　　）。

A. 以离差值（DIF）和 MACD 的取值和这两者之间的相对取值对行情进行预测

B. DIF 和 MACD 均为正值时，DIF 向上突破 MACD 是买入信号

C. DIF 和 MACD 均为负值时，DIF 向下突破 MACD 是卖出信号

D. 当 DIF 向上突破 0 轴线时，此时为卖出信号

5. KDJ 指标的计算公式考虑了（　　）因素。

A. 开盘价，收盘价　　B. 最高价，最低价

C. 开盘价，最高价，最低价　　D. 收盘价，最高价，最低价

6. OBV 线表明了量与价的关系，最好的买入机会是（　　）。

A. OBV 线上升，此时股价下跌　　B. OBV 线下降，此时股价上升

C. OBV 线从正的累积数转为负数　　D. OBV 线与股价都急速上升

7. 某股上升行情中，KD 指标的快线倾斜度趋于平缓，出现这种情况，则股价（　　）。

A. 需要调整　　B. 是短期转势的警告信号　　C. 要看慢线的位置　　D. 不说明问题

8. MACD 指标出现顶背离时应（　　）。

A. 买入　　B. 卖出　　C. 观望　　D. 无参考价值

9. 下面指标中，根据其计算方法，理论上所给出买、卖信号最可靠的是（　　）。

A. MA　　B. MACD　　C. WR　　D. KDJ

10. 描述股价与移动平均线相距远近程度的技术指标是（　　）。

A. RSI　　B. PSY　　C. WR　　D. BIAS

11. 在下列技术指标的计算中，唯一没有用到收盘价的是（　　）。

A. MACD　　B. BIAS　　C. RSI　　D. PSY

12. 当价格上升时，成交量不再增加，这意味着价格将（　　）。

A. 下降　　B. 继续上涨　　C. 滞胀　　D. 整理

13. 在应用移动平均线时，下列操作或说法错误的是（　　）。

A. 当股价突破了 MA 时，无论是向上突破还是向下突破，股价将逐渐回归 ——继续趋势

B. MA 在股价走势中起支撑线和压力线的作用

C. MA 的行动往往过于迟缓，掉头速度落后于大趋势

D. 在盘整阶段或趋势形成后中途休整阶段，MA 极易发出错误的信号

14. 在关于指数量价关系分析的一些总结性描述中，不正确的有（　　）。

A. 价涨量跌呈现背离　　B. 价跌量增赶快卖出

C. 价涨量增顺势推动　　D. 价涨量减快速拉升

E. 价跌量增有待观察

15. 利用 MACD 进行行情预测，主要是从（　　）方面进行。

A. 切线理论　　B. 技术指标背离原则

C. 离差值和 MACD 的值　　D. 离差值和 MACD 的相对取值

16. 常用的技术指标，以功能为划分依据，可以分为（　　）。

A. 趋势型指标　　B. 超买超卖型指标　　C. 人气型指标　　D. 大势型指标

17. 有关 PSY 的应用法则的说法中，正确的是（　　）。

A. PSY 的取值在 25 ~ 75，说明多空双方基本处于平衡状态

B. PSY 的取值过高或过低，都是行动的信号

C. PSY 的取值第一次进入采取行动的区域时，往往容易出错

D. PSY 的曲线如果在低位或高位出现大的 W 底或 M 头，也是买入或卖出的行动或信号

18. 关于 OBOS，下列表述正确的是（　　）

A. OBOS 为超买超卖指标

B. OBOS 取值小于 0，空方占优势

C. 形态理论和切线理论的结论也可用于 OBOS 曲线

D. OBOS 是利用上涨和下跌股票家数进行分析的有效市场理论

19. 关于技术指标中的心理线指标，下列说法正确的是（　　）。

A. 一般进入高位区至少两次其所发出的买入信号才更可靠

B. 在 50 以上是空方市场

C. 在 50 以上是多方市场

D. 取值过高或过低，都是行动的信号

20. 下列哪些指标应用是正确的？（　　）

A. 利用 MACD 预测时，如果 DIF 和 DEA 均为正值，当 DEA 向上突破 DIF 时，买入

B. 当 WMS 高于 80，即处于超买状态，行情即将见底，卖出

C. 当 KDJ 在较高位置形成了多重顶，则考虑卖出

D. 当短期 RSI > 长期 RSI 时，属于多头市场

21. 大势型指标包括（　　）。

A. ADL　　B. ADR　　C. MACD　　D. OBOS

22. 下列有关 RSI 的描述，正确的有（　　）。

A. 其参数为天数，一般有 5 日、9 日、14 日等

B. 短期 RSI < 长期 RSI，则属空头市场

C. RSI 的计算只涉及开盘价

D. RSI 的取值介于 0 ~ 100 之间

四、判断题

1. 短期线在中期线的下方、中期线在长期线的下方称为空头排列。（　　）

2. 当短期 RSI 小于长期 RSI 时，一般可判断属多头市场。（　　）

3. 人气指标（AR）与买卖意愿指标（BR）的最大区别在于人气指标可能出现负值，而买卖意愿指标永远不会出现负值。（　　）

4. 当股价随着成交量的递减而回升，成交量却逐渐萎缩，则股价有反转的可能。（　　）

5. 股价随着成交量的递增而上涨，是市场行情的正常特性，此种量增价涨关系，表示股价将继续上升。（　　）

6. 移动平均线具有助涨和助跌的作用。（　　）

第十章

证券投资技术分析的主要理论

【学习目标】

了解道氏理论和循环周期理论的基本内容，掌握波浪理论的基本原理和数浪规则，熟悉主浪和调整浪的特性、形态以及比例关系。

【关键概念】 趋势 波浪 循环周期

第一节 道 氏 理 论

道氏理论（Dow theory）是所有市场技术研究的鼻祖。由美国人查尔斯· 道（Charles Dow）与威廉姆·皮特·汉密尔顿（William Peter Hamilton）及罗伯特·雷亚（Robert Rhea）三人共同的研究结果。

一、道氏理论的主要贡献

道氏理论的内容很多，下面我们主要了解该理论的几个重大贡献。

1. 市场价格指数能够解释和反映市场的大部分行为

这是道氏理论对证券市场技术分析的重大贡献。道氏理论认为："平均指数包容消化一切，除了上帝的行为。"——因为他们反映了无数投资者的综合市场行为，包括那些有远见力的以及消息最灵通的人士，平均指数在其每日的波动过程中包容消化了各种已知的可预见的事情，以及各种可能影响公司债券供给和需求关系的情况。甚至于那些天灾人祸，但其发生以后就被迅速消化，并包容其可能的后果。现代世界上所有的证券交易所都有本交易所的价格指数，虽然名称不同，但计算方法大同小异，都能够反映本市场的整体走势。这些都得益于道氏理论的启发。

2. 将价格走势归类为三种趋势

道氏理论认为在任何时刻上证券市场都存在三种互相协调的趋势，即主要趋势（primary trend）、次要趋势（secondary trend）和短暂趋势（near term trend）。股票价格在总体上以趋势演进，而其最重要的是主要趋势，即基本趋势，在其演进过程中穿插着次要趋势，而次要趋势又由众多的短暂趋势组成。基本趋势持续数个月至数年，次要趋势持续数个星期至数个月，短暂趋势持续数天至数个星期。查尔斯·道描述这三种趋势就像海水涨潮时一样：基本趋势像潮流，长久而稳定；次要趋势像波浪，波动较大并且有方向和节奏；短暂趋势像波纹，波动小而不定。任何市场中，这三种趋势均同时存在，彼此的方向则可能相反。

基本趋势最重要，也最容易被辨认、归类与了解。投资者对此最为关注，投机者则较为次要。次要与短暂趋势都属于长期趋势之中，只有看清它们在基本趋势中的位置，才能够把握住它们，并从中获利。

次要趋势是投机者考虑的主要因素，对投资者则较为次要。它与基本趋势的方向可能相同，也可能相反。如果次要趋势严重背离基本趋势，则被视为是次级的折返走势或修正。次级折返走势必须谨慎评估，不能将其误认为是基本趋势的改变。

短暂趋势因变化多端而最难预测，只有交易者才会随时考虑它。投机者与投资者仅有在少数情况下，才会关心短暂趋势。研究短暂趋势，能够帮助交易者寻找适当的买进或卖出时机，以追求最大的获利，或尽可能减少损失。

3. 成交量跟随趋势

投资者往往都将能否找到趋势的反转点视作影响投资行为成败的关键。道氏理论认为，关注成交量的变化有助于确定趋势的变化。成交量提供的信息，有助于分析一些令人困惑的市场行情。交易量变化的一般规律是价升量涨、价跌量缩。这一规律不仅体现在主要趋势中，在次要趋势中也会时有表现。如在一轮熊市中的次要趋势中，成交量可能在短暂弹升中显示上升趋势，或在短暂回撤中显示下降趋势。但是，道氏理论关于市场趋势变化的结论是在对价格运动的最终分析中产生的。也就是说，依据成交量判断价格趋势，仅根据单一交易时间段或者几天内的交易情况都是不够的，只有一段时间内全面相关的交易情况才有助于我们做出有效的判断。

4. 收盘价最为重要

道氏理论并不注重任何一个交易日收市前出现的最高峰和最低点，而只考虑收盘价。最高价、最低价等其他价格只不过是某个时间点上短暂的交易价格，而收盘价则表示多空双方经过一天较量后最终达成的平衡。相比较而言，收盘价对今后的影响作用更加有说服力。而且，道和汉密尔顿把收盘价对前一限度（顶点或底部数字）任何的突破，哪怕是 0.01 的突破，都当作确认或加强一轮趋势的有效标志。近年来，市场研究人士对于一个指数突破的范围则存在很多观点。

二、道氏理论的缺陷

道氏理论揭示了股价的基本运行规律，是对股市运动的正确概括。它为证券市场的技术分析提供了理论基础，开创了技术分析的先河。但就理论本身来讲，尚存在一些不足之处，主要表现为以下几个方面。

1. 偏重于基本趋势分析

道氏理论对长期的主要趋势的判断比较有用，对于分析中期的次要趋势的转变结果却不尽人意，对于每日每时发生的细小的价格波动更显得无能为力。

2. 对基本趋势转变的预测往往滞后

道氏理论对主要趋势走向的变化总会给出一个预测，而这一预测在新的主要趋势开始的短期之内未必是清楚和正确的，即它对主要趋势中新高峰或新低谷出现的时机无法准确预测，因此在新的长期波动的初期，利用它判断股价容易产生偏差。因此，道氏理论强调跟随趋势而不是预测趋势，只有在相反趋势已经出现后才做出操作决定。这样做有时会损失相当的利润，一旦方向看反损失更大。

3. 不能指明短期投资的对象

道氏理论只是以一种技术性的方式指示主要趋势的走向，道氏理论不会、也不能告诉你该买进何种股票，因此无法帮助投机者选择适合做短线的股票品种。

4. 理论复杂，掌握困难

道氏理论的结论复杂且没有比较明确的信号，对操作的指导比较笼统，使用者容易产生困惑，掌握起来比较困难。

专栏 10.1　道氏理论的奠基者

查尔斯·道（1851—1902 年）出生于新英格兰，是纽约道·琼斯金融新闻服务的创始人、《华尔街日报》的创始人和首位编辑。1900—1902 年，道写了许多社论，讨论股票投机的方法。虽然道并没有对他的理论作系统的说明，他本人也并未利用它们预测股票价格的走势，但它的观点在范围与精确性上都有相当的成就。1902 年 12 月查尔斯·道逝世后，华尔街日报记者将其见解编成《投机初步》一书，从而使道氏理论正式定名。

威廉姆·皮特·汉密尔顿是当时道氏理论最佳的代言人。道过世后，汉密尔顿在 1903 年接替道担任《华尔街日报》的编辑工作，直至他于 1929 年过世为止。他继续阐明与改进道的观念，这些内容主要是发表在《华尔街日报》上。1922 年，他出版了《股票市场晴雨表》一书，书中集中论述了道氏理论的精华，并使道氏理论具备较详细的内容与正式的结构。汉密尔顿在许多问题中加入了自己的思想，其中包括市场操纵行为、投机行为甚至包括政府的管制。

罗伯特·雷亚是汉密尔顿与道氏的崇拜者。他利用两人的理论预测股票市场的价格，并有相当不错的收获。雷亚对于“道氏理论”的贡献极多，他纳入成交量的观念，使价格预测又增加一项根据。《道氏理论》一书于 1932 年发行，雷亚在此书摘取威廉姆·皮特·汉密尔顿的研究成果，并提出许多有助于了解道氏理论的参考资料。之后，他又出版了《道氏理论在商务与银行业的应用》一书。雷亚认为，道氏理论是根据分析价格模式，推测未来价格行为的一种方法。

道氏理论在 20 世纪 30 年代达到巅峰。那时，《华尔街日报》以道氏理论为依据每日撰写股市评论。1929 年 10 月 23 日《华尔街日报》刊登“浪潮转向”一文，文章以道氏理论为基础，正确地指出“多头市场”已经结束，“空头市场”的时代来临，成功预测了 1929 年美国股市大崩溃，道氏理论由此名噪一时。

道氏理论最早用于股票市场，以此判断股市的升跌，看经济的兴衰，其后他的继承人威廉彼德·威美顿再将著名的道氏理论发扬光大，作为推测投资市场走势的一种工具。

第二节 波浪理论

波浪理论的全称是艾略特波浪理论（Elliott Wave Theory），是世界上运用最为普遍的投资分析工具之一，由美国技术分析大师艾略特于20世纪30年代末期提出，直至20世纪70年代，以柯林斯出版的专著《波浪理论》为标志，正式登上证券市场技术分析的舞台。艾略特的波浪理论涵盖的许多要点受到道氏理论的影响，有许多原理相当符合道氏理论的原理和传统的图形技术。但是，波浪理论已超越传统的图形分析技术，能够针对市场的波动，全盘分析、解释特定的图形形态发展的原因与时机，以及图形本身所代表的意义。波浪理论同时也能够帮助市场分析师找出市场循环周期的所在。如果说道氏理论主要对股市的发展趋势给予了较完美的定性解释，艾略特则在定量分析上提出了独到的见解。

一、波浪理论的基本原理

（一）波浪理论的三个要素

波浪理论的构成可归纳为形态、比例和时间三个因素。其中形态是波浪理论的基础，比例和时间次之。

1. 形态

波浪理论中的形态是指价格波动形成的轨迹的形状和构造，主要是指8浪循环结构。主要作用在于判断价格的走势。

2. 比例

在波浪理论中，比例是指价格走势图中各个浪高点和低点所处的相对位置，即各浪的波幅长短的相对比例。掌握的各浪波幅的比例关系，可以帮助我们确定价格的回落点和将来价格上升可能达到的位置。

3. 时间

波浪理论中所说的时间，是指价格完成某个波浪需要经历的时间长短。各浪之间在时间上相互联系，用时间可以推断某个波浪是否已经形成，下一个波浪是否可能开始。

（二）波浪理论的形态结构

1. 基本8浪结构

波浪理论认为证券价格的上下波动是按照某个规律周而复始地进行的。每个周期（无论是上升还是下降）分成8个小浪，8个小浪的结束意味着一个大浪的结束，其后又会开始另一个大浪。图10.1说明了上升行情中的8浪结构。行情上升时的大波浪由 5 个小波浪形成，紧随

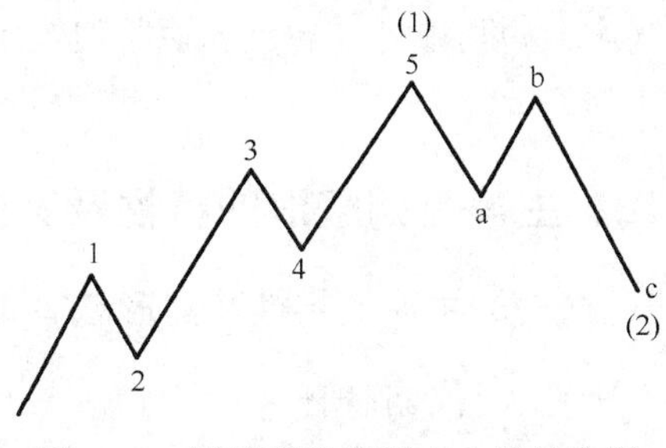

图10.1 波浪理论的基本8浪结构图

其后的是 3 个回调性小波浪。这 5 个上升浪和 3 个下跌浪共同构成一个完整的循环。每一个完整的循环都包括这 8 个基本波浪，并将其分成两段，首段 5 个主升浪通常用数字 1、2、3、4、5 表示，末段 3 个下跌调整波浪则用字母 a、b、c 表示。

2. 波浪的级别——浪中有浪

波浪理论考虑价格形态的时间跨度随意而不受控制，长则可能覆盖数月、数年，短则可能只涉及数小时、数分钟的价格走势。这就使得在数浪时，必然会涉及将一个大浪分解成若干小浪或将若干小浪合并成一个大浪的问题，也就是波浪的级别问题。几个低级别的浪可以合并成一个更高级别的大浪，而高级别的大浪又可以细分成几个较低级别的小浪。而所谓级别的高低是相对的。以上升行情为例，图 10.2 说明了波浪的级别结构。由 8 个波浪完成一个较小的价格波动周期后，另一个相仿的循环接着出现，一直到第 5 个，构成 5 个向上为主的大浪，紧接着便是 3 个向下为主的调整波浪，其形态均为 5 升 3 跌，从而构成包含 34 个小波浪（5 个主升浪中又分出 21 个小浪，3 个调整浪中分出 13 个小浪）的大价格波动周期。在此基础上还可以再一次细分，每一个小浪又可分出更小的小浪，从而形成一个由 144 个小浪构成的一个完整的大周期。其中 5 个主浪为牛市，3 个调整浪为熊市。

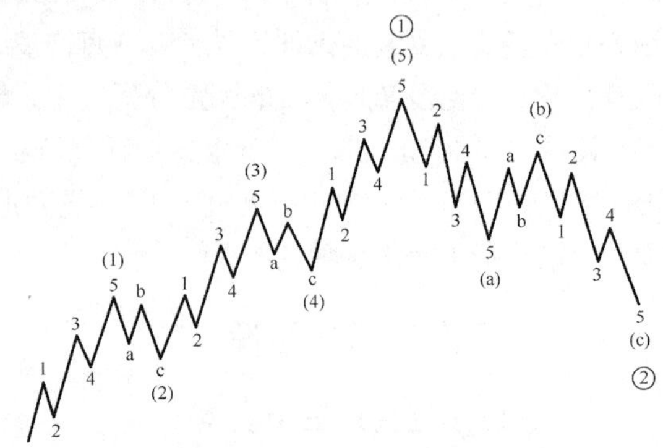

图 10.2　波浪理论的级别（34 浪循环）

3. 主浪和调整浪

波浪理论中的波浪由主浪和调整浪组成。其中，如果一个波浪的趋势方向和比它高一级别的波浪的趋势相同，则这一波浪就称为主浪。主浪在直观上起到了推动趋势发展的作用，故又称为推进浪。调整浪则是主浪的补充，其运行方向同它的上一级别波浪的方向不同。如图 10.1 所示，1、3、5 是三个升浪，也称推进浪；2、4 也在升浪里，但属于升浪里的调整浪。a、b、c 三个下跌浪是对 1、2、3、4、5 五个升浪的调整，其中 a、c 两浪属于下跌过程中的推进浪，b 浪属于下跌过程中的调整浪。5 个上升浪合在一起构成高一级的一个推进浪，3 个下跌浪合在一起构成高一级的一个调整浪。例如在图 10.2 中，（1）、（3）、（5）和（a）、（c）浪都和它们上一级别的浪①或浪②的趋势方向相同，所以都是主浪；而（2）、（4）与浪①，（b）与浪②的方向相反，因而是调整浪。主浪的地位是相对的，它可能处在一个更大的主浪当中，也可能处在更大的调整浪当中。主浪的特点是不管上升还是下降，必然能再分成 5 个小浪。

二、主浪与调整浪的特性及其变化形态

（一）主浪的特性及其形态

1. 主浪的特性

第 1 浪：有两种情况，一类其半数属于营造底部形态的一部分。跟随此类第 1 浪出现的第 2 浪

调整幅度通常较大。另一类的第 1 浪则在大势调整形态之后出现，此类第 1 浪的升幅较为可观。

第 3 浪：通常属于最具爆发力的升浪。大部分时间为延伸浪，其高点至少要超过第 1 浪的最高点，此时成交大增。在五个主升浪中，此浪运行时间最长，幅度通常也最大。

第 5 浪：升幅一般较第 3 浪小，升势也不如其有力。但此时市场情绪乐观，人气旺盛，成交放出巨量。此时理性的投资者会谨慎从事，等待短期头部确认，以便做出相应的投资抉择。

a 浪：此时大多数投资者会误认为股市涨势仍未逆转，只是一个暂时的调整。但是，之前的第 5 浪出现的技术指标的背离暴露出了价升乏力，获利盘不断抛盘兑现，a 浪回落的深度有可能很大。

c 浪：是调整趋势的最后一浪，属于破坏力最强的全面性下跌。其特性与第 3 浪有相似之处。

2. 主浪的形态

（1）延长浪。在三个主浪中，往往会有一个浪出现延长。即主浪的幅度出现延长，有时甚至延长到与其他主浪幅度之和相近的程度。有时很难分清上升五浪中三个主浪的哪一浪是延长浪，但波浪理论认为这时出现的九浪与五浪意义相同（见图 10.3）。三个主浪中只有一个会出现延长。延长浪中会出现再延长现象，即次一级小浪的推进浪又出现延长。如果一个主浪出现延长，则另外两个主浪在时间和幅度会趋于相同，或者符合某一个黄金比例。

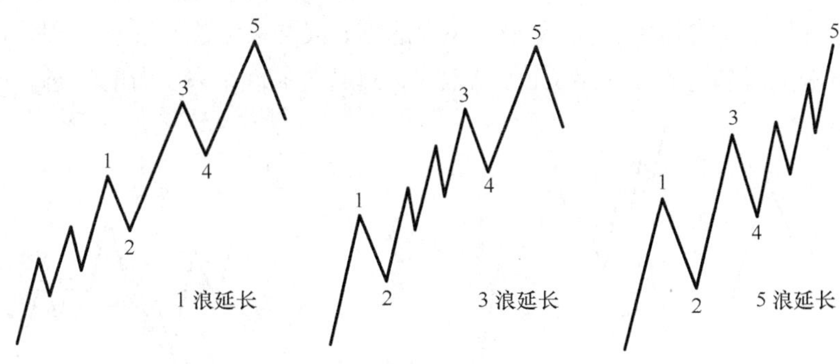

图 10.3　延长浪

（2）失败浪。三个主浪中的第 5 浪的顶未能超过第 3 浪的顶称为失败浪（见图 10.4）。失败浪代表推进力量的减弱，它和延长浪都是主浪的特殊形态。

（3）斜三角形。波浪理论中的斜三角形与形态分析中的楔形相似。但该理论将斜三角形中五个小浪的过程均视为三个子浪结构，即 3—3—3—3—3 形态（见图 10.5）。斜三角形一般出现在主浪中的第 5 浪，表示市场即将逆转。

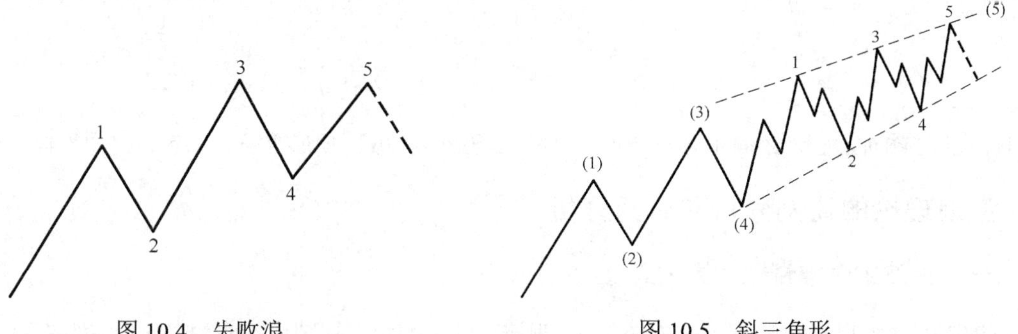

图 10.4　失败浪　　　　图 10.5　斜三角形

（二）调整浪的特性及其形态

1．调整浪的特性

第 2 浪：为第 1 浪的调整浪，一般调整幅度较大，会使投资者产生熊市尚未结束的错觉。但成交量一般呈现逐渐萎缩趋势，波幅也较细，反映出市场抛压渐趋衰竭，投资者心态渐趋稳定。

第 4 浪：是对第 3 浪的调整，经常以较为复杂的形态出现，以三角形调整形态运行，浪底一般不会低于第 1 浪的最高点。

b 浪：通称 b 浪反弹，是对波浪 a 的调整，走势一般较情绪化。该浪有可能升至第 5 浪的高度，甚至超过该高点。因此，常被误认为前段升浪的延续，而使一些不明真相的投资者仍然加码买进，结果被深度套牢。

2．调整浪的形态

波浪理论的调整浪形态比主浪更为复杂。一般认为调整浪只能是 3 浪结构。以下简单介绍两种。

（1）之字形（又叫曲折形）。之字形调整浪由 a、b、c 三浪组成，三浪的次级小浪内部结构为 5—3—5 构成。特点是 b 浪回调较小，c 浪远远超过 a 浪结束点（见图 10.6）。

（2）平坦形。平坦形调整浪次级小浪的内部结构为 3—3—5 构成。它又分为三种：①普通平坦形，即 b 浪回调至 a 浪开始位置附近，c 浪仅仅稍超过 a 浪结束位置的形态（见图 10.7）；②奔走形，即 b 浪远远超过 a 浪开始位置，c 浪却没有达到 a 浪结束位置的形态（见图 10.8）；③不规则平坦形，即 b 浪远远超过 a 浪开始位置，c 浪也远远超过 a 浪结束位置的形态（见图 10.9）。

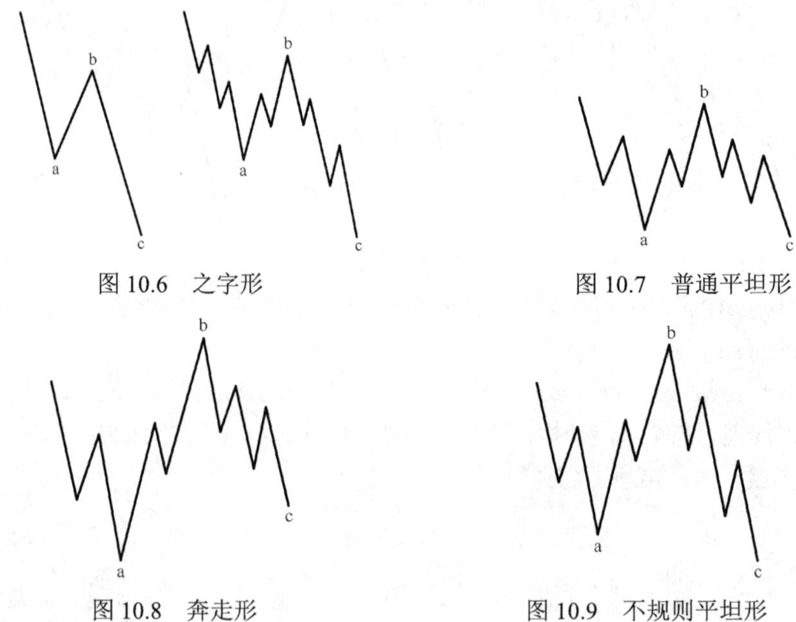

图 10.6　之字形

图 10.7　普通平坦形

图 10.8　奔走形

图 10.9　不规则平坦形

除了上述两种形态外还有上升三角形、下降三角形、扩散三角形等三角形态，这里不再详述。

三、波浪理论的比例分析和时间分析

（一）弗波纳奇神奇数字数列

艾略特在《大自然的规律》一书中谈到，其波浪理论的数字基础是弗波纳奇数列。弗波纳奇数列本身属于一个极为简单的数字系列，但其间展现的各种特点，令人对大自然的奥秘感叹玄妙之余，更多一份敬佩，因此又称之为神奇数字系列。该数列包括下列数字：1，2，3，5，8，13，21，34，55，89，144，233，377，610，987，1 597……直至无限。波浪理论中的一个完整的升跌循环，可以划分为2、8、34或144个波浪。不难发现，上面出现的数字，全部都属于神奇数字系列。

在弗波纳奇的神奇数字系列中，任取相邻两神奇数字，将低位的神奇数字比上高位的神奇数字，其计算的结果会逐渐接近于0.618。数值位越高的数字，其比率会越接近于0.618。若任取相邻两神奇数字，与上述相反，将高位的神奇数字比上低位的神奇数字，则其计算的结果会渐渐趋近于1.618。同理，数值位取得越高，则此比率会越接近于1.618。若取相邻隔位两个神奇数字相除，则通过高位与低位两个数字的交换，可分别得到接近于0.382及2.618的比率。将0.382与0.618两个重要的神奇数字比率相乘则可得另一重要的神奇数字比率：$0.382 \times 0.618=0.236$。上述几个由神奇数字演变出来的重要比率：0.236，0.382，0.618，2.618以及0.5（其中0.382和0.618是著名的黄金分割比率）是波浪理论中预测未来的高点或低点的重要工具。在波浪理论的实战中，以上比率对波幅测量结果的准确性常常令人难以置信。

（二）比例分析中神奇比率的具体运用

比例分析，是指对波浪理论的基本8浪结构中的一个浪与另一个浪在价格波动幅度上存在的比例关系的分析。弗波纳奇神奇数字系列尤其是黄金分割比率，经常出现在比例分析的结果当中。研究显示，各波浪的长度之间主要存在两种比例关系：回落或反弹关系和倍数关系。

1. 回落或反弹比例

以回落为例。通常，一般的调整经常回落到前一波浪高点的0.618以下的位置（常常是第4浪、b浪及部分第2浪常见的回吐比例，见图10.10），而剧烈的调整要回落到前一波浪高点的0.382以下的位置（如大部分第2浪的调整深度，见图10.11）。0.5是0.382与0.618之间的中间数，作为神奇数比率的补充。对于abc之字形调整浪，b浪的调整幅度经常会由0.5所维系。值得注意的是，如果回吐幅度超过45%，则可以断言0.382的支撑或阻力作用已失去。同样，当调整幅度超过70%时，亦表明0.618防线宣告失守。根据上述原则，投资者在具体操作时可以利用它来设置止损点。

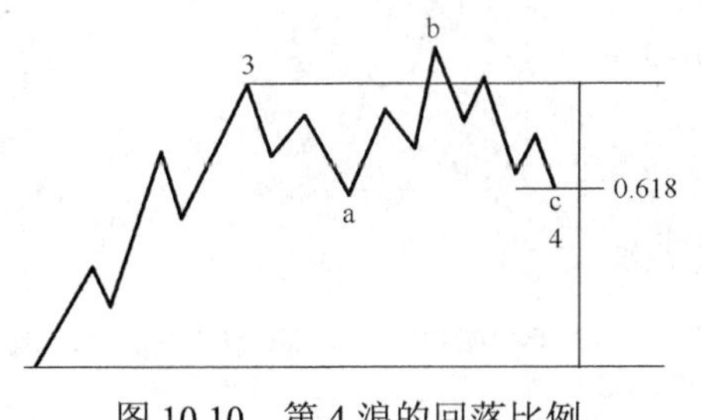

图10.10　第4浪的回落比例

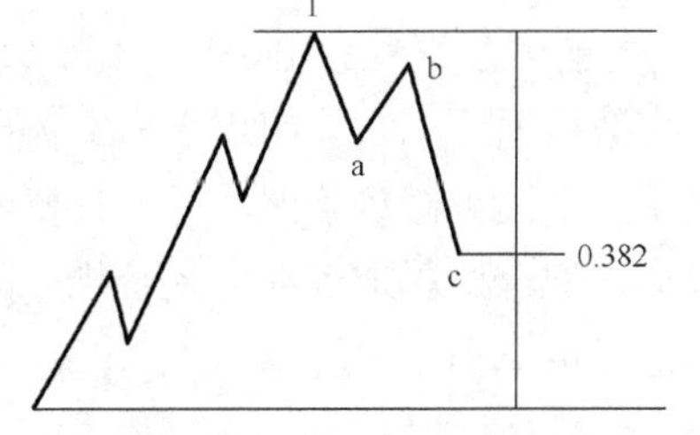

图10.11　第2浪深度调整的回落比例

2. 第1浪和第5浪长度的倍数关系

如果第3浪是延伸浪，则第1浪和第5浪就趋向于等长或成0.618的倍率关系。如图10.12所示。

3. 第 5 浪的长度测算

第一种方法：当第 5 浪延伸时，它的总长度大致相当于第 1 浪起点至第 3 浪高点的长度的 1.618 倍，如图 10.13 所示。但是，如果第 5 浪不延伸，它们的倍数关系将是 0.382 或者 0.618。

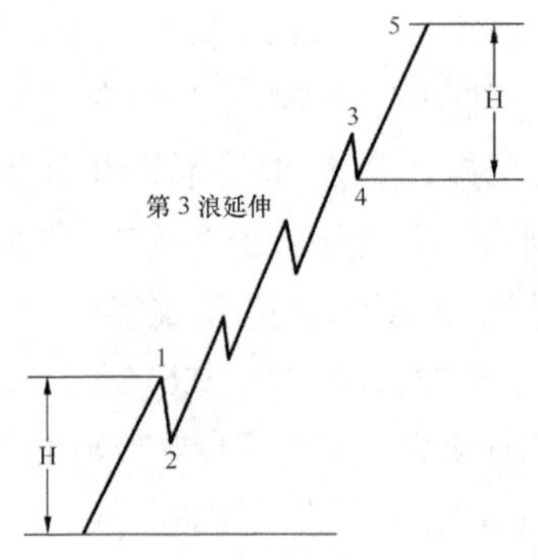

图 10.12 第 3 浪延伸时第 1 浪和第 5 浪长度的倍数关系

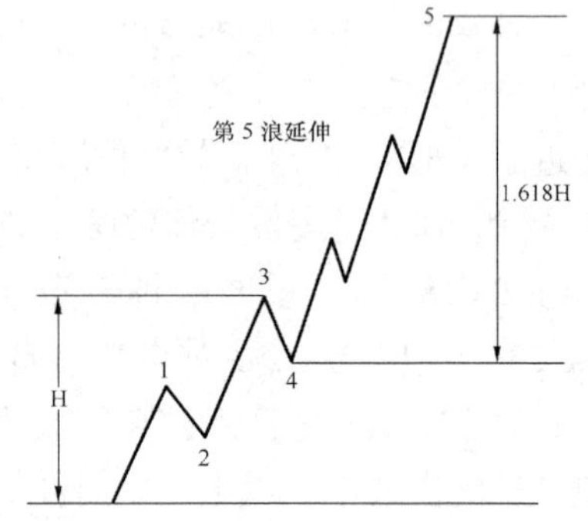

图 10.13 第 5 浪与 1～3 浪长度的倍数关系

第二种方法：当第 5 浪延伸时，它的长度是整个 5 浪结构波幅的 0.618 倍；若第 5 浪不延伸，则第 5 浪的长度是整个 5 浪结构波幅的 0.382 倍，如图 10.14 所示。

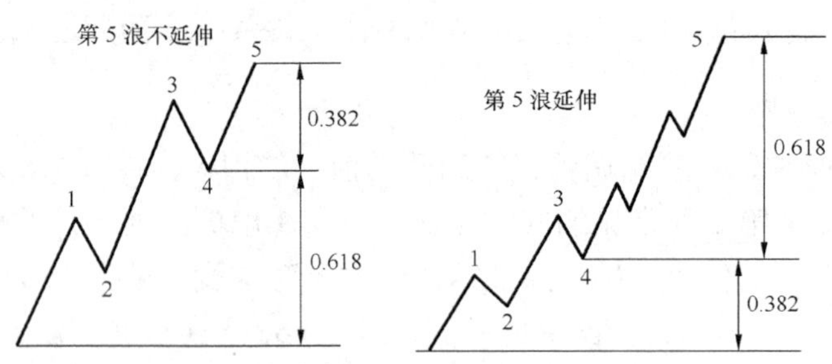

图 10.14 第 5 浪的长度与整体长度的关系

4. 调整浪长度之间的比例

在三个调整浪中，c 浪的长度与 a 浪的长度之间常见的可能的倍数关系是：0.618、1 和 1.618，如图 10.15 所示。少数情况下也可能出现 2.618 倍的情况。

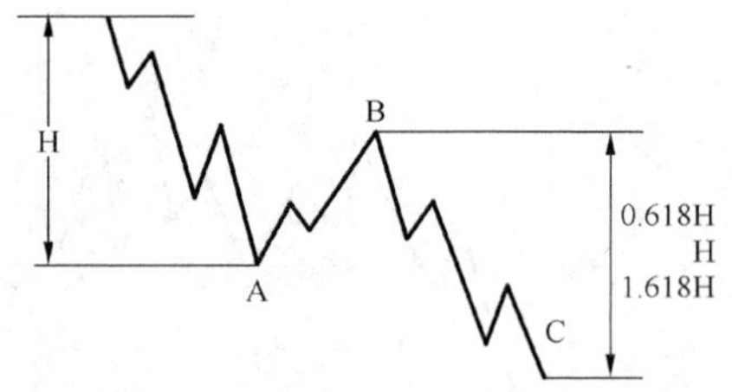

图 10.15 调整浪之间的长度比例关系

在使用上述神奇数字比率时，投资者和分析者若与波浪形态配合，再加上动力系统指标的协助，能较好地预估股价见顶见底的信号。

（三）波浪理论的时间分析

在波浪理论中，时间分析主要关注每个浪运行时间的长短以及相互的关系。例如，完成某个浪需要经过的大体时间长短，通常按交易日或交易周来计算，一般也会与弗波纳奇数列中的某个数字有关。

四、波浪理论的不变规则

波浪理论在数浪时有四条不可违背的法则，在识别波浪时应该牢记。

（1）第 4 浪不能与第 1 浪重叠。8 浪结构中的第 4 浪，除非第 5 个推进浪以斜三角形形态出现，否则，在上升趋势中第 4 浪的底部应该比第 1 浪的顶部高，或者在下降趋势中第 4 浪的顶部应该比第 1 浪的底部低。

（2）第 3 浪绝不是最短。8 浪结构中的第 3 浪，常常是最长的一浪，而且肯定不是 1、3、5 三个主浪中最短的一浪。也就是说，在我们数浪时，如果发现自己认为的第 3 浪最短时，就有可能是数错了。

（3）交替规则。即各种波浪形态交替出现。如当第 2 浪是平坦形调整浪时，第 4 浪往往会以之字形形态出现，反之亦然。

（4）高级别的第 4 浪高（低）于第 3 浪中的低级别的第 4 浪。在第 4 浪的回落中，如果之前出现的与其同级别的第 3 浪可以分成 5 浪结构，就会出现低级别的第 4 浪。在牛市中，高级别的第 4 浪的低点，应该高于第 3 浪中的低级别的第 4 浪的低点；而在熊市中，高级别的第 4 浪的高点，应该低于第 3 浪中的低级别的第 4 浪的高点。

专栏 10.2　波浪理论的奠基者

瑞福·尼森·艾略特（Ralph Nelson Elliott）曾经是专业的会计师，专精于餐馆业与铁路业，由于在中年染上重病，在 1927 年退休，长期住在加州休养。在养病的三年期间，艾略特通过对道·琼斯工业平均指数大量的观察和实验，得到了“自然律”理论，并于 1942～1943 年发表《自然律——宇宙的奥妙》一书加以阐述。艾略特发现不断变化的股价结构性形态反映了自然和谐之美。他认为股市如同海水的涨潮退潮一样有一定的循环关系，股价波动如同波浪，后浪推前浪，浪浪相接，周而复始，并且涨潮有五个波段，退潮有三个波段，进而构成一个完整的循环。价格波动的起落是供求失去平衡的结果。艾略特就此提出了一系列权威性的演绎法则用来解释市场的行为，并特别强调波动原理的预测价值，投资者可以根据规律性波动判断股市目前运行轨迹及预测市场未来走势，以便在波谷时低位承接，等待涨升；或于波峰时顺势抛出，获利了结。这就是久负盛名的艾略特波浪理论。

波浪理论的形成经历了 30 多年的时间。艾略特在世时，他的研究成果并没有得到世人的广泛承认。他去世后，很多人也继续对波浪理论进行了研究。柯林斯总结了艾略特等人的研究成果，在此基础上进行了进一步的完善和发展，著成《波浪理论》一书，形成了最终的波浪理论。

第三节　循环周期理论

世间万物的变化多数都有较稳定的周期，各种变化按一定的周期顺序循环出现。例如自然界的四季交替，自然人的生老病死，经济运行的景气变化等。股市中也同样存在循环周期规律。股市永远是涨跌交替的过程，同样的变化不断重复，上涨趋势完结便转为下跌趋势，而下跌趋势完结又会转为上涨趋势。在长期实践中人们发现这些循环现象有按周期重复出现的特征。这样就产生了以江恩[1]、伯恩斯坦[2]为代表人物的专门研究这种时间现象的循环周期理论。其中，江恩是早期的代表，伯恩斯坦是近期的代表。江恩的交易技术很经典，但是经常显得“科学根据”不足，应用起来有相当的复杂性。而伯恩斯坦采用现代的科学分析方法，使其更加容易理解和应用。

一、循环周期理论的理论要点

1. 一个重要概念——时间之窗

时间之窗是指一个时间范围，即当股价波动持续的时间长度接近了我们估计的时间区间范围时，就可以被看作进入了“时间之窗”。股价波动时间一旦进入了“时间之窗”，投资者就要密切关注价格的变化，因为此时股价可能已经临近转折点。

伯恩斯坦认为，股市存在时间周期的变化，从每一个明显低点到下一个明显低点之间为一个循环周期，从每一个明显高点到下一个明显高点之间也为一个循环周期，且低点到低点的循环周期比高点到高点的循环周期可靠。而且，虽然股价循环周期的时间长度各有不同，但其变动范围大多在平均周期正、负 15%范围内。因此，平均周期天数（或周数等时间单位）前后各 15%的时间范围内，就成为下一轮局部低点最可能出现的时间范围，时间轴上的这一段就被视作“时间之窗”。

例如，假设根据统计计算出股价变动平均周期为 60 天，往前减少 9 天（15%）为 51 天，往后增加 9 天为 69 天，则从循环起点算起的第 51 天～第 69 天为观察新的局部低点出现的时间之窗。时间之窗理论的基本观点可以归结为：循环理论代表事物重复出现的周期，大部分事物均会倾向于依照长短差不多一致的周期一再露面。

2. 循环周期统计的原则与方法

（1）一致性。即保持从低点到低点，或从高点到高点的周期概念的一致性，该理论认为循环高点的出现较为不规则，而循环低点的出现则较有规律性，因而取低点为周期计算单位。

（2）局部极点原则。即在一个周期中，上升或下跌幅度的大小并不重要，重要的是周期的起点和终点必须是局部最高点或局部最低点。

（3）平均周期原则。作为操作依据的循环周期长度，由依次统计的一系列循环周期的算术平均时间长度决定。

（4）数量验证。在一系列循环周期中，如果有四个或以上周期时间等于或十分接近该系列平均周期时间，则该平均周期比较可靠。

（5）循环周期有大小。伯恩斯坦的时间之窗与波浪理论一样，认为循环周期也有大小之分，大周期中包含小周期，周期时间尺度是非特征性的。

3. 循环周期的分类

（1）季节性的周期。我们知道一年有四季，春、夏、秋、冬。如果我们种植粮食作物，一般是

1　威廉·江恩（William D. Gann）：20 世纪最著名的投资家之一，于 1878 年 6 月 6 日出生于美国得克萨斯州的路美根市。在其投资生涯中，成功率高达 80%～90%，他用小钱赚取了巨大的财富，在其 53 年的投资生涯中共从市场上取得过 3.5 亿美元的纯利。他所创造的把时间与价格完美地结合起来的江恩理论，至今仍为投资界人士所津津乐道，倍加推崇。

2　伯恩斯坦：美国著名分析师，1981 年在其《商品价格循环手册——时间之窗》一书中提出了以时间轴为重点分析对象的循环理论。

春天播种，夏天作物在成长，而秋天是我们最高兴的时候，是收获的季节，冬天我们就应该歇息了，等明年春天再努力。所以受到收成的影响，常在一些月份出现一定的循环的高点或者低点。

（2）长期周期。长期周期为平均周期超过一年的循环周期。这样的长期周期在汇市中也表现得比比皆是。在上面的道氏理论里，也提出了时间周期的概念，可以参照，因为这两个理论是相互印证的。

（3）中期周期。中期周期常常以月为计算周期，一般是 6 个月到一年。

（4）短期周期。短期周期以天数为计算周期，平均期限不超过 3 个月，我们在操作中进场观察的日线图，就是这样的周期。

（5）对称周期。还有一种分类就是用周期形状来分类，对称周期的每个循环周期的相距的时间周期基本一致。

（6）不规则周期。不规则周期每个循环周期相距的时间不同，并非同一个时间长度。

4. 循环周期的特征

（1）循环周期的重复出现不会和上一个周期完全相同，但是有时会倾向于集中在一定的时间长度内。

（2）长短周期差不多重复出现的次数越多，表示这个循环周期的预测的可靠性越高。

（3）长期周期可以分成几个低一级的短期周期，如在波浪理论中，大浪中有小浪，浪中套浪，就需要时间来做仔细的观察和计算。

（4）同类的商品期货会有相同的周期长度。我们在观察一个货币汇价的变化时，可以测量明显的低点和低点之间发生的时间，如果时间有一些差异，可以取平均数。

二、循环周期中的买卖信号

时间之窗为投资人把握股价波动中的低点及高点提供了一把时间尺子。该理论告诫投资人，在时间之窗内如果出现以下四种信号中的一个即可入市买卖。

1. 突破信号

突破信号就是图形上的阻力线、支撑线、趋势线或颈线被突破时的情形。当股价由下向上突破向右下方倾斜的阻力线时循环低点确立，可以买入。股价连续突破的阻力线越多，上升趋势持续时间越长。当股价由上向下突破向右上方倾斜的支撑线时循环高点确立，应该卖出。股价连续突破的支撑线越多，下降趋势持续时间越长。

2. 转向信号

转向信号共有四种，即按方向分为向上转向和向下转向两种，按信号强烈程度分为普通转向和特殊转向两种。①向上普通转向信号：当日最低价低于前一日最低价，同时当日收盘价高于前一日收盘价，属买入信号；②向上特殊转向信号：当日最低价低于前一日最低价并且当日最高价高于前一日最高价（即当日 K 线包容前一日），同时当日收盘价高于前一日收盘价，属较强买入信号；③向下普通转向信号：当日最高价高于前一日最高价，同时当日收盘价低于前一日收盘价，属卖出信号；④向下特殊转向信号：当日最低价低于前一日最低价并且当日最高价高于前一日最高价（即当日 K 线包容前一日），同时当日收盘价低于前一日收盘价，属较强卖出信号。

3. 收盘价高低换位信号

如果将当日 K 线全长定义为当日波幅，则当日最高价与当日收盘价之差不大于当日波幅的10%，即接近最高价收盘，称为高收。当日收盘价与当日最低价之差不大于当日波幅的10%，即接近最低价收盘，称为低收。如果某日收盘价低收，后一日收盘价高收，构成由低到高的转势特征，是买入信号。如果某日收盘价高收，后一日收盘价低收，构成由高到低的转势特征，是卖出信号。

4. 三高三低信号

如果当日收盘价高于相邻的前三个交易日的收盘价是三高买入信号；如果当日收盘价低于相邻的前三个交易日的收盘价是三低卖出信号。

伯恩斯坦在其循环理论中强调了设置止损点的重要性，并指出对上述第一种信号，参考出现突破信号当日及上两交易日的收盘价，买入后将止损卖出点设定在最低的那个收盘价上；对第 2、3、4 种信号，则可将止损点定在出现信号的那个交易日的最低价上。

三、循环周期理论实战应用注意事项

循环周期理论可以说是证券市场中分析时间因素的最重要、最有价值的理论工具。但在实际应用过程当中，还应注意以下几点。

第一，循环周期要计算准确。这是进行正确分析的基础。要求能准确找出“明显低（高）点”，方法可以按趋势级别寻找，同时还需要积累的实战经验的配合。

第二，要坚定不移地坚持在循环低点窗口只准备买入，循环高点窗口只准备卖出，不能因为其他因素的影响而怀疑周期。

第三，在时间窗口内出现了所等待的买卖信号后应当机立断立刻操作，而不要优柔寡断延误战机。但信号不明显时不要盲动以防有变。

第四，循环周期理论研究对象主要是时间因素，所以不能保证循环低点出现后的上涨和循环高点出现后的下跌幅度。这也是该理论的一点不足。为弥补这一缺陷，在按循环周期进行买卖操作时应防范指标误导。当低点出现后涨幅不大就转向继续下跌或高点出现后跌幅不深就转而继续上涨时，应立即进行止损操作。可以利用伯恩斯坦提出的四种买卖信号设立止损操作价位，也可综合选用多种分析手段和理论工具确定买卖信号，以提高判断的准确性。因为在各种理论分析的买卖信号中，出现同向买卖信号的指标越多则该信号越可靠。

第五，对于确立时间窗口的 ± 15%区间，只是理论上概率较大的数值范围。它并非精确包括了所有循环低（高）点的客观标准，而是人为规定的包括了多数循环低（高）点的主观标准，从概率上讲是正确的，但实战时却不能教条，因为永远存在例外，只是不会偏离过远，并且多数个股周期与指数同步。

本章小结

本章主要介绍了三种证券市场上比较著名的技术分析理论，即道氏理论、波浪理论和循环周期理论。道氏理论认为：市场价格指数能够解释和反映市场的大部分行为；在任何时刻上证券市场都存在三种互相协调的趋势，即主要趋势、次要趋势和短暂趋势；关注成交量的变化有助于确定趋势的变化；收盘价最为重要。波浪理论认为证券价格的上下波动是按照某个规律周而复始地进行的。基本周期呈现 8 浪结构，由主浪和调整浪组成，且浪中有浪。主浪与调整浪各有特点，变化形态多样。各浪之间的比例关系与神秘的弗波纳奇数列有着密切关系。波浪理论有四条不可违背的数浪法则，即：第 4 浪不能与第 1 浪重叠；第 3 浪绝不能最短；交替规则以及高级别的第 4 浪高（低）于第 3 浪中的低级别的第 4 浪。循环周期理论也认为股市中存在涨跌交替的循环周期规律，股价波动时间一旦进入了“时间之窗”，就可能已经临近转折点。在时间之窗内如果出现以下四种信号中的一个即可入市买卖，即：突破、转向、收盘价高低换位或三高三低。

复习思考题

一、名词解释

时间之窗　主浪　调整浪　转向　收盘价高低换位　三高三低

二、思考题

1. 道氏理论的四个重大贡献是什么？它又存在哪些缺陷？
2. 请画出波浪理论的基本 8 浪结构图，并简要解释。
3. 波浪理论关注的三个要素是什么？
4. 简述主浪与调整浪各自的特性及其形态变化。
5. 简述波浪理论的数浪法则。
6. 简述波浪长度之间的比例关系。
7. 进行循环周期时间统计时应遵循哪些原则与方法？
8. 循环周期具备哪些特征？
9. 依据循环周期理论，哪些情况出现即可视作出现了买卖信号？

三、推荐阅读与思考

请上网浏览：“试用波浪理论分析：A 股离新一轮牛市还有多远”，http://www.sina.com.cn，2008 年 11 月 7 日 16:42，新浪财经。学习波浪理论的实战应用案例，并结合现时股市走势应用波浪理论继续进行大势的研判。

第十一章

证券组合管理理论

【学习目标】

通过本章的学习，掌握证券组合管理的概念和意义，掌握证券组合的期望收益率和标准差的计算，了解风险厌恶和无差异曲线的概念，掌握证券组合有效集和投资者最佳投资组合的基本原理。掌握资本资产定价模型和套利定价理论的基本原理，了解这两个模型的应用。掌握证券组合业绩评价的三个指数，了解债券组合管理的原理。

【关键概念】 证券组合　有效集　资本资产定价模型　套利定价理论　系统性风险　久期　凸度

第一节　证券组合管理理论概述

证券组合管理理论最早由美国著名经济学家哈里·马科维茨于1952年提出。此后，经济学家们一直在利用数量化方法不断完善和丰富组合管理的理论和实际投资管理方法，并使之成为投资学中的主流理论之一。

一、证券组合的含义和类型

投资学中的组合一词译自于英文的 portfolio。portfolio 源于拉丁语中的 portafoglio，后者由 portare 和 foglio 两部分派生而成。在现代英语词典中，portfolio 的首义仍然是纸夹、公文包。投资学中的组合一词通常是指个人或机构投资者所拥有的各种资产的总称。特别地，证券组合是指个人或机构投资者所持有的各种有价证券的总称，通常包括各种类型的债券、股票及存款单等。

证券组合按照不同的投资目标一般可以分为避税型、收入型、增长型、收入和增长混合型、货币市场型、国际型和指数化型等。

（1）避税型证券组合通常投资于市政债券，这种债券免交联邦税，也常常免交州和地方税。

（2）收入型证券组合追求基本收益（即利息、股息收益）的最大化。能够带来基本收益的证券主要有附息债券、蓝筹股票、优先股及一些避税债券。

（3）增长型证券组合以资本升值（即未来价格上升带来的价差收益）为目标。投资于此类证券组合的投资者往往愿意通过延迟获得基本收益来求得未来收益的增长。这类投资者会购买很少分红的普通股，投资风险较大。

（4）收入和增长混合型证券组合试图在基本收入与资本增长之间达到某种均衡，因此也称为均衡组合。二者的均衡可以通过两种组合方式获得：一种是使组合中的收入型证券和增长型证券达到均衡；另一种是选择那些既能带来收益，又具有增长潜力的证券进行组合。

（5）货币市场型证券组合是由各种货币市场工具构成的，如国库券、高信用等级的商业票据等，安全性很高。

（6）国际型证券组合投资于海外不同国家，是组合管理的时代潮流。实证研究结果表明，这种证券组合的业绩总体上强于只在本土投资的组合。

（7）指数化型证券组合跟踪某种市场指数。信奉有效市场理论的机构投资者通常会倾向于这种组合，以求获得市场平均的收益水平。根据跟踪指数的不同，指数化型证券组合可以分为两类：一类是跟踪内涵广大的市场指数，这属于常见的被动投资管理；另一类是跟踪某种专业化的指数，如道·琼斯公共事业指数，这种组合不属于被动管理之列。

二、证券组合管理的意义和特点

（一）证券组合管理的意义

1. 降低风险

构建证券组合为什么可以降低证券投资风险呢？人们常常会用篮子装鸡蛋的例子来说明。如果我们把鸡蛋放在同一只篮子里，万一这个篮子不小心掉在地上，所有的鸡蛋就都可能被摔碎。如果我们把鸡蛋分放在不同的篮子里，一个篮子掉了，不会影响到其他篮子里的鸡蛋。同样，我们进行证券投资，如果将所有资金都投资于某一只股票，一旦事先的分析错误，或者发生了对该股票不利的意外事件，该项投资就会遭受较大的损失。如果进行组合投资，随着持有证券个数的增加，由这种意外事件导致的单个证券的个别风险对整个组合的影响降低，证券组合的总风险是降低的。

2. 减少投资的盲目性

对于普通投资者来说，证券投资价值分析和投资时机的选择不是一件容易的事情，许多投资者都会遇到想投资而不知如何投资的问题，组合投资可以解决投资者的这一困惑。通过组合投资，投资者选择多种证券作为投资对象，在保证预定收益的前提下使投资风险最小或在控制风险的前提下使投资收益最大化，避免了投资过程的随意性。

（二）证券组合管理的特点

证券组合管理的特点主要表现在以下两个方面。

1. 投资的分散性

证券组合理论认为，证券组合的风险随着组合所包含证券数量的增加而减低，尤其是证券间关联性较低的多元化证券组合可以有效地降低非系统性风险，使证券组合的投资风险趋向于市场平均水平。

2. 风险与收益的匹配性

证券组合理论认为，投资收益是对承担风险的补偿。承担风险越大，收益越高；承担风险越小，收益越低。因此，组合管理强调投资的收益目标与风险的承受能力相适应。

三、证券组合管理的方法和步骤

（一）证券组合管理的方法

根据组合管理者对市场效率的看法，其采用的管理方法大致可以分为被动管理和主动管理两种类型。

所谓被动管理方法，是指长期稳定持有跟踪市场指数的证券组合以获得市场平均收益的管理方法。采用此方法的管理者认为，证券市场是有效率的市场，投资者都是理性的，市场上不存在系统性的错误定价机会。当市场上出现错误定价的机会时，套利机制将很快使错误定价的机会消失。因此，任何企图预测市场行情或挖掘定价错误证券，并借此频繁调整持有证券的行为都无助于提高投资的期望收益，而只会浪费大量的经纪佣金和精力。

所谓主动管理方法，是指经常预测市场行情或寻找定价错误证券，并借此频繁调整证券组合以获得尽可能高的收益的管理方法。采用此方法的管理者认为，市场不总是有效的，由于投资者的非理性，市场上会出现系统性的错误定价的机会，通过加工和分析某些信息可以预测市场行情趋势和发现定价过高或过低的证券，进而对买卖证券的时机和种类做出选择，以实现尽可能高的收益。

（二）证券组合管理的步骤

组合管理的目标是在控制风险的前提下实现投资收益的最大化，也就是使组合的风险和收益能够给投资者带来最大满足。具体而言，就是使投资者在获得一定期望收益水平的同时，承担最低的风险；或在投资者可接受的风险水平之内，使其获得最大的期望收益。实现这种目标需要科学有效的组合管理过程，具体来说，证券组合管理过程通常包括以下几个基本步骤。

1. 确定证券投资政策

证券投资政策是投资者为实现投资目标而遵循的基本方针和基本准则，包括确定投资目标、投资规模和投资对象三方面的内容以及应采取的投资策略和措施等。投资目标是指投资者在承担一定风险的前提下，期望获得的投资收益率。在证券市场上，风险和收益之间具有均衡关系，一般来说，收益越高，风险也就越高。因此，投资目标的确定应包括风险和收益两项内容。投资规模是指用于证券投资的资金数量，要根据投资者的资产状况和风险承受能力综合考虑。投资对象是指证券组合管理者准备投资的证券品种，要根据投资者的风险偏好、资产规模、投资目标来确定。确定证券投资政策是证券组合管理的第一步，它反映了证券组合管理者的投资风格。

2. 进行证券投资分析

证券投资分析是证券组合管理的第二步，是指对证券组合管理第一步所确定的金融资产类型中个别证券或证券组合的具体特征进行的考察分析。证券分析的目的，一方面是研究证券的价格形成机制和影响证券价格波动的诸因素，发现市场的投资机会；另一方面是根据证券估值原理判断证券的内在价值，发现错误定价的证券。

3. 组建证券组合

组建证券组合是证券组合管理的第三步，主要是确定具体的证券投资品种和在各证券上的投资比例。在构建证券投资组合时，投资者需要注意个别证券选择、投资时机选择和多元化三个问题。个别证券选择主要是根据证券投资价值分析来选择值得投资的证券；投资时机选择则是根据对证券市场和具体证券未来价格走势的预测，寻找最佳投资时机；多元化则是指在一定的现实条件下，组建一个包含多个证券的投资组合。

4. 证券组合的修正

证券组合的修正作为证券组合管理的第四步，实际上是对前三步过程的反馈和改进。随着时间的推移，某些证券的投资价值发生变化，或证券市场总体走势发生逆转，或者是投资者改变了对风险和回报的态度，过去构建的证券组合对投资者来说，可能已经不再是最优组合了。作为这种变化的一种反映，投资者可能会对现有的组合进行必要的调整，以确定一个新的最佳组合。任何调整都将支付一定的交易成本，如印花税和手续费，因此证券组合的调整应限制在一定范围内。

5. 证券组合业绩评估

证券组合管理的第五步是通过定期对证券组合进行业绩评估，来评价投资的表现。证券组合业绩评估既是对投资业绩的总结，也是改进投资策略和投资操作的新起点。说得更具体一点，可以把它看成证券组合管理过程中的一种反馈与控制机制。由于投资者在投资过程中获得收益的同时，还将承担相应的风险，获得较高收益可能是建立在承担较高风险的基础之上，因此，在对证券投资组合业绩进行评估时，要对组合的收益和承担的风险综合考虑。

专栏 11.1　现代证券组合理论体系的形成和发展

1952 年，哈里·马科维茨发表了一篇题为《证券组合选择》的论文。这篇著名的论文标志着现代证券组合理论的开端，是现代金融学理论发端的里程碑。马科维茨考虑的问题是一个单期投资问题：投资者在期初用一笔自有资金购买一组证券并持有到期末，投资者出售他在期初购买的证券并将收入用于消费或再投资。马科维茨运用二次规划方法推导出了包含若干个风险证券的投资组合前沿曲线和数学表达式，建立了现代投资组合理论的基本模型。

在马科维茨投资组合理论的基础上，现代证券投资组合理论沿着以下三个方向发展，使自身的理论体系不断得到丰富和完善。

1. 现代证券组合理论沿着实用化方向的发展

1963 年威廉·夏普发表了《对于“证券组合”分析的简化模型》一文，提出简化证券组合分析的单指数模型和多指数模型，使现代证券组合理论的使用效率大大提高。夏普认为，只要投资者知道每种股票的年收益与市场年收益之间的关系，就可以得到与马科维茨复杂模型相似的结果，夏普利用回归方程式来表示这种关系。

2. 现代证券组合理论沿着资本资产定价方向发展

资本资产定价问题最初由美国三位经济学家威廉·夏普、约翰·林特纳和简·默森在各自研究的基础上提出，并发展成为资本资产定价模型，它是在马科维茨的证券组合理论基础上对资产均衡定价问题的扩展。马科维茨的证券组合理论表明，投资者应该从自身的偏好出发，在投资组合的前沿曲线上选择其最佳的投资组合。

资本资产定价模型在马科维茨的证券组合理论基础上，进一步提出了一个极具现实意义的问题，即如果资本市场上的投资者都在相同的投资组合前沿上进行投资决策，那么各种资产的收益与其风险之间是什么关系。资本资产定价模型最终用资本市场线和证券市场线建立了证券和证券组合的风险收益均衡关系。

3. 现代证券组合理论沿着套利定价方向发展

套利定价理论是由美国经济学家斯蒂芬·罗斯于 1976 年提出的，它从一个更广泛的角度来研究和说明风险资产的均衡定价问题。套利定价理论和资本资产定价模型都是建立在市场有效性假设基础上的均衡定价模型，但套利定价理论假定收益是由一个因素模型所产生，并以无套利均衡来描述市场均衡，它不像资本资产定价模型那样假设投资者依据期望收益率和标准差来构造组合，它仅仅要求投资者是永不满足和风险厌恶的。

相比较而言，套利定价理论比资本资产定价模型在内涵和实用性上更具广泛意义，但由于套利定价理论没有界定具体的因素模型形式，它在理论的严密性上相对不足。

第二节　证券组合分析

马科维茨的投资组合理论假设投资者是按照期望收益率和收益率的标准差来选择投资组合，期望收益率作为衡量收益水平的代理指标，收益率的标准差作为衡量收益风险的代理指标。我们下面就先介绍证券和证券组合的期望收益率和收益率的标准差。

一、单个证券的期望收益率和收益率的标准差

证券的期望收益率和收益率的标准差，可以根据历史数据进行估计，也可以根据预期的数据进行计算。

（一）用历史数据估计单个证券的期望收益率和收益率的标准差

我们用单个证券历史收益率的平均值，即平均收益率作为期望收益率的估计值。

1. 单个证券的平均收益率

计算证券的平均收益率，我们首先要计算各个持有期间的持有期收益率。投资的期间收益包括两部分：第一部分是由于证券的价格变化所带来的资本利得；第二部分是持有期间获得的现金收入，如红利、债券利息等。假设 A 股票 2012 年 12 月 31 日和 2011 年 12 月 31 日的价格分别是 35 元和 30 元，这一年中 A 公司发放的红利为每股 1 元，则 2012 年 A 股票的收益率为

$$R_{2012}=\frac{(P_{2012}-P_{2011})+D_{2011}}{P_{2011}}=\frac{(35-30)+1}{30}=0.2$$

其中，R 为投资收益率，P 为股票价格，D 为红利收入。所以，A 股票在 2012 年的持有期收益率为 20%。

从这个例子可以看出，股票的收益率等于投资期间股票价格的变化与红利收入之和再除以期初的股票价格。同样道理，债券的收益率等于债券价格的变化与债券利息之和除以期初的债券价格。总之，对于第 i 种资产，在第 t 期的投资收益率为

$$R_{it}=\frac{(P_{it}-P_{i,t-1})+D_{it}}{P_{i,t-1}} \tag{11.1}$$

在计算了证券在单个期间的收益率之后，接下来就要计算在所考察期间的平均收益率。平均收益率的计算可以采用算术平均数法，也可以采用几何平均数法。如果采用算术平均数法计

算第 i 个证券在 T 个期间的平均收益率，计算公式为

$$\bar{R}_i = \frac{1}{T}(R_{i1} + R_{i2} + \cdots + R_{iT}) = \frac{1}{T}\sum_{t=1}^{T} R_{it} \tag{11.2}$$

如果用几何平均数法计算证券 i 的平均收益率，计算公式为

$$\bar{R}_i = \left[(1+R_{i1})(1+R_{i2})\cdots(1+R_{iT})\right]^{1/T} - 1 \tag{11.3}$$

采用几何平均数法算出来的收益率要比算术平均数法算出来的数要小。一般我们采用算术平均数法来计算平均收益率。

2. 单个证券收益率的标准差

在金融学中，习惯上是把风险定义成收益的波动性，用收益率的标准差来衡量风险的大小。如果根据式（11.1）计算了资产 i 在各个期间的收益率数值后，收益率的方差和标准差的计算方法为

$$\sigma_i^2 = \frac{1}{T-1}\sum_{t=1}^{T}(R_{it} - \bar{R}_i)^2 \tag{11.4}$$

$$\sigma_i = \sqrt{\sigma_i^2} = \sqrt{\frac{1}{T-1}\sum_{t=1}^{T}(R_{it} - \bar{R}_i)^2} \tag{11.5}$$

式中，平均收益率 $\bar{R}_i$ 由式（11.2）计算得到。

【例 11.1】 已知两种股票 2007—2012 年的年收益率数值如表 11.1 所示，计算这两只股票的平均收益率和收益率的标准差。

表 11.1　股票 A 和股票 B 的平均收益率和收益率的标准差计算

	股票 A		股票 B	
	R_{it}(%)	$(R_{it}-\bar{R}_i)^2$	R_{it}(%)	$(R_{it}-\bar{R}_i)^2$
2007 年	7	4	8	36
2008 年	8	9	4	4
2009 年	−4	81	−3	25
2010 年	22	289	−2	16
2011 年	8	9	14	144
2012 年	−11	256	−9	121
求和	30	648	12	346
平均收益率(%)	5		2	
方差（%²）		129.6		69.2
标准差（%）		11.38		8.32

（二）用预期的数据计算单个证券的期望收益率和收益率的标准差

如果投资者预期未来可能出现几种状态，并估计出每种状态下证券的收益率，则可以利用这些预期的数据计算期望收益率和收益率的标准差。例如，某投资者预计某公司所在行业的发展和股市走势有以下四种可能：行业发展缓慢且市场出现熊市；行业发展缓慢但市场出现牛市；行业发展良好但市场出现熊市；行业发展良好且市场出现牛市。四种可能的状态发生的概率分别是 0.20、0.25、0.30、0.25。然后，根据行业的发展状况和市场走势，估计出股票 A 在每种状态下的收益率，结果见表 11.2。

表 11.2　用预期数据计算期望收益率和收益率的标准差

可能的状态	概率 π_s	R_{As}(%)	$\pi_s\,[R_{As}-E(R_A)]^2$
行业发展缓慢且出现熊市	0.2	20	180
行业发展缓慢但出现牛市	0.25	14	4
行业发展良好但出现熊市	0.3	10	0
行业发展良好且出现牛市	0.25	30	100
期望收益率［$E(R_A)$，%］		10	
方差（%²）			284
标准差（%）			16.85

用预期数据计算资产的期望收益率，计算公式为

$$E(R_i) = \sum_{s=1}^{m} R_{is}\pi_s \tag{11.6}$$

式中，R_{is} 是资产 i 在第 s 个状态下的收益率；π_s 是第 s 个状态发生的概率。可见，期望收益率是以概率为权数的加权平均数。

证券收益率的方差和标准差的计算公式为

$$\sigma_i^2=\sum_{s=1}^{m}\pi_s[R_{is}-E(R_i)]^2 \tag{11.7}$$

$$\sigma_i=\sqrt{\sigma_i^2}=\sqrt{\sum_{s=1}^{m}\pi_s[R_{is}-E(R_i)]^2} \tag{11.8}$$

证券 A 的期望收益率和方差、标准差计算如表 11.2 所示。

二、证券组合的期望收益率和收益率的标准差

1. 证券组合的期望收益率

设某投资者持有由 A、B、C 三种证券构成的证券组合，每种证券的数量及价格如表 11.3 所示。因此，该组合的期望收益率为

$$\frac{12\,500}{10\,000}-1=25\%$$

上述组合的期望收益率也可以由表 11.4 的计算过程来计算。其中，证券的投资权重等于该证券的期初市值除以组合的期初总市值，证券对组合的期望收益率的贡献等于该证券的投资权重乘以该证券的期望收益率。可见，投资组合的期望收益率等于单个证券的期望收益率的加权平均，权重就是该证券在组合中资产比例。即

$$E(R_{\mathrm{P}})=\sum_{i=1}^{n}w_i\cdot E(R_i) \tag{11.9}$$

表 11.3　资产组合的构成

证券	数量（股）	期初价格（元）	期初总市值（元）	期末期望价格（元）	期末总市值（元）
A	100	20	2 000	25	2 500
B	200	15	3 000	18	3 600
C	200	25	5 000	32	6 400
合计			10 000		12 500

表 11.4　资产组合的期望收益率计算

证券	期初总市值（元）	投资权重	期初价格（元）	期末期望价格（元）	期望收益率（%）	对组合的期望收益率的贡献（%）
A	2 000	0.2	20	25	25	5
B	3 000	0.3	15	18	20	6
C	5 000	0.5	25	32	28	14
合计	10 000					25

2. 证券组合收益率的标准差

证券组合的期望收益率等于证券组合中各项资产的期望收益率的加权平均，但证券组合收益率的标准差并不等于组合中的各项资产标准差的加权平均。

我们首先看一个例子。例如有以下三个证券，它们在三种可能的状态下的收益率以及期望收益率和收益率的标准差如表 11.5 所示。

我们分析以下三个组合：组合（1）是由证券 A 和证券 B 按等权重构成的组合；组合（2）是由证券 B 和证券 C 按等权重构成的组合；组合（3）是由证券 A 和证券 C 构成的等权重组合。这三个组合在三个状态下的收益率及它们的期望收益率和方差、标准差如表 11.6 所示。

表 11.5　三个证券的期望收益率和收益率的标准差

状　　态	概率	证券 A	证券 B	证券 C
S_1	0.2	−5	0	15
S_2	0.5	15	15	10
S_3	0.3	15	5	0
期望收益率（%）		11	9	8
方差（$\%^2$）		64	39	31
标准差（%）		8	6.24	5.57

表 11.6　三个等权重组合的期望收益率和收益率的标准差

状　　态	概率	组合（1）	组合（2）	组合（3）
S_1	0.2	−2.5	7.5	5
S_2	0.5	15	12.5	12.5
S_3	0.3	10	2.5	7.5
期望收益率（%）		10	8.5	9.5
方差（$\%^2$）		43.75	19	9.75
标准差（%）		6.61	4.36	3.12

分析这三个组合可以看出，对于这三个组合，组合的标准差都小于构成组合的两个证券的标准差的加权平均数。例如，证券 A 的标准差为 8，证券 B 的标准差为 6.24，它们的加权平均数为 7.12，而组合 1 的标准差仅为 6.61，可见，在构成投资组合的过程中收益率的波动性变小了。直观地考虑，如果两个证券的价格变动方向相反，在构成投资组合时它们的波动就会相互抵消，投资组合的波动性就会变小。因此，在分析资产组合的收益率变化时需要考虑证券之间的相关性。

描述证券收益率相关性的两个重要指标是协方差和相关系数，根据预期的数据计算协方差的公式为

$$\begin{aligned}\mathrm{cov}(R_i,R_j) &= E\left\{[R_i - E(R_i)][R_j - E(R_j)]\right\} \\ &= \sum_{s=1}^{n}\pi_s[R_{is} - E(R_i)]\cdot[R_{js} - E(R_j)]\end{aligned} \tag{11.10}$$

相关系数与协方差的关系为

$$\rho_{ij} = \frac{\mathrm{cov}(R_i,R_j)}{\sigma_i\sigma_j} \tag{11.11}$$

协方差和相关系数描述了证券收益率变动的相关性。如果两个证券价格的变动方向相同，则它们的协方差就会较大，相关系数大于 0；反之，如果两个证券价格的变动方向相反，则它们的协方差就会为负，相关系数小于 0；如果两个证券价格的变动完全不相关，则它们的协方差和相关系数就会等于 0。

一个资产组合的方差为

$$\begin{aligned}\sigma_{\mathrm{P}}^2 = E\left\{[R_{\mathrm{P}} - E(R_{\mathrm{P}})]^2\right\} &= E\left\{\left[\sum_{i=1}^{n} w_i[R_i - E(R_i)]\right]^2\right\} \\ &= \sum_{i=1}^{n}\sum_{j=1}^{n} w_i w_j\,\mathrm{cov}(R_i,R_j)\end{aligned} \tag{11.12}$$

写成相关系数的形式为

$$\sigma_{\mathrm{P}}^2 = \sum_{i=1}^{n}\sum_{j=1}^{n} w_i w_j \sigma_i \sigma_j \rho_{ij} \tag{11.13}$$

从式（11.12）和式（11.13）中可以看出，如果构成证券组合的证券之间的协方差比较小，甚至出现负值，由它们构成的证券组合的方差就会比较小。

利用式（11.10）和式（11.11）可以计算证券 A、证券 B 和证券 C 之间的协方差和相关系

数，计算结果见表 11.7。

利用协方差数据分别计算三个组合的方差：

$$\sigma_{P1}^2 = 0.5^2 \times (64 + 39 + 2 \times 36) \times 0.0001 = 0.004375$$

$$\sigma_{P2}^2 = 0.5^2 \times (39 + 31 + 2 \times 3) \times 0.0001 = 0.0019$$

$$\sigma_{P3}^2 = 0.5^2 \times [64 + 31 + 2 \times (-28)] \times 0.0001 = 0.000975$$

表 11.7 三种证券的协方差和相关系数

	协方差（%²）	相关系数
A 与 B	36	0.721
B 与 C	3	0.086
A 与 C	−28	−0.628

可见，在这三个证券中，证券 A 和证券 C 的相关系数最小，为−0.628，协方差为−0.002 8，这两个证券的收益率负相关，所以由 A 和 C 构成的等权重资产组合的方差最小，只有 0.000 975；证券 B 和证券 C 的相关系数为 0.086，协方差为 0.000 3，它们之间几乎是不相关的，由这两个证券构成的等权重组合的方差为 0.001 9；证券 A 和证券 B 的相关系数为 0.721，协方差为 0.003 6，这两个证券之间的正相关性最强，所以由它们构成的等权重组合的方差最大。可见，在构造证券组合时，证券之间的协方差和相关系数越低，构造的证券组合的方差就会越小。

两个证券的协方差和相关系数也可以根据历史数据来计算，由历史的数据计算协方差的公式为

$$\text{cov}(R_i, R_j) = \frac{1}{T-1}\sum_{t=1}^{T}(R_{it} - \bar{R}_i)(R_{jt} - \bar{R}_j) \tag{11.14}$$

根据历史数据计算出证券之间的协方差，也可以由式（11.10）计算历史的相关系数。

【例 11.2】 某投资者决定将他的资金投资于无风险资产和风险证券 A，证券 A 的期望收益率为 10%，收益率的标准差为 15%，无风险利率为 4%。

（1）分析由无风险资产和证券 A 构成的证券组合的期望收益率与标准差的关系，并在 $E(R)-\sigma$ 坐标图上画出来。

（2）如果该投资者希望证券组合的期望收益率为 9%，他的投资组合应该如何构造？如果他希望证券组合的标准差为 20%，投资组合应该如何构造？

解：

（1）设投资于风险证券 A 的比例为 w_A，投资于无风险资产的比例为 $1-w_A$，则投资组合的期望收益率为

$$E(R_P) = R_f \times (1 - w_A) + E(R_A) \times w_A = R_f + [E(R_A) - R_f] \times w_A \tag{11.15}$$

投资组合的标准差为

$$\sigma_P = \sqrt{w_A^2 \sigma_A^2} = w_A \sigma_A \tag{11.16}$$

由于无风险资产的收益率为常数，无风险资产的方差以及无风险资产与任何风险资产的协方差都为 0，根据式（11.12）可得式（11.16）。在式（11.15）和式（11.16）中消掉 w_A，可得

$$E(R_P) = R_f + \frac{\sigma_P}{\sigma_A}[E(R_A) - R_f] \tag{11.17}$$

$$= 4\% + \frac{10\% - 4\%}{15\%}\sigma_P = 4\% + 0.4\sigma_P$$

据上式可画出图 11.1。

（2）如果该投资者希望证券组合的期望收益率为 9%，由式（11.15）：

$$w_A = \frac{E(R_P) - R_f}{E(R_A) - R_f} = \frac{9\% - 4\%}{10\% - 4\%} = 0.833$$

即投资于证券 A 的比例应为 83.3%，投资于无风险资产的比例应为 16.7%，证券组合的期望收益率为 9%。

如果投资者希望证券组合的标准差为 20%，由式（11.16）：

$$w_A = \frac{\sigma_P}{\sigma_A} = \frac{20\%}{15\%} = 1.333$$

即投资于证券 A 的比例为 133.3%，投资于无风险资产的比例为−33.3%，证券组合的标准差为 20%。

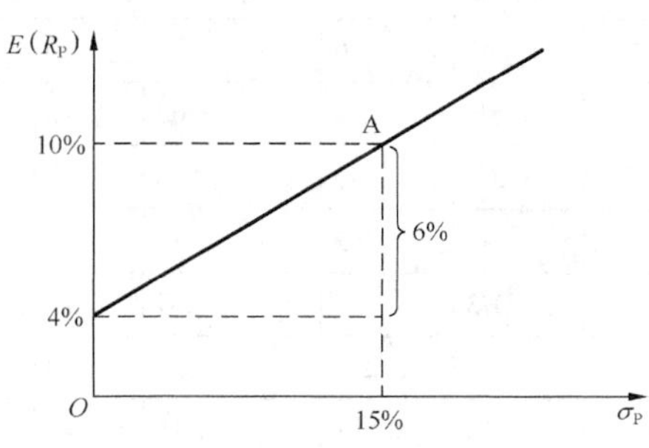

图 11.1　无风险资产与风险资产的证券组合

在图 11.1 中，证券 A 的期望收益率与无风险利率的差（6%）为证券 A 的风险溢价，直线的斜率（0.4）为投资于证券 A 的单位风险的风险溢价。由式（11.17）可以看出，由无风险资产和一个风险资产构成的证券组合的期望收益率包括两部分：无风险利率和风险溢价，其中，证券组合的风险溢价等于投资于风险资产的权重乘以该风险资产的风险溢价，也等于该组合的标准差（风险）乘以风险资产的单位风险溢价。

【例 11.3】　考虑有两种风险资产的组合，这两个资产的期望收益率和标准差如表 11.8 所示。如果这两个风险资产的收益率的相关系数为 1，0 和−1，在 $E(R)-\sigma$ 坐标图上分别画出由这两个风险资产构成的证券组合的轨迹。

表 11.8　两种资产的期望收益率和标准差　　单位：%

证券	期望收益率	标准差
A	5	20
B	15	40

解：设证券组合中 A 的投资权重为 w_A，B 的投资权重为 w_B，$w_A + w_B = 1$。

资产组合的期望收益率为

$$E(R_P) = w_A E(R_A) + w_B E(R_B)$$

资产组合的标准差为

$$\sigma_P = \sqrt{w_A^2\sigma_A^2 + w_B^2\sigma_B^2 + 2w_A w_B \sigma_A \sigma_B \rho_{AB}}$$

如果 $\rho_{AB}=1$，则资产组合的标准差为

$$\sigma_P = w_A\sigma_A + w_B\sigma_B$$

如果 $\rho_{AB}=-1$，则资产组合的标准差为

$$\sigma_P = |w_A\sigma_A - w_B\sigma_B|$$

如果 $\rho_{AB}=0$，则资产组合的标准差为

$$\sigma_P = \sqrt{w_A^2\sigma_A^2 + w_B^2\sigma_B^2}$$

分别赋予不同的权重，计算几种情况下资产组合的期望收益率和标准差，如表 11.9 所示。

由表 11.9 可画出图 11.2，从图中可以看出，如果两个风险资产的相关系数为+1，即它们的收益率完全正相关，则它们的组合在 $E(R)-\sigma$ 坐标图上是一条直线，组合的标准差等于两个风险资产的标准差的加权平均值；如果两个风险资产的相关系数为 0，即它们之间完全不相关，则它们的组合在 $E(R)-\sigma$ 坐标图上是一个凹的曲线，对于相同的投资权重，比相关系数为+1 时的标准差有所降低；如果两个风险资产的相关系数为−1，则它们的投资组合在 $E(R)-\sigma$ 坐标图上成为一条折线，在证券 A 的权重为 2/3，证券 B 的权重为 1/3 时，组合的标准差为 0，成为一个无风险资产组合。

表 11.9 不同权重组合的期望收益率和标准差

组合	证券 A 权重 w_A	证券 B 权重 w_B	期望收益率 $E(R_P)$(%)	标准差 σ_P(%)		
				$\rho=-1$	$\rho=0$	$\rho=1$
A	1	0	5	20	20	20
B	5/6	1/6	6.67	10	18.0	23.3
C	2/3	1/3	8.33	0	18.9	26.7
D	1/2	1/2	10	10	22.4	30
E	1/3	2/3	11.67	20	27.5	33.3
F	1/6	5/6	13.33	30	33.5	36.7
G	0	1	15	40	40	40

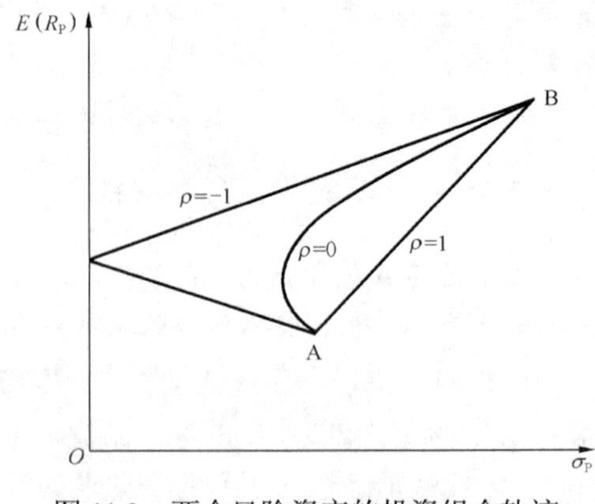

图 11.2 两个风险资产的投资组合轨迹

对比图 11.2 中的三种情况可以看出，只要两个资产的相关系数小于 1，证券组合的标准差就小于这两个证券标准差的加权平均，两个证券的部分风险在构造组合时被分散掉了。当两个证券的相关系数为−1 时，风险分散的效果最好。由于风险资产之间的相关系数一般介于−1～1之间，由两个风险资产构成的证券组合的轨迹是一条向左侧弯曲的凹的曲线，相关系数越小，曲线向左侧弯曲得越大。

三、证券组合的可行集和有效集

根据马科维茨的证券选择理论，投资者根据自已的风险收益偏好和各种证券及证券组合的风险收益特性来选择他们的投资组合。但是，现实中证券的种类繁多，这些证券还可以组成无穷多的证券组合。如果投资者对所有这些组合都进行估计，其工作量之大是难以想象的。幸运的是，根据马科维茨的有效集定理，投资者无需对所有的投资组合进行估计，只需要对其中的有效组合进行估计就可以了。有效集是可行集中的一部分，下面我们首先分析证券组合的可行集。

（一）证券组合的可行集

如果市场上有 N 种证券，可行集是由这 N 个证券所形成的所有证券组合的集合，它包括了现实生活中所有可能的证券组合。

前面已经分析过，如果有两个证券构造投资组合，假设不允许卖空，则由这两个证券构成的所有组合落在如图 11.2 所示的三角形区域中。如果这两个证券的相关系数为−1，则这两个证券构成的组合的可行集是一条经过纵轴的折线；如果这两个证券的相关系数为 1，则这两个证券组合的可行集是一条连接两个证券的直线；如果两个证券的相关系数介于−1～1 之间，则这两个证券组合的可行集是一条凹的曲线。

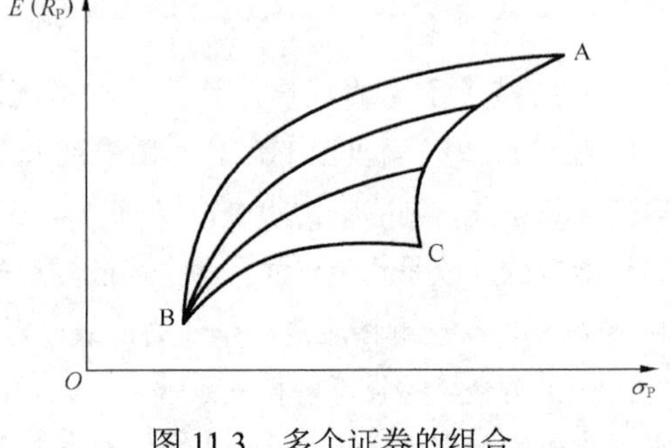

图 11.3 多个证券的组合

我们再考虑由三个证券构成的组合，如图 11.3 所示。由 A 和 C 构成的组合落在连接 A 和 C 的曲线上，再考虑由 B 和 A 与 C 的任意组合组成的新组合，这些组合落在连接B和曲线AC上某一点的曲线上，最终这些曲线形成一个如图11.3的区域。

例如，有以下三个证券，期望收益率和标准差如表11.10所示，相关系数如表11.11所示，假设不允许卖空。利用Excel产生随机数的方法，任意得到三个证券的权重，从而模拟出由三个证券构成的投资组合的可行域，如图11.4所示。

表11.10　三个证券的期望收益率和标准差

	期望收益率（%）	标准差（%）
A	6	20
B	4	10
C	8	25

表11.11　三个证券的相关系数

相关系数	A	B	C
A	1	0	−0.3
B	0	1	0
C	−0.3	0	1

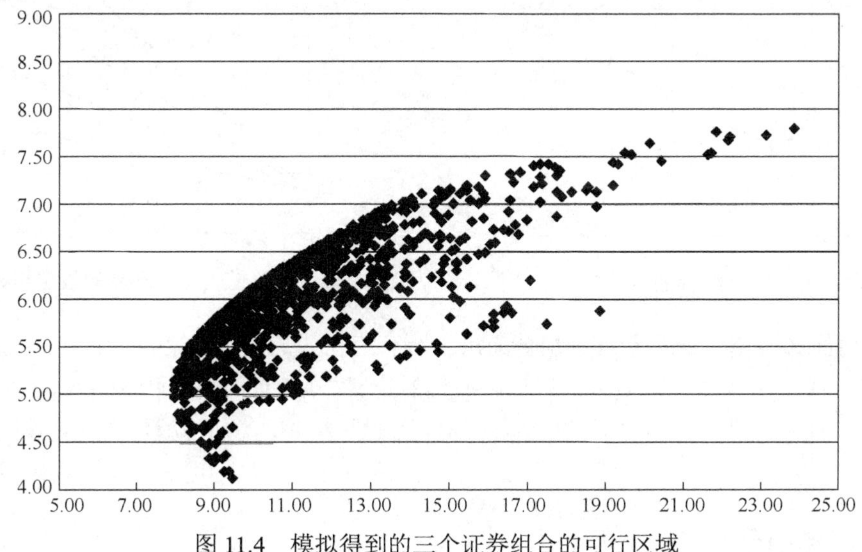

图11.4　模拟得到的三个证券组合的可行区域

（二）证券组合的有效集

1. 有效集的定义

每一个理性的投资者都是厌恶风险和永不满足的。对于相同的风险水平，他们会选择能提供最大期望收益率的组合；对于相同的期望收益率，他们会选择风险最小的组合。能同时满足上述两个条件的投资组合的集合就是有效集，又称为有效边界或投资组合前沿。处于有效边界上的组合称为有效组合。

2. 多个风险证券组合的有效集

如图11.5所示，市场上所有证券组合的可行区域是由*ESHG*围成的一个区域。先考虑有效集的第一个条件，在图11.5中，*E*点是标准差最小的点，*H*是标准差最大的点，在整个可行区域中，风险相同而提供最大期望收益率的所有组合落在连接*ESH*点的曲线上，这条曲线是整个可行区域的上边界。再考虑有效集的第二个条件，在图11.5中，*G*点是收益率最小的点，*S*是期望收益率最大的点，在整个可行区域中，收益率相同而风险最小的所有组合落在连接*GES*的曲线上，这条曲线是整个可行区域的左边界。取可行区域上边界和左边界的交集就是连接*ES*的曲线，即可行区域的左上边沿，这就是由多个风险证券构成的投资组合的有效集。

3. 引入无风险资产的投资组合有效集

根据例 11.2 的分析，如果无风险资产的借贷不受限制，由无风险资产和一个风险资产构成的组合落在连接无风险资产和风险资产的射线上。我们假设不考虑无风险资产时，由所有风险资产构成的投资组合的有效集是连接 AB 的曲线，如图 11.6 所示。再考虑由无风险资产 F 与风险证券前沿组合构成的新组合。如果由无风险资产 F 和风险证券 A 构造组合，这些组合落在射线 FA 上；如果由无风险资产 F 和风险证券 B 构造组合，这些组合落在射线 FB 上；如果由无风险资产 F 和风险组合 D 构造组合，这些组合落在射线 FD 上。

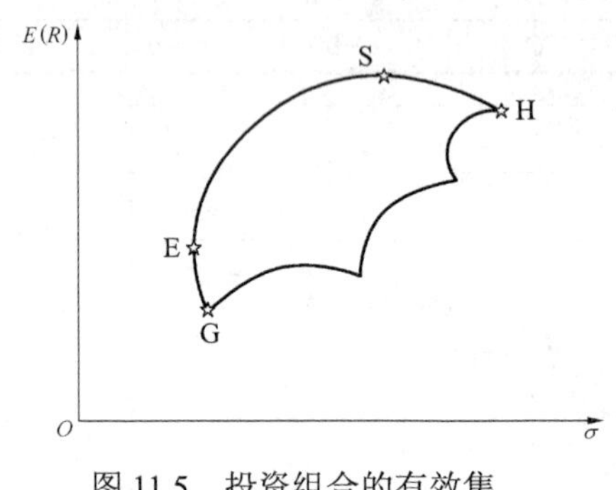

图 11.5 投资组合的有效集

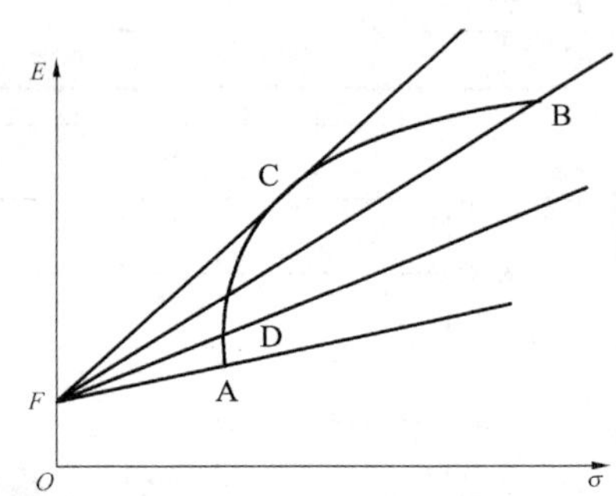

图 11.6 引入无风险资产后的投资组合有效集

因此，由无风险资产与风险证券组合前沿上所有点构成的新组合落在如图 11.6 所示的一束射线构成的区域中。在这个区域中，根据有效集的定义，所有风险相同的组合中取期望收益率最大的组合，这些组合落在过 F 向曲线所做的切线 FC 上，这条切线就是引入无风险资产后的投资组合前沿。

四、最优证券组合

投资组合理论关于投资者行为的假设主要有以下三点。

（1）投资者完全根据一段时间内投资组合的期望收益率和标准差来评价组合的优劣，以做出投资决策。

（2）投资者永不满足，当面临其他条件相同的两种选择时，投资者会选择期望收益率较大的组合。

（3）投资者风险厌恶，当面临其他条件相同的两种选择时，投资者会选择风险较小（标准差较小）的组合。

投资者的一条无差异曲线表示能够给投资者带来相同满足程度的期望收益率与风险的组合。对于风险厌恶型投资者来说，他们的无差异曲线具有以下特征。

（1）投资者的无差异曲线是正斜率的、下凸的。这是因为投资者都是不满足和风险厌恶的，如果让投资者多承担一个单位的风险，就需要更大的期望收益率作为补偿。

（2）同一投资者拥有无穷多条无差异曲线，位置越靠上的无差异曲线，所代表的投资者的满意程度越高。同一投资者的无差异曲线不能相交。

虽然假设所有的投资者都是风险厌恶的，但并没有假设其风险厌恶程度相同，因此，不同风险厌恶程度投资者的无差异曲线的斜率是有差别的，如图 11.7 所示。无差异曲线的斜率表示风险和收益之间的替代率，斜率越高，表明为了让投资者多冒同样的风险，必须给其提供更高的收益率补偿，说明投资者越厌恶风险；反之，则表明投资者的风险厌恶程度要轻些。

如图 11.8 所示，风险中性投资者的无差异曲线是水平的，因为这些投资者在承担较大风险时，并不需要风险补偿；风险偏好型投资者的无差异曲线是下凹的，因为这类投资者喜欢冒险，较大风险可以给他们带来更大的效用。

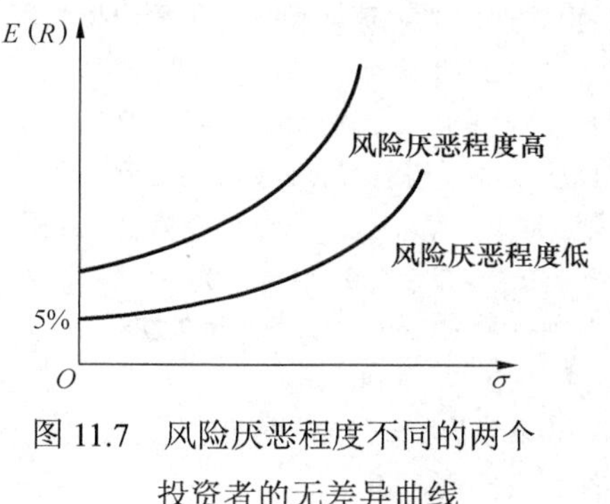

图 11.7　风险厌恶程度不同的两个投资者的无差异曲线

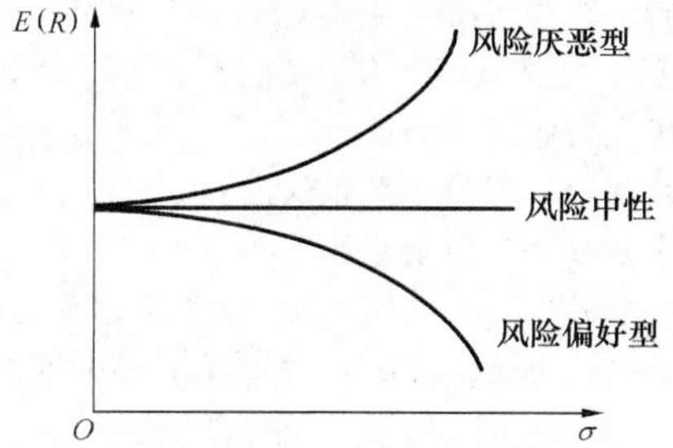

图 11.8　不同类型投资者的无差异曲线

毫无疑问，投资者的最优证券组合在投资组合的有效集上，那么有效集上的哪个点是投资者的最优证券组合呢？这个点应该是能够给投资者带来最大效用的点，即投资者的无差异曲线和投资组合有效集的切点。

如图 11.9 所示，如果不考虑无风险资产，市场上的投资组合有效集是一条向下凹的曲线。I_1, I_2, I_3 代表三条评价效用值依次降低的无差异曲线，其中无差异曲线 I_2 与投资组合前沿相切。由于 I_1 与投资组合前沿没有交点，这是投资者无法达到的效用水平，无差异曲线 I_3 在 I_2 的下方，它所提供的效用值低于 I_2。

同理，如果引入无风险资产，假设无风险资产借贷不受限制，则投资组合前沿变成过无风险资产向风险证券组合前沿所作的一条切线，投资者的最优证券组合如图 11.10 所示。

图 11.10 中的两条无差异曲线分别代表了两个风险厌恶程度不同的投资者。这两个投资者的最优证券组合都在共同的线性有效集上，都是由无风险资产和切点组合 M 按照一定的比例搭配起来的。风险厌恶程度越高的投资者，最优证券组合越靠左边，其中无风险资产的比例越高，切点组合 M 的比例越低。

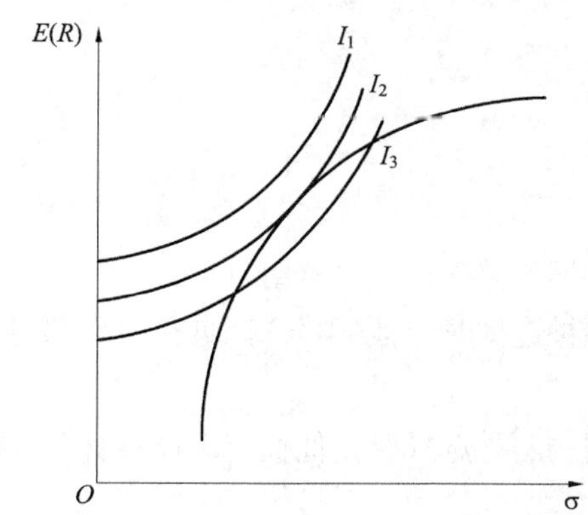

图 11.9　投资者的最佳证券组合（不考虑无风险资产）

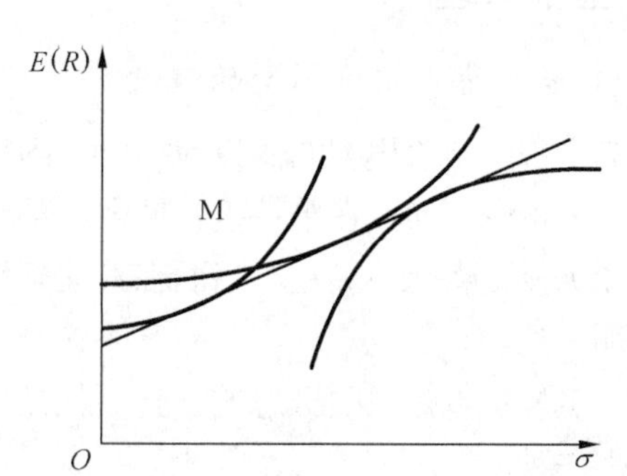

图 11.10　引入无风险资产后的最优证券组合

专栏 11.2　巴菲特的集中投资策略

巴菲特是迄今为止唯一被称为“股神”的人，这不仅仅是表达了人们对巴菲特投资成就的崇拜和景仰，更是人们对他的投资策略的高度认同。

巴菲特于 1956 年开始自己的投资生涯，集资 10.5 万美元成立巴菲特合伙公司，在 1957—1969 年的 13 年间，巴菲特取得了 30.4%的年平均收益率，而这期间道·琼斯指数的年平均收益率只有 8.6%，如果在 1956 年向巴菲特合伙公司投入 1 万美元，到 1969 年该合伙公司解散时，可以获得 30 万美元的收益。而如果这 1 万美元的投资一直交给巴菲特管理，到现在的价值将高达 2.7 亿美元！而同期的道·琼斯指数仅仅上升了大约 11 倍。在合伙公司解散后，巴菲特将他的 2 500 万美元个人资产全部投资于伯克希尔公司，他拥有该公司 31.3%的股份而成为第一大股东，巴菲特担任公司的董事长和首席执行官，自此，伯克希尔公司成为巴菲特的投资运作平台。1964—2003 年期间，伯克希尔公司的股票价格从 11 美元增加到 9.75 万美元，1964 年伯克希尔公司的净资产为 2 288 万美元，到 2002 年增长到 640 亿美元。

巴菲特的一个重要投资原则就是集中投资，在他 40 多年的投资生涯中所投资的股票只有 22 只。他在解释集中投资策略时说：“我们采取的战略与标准的多元化信条格格不入。许多权威评论员说我们的战略可能比传统投资者的更具风险。我们认为，如果投资者提升他对公司的关注程度，并且提高他对公司经营状况的满意度，然后购买他们的股票，那么集中投资策略反而会降低风险。”

他还指出，“多元化只是起到保护无知的作用，如果你想让市场对你不产生任何坏作用，你应当拥有每一种股票，这样做也没有错啊。这对于那些不知如何分析公司情况的人来说是一种完美无缺的战略。”

课堂讨论：

1. 巴菲特的集中投资策略是否可以复制，或是在统计学上看，巴菲特只是一个极小概率的偶然现象？

2. 实证研究发现，在美国，从 1977—1997 年的 20 年间，能够打败标准普尔 500 指数的积极管理型基金，从最初的 50%降到 25%左右，而在随后的两年里，有 90%的积极管理型基金的业绩低于标准普尔 500 指数。这似乎又证明被动的多元化投资（复制指数的投资策略）是最有效的。谈谈你的看法。

3. 在中国的市场环境下，巴菲特的投资策略是否适用？经典的投资组合理论又是否适用？

第三节　资本资产定价模型

一、基本原理

1. 资本资产定价模型的假设

资本资产定价模型的假设包括以下内容。

（1）投资者通过在单一投资期内的期望收益率和标准差来评价投资组合。

（2）投资者永不满足，当面临其他条件相同的两种选择时，他们将选择具有较高期望收益率的那一种。

（3）投资者是风险厌恶的，当面临其他条件相同的两种选择时，他们将选择具有较小标准差的那一种。

（4）每种资产都是无限可分的，也就是说，投资者可以买卖单位资产或组合的任意部分。

（5）投资者可按相同的无风险利率借入或贷出资金。

（6）税收和交易费用均忽略不计。

（7）所有投资者的投资期限均相同。

（8）对于所有投资者来说，无风险利率相同。

（9）对于所有投资者来说，信息都是免费的并且是立即可得的。

（10）所有投资者对于各种资产的收益率、标准差、协方差等具有相同的预期。

通过这些假设，资本资产定价模型将现实简化为一个极端的情形。每一个人拥有相同的信息，并以同一种方式来分析和处理信息，因此他们对证券的前景具有一致的看法。证券市场是完全的市场，没有任何摩擦阻碍投资。这样，我们通过考察市场上所有投资者的集体行为，可以获得证券风险与收益之间均衡关系的特征。

有了前面的十个假设，我们就可以分析投资者的证券选择将会导致什么样的结果。每一个投资者将分析证券并确定切点组合，由于所有投资者对证券的收益率、方差和协方差以及无风险利率具有相同的预期，这也就意味着他们所确定的切点组合以及由无风险资产和切点组合构成的线性有效集都是相同的。

2. 市场组合

既然所有投资者具有相同的切点组合，在市场达到均衡时，每一种证券在切点组合的构成中都具有一个非零的比例。这是因为，在每一个投资者的投资组合中，风险资产部分仅仅是对切点组合 M 的投资，每一个投资者都购买组合 M，如果市场中某证券不包含在组合 M 中，在整个市场上就没有人对它进行投资，这就意味着该证券在资本市场上是供大于求的，它的价格必然会下降，从而期望收益率上升，一直到该证券在组合 M 中的比例达到一定水平使供求平衡为止。反之，如果在组合 M 中某证券的比例过大，以致在资本市场上供不应求，其价格就会上升，从而导致期望收益率下降，一直到它在组合 M 中的比例下降到一定水平，使市场上该证券的供求达到平衡为止。

当所有风险证券的价格调整都停止时，市场就达到了一种均衡状态。首先，每一个投资者对每一种风险证券都将持有一定数量，也就是说最佳风险资产组合 M 包含了所有的风险证券；其次，每种风险证券供求平衡，此时的价格是一个均衡价格；最后，无风险利率的水平正好使得借入资金的总量等于贷出资金的总量。结果是在风险资产组合 M 中，投资于每一种风险证券的比例等于该资产的相对市值，即该风险证券的总市值在所有风险证券市值总和中所占的比例。通常我们把最佳风险资产组合 M 称为市场组合（Market Portfolio）。

3. 资本市场线

通过对切点组合 M 的分析可以知道，所有投资者的线性有效集是联结无风险资产和市场组合的一条直线，这条直线是通过将市场组合和无风险资产按一定比例搭配得到的一系列组合，无风险资产可以借入，也可以贷出。这个线性有效集就是我们通常所说的资本市场线（CML），如图 11.11 所示，其函数表达式如式（11.18）所示。其中，$E(R_M)$是市场

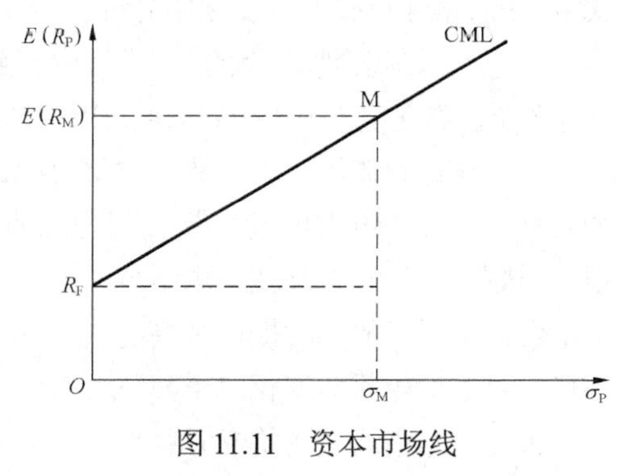

图 11.11 资本市场线

组合的期望收益率；σ_M 是市场组合收益率的标准差。$E(R_P)$ 是任一有效证券组合的期望收益率，σ_P 是有效证券组合的标准差。

$$E(R_P) = R_F + \frac{E(R_M) - R_F}{\sigma_M}\sigma_P \tag{11.18}$$

由资本市场线可以看出，均衡证券市场的特征可以由两个关键的数字来刻画：第一个是资本市场线方程的截距，即无风险利率，称为时间价格；第二个是资本市场线方程的斜率，称为单位风险的价格，表示有效证券组合收益率的标准差每增加一个单位时，期望收益率应该增加的数量。本质上，证券市场提供了一个场所，在这里，时间和风险都有价格可循，可以进行交易，他们的价格将由供需力量对比来决定。

4. 证券市场线

证券市场线（SML）代表了有效证券组合的期望收益率和标准差的均衡关系。对于构成市场组合的单个证券以及其他非有效组合，资本市场线不能体现其期望收益与风险之间的关系。为了更进一步探究均衡条件下单个证券及其组合的期望收益，我们需要进行更深入的分析。

我们首先来考察单个风险证券对市场组合的风险贡献度。市场组合 M 收益率的方差可以表示为

$$\sigma_M^2=\sum_{i=1}^{n}\sum_{j=1}^{n} w_{iM} w_{jM}\sigma_{ij} \tag{11.19}$$

式中，w_{iM} 和 w_{jM} 分别是风险证券 i 和 j 在市场组合 M 中所占的比例；σ_{ij} 为风险证券 i 和风险证券 j 的协方差。

可以将式（11.19）改写为

$$\sigma_M^2=w_{1M}\sum_{j=1}^{n} w_{jM}\sigma_{1j} + w_{2M}\sum_{j=1}^{n} w_{jM}\sigma_{2j} + \cdots + w_{nM}\sum_{j=1}^{n} w_{jM}\sigma_{nj} \tag{11.20}$$

利用协方差的性质：证券 i 与市场组合的协方差 σ_{iM} 可以表示为它与组合中每个证券协方差的加权平均，即

$$\sigma_{iM}=\sum_{j=1}^{n} w_{jM}\sigma_{ij} \tag{11.21}$$

将式（11.21）应用于式（11.20）可得

$$\sigma_M^2=w_{1M}\sigma_{1M} + w_{2M}\sigma_{2M} + \cdots + w_{nM}\sigma_{nM} \tag{11.22}$$

式中，σ_{1M} 表示证券 1 与市场组合的协方差；σ_{2M} 是证券 2 与市场组合的协方差；依次类推。

可见，市场组合收益率的方差等于构成组合的所有资产与市场组合的协方差的加权平均数，权重为各个证券在组合中所占的比重，单个证券与组合的协方差代表它对整个组合的风险贡献度。

当市场达到均衡时，必然要求组合中风险贡献度高的证券相应地提供较高的期望收益率。如果某一证券在给市场组合带来风险的同时没有提供相应的收益率，就意味着如果将该证券从组合中删除的话，将会使市场组合的期望收益率相对于其风险有所上升；如果某一证券在给市场组合带来风险的同时提供过高的收益率，就意味着如果增加该证券在组合中的比重，也会使市场组合的期望收益率相对于其风险有所上升。这样，市场组合将不再是有效投资组合。

因此，当市场达到均衡时，单个证券的期望收益率与它对市场组合的风险贡献度应该具有

以下的均衡关系

$$\frac{E(R_i)-R_F}{\sigma_{iM}}=\frac{E(R_M)-R_F}{\sigma_M^2} \tag{11.23}$$

式（11.23）可以进一步改写为

$$E(R_i)=R_F+\frac{E(R_M)-R_F}{\sigma_M^2}\sigma_{iM} \tag{11.24}$$

式（11.24）所表达的就是证券市场线，如图 11.12 所示，它反映了个别证券与市场组合的协方差与其期望收益率之间的均衡关系。

证券市场线的另一种表示方式为

$$E(R_i)=R_F+\beta_{iM}\left[E(R_M)-R_F\right] \tag{11.25}$$

式中，$\beta_{iM}=\frac{\sigma_{iM}}{\sigma_M^2}$。$\beta_{iM}$ 就是我们通常所说的贝塔系数。贝塔系数版的证券市场线形式如图 11.13 所示。

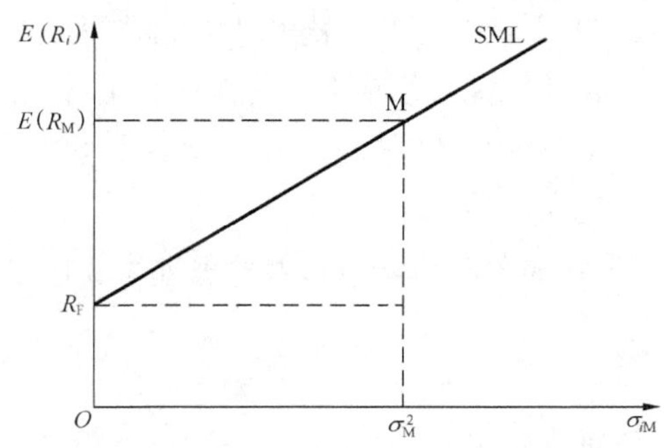

图 11.12　协方差版本的证券市场线

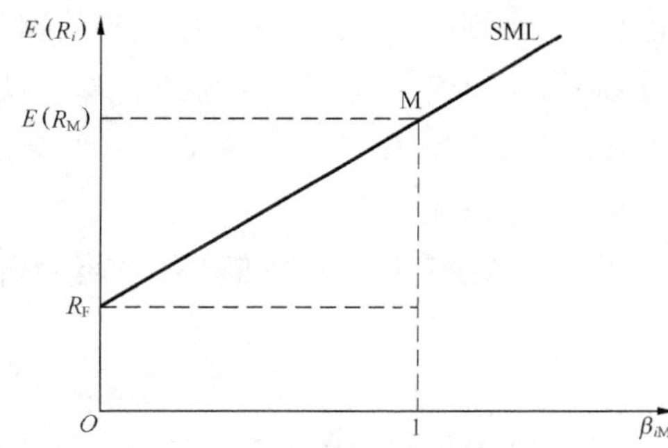

图 11.13　贝塔版本的证券市场线

β系数的一个重要特征是，一个证券组合的β值等于该组合中各个证券β值的加权平均数，权数为各个证券在该组合中所占的比例，即

$$\beta_{PM}=\sum_{i=1}^{n}w_i\beta_{iM} \tag{11.26}$$

在市场组合点 M，β 值为 1，期望收益率为 $E(R_M)$；在无风险资产点，β 值为 0，期望收益率为 R_F。证券市场线反映了在不同的β值水平下，各种证券及证券组合应有的期望收益率水平，从而反映了各种证券和证券组合的市场风险与期望收益率的均衡关系。

二、模型应用

资本资产定价模型主要用于资产估值、资金成本预算、资源配置以及投资组合的业绩评价等方面。这里，就资本资产定价模型在资产估值和资源配置两个方面的应用做简单介绍。投资组合的业绩评价将在本章的第五节介绍。

1. 资产估值

在资产估值方面，资本资产定价模型主要被用来判断证券是否被市场错误定价。根据资本资产定价模型，每一个证券的期望收益率应该等于无风险利率加上该证券的系统性风险所应该

得到的风险溢价，即

$$E(R_i)=R_F+\beta_{iM}\left[E(R_M)-R_F\right]$$

根据资本资产定价模型，一方面，在知道了市场组合的期望收益率和证券的β之后，就可以计算在市场均衡状态下该证券的期望收益率；另一方面，一个证券的期望收益率与该证券价格之间应该有以下关系：

$$E(R_i)=\frac{E(C+P_1)}{P_0}-1 \tag{11.27}$$

式中，P_0为该证券的当前价格；P_1为该证券的期末价格；C为该证券在持有期间获得的股息和红利。如果市场达到均衡状态，由式（11.27）所确定的期望收益率应该与资本资产定价模型计算的期望收益率相等。因此，根据资本资产定价模型可以确定证券当前的均衡价格为

$$P_0=\frac{E(C+P_1)}{1+E(R_i)} \tag{11.28}$$

因此我们可以将证券的实际价格与均衡价格进行比较，如果两者不相等，则说明市场上存在错误定价。利用这一点，通过卖空被高估的证券，或买入被低估的证券，就可以获得超额收益。

【例 11.4】 预计 A 公司今年的股息为 0.2 元，在今后股息将以每年 15%的速度稳定增长。当前的无风险利率为 5%，市场组合的风险溢价为 8%，A 公司股票的β值为 1.5。则 A 公司股票当前的合理价格是多少？

解：根据股票现金流估值的不变增长模型，可以得出 A 公司股票当前的合理价格为

$$P_0=\frac{0.2}{k-0.15}$$

其中，k是 A 公司股票的必要收益率，可以由资本资产定价模型来估计：

$$k=R_F+\beta_{iM}\left[E(R_M)-R_F\right]$$
$$=0.05+0.08\times1.5=0.17$$

因此得出 A 公司股票当前的合理价格为

$$P_0=\frac{0.2}{0.17-0.15}=10\text{（元）}$$

2. 资源配置

资本资产定价模型在资源配置方面的一项重要应用，就是根据对市场走势的预测来选择具有不同β系数的证券或组合，以获得较高收益。资本资产定价模型表明，在一个均衡的市场上，代表证券系统性风险测度指标的β系数也反映证券或组合对市场变化的敏感性，因此，当有很大把握预测牛市到来时，应该选择那些高β系数的证券或组合。这些高β系数的证券或组合将有效地放大市场收益率，带来较高的收益；相反，在熊市到来时，应该选择那些低β系数的证券或组合，以减少市场下跌带来的损失。

但需要注意的是，证券的β系数具有时变性，它会随着市场、行业和公司的基本因素变化而不断变化，在应用过程中应对证券的β系数做相应调整。总的来看，当β系数大于 1 或行业平均值时，未来倾向于会下降并向 1 或行业平均值靠拢；反之，当β系数小于 1 或行业平均值时，未来倾向于会上升并向 1 或行业平均值靠近。

第四节　套利定价理论

一、基本原理

套利定价理论是关于资产定价的另一个线性均衡模型。套利定价理论基于因素模型的假设，认为单个证券的收益与某些公共因素的变化存在线性关系，把那些与因素变动相关的风险归集为系统性风险。

1. 套利定价理论的基本假设

套利定价理论的假设条件包括以下几个方面。

（1）市场是完全竞争的，无摩擦的。

（2）投资者是非满足的：当投资者发现套利机会时，他们会构造套利组合来增加自己的财富。

（3）所有投资者有相同的预期：任何证券 i 的收益率满足 k 因素模型：

$$\tilde{R}_i = E(\tilde{R}_i) + b_{i1}\tilde{F}_1 + b_{i2}\tilde{F}_2 + \cdots + b_{ik}\tilde{F}_k + e_i \tag{11.29}$$

式中，$\tilde{R}_i$ 为证券 i 的收益率，是一个随机变量；b_{ij} 为证券 i 对第 j 个因素的敏感度，这里 $j = 1, 2, \cdots, k$；$\tilde{F}_j$ 为第 j 个因素的数值，是一个随机变量，$E(\tilde{F}_j) = 0$，这里 j=1,2,⋯, k；e_i 为证券 i 的随机误差项。

（4）对于每个证券，$E(e_i) = 0$，$\mathrm{Cov}(e_i, \tilde{F}) = 0$，$\mathrm{Cov}(e_i, e_j) = 0, i \neq j$，即每个证券的随机误差项与因素不相关，任何两个证券的随机误差项不相关。

（5）市场上的证券的个数远远大于因素的数量。

根据式（11.29）的假设，证券收益中的不确定性来自两个方面：共同的或宏观经济因素和公司的特别因素。共同因素被假定具有零期望值，因为它测度的是与宏观经济有关的新信息。因此，证券的收益率可以分解为三部分：第一部分是初始期望值，即 $E(\tilde{R}_i)$，这是投资者在基于对共同因素和公司个别因素的当前预期的判断；第二部分是共同因素的随机变化引起的证券 i 收益率变化，即式（11.29）中的 $b_{i1}\tilde{F}_1 + b_{i2}\tilde{F}_2 + \cdots + b_{ik}\tilde{F}_k$ 部分，由于因素的期望值为 0，因此这部分的期望值也为 0；第三部分是由于公司的个别因素（如财务状况的突然恶化、偶然的生产故障等）所导致的收益率的变化，这部分的期望值也为 0。

为了更加具体地说明套利定价理论这一假设，我们举一个简单的例子。假设证券收益率只受一个因素的影响：国内生产总值增长率，因素 F 代表的是国内生产总值增长率的意外变化，假如舆论认为今年的国内生产总值将增长 4%，如果国内生产总值最终的统计结果是 3%，则 F 值为 −1%，如果证券的因素敏感度为 1.2，则由于国内生产总值增长率低于事先预期的数据，这−1% 的意外变化将促使投资者对该证券收益率的预期调低 1.2%。

2. 套利组合

当市场上存在套利机会时，投资者将通过构造套利组合来进行套利。套利组合是为了刻画投资者的套利行为而定义的一类特定组合，这些组合应满足以下三个条件：零投资、零风险和收益为正。当市场上不存在套利机会时，任何一个零投资、零风险的资产组合，它的期望收益都应该等于零，如果投资者可以通过构造套利组合进行套利，则表明市场上存在套利机会。

案例 11.1

下面我们通过一个例子来分析套利组合的概念。假如市场上有三种证券，每个投资者都认为他们满足单因素模型，且具有以下的期望收益率和因素敏感度。如表 11.12 所示。

基于以上数据，投资者能否构造套利组合呢？

表 11.12 三种证券的期望收益率和因素敏感度

	$E(R_i)$ (%)	b_i
证券 1	15	0.9
证券 2	21	3.0
证券 3	12	1.8

首先，套利组合应该是一个不需要投资者任何额外资金的组合，如果 w_i 表示在套利组合中证券 i 的权重，套利组合的这一条件可表示为

$$w_1 + w_2 + w_3 = 0 \tag{11.30}$$

其次，一个套利组合对任何因素都没有敏感性，即套利组合的因素风险为 0。严格来讲，除了因素风险以外，一个套利组合的非因素风险也应该等于0。由上一节的分析可知，尽管我们无法保证非因素风险等于0，但可以通过在投资组合中持有多个证券而使非因素风险变得很小，以致可以忽略不计。因为组合对某一因素的敏感度是组合中各个证券因素敏感度的加权平均，因此套利组合的这一性质可以表示为

$$b_1w_1 + b_2w_2 + b_3w_3 = 0 \tag{11.31}$$

在我们这个例子中：

$$0.9w_1 + 3.0w_2 + 1.8w_3 = 0$$

最后，投资者套利的目的是为了获得无风险收益，因此套利组合应该具有正的收益率，即

$$w_1E(R_1) + w_2E(R_2) + w_3E(R_3) > 0 \tag{11.32}$$

对于本例，可表示为

$$15w_1 + 21w_2 + 12w_3 > 0$$

满足这三个条件的解有无穷多个，因此我们可以考虑首先给 w_1 随意赋予一个值，如 0.1，这样就可以得出另外两个解：$w_2 = 0.075$，$w_3 = -0.175$。来检验一下这样一组解是否真是一个套利组合：

$$15\% \times 0.1 + 21\% \times 0.075 + 12\% \times (-0.175) = 0.975\% > 0$$

该组合的确是一个套利组合。

由于存在这样的套利机会，根据假设，投资者都是不满足的，每个投资者都会利用这种套利机会进行套利。从而，每个投资者都会购买证券 1 和证券 2，卖空证券 3。所有投资者都采用这样的策略，必然会影响证券的价格，相应地也会影响证券的收益率。由于购买的压力增加，证券 1 和证券 2 的价格将上升，导致这两个证券的收益率下降；相反，由于卖出压力的增加，证券 3 的价格将下降，使得证券 3 的收益率上升。价格和收益率的调整过程一直持续到所有的套利机会消失为止，市场最终达到均衡状态。

3. 套利定价线

我们首先分析单因素模型的情形。投资者争相构造套利组合的结果是使套利机会消失，此时证券市场处于一个均衡状态。也就是说，所有不需要初始投资、因素风险为 0 的证券组合，其期望收益率必然为 0。这时三个证券的期望收益率满足以下条件，对于任意组合（w_1,w_2,w_3），如果有

$$w_1 + w_2 + w_3 = 0 \tag{11.33}$$

$$b_1w_1 + b_2w_2 + b_3w_3 = 0 \tag{11.34}$$

则必有

$$w_1E(R_1)+w_2E(R_2)+w_3E(R_3)=0 \tag{11.35}$$

我们把式（11.32）、式（11.33）和式（11.34）的内容用数学的语言加以描述如下。向量（w_1,w_2,w_3）既垂直于单位常向量，即

$$(w_1,w_2,w_3)\begin{pmatrix}1\\1\\1\end{pmatrix}=0$$

也垂直于因素敏感度向量，即

$$(w_1,w_2,w_3)\begin{pmatrix}b_1\\b_2\\b_3\end{pmatrix}=0$$

同时也垂直于期望收益率向量，即

$$(w_1,w_2,w_3)\begin{pmatrix}E(R_1)\\E(R_2)\\E(R_3)\end{pmatrix}=0$$

因此，在三维空间中，单位常向量、因素敏感度向量和期望收益率向量在一个平面上，由线性代数知识可知，必存在常数 λ_0 和 λ_1，使得下面的式子成立

$$E(R_i)=\lambda_0+\lambda_1 b_i \tag{11.36}$$

这就是由无套利均衡得出的定价关系，称为套利定价线。它表示在均衡状态下期望收益率和因素敏感度的关系。

在式（11.36）中，λ_0 和 λ_1 的经济含义也是非常直观的。我们首先考虑一个因素敏感度为 0 的组合，即无风险资产组合，它的期望收益率为无风险利率，代入式（11.36）可得 $\lambda_0=R_f$。因此式（11.36）可写成

$$E(R_i)=R_f+\lambda_1 b_i \tag{11.37}$$

至于 λ_1，可以考虑因素敏感度为 1 的证券组合 P，即

$$E(R_P)=R_f+\lambda_1 b_P$$

其中，$b_P=1$，所以

$$\lambda_1=E(R_P)-R_f$$

因此，λ_1 是因素敏感度等于 1 的证券组合的预期超额收益率——期望收益率超过无风险利率的部分，称为因素的风险溢酬（factor risk premium）。我们把因素敏感度等于 1 的证券组合称为因素组合，因素组合应该包含足够多的证券，它的非因素风险（即非系统性风险）为 0。令 $\delta_1=E(R_P)$，则

$$\lambda_1-\delta_1-R_f$$

代入式（11.37）得

$$E(R_i)=R_f+b_i(\delta_1-R_f) \tag{11.38}$$

套利定价方程可以很容易地扩展到多因素模型的情形。在多因素模型假设下，证券的期望收益率为

$$E(R_i)=R_f+(\delta_1-R_f)b_{i1}+(\delta_2-R_f)b_{i2}+\cdots+(\delta_k-R_f)b_{ik} \tag{11.39}$$

二、套利定价模型应用

利用套利定价模型可以发现市场上的套利机会，具体步骤如下。

1. 因素选择

通过统计分析方法，确定在一段历史时期内显著影响证券收益的 m 个线性无关的公共因素 F_1，F_2，F_3，…，F_m。

2. 敏感度估计

选出 n 个非系统风险已基本消除的证券组合，利用计量经济学方法（包括时间序列方法）将每一证券组合的历史收益率数据对 F_1，F_2，F_3，…，F_m 进行回归，估计出证券组合 i 对各个因素的敏感系数 b_{i1}，b_{i2}，…，b_{im}。估计公式如下

$$R_{it} = \alpha_i + b_{i1}F_{1t} + b_{i2}F_{2t} + \cdots + b_{im}F_{mt} + e_i$$

3. 风险溢价估计

利用各证券组合收益率在样本期内的均值 $\overline{R}_i$，对 b_{i1}，b_{i2}，…，b_{im} 进行回归，得到由各因素引起的风险溢价的估计值 γ_1，γ_2，…，γ_m。估计公式如下

$$\overline{R}_i = \alpha_i + b_{i1}\gamma_1 + b_{i2}\gamma_2 + \cdots + b_{im}\gamma_m + e_i$$

4. 寻找套利机会，进行套利交易

比较具有相同风险的各资产或资产组合间平均收益率，若相同，这两种资产间无套利机会；若不同，则卖出收益率低的资产，同时买入收益率高的资产，即可获取套利利润。

第五节　证券投资组合的业绩评估

一、业绩评估原则

评价证券组合的投资业绩是证券组合管理的重要一环。习惯上，评价证券组合业绩的标准很简单，仅比较不同组合之间收益水平的高低，收益水平越高的组合越优秀。然而，收益水平较高不仅仅与管理者的投资水平有关，还与当时市场整体运行环境有关。在一个牛市中，风险较大的组合倾向于会获得较高的收益，但这是以增加投资者风险作为代价的。因此，评价组合业绩应本着“既要考虑组合收益的高低，又要考虑组合所承担的风险大小”的基本原则。

资本资产定价模型和套利定价理论建立的风险收益均衡原理为组合的收益水平评价提供了实现这一基本原则的途径。根据风险收益均衡原理，可以考察组合已实现收益水平是否高于与其承担的风险相匹配的收益水平，也可以考察组合承担单位风险所获得的收益水平的高低。下面将介绍的三种指数就是基于风险调整思想而建立的专门用于评价证券组合优劣的工具。

二、业绩评估指数

1. 詹森指数

詹森指数是 1969 年由詹森提出的，它是根据资本资产定价模型测算的投资组合的α值，它表示投资组合的收益率超过风险调整的平均收益率的部分，定义如下

$$\alpha_p = (\overline{R}_p - R_f) - \beta_p(\overline{R}_M - R_f) \tag{11.40}$$

式中，$\overline{R}_{\mathrm{P}}$ 为基金组合的平均收益率；$\overline{R}_{\mathrm{M}}$ 为市场组合的平均收益率；R_{f} 为无风险利率；β_{p} 为基金组合的β值；α_{p} 为基金组合的詹森指数。

2. 特雷诺指数

詹森指数是一个绝对指标，它不能体现投资组合在获得超过市场平均水平的收益率时，该组合所承担的风险的大小，对詹森指数做简单变型就可以得到特雷诺指数。

$$T_{\mathrm{p}}=\frac{\overline{R}_{\mathrm{p}}-R_{\mathrm{f}}}{\beta_{\mathrm{p}}} \tag{11.41}$$

式中，T_{p} 为基金组合的特雷诺指数。特雷诺指数表明某投资组合在承担了单位系统性风险的情况下，可以获得的风险溢价有多少。

3. 夏普指数

詹森指数和特雷诺指数都只是考虑投资组合的系统性风险,没有考虑非系统性风险的大小。在积极管理型投资组合中，持有价格被低估的证券是以承担相应的非系统性风险为代价的，因此忽视非系统性风险是不合理的。夏普指数是将投资组合的全部风险作为衡量投资收益率的基础，既考虑系统性风险，也考虑非系统性风险。

$$S_{\mathrm{p}}=\frac{\overline{R}_{\mathrm{p}}-R_{\mathrm{f}}}{\sigma_{\mathrm{p}}} \tag{11.42}$$

式中，σ_{p} 为基金组合收益率的标准差；S_{p} 为基金组合的夏普指数。

三个指标的经济含义如图 11.14 和图 11.15 所示。假设 A 是拟评价的证券组合，在 $E(R)-\beta$ 平面上，詹森指数是从 A 点到证券市场线的垂直距离，它表示组合 A 的收益水平中超过市场均衡水平的部分。在 $E(R)-\beta$ 平面上特雷诺指数是连接无风险资产和组合 A 的直线的斜率，它表示在组合 A 中单位β值所获得的风险补偿是多少。詹森指数和特雷诺指数越大，表明组合 A 的业绩越好。詹森指数为正，则组合跑赢了市场；该指数为负，组合跑输市场。特雷诺指数大于市场组合的超额收益率（$E(R_{\mathrm{M}})-R_{\mathrm{f}}$），则该组合跑赢了市场；否则，组合跑输市场。

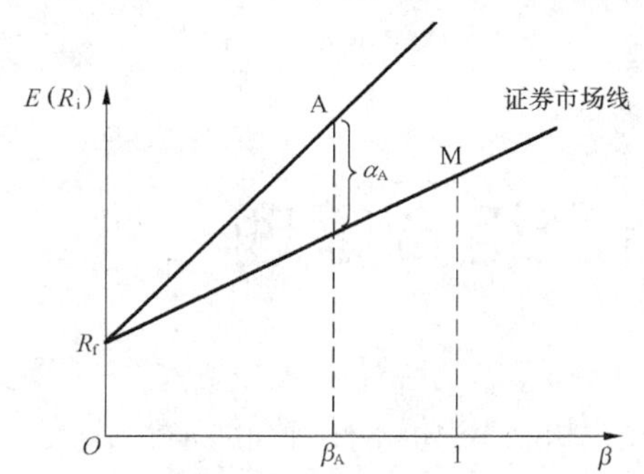

图 11.14 詹森指数和特雷诺指数的经济含义

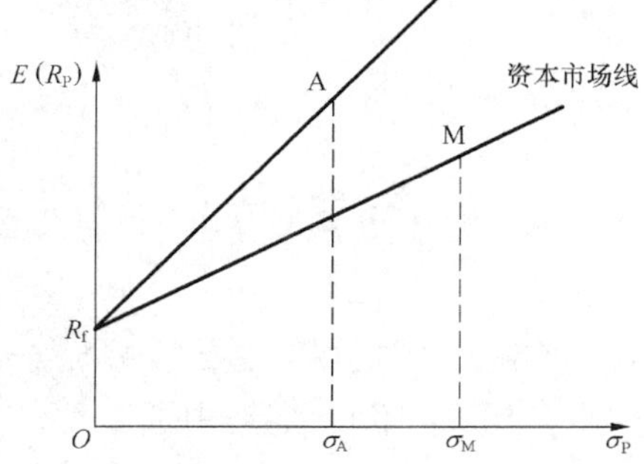

图 11.15 夏普指数的经济含义

在 $E(R)-\sigma$ 平面上夏普指数是连接无风险资产和组合 A 的直线的斜率，它表示在组合 A 中单位标准差所获得的风险补偿是多少。该指标越大，表明组合 A 的业绩越好。夏普指数大于资本市场线方程的斜率，则该组合跑赢了市场；否则，组合跑输市场。

三、业绩评估应注意的问题

使用詹森指数、特雷诺指数和夏普指数评价组合业绩固然有其合理性，但也不能忽视这种评价方法的不足。这种不足主要表现在以下四个方面：

第一，上述三个指数都是以资本资产定价模型为基础，但由于我国目前的现实市场状况与资本资产定价模型的假设存在一定差距，资本资产定价模型不一定成立，这可能导致评价结果失当。

第二，计算上述三个指数时，都需要用历史的数据来测度风险，如标准差和β值，但风险指标的估计依赖于样本的选择，即不同的样本选择会得出各不相同的估计结果，这会影响评价结果的一致性。

第三，上述三个指数的计算都需要用到市场组合，而现实中用于替代市场组合的证券价格指数具有多样性，每个价格指数都有其特定的代表性，与理论上的市场组合有所不同。这会导致基于不同市场价格指数所得到的评价结果不同。

第四，由于上述三个指数所评价的内容并不一致，在实践中有时会出现评价结果彼此矛盾的情况，这会导致投资者在实际运用中无所适从。

因此，实际应用中应当注意所选择的评价指标的局限性，多做一些研究，在实践中不断探索，以获得更为科学的评价结果。

专栏 11.3　证券投资基金的业绩评价

选择上投新兴动力股票投资基金、长城中小盘成长证券投资基金和广发小盘成长证券投资基金三只基金，对这三只基金 2012 年 7 月至 2013 年 6 月间的业绩进行评价。收益率用基金的日净值数据计算，取对数收益率。选择沪深 300 指数作为市场组合的替代，无风险利率取 2.4%，计算结果如表 11.13 所示。

表 11.13　三只基金的业绩评价计算结果

	上投新兴动力股票	长城中小盘成长	广发小盘成长	沪深 300 指数
均值（%）	0.356	0.081	−0.016	−0.042
标准差（%）	3.000	2.734	2.825	1.368
贝塔	1.368	1.429	1.874	1
詹森指数（%）	0.416	0.144	0.069	0
特雷纳指数（%）	0.256	0.052	−0.012	−0.049
夏普指数（%）	0.117	0.027	−0.008	−0.035

课堂讨论：

1. 通过表中的数据对三只基金的业绩表现进行评价。

2. 收集这三只基金的股票投资组合数据，分析这三只基金业绩差异的主要原因。

第六节　债券资产组合管理

债券资产组合管理的目的主要有两个：一是规避利率风险，获得稳定的投资收益；二是通过组合管理鉴别出非正确定价的债券，并通过一定的套利交易机制卖出价格被高估的债券，买入价格被低估的债券。为实现第一个目的所采用的组合管理方法是建立在市场基本有效的假设之上的，即在这一市场中债券都被正确地定价，因此，这类组合方法被称为“被动的债券组合管理”。着眼于第二个目的的债券投资组合是建立在市场非有效的假设之上的，相应的债券组合管理方法为“主动式管理”。

一、债券利率风险的测量

（一）债券价格随利率变化的基本原理

我们知道，在一个均衡市场上，债券价格与市场利率之间有以下关系：

$$P=\sum_{t=1}^{T}\frac{C_t}{(1+r_t)^t} \tag{11.43}$$

式中，P 为债券价格；C_t 为债券在期间 t 的现金流，包括债券的利息和本金；r_t 为第 t 期的必要收益率；T 为债券的剩余期限。

这里的必要收益率，即折现率，不是唯一的，它随不同的时期变化，反映不同期间的市场即期利率。因此，市场利率的变化会影响到债券价格的变化。利率上升，债券价格下降；反之，利率下降，债券价格上升。

（二）测量债券利率风险的方法

1. 久期

久期又被称为“持续期”或“平均期限”。这一概念最早来自麦考利对债券平均到期期限的研究，他认为把各期现金流作为权数对债券的剩余期限进行加权平均，可以更好地把握债券的期限性质，所以提出了“麦考利久期”的概念。

久期的定义和计算方法如式（11.44）所示。

$$D=\sum_{t=1}^{T}\left[\frac{PV(C_t)}{P_0}t\right]=\sum_{t=1}^{T}\left[\frac{C_t}{(1+r)^t}\frac{1}{P_0}t\right] \tag{11.44}$$

假设有两种期限相同的债券，A 债券的收益率为 20%，B 债券的收益率为 8%。很显然，尽管它们的到期期限相同，但对投资者来说，它们在经济意义上的期限却不相同。至少，A 债券投资者能够比较快地收回投资本金。久期表示的就是按照现值计算，投资者能够收回投资债券本金的时间，也就是债券期限的加权平均数，其权数是每年债券的现金流的现值在当前债券价格中所占的比重。

从久期公式可以看出，对于在债券持有期内没有利息收入的贴现债券，久期等于其到期期限，因为这种债券只有期末一个现金流，现金流回收的加权平均期限自然就等于债券的剩余期限。

在一般情况下，债券是有票面利息的，付息债券的到期期限总是大于久期。久期还具有以下几个方面的性质。

（1）久期与息票利率成反比关系，息票率越高，久期越短，这是因为债券更多部分的现金流以利息支付的形式返还，收回债券投资本金所需的时间缩短。

（2）债券的到期期限越长，久期也越长。不过，随着期限的增长，同一幅度的期限上升所引起的久期增加量递减，即期限对久期的边际作用递减。

（3）久期与到期收益率之间呈反比关系，到期收益率越大，久期越小，但其边际作用效果也递减。

（4）多只债券的组合久期等于各个债券久期的加权平均，其权数等于按照现值计算的每只债券在组合中所占比重。

2. 基于久期的债券利率敏感性测量

债券价格对利率或收益率变化的敏感性可以表示为价格对利率的导数：

$$P=\sum_{t=1}^{T}\frac{C_t}{(1+r)^t}$$

求一阶导数

$$\frac{\mathrm{d}P}{\mathrm{d}r}=\sum_{t=1}^{T}\frac{-tC_t}{(1+r)^{t+1}}=-\frac{1}{1+r}\sum_{t=1}^{n}\frac{tC_t}{(1+r)^t}$$

由泰勒级数展开式

$$\Delta P=\frac{\mathrm{d}P}{\mathrm{d}r}\Delta r+\frac{1}{2}\frac{\mathrm{d}^2P}{\mathrm{d}r^2}(\Delta r)^2+\cdots$$

忽略展开式的二阶及之后的高级项

$$\Delta P=\frac{\mathrm{d}P}{\mathrm{d}r}\Delta r=-\frac{1}{1+r}\sum_{t=1}^{T}\frac{tC_t}{(1+r)^t}\Delta r=-\frac{D}{1+r}P\Delta r$$

$$\frac{\Delta P}{P}=-\frac{D}{1+r}\Delta r \tag{11.45}$$

定义修正的久期：

$$D^*=\frac{D}{1+r}$$

则有

$$\frac{\Delta P}{P}=-D^*\Delta r \tag{11.46}$$

例如，某债券面值 100，息票率 6%，期限 25 年，售价 70.357 元，根据市场价格可以计算得到该债券的到期收益率为 9%，即债券的贴现率为 9%，计算得到该债券的久期为 11.10 年，修正久期为 10.62 年。如果该债券的到期收益率由 9%上升为 9.10%，即变动 0.1 个百分点，则债券价格变动的幅度为

$$\frac{\Delta P}{P}=-10.62\times 0.1\%=-1.062\%$$

债券价格的变动额为

$$\Delta P=-1.062\%\times 70.357=-0.747\text{（元）}$$

3. 久期的不足

（1）所有的现金流采用相同的折现率。从久期的计算可以看出，它对于所有的现金流采用了同样的折现率，这意味着在剩余期限内债券的收益率（或利率）基本保持不变。这与实际情况不符。一般来说，期限越长的现金流，其折现率应该越高。

（2）忽略了债券价格的凸性。采用久期方法对债券价格利率风险的敏感性进行测量，实际上只考虑了债券价格与收益率之间的线性关系，而市场的实际情况表明，债券价格与收益率之间的关系是非线性的。例如，一个息票率为 5%，到期收益率为 5%、面值 100 元的 5 年期债券，当前价格 100 元，如果该债券的到期收益率上升 200 个基点，即达到 7%时，债券价格为 91.80 元，债券价格降低 8.2 元或 820 个基点；如果债券的收益率下降 200 个基点，达到 3%时，债券价格为 109.16 元，价格上升 9.16 元或 916 个基点。

这表明债券价格变化与收益率之间不是线性的关系，以横轴表示收益率（或利率），以纵轴表示债券价格，则他们的关系如图 11.16 所示，是一条向下凸的曲线。债券价格与收益率之间的凸性关系也可以描述为，对于相同的收益率变化，收益率上升导致债券价格下降的幅度要小于收益率下降导致债券价格上升的幅度。

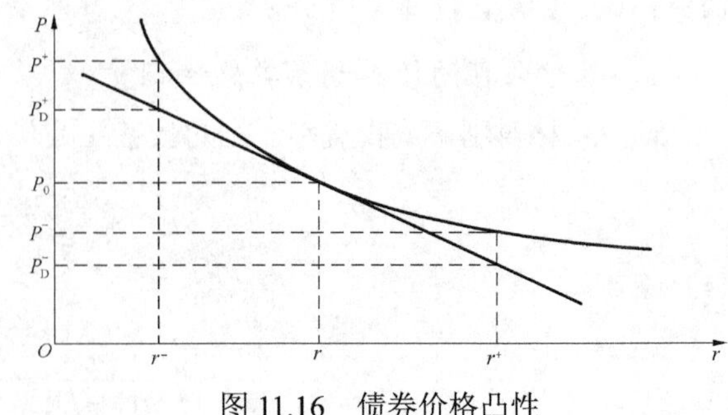

图 11.16　债券价格凸性

因此，只有当债券的收益率变化幅度很

小时，久期所代表的线性关系才近似成立；当收益率出现较大幅度变化时，采用久期方法不能就债券价格对利率的敏感性予以准确的测量。正是由于久期的以上不足，对债券价格的利率敏感性的更精确测量需要更高阶的价格收益变动关系，最常用的就是凸度方法。

4. 凸度

凸度描述了债券价格与利率的二阶导数关系，与久期一起可以更加准确地把握利率变动对债券价格的影响。凸度的定义如下：

$$V=\frac{1}{(1+r)^2}\frac{1}{P}\sum_{t=1}^{T}\frac{t(t+1)C_t}{(1+r)^t}=\frac{1}{(1+r)^2}\sum_{t=1}^{T}\frac{t(t+1)PV_t}{P} \qquad (11.47)$$

根据泰勒级数展开式

$$\Delta P=\frac{\mathrm{d}P}{\mathrm{d}r}\Delta r+\frac{1}{2}\frac{\mathrm{d}^2P}{\mathrm{d}r^2}(\Delta r)^2+\cdots$$

$$\frac{\mathrm{d}^2P}{\mathrm{d}r^2}=\sum_{t=1}^{T}\frac{t(t+1)C_t}{(1+r)^{t+2}}=\frac{1}{(1+r)^2}\sum_{t=1}^{T}\frac{t(t+1)C_t}{(1+r)^t}$$

忽略泰勒展开式的高阶项，则有

$$\begin{aligned}\Delta P&=-\frac{D}{1+r}P\Delta r+\frac{1}{2}VP(\Delta r)^2\\&=-D^*P\Delta r+\frac{1}{2}VP(\Delta r)^2\end{aligned}$$

如图 11.16 所示，久期所描述的债券价格—收益率关系是线性的，即图中直线所描述的部分。由于债券价格与收益率之间的关系是下凸的曲线关系，仅仅考虑久期会导致收益率变动后的债券价格被低估，而再结合凸度可以使债券价格的估计精度大大提高。

【例 11.5】 某 3 年期债券面值 1 000 元，票面利率 10%，当前市场利率 10%，债券价格为 1 000 元。计算当市场利率变化为 9%时，其价格会变化为多少？

解：计算久期和凸度如表 11.14 所示。

该债券的久期为 2.735 6，修正的久期为 2.735 6 × 0.909 1 = 2.486 9。该债券的凸度为 10.595 1 × 0.826 4 = 8.756 2。

如果市场利率下降 1%，变为 9%，则债券价格变化为

表 11.14　久期和凸度的计算

期限 t	未来现金流（元）	现值系数	未来现金流现值（元）	现值权重	$\frac{tPV_t}{P}$	$\frac{t(t+1)PV_t}{P}$
1	100	0.909 1	90.91	0.090 9	0.090 9	0.181 8
2	100	0.826 4	82.64	0.082 6	0.165 2	0.495 9
3	1 100	0.751 3	826.45	0.826 5	2.479 5	9.917 4
合计					2.735 6	10.595 1

$$\begin{aligned}\Delta P&=-\frac{D}{1+r}P\Delta r+\frac{1}{2}VP(\Delta r)^2\\&=-2.735\,6\times0.909\,1\times1\,000\times(-1\%)+\frac{1}{2}\times8.756\,2\times1\,000\times0.000\,1\\&=24.869+0.438=25.307\end{aligned}$$

二、被动管理

采用被动管理策略，建立债券组合的目的是为了达到某种设定的基准。根据这种设定基准的不同，被动管理可以分为两类：一类是为了获取充足的资金以偿还未来的某种债务，为此而使用的建立债券组合的策略，称为“单一支付负债下的免疫策略”，又称为“利率消毒”；另一类是为了获取充足的资金以偿还未来债务流中的每一笔债务而设立的债券组合策略，称为“多

重支付负债下的免疫策略”和“现金流匹配策略”。

1. 单一支付负债下的资产免疫策略（利率消毒）

案例 11.2

假设某银行发行了价值 1 500 万元的 6 年期存单，年利率为 8%，则 6 年后应该支付金额为 2 379.4 万元。为了能够清偿这笔债务，该银行应该如何投资呢？假设收益率曲线水平，市场利率为 8%。由于 6 年期存单的久期为 6 年，因此该银行应该选择久期为 6 年的债券进行投资。通过计算可以发现，到期期限是 9 年，票面利率为 16%的债券，久期为 6 年。我们假设银行投资于面值 1 000 元的 9 年期债券，票面利率 16%，该债券的当前市场价格应为 1 500 元，因此该银行应该购买 10 000 张这种债券。

如果在 6 年的持有期间市场利率不变，则在第 6 年年末，9 年期债券变成 3 年期债券，债券价格为 1 206.17 元，债券利息累计收入为 1 173.75 万元，债券总价值为 2 379.92 万元，正好可以清偿债务。如果市场利率上升为 10%，则 6 年后债券价格变为 1 149.21 元，债券利息累计收入为 1 234.50 万元，债券总价值为 2 383.71 万元，高于到期债务价值；如果市场利率下降为 6%，则 6 年后债券价格变为 1 267.30 元，债券利息累计收入为 1 116.05 万元，债券总价值为 2 383.35 万元，也高于到期债务价值。

由案例 11.2 例可见资产免疫的作用机理，当市场利率下跌时，债券利息再投资收益下降，但债券的价格上涨，足以弥补再投资收益的减少。相似地，当市场利率上升时，债券的市场价格下跌，但债券利息的再投资收益上升，也可以弥补市场价格的下跌。利率的变动不仅没有使投资者遭受损失，还能给其带来一定的盈余。之所以在利率发生变动时，该项投资能够产生盈余，就在于该债券的凸度大于 6 年期债务的凸度。这一算例表明，要使一种债券组合的目标价值或目标收益免受市场利率变化的影响，就应该采取以下操作：①选择麦考利久期等于偿债期的债券；②初始投资额等于未来债务的现值；③尽量选择凸度比较大的债券或债券组合。

2. 多重支付负债下的组合策略

多重支付负债下的免疫策略与单一支付负债下的免疫策略有相似之处，这里不再赘述。以下只介绍多重支付负债下的现金流量匹配策略。

所谓现金流量匹配策略，就是通过债券的组合管理，使得每一期从债券获得的现金流入与该时期约定的现金流出在量上保持一致，这样就可以完全满足未来负债产生的现金流支出需要，完全规避利率风险。现金流匹配策略的最简单方法就是购买零息票债券来匹配未来现金流，当然也可以用零息票债券与付息债券的组合。

案例 11.3

某公司预计未来 3 年现金流支出情况以及可供选择的 3 种债券的现金流如表 11.15 所示。

该公司的现金流支出的匹配步骤如下。

（1）选择一个期限为 3 年的债券，数量应该为 10 个，在第三年年末刚好与 1 000 元的现金流支出匹配。

（2）在匹配了第 3 年的现金流后，再考虑第 2 年年末的现金流支出，第 2 年没有匹配的现金流支

表 11.15 某公司未来三年现金流支出与可选择债券

	1 年末	2 年末	3 年末	匹配数量
现金流支出	1 000	1 000	1 000	1
3 年期债券	10	10	100	10
2 年期债券	10	100		9
1 年期债券	100			8.1

出为 900 元，因此组合中 2 年期债券的数量应为 9。

（3）在匹配了第 2 年的现金流后，再考虑第 1 年年末的现金流支出，第 1 年没有匹配的现金流支出为 810 元，因此组合中 1 年期债券的数量应为 8.1。

现金流量匹配与资产免疫有以下 3 个方面的区别。

（1）现金流量匹配方法不要求债券资产组合的久期与债券的期限一致。

（2）采用现金流量匹配方法之后不需要进行任何调整，除非选择的债券的信用等级下降。

（3）现金流量匹配方法不存在再投资风险、利率风险，债务到期不能偿还的唯一风险是提前赎回或违约风险。

虽然现金流量匹配方法具备这些优点，但它的成本相对较高。由于到期现金流可能是不规则的，常常没有相应期限的债券与之配合，因此不得不投资到一些流动性较低的债券上去，从而承担较大的风险。据估测，采用现金流量匹配方法建立的资产组合的成本比采用资产免疫方法的成本要高出 3%～7%。

三、主动债券组合管理

主动债券组合管理方法的目的是鉴别出非正确定价的债券，并力求通过对市场利率变化总趋势的预测来选择有利的市场时机。一般来说，债券资产主动管理可以有以下几大类型。

（一）水平分析

水平分析法认为，一种债券在任何既定的持有期中的收益率在一定程度上取决于债券的期初和期末价格以及息票利率。由于期初价格和息票利率都是可知的，水平分析法主要集中在对期末债券价格的估计上，并由此来确定现行市场价格是偏高还是偏低。这是因为，相对于一个既定的期末价格估计值而言，如果一种债券的现行价格相对较低，其预期收益率则相对较高；反之，如果一种债券的现行价格相对偏高，则其预期收益率相对较低。

我们知道，在任何持有期间，债券的收益包括资本收益和利息收益。资本收益会受到时间推移和利率变化两个方面的影响。在水平分析法中，把资本收益变动分为两部分：一部分是时间推移的影响，不包括利率变动因素，即随着到期日的推进，债券价格日益接近票面价值；另一部分是利率变动的影响，不包括时间因素，即随着利率增加，债券价格下降，或随着利率下降，债券价格上升。此外，还有息票利息额与利息的再投资收入共同构成的利息收益，所以还要估计一个再投资的利率。

简而言之，某种债券的全部货币报酬是由四个方面构成的：时间影响、利率变化的影响、息票利息额以及息票利息再投资获得的利息。用公式表示即为

全部货币收益=时间影响+利率变化影响+息票利息额＋息票利息的利息

在这四项中，由于利率变化影响是不确定的，因此要对其进行进一步的分析。通过估计不同的期末收益率，可以计算出不同的总收益率；通过对这些收益率发生的概率的估计，可以判断债券的风险，从而为资产管理人员的投资决策提供依据。可见，对未来利率的预测是水平分析方法的关键。

（二）债券掉换

债券掉换就是通过对债券或债券组合在水平分析期中的收益率预测来主动地掉换债券，从而主动

地经营一组债券资产。进行债券掉换的方法是用定价过低的债券来替换掉定价过高的债券，或是用收益率较高的债券来替换掉收益率较低的债券。在判断是否对两种不同收益率的债券进行替换时，有时是以债券市场短期内会很快纠正不正确定价状况的判断为依据；而有时则是以市场短期内不会或者根本不会纠正不正确定价的债券的判断为依据。

债券掉换方法大体可分为四类。

1. 替代掉换

它是将一种债券与另一种与其极其相似的理想替代品债券进行掉换，目的是为了获取暂时的价格优势。这种价格优势可能是由于市场上货币供求条件相对不平衡造成的。

2. 市场内部价差掉换

当市场上两种债券之间存在着一定的收益差距，而且该差距有可能发生变化，那么资产管理者就会进行市场内部价差掉换，在卖出一种债券的同时买进另外一种债券，以期获得较高的持有期收益率。

3. 利率预期掉换

它是直接利用对整个市场利息率的预期变动来获取利润。比如说，在预期收益率整体上会提高的条件下，管理人员会用相应金额的短期债券来替换长期债券。这是因为长期债券在一定的收益率提高的幅度下，由于其存续期限较长，其价格下跌的幅度在总体上会较短期债券大。而在预期收益率整体上会降低的条件下，管理人员则会用长期债券来替换短期债券，因为长期债券在收益率降低的条件下，其价格上升幅度在总体上较短期债券大。

4. 纯收益率掉换

它着眼于长期的收益率变动，而不愿意对短时间内的未来收益率或收益率差距做任何预测，用那些长期收益率高的债券来替换掉那些长期收益率较低的债券。

（三）骑乘收益率曲线

这种资产管理方法的使用者主要是那些着眼于债券流动性的投资者。他们主要是购进短期固定收入债券并持有这类债券，到期后进行再投资。如果满足条件，他们便可采取骑乘收益率曲线的方式进行投资。

采用骑乘收益率曲线的方式必须满足两个条件：

（1）收益率曲线向上倾斜，即长期债券的收益率较短期债券高。

（2）投资者确信收益率曲线将继续保持上升的态势，而不会发生变化。

在这两个条件具备时，骑乘收益率曲线的投资者则会购买比要求的期限长的债券，然后在债券到期前售出，从而获得一定的资本收益。

但是必须注意到，如果收益率曲线发生变化，骑乘收益率则可能会对投资者的投资收益率发生不利的影响。同时，骑乘收益率曲线兼有购入债券和售出债券这两种交易行为，而原来的“一次到期策略”只有购入债券这一种交易行为。因此，骑乘收益率曲线的交易成本也会较高。

本章小结

本章主要介绍了证券投资组合理论的基本原理和两个市场均衡定价理论：资本资产定价模型和套利定价理论。假设投资者根据证券或证券组合的期望收益率和收益率的标准差来选择他的投资组合。在不考虑无风险资产的情况下，投资组合前沿是一个凹的曲线，在引入无风险资产后，投资组合前沿成为一条直线。如果所有的投资者都按照上述的原则来构造证券组合，在一个均衡的市场上，证券的期望收益率和证券的系统性风险之间存在线性的均衡关系，这就是资本资产定价模型和套利定价理论所回答的问题。本章还介绍了证券组合业绩评价的三个基础性指标，即詹森指数、特雷诺指数和夏普指数，最后介绍了债券利率风险的测量原理和债券组合的主要管理方法。

复习思考题

一、名词解释

风险厌恶　无差异曲线　可行集　有效集　资本市场线　证券市场线　β系数　系统性风险　套利组合　套利定价线　詹森指数　特雷诺指数　夏普指数　久期　凸度　被动管理　主动管理

二、思考题

1. 什么是有效组合，如何从可行组合中找出有效组合？投资者在实践中如何构造有效组合？
2. 影响证券组合风险的因素主要有哪些？在构造证券组合时应如何更有效地分散风险？
3. 资本市场线和证券市场线的区别和联系是什么？
4. 什么是证券的β系数，它与标准差的区别是什么？
5. 套利定价理论和资本资产定价模型的假设主要有哪些区别？
6. 证券组合业绩评价的指标主要有哪些？他们的经济含义是什么？
7. 简述债券的久期和凸度的含义，如何用久期和凸度来衡量债券的利率风险？
8. 在资本资产定价模型中，β系数如何计算，哪些因素会影响到β系数的大小？
9. 什么是套利组合？什么是市场组合？

三、选择题

1. 假设证券组合P由两个证券组合Ⅰ和Ⅱ构成，组合Ⅰ的期望收益水平和总风险水平都比Ⅱ的高，并且证券组合Ⅰ和Ⅱ在P中的投资比重分别为0.48和0.52，那么（　　）。

A. 组合P的期望收益水平高于Ⅱ的期望收益水平

B. 组合P的总风险水平高于Ⅰ的总风险水平

C. 组合P的总风险水平高于Ⅱ的总风险水平

D. 组合P的期望收益水平高于I的期望收益水平

2. 一个证券组合与指数的涨跌关系通常是依据（　　）予以确定。

A. 资本资产定价模型　　B. 套利定价模型

C. 市盈率定价模型　　D. 布莱克—斯科尔斯期权定价模型

3. 某证券组合今年实际平均收益率为0.16，当前的无风险利率为0.03，市场组合的期望收益率为0.12，该证券组合的β值为1.2。那么，该证券组合的詹森指数为（　　）。

A. −0.22　　B. 0　　C. 0.22　　D. 0.3

4. 在马科威茨均值方差模型中，由四种证券构建的证券组合的可行域是（　　）。

A. 均值—标准差平面上的有限区域

B. 均值—标准差平面上的无限区域

C. 可能是均值—标准差平面上的有限区域，也可能是均值—标准差平面上的无限区域

D. 均值—标准差平面上的一条弯曲的曲线

5. 根据资本资产定价模型理论，如果甲的风险承受力比乙大，那么（　　）。

A. 甲的最优证券组合比乙的好

B. 甲的无差异曲线的弯曲程度比乙的大

C. 甲的最优证券组合的期望收益率水平比乙的高

D. 甲的最优证券组合的风险水平比乙的低

6. 对一个追求收益而又厌恶风险的投资者来说，（　　）。

A. 他的偏好无差异曲线可能是一条水平直线

B. 他的偏好无差异曲线可能是一条向右上方倾斜的曲线

C. 他的偏好无差异曲线可能是一条垂直线

D. 偏好无差异曲线位置高低的不同能够反映该投资者与其他投资者的偏好差异

E. 他的偏好无差异曲线之间互不相交

7. 完全负相关的证券A和证券B，其中证券A方差为30%、期望收益率为14%，证券B的方差为25%、期望收益率为12%。以下说法正确的有（　　）。

A. 最小方差证券组合为40%A和60% B

B. 最小方差证券组合为5/11的A和6/11的B

C. 最小方差证券组合的方差为14.8%

D. 最小方差证券组合的方差为0

8. 假设ρ表示两种证券的相关系数。那么，正确的结论是（　　）。

A. ρ的取值为正表明两种证券的收益有同向变动倾向

B. ρ的取值总是介于−1～1之间

C. ρ的值为负表明两种证券的收益有反向变动的倾向

D. $\rho=1$表明两种证券间存在完全的同向的联动关系

E. ρ的值为零表明两种证券之间没有联动倾向

四、判断题

1. 证券投资组合评价就是评价该组合的投资回报率。（　　）

2. 在具有相同期望收益水平的证券组合中，方差最小的组合是有效组合。(　　)

3. 一种证券或组合在均值—标准差平面上的位置完全由该证券或组合的期望收益率和标准差所确定。(　　)

4. 无差异曲线的位置越高，其上的投资组合带来的满意程度就越低。(　　)

5. 组建证券投资组合时要注意个别证券选择、投资时机选择和多元化三个问题。(　　)

6. 投资组合的修正实际上是对以前证券投资步骤的重复，可以忽略不做。(　　)

7. 投资分析是能否降低投资风险，获得投资成功的关键。(　　)

8. 组合管理者在强式有效市场中选择消极保守型投资。(　　)

9. 市场组合的β系数等于1。(　　)

10. 指数型证券组合只是一种模拟证券市场组合的证券组合。(　　)

11. 马科维茨的均值——方差选择模型研究了单期投资的最优决策问题。(　　)

12. 证券的α系数表示实际市场中证券的预期收益率与资本资产定价模型中证券的均衡期望收益率之间的差异。(　　)

13. 市场达到均衡时，所有证券或证券组合的每单位系统风险补偿相等。(　　)

14. 反映任意证券组合的期望收益率和总风险水平之间均衡关系的模型是证券市场线。(　　)

附　录

证券常用英文简写释义

注：以下只介绍简写在证券行业中的含义，同一简写在其他领域可能会有其他含义。

ADL，advance decline line，腾落指数。腾落指数又叫涨跌线指标，是专门研究股票指数走势的技术分析工具。

ADR，advance decline ratio，涨跌比率。涨跌比率又叫上升下降比指标，是专门研究股票指数走势的中长期技术分析工具。

AR，人气指标。人气指标是以当日的开盘价为基点，与当日最高价和最低价相比较。

A股，人民币普通股票。

BD，布林线指标的下限。

BIAS，乖离率。乖离率表示一定期间内价格与移动平均线之间差距的技术指标，它是对移动平均线理论的重要补充。

BOLL，Bollinger bands，布林线。

BOT，build-operate-transfer，建设-经营-转让。

BR，买卖意愿指标。买卖意愿指标以前一日的收盘价为基础，与当日的最高价、最低价相比较。

BU，布林线指标的上限。

B 股，人民币特种股票，以人民币标明面值，以外币认购和买卖，在境内（上海、深圳）证券交易所上市交易的股票。

CML，资本市场线。资本市场线是通过将市场组合和无风险资产按一定比例搭配得到的一系列组合。

CPI，consumer price index，消费者物价指数。

CR，中间意愿指标。计算方法与人气指标、买卖意愿指标相似，在选择计算的均衡价位时，中间意愿指标采用的是上一计算周期的中间价。

CRB，commodity research bureau futures price index，商品研究所期货价格指数。美国一个民间机构的期货价格指数，是当今最有影响力的期货价格指数之一。

DIF，离差值，快速移动平均线（EMA1）和慢速移动平均线（EMA2）两者之间的差值，用于计算 MACD。

DR 股，dividend right，除息除权股。当股票名称前出现 DR 字样时，表示当天是这只股票的除息、除权日。

Elliott wave theory，波浪理论（全称是艾略特波浪理论）。

EMA，exponential moving average，移动平均值。

EPS，earning per share，每股收益。

ETF，exchange traded fund，交易型开放式指数基金（又称交易所交易基金）。

GDP，gross domestic product，国内生产总值。

GNP，gross National Product，国民生产总值。

G 股，已经完成股改的公司股票。

H 股，在港上市外资股,即注册地在内地、上市地在香港的外资股。

IMF，international monetary fund，国际货币基金组织。

IPO，initial public offering，首次公开发行股票。

KDJ，随机指标。

LME，London metal exchange，伦敦金属交易所。

LOF，listed open-ended fund，上市开放式基金。

M0，流通中的现金。

M1，狭义货币供应量，M1=M0+企业活期存款+机关团体部队存款+农村存款+个人持有的信用卡类存款。

M2，广义货币供应量，M2=M1+城乡居居储蓄存款+公司存款中具有定期性质的存款+外币存款+信托类存款。

MA，moving average，移动平均线。

MACD，moving average convergence and divergence，指数平滑异同平均线。

market portfolio，市场组合。

MBO，management buy-out，管理层收购。

N.I，national income，国民收入。

NASD，national association of securities dealers，美国国家证券交易商协会。

NASDAQ，national association of securities dealers automatic quotation，纳斯达克（全国证券交易商协会自动报价系统）。

NDP，net domestic product，国内生产净值。NDP=GDP−固定资产折旧。

NYSE，New York stock exchange，纽约证券交易所。

N 股，注册地在内地、在纽约上市的股票。

OBOS，over bought and over sold，超买超卖指标。超买超卖指标是专门研究股票指数走势的中长期技术分析工具。

OBV，on balance volume，能量潮。能量潮是成交量分析的技术指标。

OTC，over-the-counter market，场外交易市场（又称柜台交易场）。

PE（P/E），price/earninng ratio，本益比（也称市盈率）。

PEG，市盈率与业绩增长率之比。

PMI，purchase management index，采购经理指数。

PPI，producer price index，生产者物价指数。

PSY，psychological line，心理线。心理线指标是研究投资者对证券市场涨跌产生心理波动的情绪指标，是一种能量类和涨跌类指标，它对证券市场短期走势的研判具有一定的参考意义。

PT 股，particular transfer，特别转让股。特别转让股指停止任何交易，价格清零，等待退市的股票。

QFII，qualified foreign institutional investors，合格境外机构投资者。

resistance line，压力线（又称阻力线）。

RPI，retail price index，零售物价指数。

RQFII，RMB qualified foreign institutional investors，人民币合格境外投资者。

RSI，relative strength index，相对强弱指标（又称力度指标）。

RSV，raw stochastic value，未成熟随机指标。

SAC，securities association of China，中国证券协会。

SML，证券市场线。证券市场线代表有效证券组合的期望收益率和标准差的均衡关系。

ST 股，special treatment，特别处理股。特别处理股指财务状况或其他状况出现异常的股票。

support line，支撑线（又称抵抗线）。

S 股，注册地在内地、在新加坡上市的股票。

TAPI，total amount weighted stock index，指数点成交值。指数点成交值是根据股票的每日成交值与指数间的关系来反映股票市场买气的强弱程度及未来股票价格趋势的技术指标，为成交量分析的技术指标。

VR，volume ratio，容量比率。容量比率以价格在某一段时期内上涨交易日的成交量总和与下降交易日成交量总和的比值来度量多空双方力量的对比以及投资者的买卖气势，进而推测价格的未来走势，为成交量分析的技术指标。

XD股，exclud dividend，除息股。当股票名称前出现XD字样时，表示当日是这只股票的除息日。

XR股，exclud right 除权股。当股票名称前出现XR的字样时，表明当日是这只股票的除权日。

主要参考文献

[1] 丁鹏，2012．量化投资——策略与技术．北京：电子工业出版社.

[2] 弗兰克.K.赖利，基思.C.布朗．2004．投资分析与组合管理．北京：中信出版社.

[3] 葛红玲．2007．证券投资学．北京：机械工业出版社.

[4] 汉姆·列维．2000．投资学．北京：北京大学出版社.

[5] 何韧．2007．财务报表分析．上海：上海财经大学出版社.

[6] 霍文文．2008．证券投资学．北京：高等教育出版社.

[7] 李向科．2008．证券投资技术分析．3 版．北京：中国人民大学出版社.

[8] 刘红忠．2003．投资学．北京：高等教育出版社.

[9] 刘力，俞伟峰．2004．证券投资学．北京：清华大学出版社.

[10] 罗伯特·雷亚．2008．道氏理论．3www 译．北京：地震出版社.

[11] （美）普林格著，王茜等译．2012．技术分析．北京：机械工业出版社.

[12] 钱文胜，贺晓雁．2010 沈阳经济区获批全国新型工业化综合配套改革试验区．http://liaoning.nen.com.cn/shishi/275/3478275.shtml[2010-5-10].

[13] 孙旭东．2012．价值投资．从看懂财报开始．北京：机械工业出版社.

[14] 威廉·夏普，戈登·亚历山大，杰弗里·贝利．1998．投资学．5 版．赵锡军，龙永红等译．北京：中国人民大学出版社.

[15] 肖林．2010-4-6．低碳经济与新发展模式．文汇报.

[16] 忻海．2011．量化投资：西蒙斯用公式打败市场的故事．北京：机械工业出版社.

[17] 谢德高．2001．巴菲特投资策略全书．北京：九州出版社.

[18] 许拯声．2012．投资基本分析．从读懂财报开始．北京：机械工业出版社.

[19] 杨兆廷，封文丽．2006．证券投资分析．石家庄：河北人民出版社.

[20] 张龄松，罗俊．1997．股票操作学．北京：中国大百科全书出版社，台湾证券出版社股份有限公司.

[21] 张新民，钱爱民．2008．财务报表分析．北京：中国人民大学出版社.

[22] 张亦春等．2012，金融市场学，北京：高等教育出版社.

[23] 张元萍．2007．投资学．北京：中国金融出版社.

[24] 中国证券业协会．2012．证券投资分析．北京：中国财政经济出版社.

[25] 中国证券业协会．2012．证券市场基础知识．北京：中国财政经济出版社.

[26] 中国证券业协会．2012．证券发行与承销．北京：中国财政经济出版社.

[27] 中国证券业协会．2012．证券交易．北京：中国财政经济出版社.

[28] 中国证券业协会．2012．证券投资基金．北京：中国金融出版社.

[29] 中国证券业协会．2012．中国证券业发展报告 2012．北京：中国财政经济出版社.

[30] 滋维·博迪，亚历克斯·凯恩，艾伦.J.马库斯．2003．投资学．5 版．朱宝宪，楼远，吴洪等译．北京：机械工业出版社.

[31] Lintner J. 1965. The valuation of risk assets and the selection of risky investments in stock portfolios and capital budgets. Review of Economics and Statistics, 47(1): 13-37.

[32] Markowitz H. 1952. Portfolio selection. Journal of Finance, 7(1): 77-91.

[33] Mossin J. 1966. Equilibrium in a capital asset market. Econometrica, 34(2): 768-783.

[34] Ross S. 1976. The arbitrage theory of capital asset pricing. Journal of Economic Theory, 13(3): 341-360.

[35] Sharpe W. 1964. Capital asset prices: A theory of market equilibrium under conditions of risk. Journal of Finance, 19(3): 425-442.

[36] Tobin J. 1958. Liquidity preference as behavior towards risk. Review of Economic Studies, 26(1): 65-86.

配套资料索取说明

说明：本书配套资料可在 http://www.ryjiaoyu.com/下载，其中配套学习资料注册后可直接下载；**教学用资料**仅供采用本书授课的教师下载，**教师身份、用书教师身份**需网站后台审批（咨询邮箱 13051901888@163.com）。

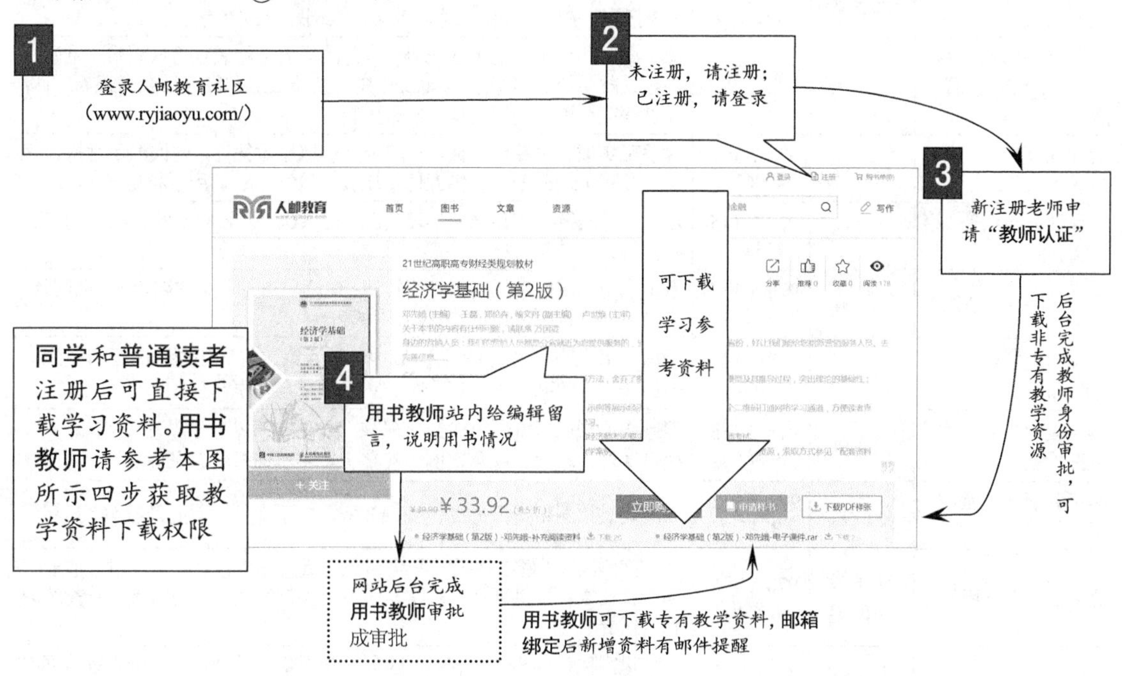

部分推荐教材

更多教材请在人邮教育社区（http://www.ryjiaoyu.com/）查询

书　名	主　编	书　号	编 辑 推 荐
管理学——原理与实务（第 3 版）	李海峰	978-7-115-47611-1	2013 年陕西普通高校优秀教材二等奖；提供课件、教案、实训说明、教学体会、文字与视频案例、习题集及参考答案等
管理学	方振邦	978-7-115-44334-2	提供课件、扩充阅读、试卷
企业战略管理（第 2 版）	舒　辉	978-7-115-43139-4	二维码打造立体化阅读环境；案例、习题等营造多方位学习环境；提供课件、补充案例、试卷等素材
企业文化	杨　坤	978-7-115-44012-9	提供教学课件、电子教案、案例视频、试卷等资料
客户关系管理理论与应用	栾　港	978-7-115-39343-2	33 个二维码打通网络学习通道，在线 Xtools 软件方便实践训练；提供课件、教案、教学日历、免费教学账号、习题库、试卷等
生产运作管理（第 2 版）	程国平	978-7-115-46477-4	视频更直观，扫二维码可观看；案例更新颖，多为近几年实例；提供课件、教案、习题答案、试卷和补充教学案例等
经济学基础	邓先娥	978-7-115-39039-4	近 300 个实例连接理论与生活，130 余个二维码打通网络学习通道，70 余项扩展阅读指南指引学习方向；提供课件、教案、答案、文字和视频案例、试卷等

续表

书　名	主　编	书　号	编辑推荐
消费心理学	白玉苓	978-7-115-49496-2	80余个二维码拓展学习空间；提供课件、电子教案、补充案例、教学大纲、试卷等
管理心理学——理论、应用与案例	孙喜林	978-7-115-47763-7	提供电子课件、电子教案、教学案例集、试卷等
中级财务会计（第4版）	吴学斌	978-7-115-50195-0	四川省“十二五”本科规划教材；二维码链接网络学习资源；章后习题+电子版习题集；提供课件、教案、案例库、试卷等
财务会计实训教程（上、下册）（第2版）	裴永浩	978-7-115-40690-3	原始凭证和记账凭证单独成册；按营改增调整相关业务；利用二维码提供相关网络资源；融基本功训练、岗位技能训练和综合技能训练为一体；提供答案、课件、习题集、阅读资料等
会计综合实训（视频指导版）	杨　荐	978-7-115-49067-4	含手工实训和电算化实训，彩印全真模拟原始凭证，内嵌演示性操作视频、登账范例截图；提供课件、账套、答案、实训用素材电子版
审计理论与实务（第2版）	崔　飚	978-7-115-44326-7	近百二维码链接审计网络学习资源；提供课件、教学案例、大纲、教案、参考答案、补充习题及答案、试卷
报关实务（第2版）	朱占峰	978-7-115-42629-1	五十余个二维码链接网络学习资源；理论与实务并重，操作与案例同行；提供课件、视频案例、答案、试卷等
电子商务概论（第3版）	白东蕊	978-7-115-42630-7	新增跨境电商、“互联网+”等内容；百余二维码拓展读者学习空间；提供课件、教案、大纲、答案、实验指导、文字与视频案例
网店运营与管理（视频指导版）	白东蕊	978-7-115-50886-7	键操作流程以二维码链接操作视频，关键样图以二维码链接原图；提供课件、教案、视频案例、答案、实验实训资料、试卷等
网络营销——基础、策划与工具	何晓兵	978-7-1154 3745-7	二维码链接网络资源；提供视频案例、电子课件、习题及答案
金融法（第2版）	李良雄 王琳雯	978-7-115-48886-2	文字案例与视频案例并存，思考讨论与视野拓展同在；高度融合职业资格考试要求；提供课件、教案、大纲、视频案例、参考答案、补充练习题、试卷
保险学（第2版）	刘永刚	978-7-115-43687-0	以大量案例解读相关内容；保险理论与保险业务并重；二维码链接网络学习资源；提供课件、答案、案例、试卷等
证券投资学(第2版)	陈文汉	978-7-115-49517-4	内嵌短视频、网络学习指导；集合证券业从业资格考试重点；提供课件、教案、大纲、实训资料、视频案例、习题答案和试卷等
外汇交易原理与实务（第2版）	刘金波	978-7-115-38372-3	着重突出外汇实际业务，二维码打造立体化阅读环境，有外汇交易模拟操作指导手册；提供课件、教案、答案、试卷、习题册、实训指导
期货交易实务（第2版）	曾啸波	978-7-115-49503-7	内嵌视频、高清彩图等；数十项目式作业方便实践；有配套课程网站；提供教学计划、教案、大纲、课时安排、教学要点、补充习题库、视频案例和试卷等
国际金融理论与实务（第3版）	孟　昊	978-7-115-46037-0	以二维码展现了大量视频短片、高清图片等；提供教案、大纲、课件、视频及文字教学案例、参考答案、习题库、试卷等
财政学（第2版）	唐祥来	978-7-115-46103-2	借助二维码链接网络学习资源；用“课堂金话筒”“练习与思考”等催生读者问题意识；提供课件、教案、习题答案、视频案例和试卷等
财政与金融	袁晓梅 陈　宁	978-7-115-40465-7	集中阐述基础知识、理论和实务；数百案例理论联系实际；百余二维码链接网络资源；提供课件、教案、视频和文字案例、答案、试卷等
商务沟通与谈判（第2版）	张守刚	978-7-115-43065-6	二维码打造立体化阅读环境；强调实践教学，提供模拟商务谈判素材；提供教案、课件、案例、视频库等资料
商务礼仪（第2版）	王玉苓	978-7-115-45505-5	图文并茂，内嵌大量视频，追求学以致用；提供教案、课件、答案、文字与视频案例、课外阅读资料等
现代社交礼仪（第3版）	闫秀荣	978-7-115-49118-3	图文并茂，二维码链接网络资源；提供课件、教案、文字与视频案例、实训手册、练习题及参考答案等